국가평생교육진흥원에서 제시한 과목별 평가영역에 맞춘 최고의 수험서!

학위취득의 지름길!

독학사
한 권으로 끝내기

국내 최고의 권위서!

Bachelor's Degree

교육부인정교과서지정업체
은하출판사
Eunha Publishing Co

Bachelor's
Degree

독·학·사 머리말
Preface

"뜻이 있는 곳에 길이 있다."고 했다. 그러나 아무리 훌륭한 여행계획을 세웠다 하더라도 방안의 천정만 바라보고 앉아 있다면 그 계획이 무슨 소용이 있겠는가?

반면 여행의 길을 떠났다 하더라도 계획없이 이리저리 방황만 하고 돌아왔다면 몸만 고되고 허탈감만 남게 될 것이다. 여기서 우리는 계획과 실천이 동시에 중요함을 알게 된다. 여러분은 이미 마음의 각오와 계획을 세웠으리라 생각한다. 다만 이 계획을 실천할 지침서가 필요한 것이다. 현재 다른 방면의 참고서는 다양하면서도 여러분들이 필요로 하는 참고서는 자신있게 추천할 만한 것이 없는 실정이다.

본사는 한국방송통신대학이 개원되면서부터 각 학과의 부교재인 참고서를 30년 넘게 오랫동안 발행해 온 노하우를 바탕으로 학습시간이 절대적으로 부족한 독학사를 준비하시는 여러분들을 위하여 시간과 노력을 절약하고 시험준비에 완벽을 기할 수 있도록 국가평생교육진흥원에서 제시하고 있는 과목별 평가영역에 맞추어 자신있게 본 책을 출간하였다.

현재 독학학위 취득시험은 2008년 2월 '평생교육법'의 전부개정으로 한국방송통신대학이 관장하던 독학학위 취득업무가 "국가평생교육진흥원"으로 이관되었으며, 국가평생교육진흥원 홈페이지에서는 과목별 평가영역을 구체적으로 제시해 주고 있다. 따라서 독학사 시험을 대비하는 여러분들은 본 교재를 기준으로 열심히 학습에 매진하면 될 것이다.

본서의 특징은
첫째 독학학위 취득시험을 주관하는 국가평생교육진흥원의 평가영역에 맞추어 내용을 심도 있게 다루고 있으며,

둘째 본문의 '내용' 및 'Key Point'란에서는 기출문제를 분석하여 출제내용을 핵심적으로 기술하고 있고,

셋째 '실전예상문제' 부분에서는 그 동안 출제되었던 최근의 기출문제를 파악하여 그에 기준한 다양한 문제와 그에 해당하는 자세한 해설을 수록하고 있으며,

넷째 최소의 시간으로 최대의 효과를 거둘 수 있다는 점을 들 수 있다.

다양한 자료와 예시를 통해 더욱 구체적인 학습을 할 수 있도록 구성·편집된 본서가 여러분의 학습에 절대적인 도움이 되리라 확신하면서 앞날에 큰 영광이 함께 하길 기원한다.

교육부은하원격평생교육원 학위취득연구소

독학사 안내

독학학위제도

독학학위제는 「독학에 의한 학위취득에 관한 법률」에 의해 독학자(獨學者)에게 대학졸업자격에 해당하는 학사학위(學士學位) 취득의 기회를 줌으로써 평생교육의 이념을 구현하고 개인의 자아실현과 국가·사회의 발전에 이바지하는 것을 목적으로 하는 제도입니다.

- 고등학교 졸업이나 이와 같은 수준 이상의 학력을 가진 사람이면 누구나 응시할 수 있습니다.
- 대학교를 다니지 않아도 스스로 공부해서 학위를 취득할 수 있습니다.
- 일과 학습의 병행이 가능하여 시간과 비용을 최소화할 수 있습니다.
- 언제 어디서나 학습이 가능하며, 평생학습을 통해 자아실현을 할 수 있습니다.

독학학위제는 4개의 과정(교양, 전공기초, 전공심화, 학위취득 종합) 시험으로 이루어져 있습니다. 그러나 개인적으로 취득한 다양한 자격과 학습이력에 따라 1~3과정의 일부 과목 시험은 면제받을 수 있습니다. 4과정인 학위취득 종합시험은 반드시 응시하여야 하며, 종합시험에 합격하면 교육부장관 명의의 학사학위를 취득하게 됩니다.

응시자격

2016년부터 고등학교 졸업이나 이와 같은 수준 이상의 학력을 가진 사람이면 누구나 과정별 합격 여부와 관계없이 1~3과정(교양, 전공기초, 전공심화 과정) 인정시험에 자유롭게 응시할 수 있으며, 4과정(학위취득 종합시험)은 1~3과정 시험에 모두 합격(면제)하는 등 일정 응시자격을 충족해야만 응시할 수 있습니다.

가. 교양과정 인정시험(1과정), 전공기초과정 인정시험(2과정), 전공심화과정 인정시험(3과정)

- 고등학교 졸업자
- 「초·중등교육법 시행령」 제98조 제1항에 따라 상급학교의 입학에 있어 고등학교를 졸업한 사람과 같은 수준의 학력이 있다고 인정되는 사람
- 「평생교육법」 제31조 제2항에 따라 지정된 학력이 인정되는 학교 형태의 평생교육시설에서 고등학교 교과과정에 상응하는 교육과정을 마친 사람
- 「보호소년 등의 처우에 관한 법률」 제29조에 따른 소년원학교에서 고등학교 교육과정을 마친 사람

나. 학위취득 종합시험(4과정) : 전공분야별 동일전공 인정(학)과에 한함

- 교양과정 인정시험, 전공기초과정 인정시험 및 전공심화과정 인정시험에 합격한(면제받은) 사람
- 대학(「고등교육법」 제2조 제2호, 제3호 및 제5호에 따른 학교와 다른 법령에 따라 설립된 대학을 포함) 및 이에 준하는 각종 학교(학력인정학교로 지정된 학교만 해당)에서 3년 이상의 교육과정을 수료하였거나 105학점 이상을 취득한 사람
- 수업연한이 3년인 전문대학을 졸업한 사람 또는 이와 같은 수준의 자격이 있다고 인정되는 사람(졸업 예정자는 응시자격 없음)
- 「학점인정 등에 관한 법률」 제7조에 따라 105학점(전공 16학점 이상 포함) 이상을 인정받은 사람
- 외국에서 15년 이상의 학교교육과정을 수료한 사람

응시자격 유의사항

- 학사학위 취득자는 동일한 전공의 시험에 지원할 수 없음
- 유아교육학 및 간호학 전공자가 학위취득 종합시험 합격 시, 학사학위만 수여되며 자격증(면허증)은 발급되지 않음
- 고졸 이상 학력 소지자의 경우 1~3과정 시험은 순서 상관없이 응시 가능하며, 4과정(학위취득 종합시험) 응시를 위해서는 1~3과정 전 과목(17과목)을 합격하거나 일정 응시자격을 충족해야 함
- 간호학 전공(학위취득 종합시험만 운영)
  - 4년제 대학 간호학 전공(과)에서 3년 이상 교육과정 수료 또는 105학점 이상 취득자 응시 가능
  - 3년제 전문대학 간호학과 졸업자(졸업 예정 제외) 응기 가능
    - 간호사 면허증만으로는 응시자격이 될 수 없음(면허증은 제출 불필요)
- 유아교육학 및 정보통신학 전공(전공심화과정 인정시험과 학위취득 종합시험만 운영)
  - 유아교육학 및 정보통신학 전공은 1~2과정 시험을 운영하지 않으므로, 자격·학력 등으로 1~2과정 면제 요건을 충족하고 3과정에 합격한 경우 또는 기타 4과정 응시자격을 충족하는 경우에만 응시 가능

독·학·사

Bachelor's Degree

과정별 시험과목

가. 교양과정 인정시험 : 5과목 합격(필수 3과목, 선택 2과목)

구 분	과 목 명
필 수	국어, 국사, 외국어(영어, 일본어, 중국어, 독일어, 프랑스어 중 1과목 선택)
선 택	사회학개론, 심리학개론, 경영학개론, 법학개론, 문화사, 컴퓨터의 이해, 문학개론, 자연과학의 이해, 교육학개론, 경제학개론, 현대사회와 윤리, 철학의 이해, 기초통계학, 일반수학, 한문 중 2과목 선택

나. 전공기초과정 인정시험 : 6과목 이상 합격

구 분	과 목 명
국어국문학	국어학개론, 국어문법론, 국문학개론, 국어사, 고전소설론, 한국현대시론, 한국현대소설론, 한국현대희곡론
영어영문학	영어학개론, 영국문학개관, 중급영어, 19세기영미소설, 영미희곡I, 영어음성학, 영문법, 19세기영미시
심리학	상담심리학, 산업및조직심리학, 학교심리학, 생물심리학, 발달심리학, 성격심리학, 동기와정서, 심리통계
경영학	회계원리, 인적자원관리, 마케팅원론, 조직행동론, 경영정보론, 마케팅조사, 생산운영관리, 원가관리회계
법학	민법I, 헌법I, 형법I, 상법I, 법철학, 행정법I, 형사소송법, 국제법
행정학	인사행정론, 행정조직론, 지방행정론, 정치학개론, 기획론, 비교행정론, 헌법, 재정학
가정학	인간발달, 복식디자인, 영양학, 가정관리론, 의복재료, 주거학, 가정학원론, 식품및조리원리
컴퓨터과학	논리회로설계, C프로그래밍, 자료구조, 객체지향프로그래밍, 시스템프로그래밍, 컴퓨터시스템구조, 프로그래밍언어론, 이산수학

다. 전공심화과정 인정시험 : 6과목 이상 합격

구 분	과 목 명
국어국문학	국어음운론, 한국문학사, 문학비평론, 국어정서법, 구비문학론, 국어의미론, 한국한문학, 고전시가론
영어영문학	고급영문법, 미국문학개관, 영어발달사, 고급영어, 20세기영미소설, 영어통사론, 20세기영미시, 영미희곡II

구 분	과 목 명
심리학	이상심리학, 심리검사, 소비자및광고심리학, 학습및기억심리학, 인지지각심리학, 사회심리학, 건강심리학, 심리학연구방법론
경영학	재무관리론, 경영전략, 투자론, 경영과학, 재무회계, 경영분석, 노사관계론, 소비자행동론
법학	헌법II, 민법II, 형법II, 민사소송법, 행정법II, 경제법, 노동법, 상법II
행정학	재무행정론, 정책학원론, 조사방법론, 행정법I, 지역사회개발론, 행정계량분석, 도시행정론, 공기업론
유아교육학	유아교육연구및평가, 부모교육론, 유아교육기관운영관리, 아동복지, 유아언어교육, 유아사회교육, 유아수학·과학교육, 놀이이론과실제
가정학	가족관계, 가정자원관리, 식생활과건강, 의복구성, 육아, 복식문화, 주거공간디자인, 식품저장및가공
컴퓨터과학	운영체제, 인공지능, 소프트웨어공학, 컴퓨터네트워크, 컴파일러, 알고리즘, 데이터베이스, 컴퓨터그래픽스
정보통신학	회로이론, 데이터통신, 정보통신이론, 임베디드시스템, 이동통신시스템, 정보통신기기, 정보보안, 네트워크프로그래밍

라. 학위취득 종합시험 : 6과목 이상 합격(교양 2과목, 전공 4과목)

구 분	과 목 명
국어국문학	국어·국사·외국어 중 2과목 선택, 국어학개론, 국문학개론, 한국문학사, 문학비평론
영어영문학	국어·국사·외국어 중 2과목 선택, 영미문학개관, 영미소설, 영어학개론, 고급영어
심리학	국어·국사·외국어 중 2과목 선택, 임상및상담심리학, 산업조직및소비자심리학, 발달및사회심리학, 인지신경과학
경영학	국어·국사·외국어 중 2과목 선택, 재무관리, 마케팅관리, 회계학, 인사조직론
법학	국어·국사·외국어 중 2과목 선택, 민법, 헌법, 형법, 상법
행정학	국어·국사·외국어 중 2과목 선택, 인사행정론, 조직행태론, 재무행정론, 정책분석평가론
유아교육학	국어·국사·외국어 중 2과목 선택, 유아교육론, 유아발달, 유아교육과정, 유아교육교수법
가정학	국어·국사·외국어 중 2과목 선택, 패션과의생활, 소비자론, 식이요법, 주거관리
컴퓨터과학	국어·국사·외국어 중 2과목 선택, 컴퓨터시스템구조, 컴퓨터네트워크, 자료구조, 운영체제
정보통신학	국어·국사·외국어 중 2과목 선택, 전자회로, 정보통신시스템, 네트워크및보안, 멀티미디어통신
간호학	국어·국사·외국어 중 2과목 선택, 간호연구방법론, 간호과정론, 간호지도자론, 간호윤리와법

독·학·사

문항 수 및 배점

단계	일반 과목			예외 과목		
	객관식	주관식	합계	객관식	주관식	합계
1~2과정	40문항×2.5점 =100점	–	40문항 100점	25문항×4점 =100점	–	25문항 100점
3~4과정	24문항×2.5점 =60점	4문항×10점 =40점	28문항 100점	15문항×4점 =60점	5문항×8점 =40점	20문항 100점

'예외 과목'은 아래와 같음

- 교양과정 인정시험 '일반수학', '기초통계학'
- 전공기초과정 인정시험 '이산수학(컴퓨터과학 분야)'
- 전공심화과정 인정시험 '경영과학(경영학 분야)'
- 폐지된 수학 전공 분야 2~4과정의 전 과목

합격 사정

가. 교양과정 인정시험, 전공기초과정 인정시험, 전공심화과정 인정시험

각 과목 100점 만점에 60점 이상 득점한 경우에 합격으로 하고, 과목합격을 인정(합격 여부만 결정)

나. 학위취득 종합시험

구 분	총점합격제	과목별합격제
합격기준	6과목 총점(600점) 중 360점(60%) 이상 득점하면 합격(과목 낙제 없음)	각 과목(교양 2, 전공 4) 100점 만점의 60점 (60%) 이상 득점하면 합격
유의사항	• 6과목 모두 신규 응시 • 기존 합격과목 불인정	• 기존 합격과목 재응시 불가 • 기존 합격과목 포함하여 총 6과목을 초과하여 선택할 수 없음

CONTENTS

제1부 건강과 영양

제1장 현대인의 건강과 식생활

01 건강과 식생활 · 16
02 건강한 식생활 · 18
03 건강과 식행동과 식습관 · 20
   ■ 실전예상문제 · 28

제2장 식생활의 변화와 건강양식

01 현대사회의 식생활 · 38
02 식생활의 변화 · 39
03 질병발생과 평균수명 · 40
   ■ 실전예상문제 · 42

제3장 영양소의 종류와 체내작용

01 영양소의 중요성 · 48
02 탄수화물 · 지방 · 단백질 · 49
03 비타민 · 무기질 · 수분 · 54
   ■ 실전예상문제 · 58

제4장 영양과 질병

01 영양결핍과 빈혈 · 74
02 콜레스테롤과 동맥경화증 · 76
03 칼슘과 골다공증 · 77
   ■ 실전예상문제 · 81

CONTENTS

제5장 성인병의 영양관리

- 01 체중과다와 비만증 …………………………………………………… 92
- 02 순환기 질환 …………………………………………………………… 94
- 03 당뇨병 ………………………………………………………………… 95
  - ■ 실전예상문제 ……………………………………………………… 98

제6장 음주, 흡연과 건강

- 01 음주와 간질환 ………………………………………………………… 110
- 02 흡연과 폐질환 ………………………………………………………… 112
  - ■ 실전예상문제 ……………………………………………………… 115

제2부 건강과 질병

제1장 일상생활과 건강

- 01 일상생활의 관리 ……………………………………………………… 124
- 02 성인병의 예방과 건강진단 …………………………………………… 126
- 03 기본적인 관찰과 측정법 ……………………………………………… 128
- 04 통상증상의 관리 ……………………………………………………… 128
- 05 스트레스의 관리 ……………………………………………………… 130
  - ■ 실전예상문제 ……………………………………………………… 132

제2장 노동과 건강

- 01 노동과 인체의 반응 …………………………………………………… 142
- 02 근로자의 건강관리 …………………………………………………… 142
  - ■ 실전예상문제 ……………………………………………………… 148

제3부 건강과 식품

제1장 식품의 의의

01 식생활과 문화 · 156
02 식품의 영양소 · 156
03 식량문제 · 162
■ 실전예상문제 · 163

제2장 식품의 조리

01 식품조리의 의의와 목적 · 174
02 식품의 조리와 맛 · 174
03 조리와 질 · 178
■ 실전예상문제 · 184

제3장 식품과 위생

01 식품과 미생물 · 196
02 식중독 · 196
03 식품 알레르기 · 202
■ 실전예상문제 · 204

제4장 식품의 가공과 보존

01 냉동식품 · 216
02 건조식품 · 218
03 발효식품 · 219

CONTENTS

04 레토르트 파우치 식품 ·· 222
05 완전조리 식품 ·· 223
　■ 실전예상문제 ··· 224

제5장 기호식품 및 기능성 식품

01 기호식품 ·· 238
02 기능성 식품 ·· 241
　■ 실전예상문제 ··· 243

제4부 건강과 운동

제1장 건강과 체력

01 체력운동 ·· 250
02 운동과 에너지 ·· 253
03 체력검사 및 평가 ··· 254
04 체력과 운동처방 ··· 256
　■ 실전예상문제 ··· 258

제2장 건강을 위한 운동의 효과

01 호흡순환계와 운동 ··· 268
02 골격근계와 운동 ··· 269
03 내분비계와 운동 ··· 271
04 정신건강과 운동 ··· 273
　■ 실전예상문제 ··· 275

제3장 운동과 질병

01 현대생활과 운동 ··· 284
02 성인병과 운동 ··· 284
03 면역과 운동 ··· 286
　　■ 실전예상문제 ··· 288

부록

　■ 최종 모의고사 ··· 293

독학사
한권으로 끝내기

Bachelor's Degree

제1부 건강과 영양

01 현대인의 건강과 식생활

 단원 개요

식생활은 생리적 요구나 심리적, 사회적인 요구에 따라, 또는 습관적으로 이루어지는 것으로, 적절한 식이섭취는 영양결핍증과 만성질환을 예방하고 수명을 증가시킨다. 건강한 식생활을 위하여 영양권장량, 여섯 가지 식품군과 건강생활 지침 등을 제정하였다. 또한 식행동에 영향을 주는 요소와 식사예절 등을 알아서 올바른 식습관을 형성하도록 노력해야 할 것이다.
이 단원에서는 건강과 식생활, 건강한 식생활, 건강과 식행동과 식습관에 대하여 자세히 살펴보기로 한다.

 출제 경향 및 수험 대책

이 단원에서는 건강의 의의와 삶의 질에 대한 개념, 영양결핍증의 발생원인, 건강한 식생활을 위한 생리적 요구·심리적 요구·사회적 요구·습관적 요구, 영양권장량의 종류, 식품군별 대표식품과 1인 1회 분량, 한국인의 식사지침과 건강생활지침, 식사예절 등에 대해서 묻는 문제들이 출제될 수 있는 바, 자세하고 철저한 학습이 요구된다.

01 건강과 식생활

1 건강증진과 식생활

(1) 건강의 의의

① 건강의 의미
  ㉠ 건강이란 질병이 없는 소극적인 상태가 아니라 활력이 넘치는 적극적인 것으로서, 신체건강뿐만 아니라 지능건강도 포함하여 생명활동과 더불어 사회활동도 활발하게 이루는 것을 뜻한다.
  ㉡ 분주한 생활과 건강 사이의 균형이 만약 깨지게 되면, 일의 능률은 저하되고 인간관계의 협조성이 저하되어 심신 양면이 비건강상태가 되어가는 악순환이 생길 수 있다.

② 삶의 질(quality of life : QOL)
  ㉠ 삶의 질에 대한 개념 구상 및 의미 : 삶의 질은 급격한 사회정세의 변화로 사람이 살아가는 방향을 놓치게 될지 모른다는 불안감을 배경으로, 어떻게 살아가야 할 것인가에 대한 걱정이 심화되면서 구상된 개념이다. 삶의 질이란 일상생활에서 느끼는 만족의 정도를 의미한다.
  ㉡ 삶의 질이란 말이 산업혁명기 이후 갑자기 다시 국제사회에서 제창된 것은 1972년 봄, 국제연합 식량농업기구(FAO) 가맹국이 개최한 인구문제와 생활개선에 관한 마닐라 국제회의에서 야마모토(M. Yamamoto)가 삶의 질이란 주제목을 발표하면서부터이다.
  ㉢ 삶의 질은 의료·보건·경제·사회·교육·정치에서도 통용된다. 생활의 만족도가 높고 즐거우면 신체의 면역기능과 살균기능이 높아지며, 내분비계의 기능도 활성화되고 건강이 더 좋아진다.

(2) 건강증진과 식생활

① 건강증진 : 건강에 대한 개념이 '질병이 없는 것'을 뜻하던 것에서 반건강인의 활동성 증가와 예방적 차원의 건강관리, 건강생활의 실천을 중시하는 개념으로 확대되어 가고 있다. 건강증진은 사람들의 잘못된 생활방식을 개선하여 최상의 건강을 유지할 수 있도록 도와준다.

② 건강관리 전략의 주된 내용 : 개인의 건강과 관련된 식생활, 운동, 흡연, 음주, 스트레스 등의 생활습관의 바람직한 개선과 이를 지원하는 환경을 조성하는 것에 있다.

③ 질병
  ㉠ 질병의 예방 : 질병은 건강증진의 기본 사항의 하나이다. 노화가 진행되고 저항력이 저하되면서 쉽게 발병한다. 따라서 질병예방을 통해 질병을 미리 막을 수 있는 대비책이 될 수 있다.
  ㉡ 1차 질병예방 : 가장 적은 경비와 노력으로 큰 효과를 높이는 질병예방법이다.

추가 설명

세계보건기구(WHO)에서 제시한 건강의 정의
건강이란 병이 없거나 허약함이 없는 것만이 아니라 신체적으로나 정신적으로나 사회적으로도 완전히 양호한 상태를 말한다.

추가 설명

삶의 질에 대한 기원
19세기의 산업혁명기에 영국의 노동당이 노동자의 생활환경 개선을 위해 쓰기 시작했다.

추가 설명

WHO의 건강증진 정책
- 알마아타(Alma-Ata)선언 (1978년) : '서기 2000년까지 모든 사람에게 건강을!'이라는 표어를 걸어 1차진료의 개념을 내세웠다.
- 오타와(Ottawa)헌장(1986년) : 건강증진이라는 개념을 국제적으로 정착시켰다.
- 우리나라의 건강증진정책 : WHO의 건강증진정책에 따라 우리나라도 새로운 건강증진 시대를 열게 되었다.

2 영양과 질병

(1) 영양과 질병

① 영양
- ㉠ 좋은 영양상태 : 신체적·정신적으로 모두 건강하여 최적의 활동을 할 수 있는 상태를 말한다.
- ㉡ 적절한 영양소의 공급 : 적절한 영양소는 최적의 건강상태를 유지시켜 주고, 영양 결핍증을 예방하며, 질병에 대한 저항력을 높여준다. 우리 몸에 영양소가 부족하면 신체의 기능이 약해져 기력을 잃게 되고, 저항력이 감소되어 병균에 감염되기 쉬우며, 질병에 걸린 후에도 쉽게 낫지 않는다. 건강한 식생활을 위해서는 다양한 식품을 적당한 양으로 섭취하여 영양의 균형을 맞추는 것이 필요하다.

② 질병의 예방
- ㉠ 만성질병을 예방하기 위해서는 균형있는 영양을 섭취해서 정상체중을 유지해야 한다.
- ㉡ 동물성 지방보다 불포화지방산이 많은 식물성 지방을 섭취하며, 단 것을 적게 먹고 짜게 먹지 않도록 한다.
- ㉢ 섬유질을 충분히 섭취하도록 한다.

③ 영양성 질병 : 장기간에 걸친 식사에 의해서 나타나므로 어릴 때부터 좋은 식습관을 기르도록 하고, 성인병과 비만 등을 예방하기 위하여 곡류와 섬유질을 적당히 섭취해야 한다.

| 표 1-1 | 각 영양소의 급원식품과 결핍증

영양소	급원식품	결핍증
단백질	육·어류, 난류, 콩류	부종, 콰시오커
비타민 A	녹황색채소, 우유 및 유제품	야맹증, 시력상실, 피부염, 성장지연
비타민 B_1	곡류, 돼지고기, 콩	각기병, 신경염
비타민 B_2	우유, 달걀, 치즈, 육류	구각염, 피부염
비타민 B_{12}	육류, 해산물, 유제품	거대적아구성 빈혈, 신경감퇴
비타민 C	채소류, 감귤, 시금치, 과일	괴혈병, 피부염
칼슘	뼈째 먹는 생선, 우유 및 유제품	성장지연, 기형, 골다공증, 골연화증, 구루병
철	육류, 난류, 녹색채소	빈혈, 허약

(2) 영양 결핍증의 발생 원인

① 영양 결핍증 : 특정 영양소가 부족해서 발생되는 임상증상 및 신체 및 혈액학적인 병리현상을 의미한다.

② 영양 결핍증의 원인
- ㉠ 식품 섭취의 부족 : 천재지변, 전쟁, 이상기후 등으로 인해 농작물의 경작이 제대로 이루어지지 않아서 식량이 절대적으로 부족하여 열량 및 단백질, 무기질 및 비타민

📝 **추가 설명**

건강 식생활을 위한 A, B, C, D, E
- A : Adequacy of diet(적절한 식사)
- B : Balance in diet(식사의 균형)
- C : Calorie control(에너지 조절)
- D : Diversity in food choice (다양한 식품 선택)
- E : Exercise(운동)

📝 **추가 설명**

식이요법을 이용한 질병의 치료
- 저영양이나 영양결핍증은 식이요법만으로도 치료가 가능한데, 괴혈병이나 각기병, 야맹증 등은 균형있는 식사와 함께 비타민 C나 B_1(티아민), 비타민 A를 충분히 먹으면 치료할 수 있다.
- 만성질병 중에서 비만, 고혈압, 동맥경화증, 당뇨병 등은 식이요법으로 증세를 호전시킬 수 있어서 치료의 역할도 겸할 수 있다.

📝 **추가 설명**

환자에게 공급하는 식단
- 환자는 소화능력이 약하고 식욕이 떨어져 있으므로 소화하기 쉬운 음식을 주고, 식욕을 증진시키기 위하여 식단을 다양하게 작성해야 한다.
- 조미료를 이용하거나 음식의 색을 다양하게 배합하여 상차림에 변화를 주도록 하고, 가능한 한 환자의 식습관과 기호를 존중하여 먹는 즐거움을 주도록 한다.

> **추가 설명**
>
> **영양결핍의 진단**
> - 영양결핍의 증상 : 경증, 보통, 중증 등
> - 영양결핍의 진행속도 : 급성, 만성 등
> - 영양결핍의 진단 : 임상적 증상, 생화학적 검사, 즉 혈액과 분비물 조사, 효소와 내분비 조사, 신체계측치 등으로 이루어진다.
> - 영양상태를 결정하는 데는 환자의 병력과 신체검사가 가장 중요하다.

등의 부족증이 나타난다.
  ⓒ **식품구매 능력의 감소** : 수입이 없거나 적어서 가족에게 충분한 영양소를 공급하지 못하여 영양 결핍증이 발생할 수 있다. 이러한 예는 특히 도시 영세민에서 찾을 수 있다.
  ⓒ **식품금기나 식품과 영양에 대한 지식의 부족** : 식품에 대한 금기나 식품에 대한 잘못된 생각, 식품과 영양에 대한 지식의 부족 때문에 식품선택이 제한되어 영양 결핍증이 나타난다.
  ⓔ **대사장애와 질병의 영향** : 소화·흡수의 장애, 내분비대사 및 정신적 요인, 다른 질병으로 인하여 영양소의 소화·흡수가 잘 되지 않거나, 영양소의 이용이 적절하지 못하여 영양소 결핍증이 발생한다.

02 건강한 식생활

1 식사의 의의

식생활은 신체적 건강을 위한 식품 공급뿐만 아니라 우리의 생활에서 아주 중요한 요소로서, 생활의 활력과 즐거움을 주며 사람들과 사귀는 나눔의 기회를 제공한다.

(1) 생리적 요구

① **혈당량의 감소**
  ㉠ 에너지 공급이 줄게 되면 혈당이 감소하게 되는데, 이것이 지속되면 뇌의 에너지 급원이 감소되고 뇌기능이 약해지게 된다.
  ㉡ **혈당량 감소의 증상** : 머리가 어지럽거나 두통이 나타나기도 하고 온몸이 나른해져 에너지 손실을 낮추도록 한다.
  ㉢ 설탕물이나 간식을 섭취하면 쉽게 정상으로 돌아올 수 있다.

② **영양소의 결핍증**
  ㉠ **야맹증** : 장기간 비타민 A의 섭취가 부족할 때 나타난다. 비타민 A는 시각색소인 시자홍의 구성성분으로, 비타민 A가 부족해 시자홍의 생성이 장기간 감소되면 암순응이 지연되고, 심하면 야맹증이 발생한다.
  ㉡ **괴혈병** : 비타민 C의 결핍으로 발생한다.
  ㉢ **빈혈증** : 철분 부족으로 발생한다.

> **추가 설명**
>
> **식생활의 생리적 요구**
> 신체를 유지하고 움직이고 활동하기 위해서는 필요한 에너지와 영양소들이 적절히 공급되어야 한다. 체내의 기능을 수행하기 위해 영양소가 필요하게 되면 생리적인 현상이 나타난다.

(2) 심리적 요구 : 음식에 대한 요구의 증가 및 위축

심리적으로 불안하거나 초조하거나 슬플 때 그러한 불안감·초조감·슬픔을 잊으려고 음식을 먹는 경우가 있는가 하면, 스트레스를 받거나 불안하거나 초조할 때, 화날 때 식욕이 감퇴되는 사람도 있다.

(3) 사회적 요구
① 우리 사회에서는 사람들이 모이면 음식을 나누어 먹는 것이 사회적 관례이다.
② 우리나라는 기쁨과 화평뿐만 아니라 장례나 제사 등의 애도를 표하고 슬픔을 나누는 경우에도 푸짐하게 음식을 장만하도록 하는 사회적 요구가 있다.
③ 특정 음식을 먹는 것도 문화적인 관습에서 얻어진다.

(4) 습관적 요구
① 배가 고프지 않더라도 시간이 되어 밥을 먹지 않으면 허전한 기분 때문에 음식을 먹기도 한다.
② 식사간격이 아침과 점심은 짧고 점심과 저녁 사이는 길지만, 점심시간이 되면 허전하고 배가 고픈 것처럼 느낀다.

2 균형있는 식생활

(1) 영양소 섭취 기준
① 영양소 섭취기준은 국민의 건강증진 및 질병예방을 목적으로 에너지 및 각 영양소의 적정 섭취량을 나타낸 것이다. 초기에는 영양결핍증을 예방하기에 충분한 양을 의미하는 영양권장량을 제정하였으나 영양결핍으로 인한 건강문제와 함께 일부 영양소의 과잉섭취 또는 불균형으로 인한 만성질환이 주요 건강문제로 대두되면서, 영양소의 결핍과 과잉으로 인한 문제를 예방하기 위한 새로운 개념의 영양소 섭취기준을 제정하게 되었다.
② 영양소 섭취기준 지표에는 인체 필요량에 대한 과학적인 근거가 있을 경우에는 평균필요량과 권장섭취량, 근거가 충분하지 않은 경우에는 충분섭취량, 과잉섭취로 인한 유해영향에 대한 근거가 있는 경우에는 상한섭취량을 제정했다. 그리고 만성 질환과 영양소 관계를 검토하여 과학적 근거가 확보된 영양소에 대해서는 만성 질환 위험 감소 섭취량을 제정했다.

| 표 1-2 | 한국인 영양소 섭취기준 대상 영양소(2020)

구분	영양소
에너지 및 다량 영양소	에너지, 탄수화물, 총당류, 단백질, 아미노산, 지질, 알파리놀렌산, 리놀레산, EPA+DHA, 콜레스테롤, 식이섬유, 수분
비타민	비타민 A, 비타민 D, 비타민 E, 비타민 K, 비타민 C, 티아민, 리보플라빈, 니아신, 비타민 B_6, 엽산, 비타민 B_{12}, 판토텐산, 비오틴
무기질	칼슘, 인, 나트륨, 염소, 칼륨, 마그네슘, 철, 아연, 구리 불소, 망간, 요오드, 셀레늄, 몰리브덴, 크롬

(2) 식사구성안
① 식사구성안은 일반인이 복잡하게 영양가 계산을 하지 않고도 영양소 섭취기준을 충족할

추가 설명

영양소 섭취기준 활용
- **식사평가** : 식사평가는 식사섭취의 적절성을 평가하는 것으로 평가목적에 따라 한국인 영양소 섭취기준 중 하나를 선택하여 사용할 수 있다. 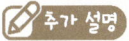 개인의 식사를 평가할 때는 평균필요량, 권장섭취량, 충분섭취량, 상한섭취량의 기준을 적용하여 각 영양소를 적절한 수준으로 섭취하는지를 평가한다.
- **식사계획** : 식사계획은 개인이나 집단에게 적절한 영양소를 공급하여 영양소의 부족 또는 과잉 문제를 최소화하는 식사를 제공하고자 하는 것이다. 개인의 식사계획은 권장섭취량이나 충분섭취량에 가까운 수준으로 영양 목표를 설정한다. 집단의 식사계획은 평균섭취량이나 상한섭취량을 기준으로 한다.

추가 설명

만성질환 위험감소를 위한 섭취량(CDRR)
만성질환 위험감소를 위한 섭취량(CDRR)이란 건강한 인구집단에서 만성질환의 위험을 감소시킬 수 있는 영양소의 최저 수준의 섭취량이다. 이 기준보다 영양소 섭취량이 많은 경우, 섭취를 줄이면 만성질환의 위험도를 낮출 수 있다.

수 있도록 식품군별 대표 식품과 섭취 횟수를 이용하여 식사의 기본 구성 개념을 설명한 것이다.
② 에너지, 비타민, 무기질, 식이섬유는 섭취필요량의 100%를 충족하며, 탄수화물, 단백질, 지방의 에너지 비율은 각각 55~65%, 7~20%, 15~30% 정도를 유지하고, 설탕이나 물엿과 같은 첨가당 및 소금은 되도록 적게 섭취하도록 구성했다.
③ 식품군은 곡류, 고기·생선·달걀·콩류, 채소류, 과일류, 우유·유제품류, 유지·당류의 6개로 결정된다.

> **추가 설명**
> **식품구성자전거**
> 다양한 식품을 매일 필요한 만큼 섭취하여 균형 잡힌 식사를 유지하며, 규칙적인 운동으로 건강을 지켜 나갈 수 있다는 것을 표현하고 있다.

※ 유지·당류는 가능한 섭취량을 줄이도록 하기 위해 식품구성자전거에서는 제외됨.

| 그림 1-1 | 식품구성자전거

(3) 국민 공통 식생활 지침

① 쌀·잡곡, 채소, 과일, 우유·유제품, 육류, 생선, 달걀, 콩류 등 다양한 식품을 섭취하자.
② 아침밥을 꼭 먹자.   ③ 과식을 피하고 활동량을 늘리자.
④ 덜 짜게, 덜 달게, 덜 기름지게 먹자.   ⑤ 단 음료 대신 물을 충분히 마시자.
⑥ 술자리를 피하자.
⑦ 음식은 위생적으로, 필요한 만큼만 마련하자.
⑧ 우리 식재료를 활용한 식생활을 즐기자.
⑨ 가족과 함께 하는 식사 횟수를 늘리자.

> **추가 설명**
> **국민 공통 식생활 지침**
> • 보건복지부는 농림축산식품부, 식품의약품안전처와 공동으로 국민의 건강하고 균형잡힌 식생활 가이드라인을 제시하는 국민 공통 식생활 지침을 제정·발표했다.
> • 균형있는 영양소 섭취, 올바른 식습관 및 한국형 식습관, 식생활 안전 등을 종합적으로 고려하였다.

03 건강과 식행동과 식습관

1 식행동과 식습관

식사를 하는 행동의 요소는 식욕, 기호, 식습관, 인습과 사회·경제적 환경과 산업의 발달 등이다. 바람직하게 먹는 방법이란 기호에 치우치지 않고 영양학적인 배려와 문화적 감각에 따라 균형있는 식사를 하는 것이다.

(1) 식욕
① 사람마다 식욕의 내용이 다르며 같은 사람에게서도 주변의 조건에 따라 식욕의 내용이 다르다.
② 혈중의 당(糖) 농도가 저하되는 생리적 조건의 변화 : 체내의 당 부족을 해소하는 필요성을 결정하기는 하지만, 무엇으로 보충할 것인가에 대해서는 결정을 내리지 못하나 '시장하다, 무엇인가 먹고 싶다'고 생각할 때에는 이미 음식물이 욕구의 대상으로 선택된 것이다.

(2) 기호
① 기호는 어떤 음식이 맛이 있다는 것 또는 좋아하는 음식임을 느끼며 요구하고, 기대하거나 또는 먹는 행동으로 반영된다.
② 높은 식생활 만족도는 개인이 건강하고 능률적으로 일을 할 수 있게 할 뿐만 아니라, 환자에게는 회복을 촉진시키는 요인이며, 노인에게는 삶의 보람을 느끼게 하는 요인이다.

(3) 식습관
① 한 번 형성된 식습관은 자손을 통해 계승되며, 그 후에 생기는 환경과 문화의 변화에 대응하여 새로이 음식물, 식기구와 식제가 변화되며, 이 변화는 기존 식습관에 의해 결정된다.
② 식습관은 불연속적으로 이루어지는 것이 아니라 서서히 과거의 식습관 위에 누적되는 과정을 거친다.

(4) 사회·경제적 환경
① 부모의 교육수준이 높을수록, 수입이 많을수록, 규칙적인 아침식사를 할수록, 영양과 건강에 관심이 높을수록 좋은 식습관을 보인다.
② 사회·경제적 수준이 낮은, 자택 주거 이외의 사람들은 하숙비나 자취비 등으로 가정에 부담을 주게 되고, 자신도 실질적인 영향을 받는다.
③ 식습관은 넓은 의미에서 각 민족의 기본 식생활양식에 비롯되어 있지만 그 안에서도 가정환경, 특히 부모의 식습관이나 식생활 관리태도가 직접적인 요인으로 작용한다.
④ 식사를 준비할 때 영양과 맛에 대해 고려할수록, 영양에 대한 지식이 높을수록 식사의 질이 양호하다.

(5) 가공식품과 외식산업의 발달
① 가공식품은 상품의 질을 영양이나 보건의 측면보다 고객의 인기에 치중하여 주로 간편성과 경제성, 미각성에 비중을 높이 두고 있다.
② 소비자가 스스로 식생활 관리자로서 음식을 선택해야 하는데, 비합리적인 외식이 누적된다면 소비자의 영양 불균형과 건강장애를 초래할 수 있고, 식습관의 변화를 초래할 수 있다.
③ 식품과 영양에 관한 정보가 무제한으로 범람하고 있는 요즈음, 정보를 정확하게 판단하고 수용하는 자세가 필요하다.

추가 설명

기호에 영향을 미치는 요인
- 교육적인 경험 : 기호는 학습에 의해 변화될 수 있으나, 각자가 거주하는 지역은 각각 독자적인 풍토를 배경으로 한 자연환경과 문화·경제를 배경으로 한 사회환경을 가지고 있으므로, 그 환경 속에서 습관과 전승의 영향을 받는다.
- 심리적인 영향 : 어떤 음식을 먹은 후 소화에 관련하여 받은 불쾌한 경험은 그 음식을 다시 먹지 못하게 막으며 그 음식에 대한 기호를 손상시킨다.
- 음식에 대한 선택적인 경향 : 기호는 생애주기에 따라 변하는데 사춘기와 청년기에는 달고 기름기가 많은 음식을 좋아하고 갱년기를 지나 노령기가 되면 담백하고 달지 않은 음식을 좋아하게 된다.
- 기호는 생활요구, 식욕, 식습관, 인습 등과 함께 식행동을 규정하는 요인의 하나이다.

추가 설명

식습관을 변화시키는 요인
지리적·경제적·정치적·사회적·심리적·생리적·기술적·과학적인 여러 인자가 있으며, 이들은 서로 상호작용한다.

2 식사예절

(1) 한식 상차림 및 식사예절

① 상을 차릴 때는 우선 밥그릇은 왼쪽, 국그릇은 오른쪽으로 놓아야 하며, 숟가락과 젓가락은 오른쪽으로 국그릇 위나 옆으로 놓는다. 독상이나 겸상일 때는 국그릇 위로, 두레상일 때는 국그릇 옆으로 놓는다.
② 상 가운데에 놓아야 할 것으로는 김치, 간장 등이다.
③ 여러 사람과 같이 식사할 때는 항상 손윗사람이 수저를 든 다음에 식사를 시작한다.
④ 우리나라에서는 식사 중에 이야기를 하지 않고 조용히 식사를 하는 것이 예절이었지만, 현대에는 가족이 모여서 식사를 하는 것은 하루 생활 중 서로가 대화를 할 수 있는 기회가 되므로 식사예절이 달라졌다.

(2) 양식의 식사예절

① 식탁에 앉을 때
  ㉠ 의자의 왼편으로 들어가 앉고, 의자를 식탁 가까이 끌어 당겨서 자세를 바르게 한다.
  ㉡ 자리에 앉으면 양편과 맞은편 손님에게 가벼운 인사를 하고 주빈에 뒤따라서 냅킨을 무릎 위에 편다.
  ㉢ 냅킨은 손끝이나 입 주위를 누르는 정도로 사용하며 너무 더럽히지 않도록 한다.
② 포크와 나이프 : 바깥쪽에서부터 차례로 사용한다. 식사 도중에는 포크와 나이프를 접시 가에 여덟 팔자로 걸쳐놓고, 식사가 끝나면 칼날이 안쪽으로, 포크 끝이 위를 향하게 모아서 접시 안에 들여놓는다.
③ 음식 먹는 속도 : 주빈과 보조를 맞추도록 하며, 너무 빠르거나 늦게 먹지 않도록 한다.
④ 물컵과 술잔 : 오른손으로 들며, 윗사람 앞이라도 두 손으로 받쳐들지 않는다.
⑤ 애피타이저 : 식사 전에 입맛을 돋우기 위하여 대접하는 것이므로 맛을 보는 정도로 조금만 먹는다.
⑥ 스프
  ㉠ 스푼을 안쪽에서 바깥쪽으로 떠서 소리가 나지 않게 마신다.
  ㉡ 스프가 적어지면 왼손 끝으로 접시를 약간 바깥쪽으로 기울이고 먹는다.
  ㉢ 스프를 다 먹으면 스푼은 접시 안에 들여 놓는다.
⑦ 빵 : 한 입에 먹기 좋을 만큼 뜯어서 버터 나이프로 버터나 잼을 발라 먹으며, 메인 코스가 끝날 때까지 자유롭게 먹는다.
⑧ 주류 : 백포도주는 생선요리에, 적포도주는 육류요리와 함께 마시는 것이 상례이다.

추가 설명

한식 식사 시 주의해야 할 점

- 식사할 때는 팔꿈치를 상에 올려놓지 않는다.
- 숟가락이나 젓가락을 국그릇이나 반찬그릇 위에 걸쳐 놓지 않는다.
- 입속에 음식을 넣을 때는 적당한 양을 넣어 씹을 수 있도록 하며, 입속에 음식을 넣고 말을 하지 않는다.
- 김치국물이나 국 국물을 마실 때는 숟가락으로 떠서 마시되, 소리를 내지 않는다. 후루룩 소리를 내면 상스러워 보인다.
- 멀리 떨어져 있는 음식이나 양념은 자기의 팔을 길게 뻗어 집지 말고, 옆사람에게 청하여 받도록 한다.
- 밥이나 반찬을 뒤적거리지 말고, 한쪽에서부터 먹도록 한다.
- 숟가락을 유난히 빨거나 젓가락으로 이 사이에 낀 음식을 쑤셔서 빼지 않는다.
- 식사 후 물이나 숭늉으로 입속을 양치하듯이 소리를 내어 마시지 않는다.
- 이쑤시개를 사용할 때는 입을 가리고 하며, 사용한 이쑤시개를 아무데나 버리지 않는다.
- 음식을 다 먹은 후에는 숟가락을 오른 편에 가지런히 놓는다.

| 부록 1 | 한국인 영양소 섭취기준 – 에너지와 다량영양소

보건복지부, 2020

성별	연령	에너지(kcal/일)				탄수화물(g/일)				지방(g/일)				리놀레산(g/일)			
		필요추정량	권장섭취량	충분섭취량	상한섭취량	평균필요량	권장섭취량	충분섭취량	상한섭취량	평균필요량	권장섭취량	충분섭취량	상한섭취량	평균필요량	권장섭취량	충분섭취량	상한섭취량
영아	0~5(개월)	550						60				25				5.0	
	6~11	600						90				25				7.0	
유아	1~2(세)	900				100	130									4.5	
	3~5	1,400				100	130									7.0	
남자	6~8(세)	1,700				100	130									9.0	
	9~11	2,000				100	130									9.5	
	12~14	2,500				100	130									12.0	
	15~18	2,700				100	130									14.0	
	19~29	2,600				100	130									13.0	
	30~49	2,500				100	130									11.5	
	50~64	2,200				100	130									9.0	
	65~74	2,000				100	130									7.0	
	75 이상	1,900				100	130									5.0	
여자	6~8(세)	1,500				100	130									7.0	
	9~11	1,800				100	130									9.0	
	12~14	2,000				100	130									9.0	
	15~18	2,000				100	130									10.0	
	19~29	2,000				100	130									10.0	
	30~49	1,900				100	130									8.0	
	50~64	1,700				100	130									7.0	
	65~74	1,600				100	130									4.5	
	75 이상	1,500				100	130									3.0	
임신부[1)]		+0/340/450				+35	+45									+0	
수유부		+340				+60	+80									+0	

성별	연령	알파·리놀렌산(g/일)				단백질(g/일)				식이섬유(g/일)				수분(mL/일)					
		평균필요량	권장섭취량	충분섭취량	상한섭취량	평균필요량	권장섭취량	충분섭취량	상한섭취량	평균필요량	권장섭취량	충분섭취량	상한섭취량	음식	물	음료	충분섭취량		상한섭취량
																	액체	총수분	
영아	0~5(개월)			0.6				10									700	700	
	6~11			0.8		12	15							300			500	800	
유아	1~2(세)			0.6		15	20					15		300	362	0	700	1,000	
	3~5			0.9		20	25					20		400	491	0	1,100	1,500	
남자	6~8(세)			1.1		30	35					25		900	589	0	800	1,700	
	9~11			1.3		40	50					25		1,100	686	1.2	900	2,000	
	12~14			1.5		50	60					30		1,300	911	1.9	1,100	2,400	
	15~18			1.7		55	65					30		1,400	920	6.4	1,200	2,600	
	19~29			1.6		50	65					30		1,400	981	262	1,200	2,600	
	30~49			1.4		50	65					30		1,300	957	289	1,200	2,500	
	50~64			1.4		50	60					30		1,200	940	75	1,000	2,200	
	65~74			1.2		50	60					25		1,100	904	20	1,000	2,100	
	75 이상			0.9		50	60					25		1,000	662	12	1,100	2,100	
여자	6~8(세)			0.8		30	35					20		800	514	0	800	1,600	
	9~11			1.1		40	45					25		1,000	643	0	900	1,900	
	12~14			1.2		45	55					25		1,100	610	0	900	2,000	
	15~18			1.1		45	55					25		1,100	659	7.3	900	2,000	
	19~29			1.2		45	55					20		1,100	709	126	1,000	2,100	
	30~49			1.2		40	50					20		1,000	772	124	1,000	2,000	
	50~64			1.2		40	50					20		900	784	27	1,000	1,900	
	65~74			1.0		40	50					20		900	624	9	900	1,800	
	75 이상			0.4		40	50					20		800	552	5	1,000	1,800	
임신부[1)]				+0		+12/25	+15/30					+5						+200	
수유부				+0		+20	+25					+5					+500	+700	

1) 에너지 임신부 1, 2, 3분기별 부가량, 단백질 임신부 2, 3분기별 부가량

| 부록 2 | 한국인 영양소 섭취기준 - 에너지적정비율

보건복지부, 2020

영양소		1~2세	3~18세	19세 이상
탄수화물		55~65%	55~65%	55~65%
단백질		7~20%	7~20%	7~20%
지질	지방	20~35%	15~30%	15~30%
	포화지방산	—	8% 미만	7% 미만
	트랜스지방산	—	1% 미만	1% 미만
	콜레스테롤	—	—	300mg/일 미만

| 부록 3 | 한국인 영양소 섭취기준 - 지용성 비타민

보건복지부, 2020

성별	연령	비타민 A(μg RAE/일)				비타민 D(μg/일)				비타민 E(mg α-TE/일)				비타민 K(μg/일)			
		평균필요량	권장섭취량	충분섭취량	상한섭취량	평균필요량	권장섭취량	충분섭취량	상한섭취량	평균필요량	권장섭취량	충분섭취량	상한섭취량	평균필요량	권장섭취량	충분섭취량	상한섭취량
영아	0~5(개월)			350	600			5	25			3				4	
	6~11			450	600			5	25			4				6	
유아	1~2(세)	190	250		600			5	30			5	100			25	
	3~5	230	300		750			5	35			6	150			30	
남자	6~8(세)	310	450		1,100			5	40			7	200			40	
	9~11	410	600		1,600			5	60			9	300			55	
	12~14	530	750		2,300			10	100			11	400			70	
	15~18	620	850		2,800			10	100			12	500			80	
	19~29	570	800		3,000			10	100			12	540			75	
	30~49	560	800		3,000			10	100			12	540			75	
	50~64	530	750		3,000			10	100			12	540			75	
	65~74	510	700		3,000			15	100			12	540			75	
	75 이상	500	700		3,000			15	100			12	540			75	
여자	6~8(세)	290	400		1,100			5	40			7	200			40	
	9~11	390	500		1,600			5	60			9	300			55	
	12~14	480	650		2,300			10	100			11	400			65	
	15~18	450	650		2,800			10	100			12	500			65	
	19~29	460	650		3,000			10	100			12	540			65	
	30~49	450	650		3,000			10	100			12	540			65	
	50~64	430	600		3,000			10	100			12	540			65	
	65~74	410	600		3,000			15	100			12	540			65	
	75 이상	410	600		3,000			15	100			12	540			65	
임신부		+50	+70		3,000			+0	100			+0	540			+0	
수유부		+350	+490		3,000			+0	100			+3	540			+0	

*RRR-α-tocopherol

| 부록 4 | 한국인 영양소 섭취기준 – 수용성 비타민

보건복지부, 2020

성별	연령	비타민 C(mg/일)				티아민(mg/일)				리보플라빈(mg/일)				니아신(mg NE/일)[1]			
		평균필요량	권장섭취량	충분섭취량	상한섭취량	평균필요량	권장섭취량	충분섭취량	상한섭취량	평균필요량	권장섭취량	충분섭취량	상한섭취량	평균필요량	권장섭취량	충분섭취량	상한섭취량 니코틴산/니코틴아미드
영아	0~5(개월)			40				0.2				0.3				2	
	6~11			55				0.3				0.4				3	
유아	1~2(세)	30	40		340	0.4	0.4			0.4	0.5			4	6		10/180
	3~5	35	45		510	0.4	0.5			0.5	0.6			5	7		10/250
남자	6~8(세)	40	50		750	0.5	0.7			0.7	0.9			7	9		15/350
	9~11	55	70		1,100	0.7	0.9			0.9	1.1			9	11		20/500
	12~14	70	90		1,400	0.9	1.1			1.2	1.5			11	15		25/700
	15~18	80	100		1,600	1.1	1.3			1.4	1.7			13	17		30/800
	19~29	75	100		2,000	1.0	1.2			1.3	1.5			12	16		35/1,000
	30~49	75	100		2,000	1.0	1.2			1.3	1.5			12	16		35/1,000
	50~64	75	100		2,000	1.0	1.2			1.3	1.5			12	16		35/1,000
	65~74	75	100		2,000	0.9	1.1			1.2	1.4			11	14		35/1,000
	75 이상	75	100		2,000	0.9	1.1			1.1	1.3			10	13		35/1,000
여자	6~8(세)	40	50		750	0.6	0.7			0.6	0.8			7	9		15/350
	9~11	55	70		1,100	0.8	0.9			0.8	1.0			9	12		20/500
	12~14	70	90		1,400	0.9	1.1			1.0	1.2			11	15		25/700
	15~18	80	100		1,600	0.9	1.1			1.0	1.2			11	14		30/800
	19~29	75	100		2,000	0.9	1.1			1.0	1.2			11	14		35/1,000
	30~49	75	100		2,000	0.9	1.1			1.0	1.2			11	14		35/1,000
	50~64	75	100		2,000	0.9	1.1			1.0	1.2			11	14		35/1,000
	65~74	75	100		2,000	0.8	1.0			0.9	1.1			10	13		35/1,000
	75 이상	75	100		2,000	0.7	0.8			0.8	1.0			9	12		35/1,000
임신부		+10	+10		2,000	+0.4	+0.4			+0.3	+0.4			+3	+4		35/1,000
수유부		+35	+40		2,000	+0.3	+0.4			+0.4	+0.5			+2	+3		35/1,000

비타민 B₆(mg/일)				엽산(μg, DFE/일)[2]				비타민 B₁₂(μg/일)				판토텐산(mg/일)				비오틴(μg/일)			
평균필요량	권장섭취량	충분섭취량	상한섭취량	평균필요량	권장섭취량	충분섭취량	상한섭취량	평균필요량	권장섭취량	충분섭취량	상한섭취량	평균필요량	권장섭취량	충분섭취량	상한섭취량	평균필요량	권장섭취량	충분섭취량	상한섭취량
		0.1				65				0.3				1.7				5	
		0.3				90				0.5				1.9				7	
0.5	0.6		20	120	150		300	0.8	0.9					2				9	
0.6	0.7		30	150	180		400	0.9	1.1					2				12	
0.7	0.9		45	180	220		500	1.1	1.3					3				15	
0.9	1.1		60	250	300		600	1.5	1.7					4				20	
1.3	1.5		80	300	360		800	1.9	2.3					5				25	
1.3	1.5		95	330	400		900	2.0	2.4					5				30	
1.3	1.5		100	320	400		1,000	2.0	2.4					5				30	
1.3	1.5		100	320	400		1,000	2.0	2.4					5				30	
1.3	1.5		100	320	400		1,000	2.0	2.4					5				30	
1.3	1.5		100	320	400		1,000	2.0	2.4					5				30	
1.3	1.5		100	320	400		1,000	2.0	2.4					5				30	
0.7	0.9		45	180	220		500	1.1	1.3					3				15	
0.9	1.1		60	250	300		600	1.5	1.7					4				20	
1.2	1.4		80	300	360		800	1.9	2.3					5				25	
1.2	1.4		95	330	400		900	2.0	2.4					5				30	
1.2	1.4		100	320	400		1,000	2.0	2.4					5				30	
1.2	1.4		100	320	400		1,000	2.0	2.4					5				30	
1.2	1.4		100	320	400		1,000	2.0	2.4					5				30	
1.2	1.4		100	320	400		1,000	2.0	2.4					5				30	
1.2	1.4		100	320	400		1,000	2.0	2.4					5				30	
+0.7	+0.8		100	+200	+220		1,000	+0.2	+0.2					+1.0				+0	
+0.7	+0.8		100	+130	+150		1,000	+0.3	+0.4					+2.0				+5	

[1] 1mg NE(니아신 당량)=1mg 니아신=60mg 트립토판 [2] Dietary Folate Equivalents, 가임기 여성의 경우 400μg/일의 엽산보충제 섭취를 권장함. 엽산의 상한섭취량은 보충제 또는 강화식품의 형태로 섭취한 μg/일에 해당됨.

| 부록 5 | 한국인 영양소 섭취기준 – 다량무기질

보건복지부, 2020

성별	연령	칼슘(mg/일)				인(mg/일)				나트륨(mg/일)			
		평균필요량	권장섭취량	충분섭취량	상한섭취량	평균필요량	권장섭취량	충분섭취량	상한섭취량	필요추정량	권장섭취량	충분섭취량	만성질환 위험 감소 섭취량
영아	0~5(개월)			250	1,000			100				110	
	6~11			300	1,500			300				370	
유아	1~2(세)	400	500		2,500	380	450		3,000			810	1,200
	3~5	500	600		2,500	480	550		3,000			1,000	1,600
남자	6~8(세)	600	700		2,500	500	600		3,000			1,200	1,900
	9~11	650	800		3,000	1,000	1,200		3,500			1,500	2,300
	12~14	800	1,000		3,000	1,000	1,200		3,500			1,500	2,300
	15~18	750	900		3,000	1,000	1,200		3,500			1,500	2,300
	19~29	650	800		2,500	580	700		3,500			1,500	2,300
	30~49	650	800		2,500	580	700		3,500			1,500	2,300
	50~64	600	750		2,000	580	700		3,500			1,500	2,300
	65~74	600	700		2,000	580	700		3,500			1,300	2,100
	75 이상	600	700		2,000	580	700		3,000			1,100	1,700
여자	6~8(세)	600	700		2,500	480	550		3,000			1,200	1,900
	9~11	650	800		3,000	1,000	1,200		3,500			1,500	2,300
	12~14	750	900		3,000	1,000	1,200		3,500			1,500	2,300
	15~18	700	800		3,000	1,000	1,200		3,500			1,500	2,300
	19~29	550	700		2,500	580	700		3,500			1,500	2,300
	30~49	550	700		2,500	580	700		3,500			1,500	2,300
	50~64	600	800		2,000	580	700		3,500			1,500	2,300
	65~74	600	800		2,000	580	700		3,500			1,300	2,100
	75 이상	600	800		2,000	580	700		3,000			1,100	1,700
임신부		+0	+0		2,500	+0	+0		3,000			1,500	2,300
수유부		+0	+0		2,500	+0	+0		3,500			1,500	2,300

성별	연령	염소(mg/일)				칼륨(mg/일)				마그네슘(mg/일)			
		평균필요량	권장섭취량	충분섭취량	상한섭취량	평균필요량	권장섭취량	충분섭취량	상한섭취량	평균필요량	권장섭취량	충분섭취량	상한*섭취량
영아	0~5(개월)			170				400				25	
	6~11			560				700				55	
유아	1~2(세)			1,200				1,900		60	70		60
	3~5			1,600				2,400		90	110		90
남자	6~8(세)			1,900				2,900		130	150		130
	9~11			2,300				3,400		190	220		190
	12~14			2,300				3,500		260	320		270
	15~18			2,300				3,500		340	410		350
	19~29			2,300				3,500		300	360		350
	30~49			2,300				3,500		310	370		350
	50~64			2,300				3,500		310	370		350
	65~74			2,100				3,500		310	370		350
	75 이상			1,700				3,500		310	370		350
여자	6~8(세)			1,900				2,900		130	150		130
	9~11			2,300				3,400		180	220		190
	12~14			2,300				3,500		240	290		270
	15~18			2,300				3,500		290	340		350
	19~29			2,300				3,500		230	280		350
	30~49			2,300				3,500		240	280		350
	50~64			2,300				3,500		240	280		350
	65~74			2,100				3,500		240	280		350
	75 이상			1,700				3,500		240	280		350
임신부				2,300				+0		+30	+40		350
수유부				2,300				+400		+0	+0		350

*식품외 급원의 마그네슘에만 해당

| 부록 6 | 한국인 영양소 섭취기준 – 미량무기질

보건복지부, 2020

성별	연령	철(mg/일)				아연(mg/일)				구리(μg/일)				불소(mg/일)			
		평균필요량	권장섭취량	충분섭취량	상한섭취량	평균필요량	권장섭취량	충분섭취량	상한섭취량	평균필요량	권장섭취량	충분섭취량	상한섭취량	평균필요량	권장섭취량	충분섭취량	상한섭취량
영아	0~5(개월)			0.3	40			2				240				0.01	0.6
	6~11	4	6		40	2	3					330				0.4	0.8
유아	1~2(세)	4.5	6		40	2	3		6	220	290		1,700			0.6	1.2
	3~5	5	7		40	3	4		9	270	330		2,600			0.9	1.8
남자	6~8(세)	7	9		40	5	5		13	360	470		3,700			1.3	2.6
	9~11	8	11		40	7	8		19	470	600		5,500			1.9	10.0
	12~14	11	14		40	7	8		27	600	800		7,500			2.6	10.0
	15~18	11	14		45	8	10		33	700	900		9,500			3.2	10.0
	19~29	8	10		45	9	10		35	650	850		10,000			3.4	10.0
	30~49	8	10		45	8	10		35	650	850		10,000			3.4	10.0
	50~64	8	10		45	8	10		35	650	850		10,000			3.2	10.0
	65~74	7	9		45	8	9		35	600	800		10,000			3.1	10.0
	75 이상	7	9		45	7	9		35	600	800		10,000			3.0	10.0
여자	6~8(세)	7	9		40	4	5		13	310	400		3,700			1.3	2.5
	9~11	8	10		40	7	8		19	420	550		5,500			1.8	10.0
	12~14	12	16		40	6	8		27	500	650		7,500			2.4	10.0
	15~18	11	14		45	7	9		33	550	700		9,500			2.7	10.0
	19~29	11	14		45	7	8		35	500	650		10,000			2.8	10.0
	30~49	11	14		45	7	8		35	500	650		10,000			2.7	10.0
	50~64	6	8		45	6	8		35	500	650		10,000			2.6	10.0
	65~74	6	8		45	6	7		35	460	600		10,000			2.5	10.0
	75 이상	5	7		45	6	7		35	460	600		10,000			2.3	10.0
임신부		+8	+10		45	+2.0	+2.5		35	+100	+130		10,000			+0	10.0
수유부		+0	+0		45	+4.0	+5.0		35	+370	+480		10,000			+0	10.0

성별	연령	망간(mg/일)				요오드(μg/일)				셀레늄(μg/일)				몰리브덴(μg/일)			
		평균필요량	권장섭취량	충분섭취량	상한섭취량	평균필요량	권장섭취량	충분섭취량	상한섭취량	평균필요량	권장섭취량	충분섭취량	상한섭취량	평균필요량	권장섭취량	충분섭취량	상한섭취량
영아	0~5(개월)			0.01				130	250			9	40				
	6~11			0.8				180	250			12	65				
유아	1~2(세)			1.5	2.0	55	80		300	19	23		70	8	10		100
	3~5			2.0	3.0	65	90		300	22	25		100	10	12		150
남자	6~8(세)			2.5	4.0	75	100		500	30	35		150	15	18		200
	9~11			3.0	6.0	85	110		500	40	45		200	15	18		300
	12~14			4.0	8.0	90	130		1,900	50	60		300	25	30		450
	15~18			4.0	10.0	95	130		2,200	55	65		300	25	30		550
	19~29			4.0	11.0	95	150		2,400	50	60		400	25	30		600
	30~49			4.0	11.0	95	150		2,400	50	60		400	25	30		600
	50~64			4.0	11.0	95	150		2,400	50	60		400	25	30		550
	65~74			4.0	11.0	95	150		2,400	50	60		400	23	28		550
	75 이상			4.0	11.0	95	150		2,400	50	60		400	23	28		550
여자	6~8(세)			2.5	4.0	75	100		500	30	35		150	15	18		200
	9~11			3.0	6.0	80	110		500	40	45		200	15	18		300
	12~14			3.5	8.0	90	130		1,900	50	60		300	20	25		400
	15~18			3.5	10.0	95	130		2,200	55	65		300	20	25		500
	19~29			3.5	11.0	95	150		2,400	50	60		400	20	25		500
	30~49			3.5	11.0	95	150		2,400	50	60		400	20	25		500
	50~64			3.5	11.0	95	150		2,400	50	60		400	20	25		450
	65~74			3.5	11.0	95	150		2,400	50	60		400	18	22		450
	75 이상			3.5	11.0	95	150		2,400	50	60		400	18	22		450
임신부				+0	11.0	+65	+90			+3	+4		400	+0	+0		500
수유부				+0	11.0	+130	+190			+9	+10		400	+3	+3		500

실전예상문제

1 건강이란 신체적으로나 정신적으로나 사회적으로도 완전히 양호한 상태라고 정의한 것과 관계 있는 기구는?

① FAO　　　② WHO　　　③ WTO　　　④ UNCTAD

> **해설** 세계보건기구(WHO)는 1946년에 발표한 헌장에서 "건강이란 병이 없거나 허약함이 없는 것만이 아니라 신체적으로나 정신적으로나 사회적으로도 완전히 양호한 상태를 말한다."라고 정의하였다.

2 건강에 대한 의미와 거리가 먼 것은?

① 질병이 없는 소극적인 상태를 의미한다.
② 활력이 넘치는 적극적인 것으로 이해된다.
③ 신체건강뿐만 아니라 지능건강도 포함된다.
④ 생명활동과 더불어 사회활동도 활발하게 이루어지는 것을 뜻한다.

> **해설** 건강은 질병이 없는 소극적인 상태가 아니라 활력이 넘치는 적극적인 것으로서, 신체건강뿐만 아니라 지능건강도 포함하여 생명활동과 더불어 사회활동도 활발하게 이루는 것을 뜻한다.

3 QOL이 의미하는 것은?

① 삶의 경험　　　② 삶의 충족도　　　③ 삶의 질　　　④ 삶의 노력

> **해설** 삶의 질(quality of life : QOL)이란 급격한 사회정세의 변화로 사람이 살아가는 방향을 놓치게 될지 모른다는 불안감을 배경으로, 어떻게 살아가야 할 것인가에 대한 걱정이 심화되면서 구상된 개념이다.

4 서기 2000년까지 모든 사람에게 건강을!이란 표어와 관계 있는 것은?

① 오타와 헌장　　　② 알마아타 선언
③ 세계인권선언　　　④ 유엔헌장

> **해설** WHO는 알마아타(Alma-Ata)선언(1978년)에서 '서기 2000년까지 모든 사람에게 건강을!'이라는 표어를 걸어 1차진료의 개념을 내세웠다.

5 우리 몸에 영양소가 부족하면 나타나는 증상으로 볼 수 없는 것은?

① 저항력이 증가한다. ② 신체의 기능이 약해진다.
③ 병균에 감염되기 쉽다. ④ 질병에 걸린 후에도 쉽게 낫지 않는다.

해설 좋은 영양은 질병예방을 위해서 가장 중요한 요소이다. 우리 몸에 영양소가 부족하면 신체의 기능이 약해져 기력을 잃게 되고, 저항력이 감소되어 병균에 감염되기 쉬우며, 질병에 걸린 후에도 쉽게 낫지 않는다.

6 Calorie control이 의미하는 것은?

① 적절한 식사 ② 식사의 균형
③ 에너지 조절 ④ 다양한 식품 선택

해설 건강 식생활을 위한 A, B, C, D, E
- A : Adequacy of diet(적절한 식사)
- B : Balance in diet(식사의 균형)
- C : Calorie control(에너지 조절)
- D : Diversity in food choice(다양한 식품 선택)
- E : Exercise(운동)

7 다음 중 건강증진을 위하여 필요한 요소로 옳지 않은 것은?

① 스트레스 해소를 위한 음주나 흡연 ② 적당한 활동과 운동
③ 다양한 식품의 선택 ④ 적절한 식사

해설 문제 6번 해설 참조

8 만성 질병 예방을 위한 노력의 내용으로 거리가 먼 것은?

① 균형있는 영양의 섭취 ② 정상체중의 유지
③ 섬유질의 섭취 ④ 충분한 동물성 지방의 섭취

해설 만성질병을 예방하기 위해서는 균형있는 영양을 섭취해서 정상체중을 유지해야 한다. 동물성 지방보다 불포화지방산이 많은 식물성 지방을 섭취하며, 단 것을 적게 먹고 짜게 먹지 않도록 한다.

9 다음의 질병 중 균형있는 식사와 비타민 A를 충분히 먹으면 치료할 수 있는 것은?

① 당뇨병 ② 동맥경화 ③ 빈혈 ④ 야맹증

정답 1.❷ 2.❶ 3.❸ 4.❷ 5.❶ 6.❸ 7.❶ 8.❹ 9.❹

해설 저영양이나 영양결핍증은 식이요법만으로도 치료가 가능한데, 비타민 A가 부족할 경우 야맹증, 시력 상실, 피부염 등이 발생할 수 있다.

10 비타민 A가 주로 들어 있는 급원식품은?

① 녹황색채소　　② 어류　　③ 계란　　④ 효모

해설 비타민 A의 급원식품 : 녹황색채소, 우유 및 유제품

11 칼슘 부족으로 인한 결핍증이 아닌 것은?

① 구루병　　② 골다공증　　③ 기형　　④ 피부염

해설 칼슘부족으로 인한 결핍증 : 성장지연, 기형, 골다공증, 골연화증, 구루병 등

12 다음 중 빈혈의 원인이 되는 영양소는 어느 것인가?

① 비타민 C　　② 철　　③ 칼슘　　④ 비타민 A

해설 철분이 부족하면 빈혈이 발생하는데, 주로 많이 들어 있는 급원식품은 육류, 난류, 녹색채소 등이다.

13 환자에 대한 식단으로 옳지 않은 것은?

① 소화하기 쉬운 음식을 준다.　　② 식단을 단순하게 작성한다.
③ 상차림에 변화를 준다.　　④ 환자의 식습관과 기호를 존중한다.

해설 환자는 소화능력이 약하고 식욕이 떨어져 있으므로 소화하기 쉬운 음식을 주고, 식욕을 증진시키기 위하여 식단을 다양하게 작성한다.

14 다음 중 영양결핍증의 원인으로 볼 수 없는 것은?

① 식품섭취의 부족　　② 식품구매 능력의 감소
③ 대사장애　　④ 운동의 부족

해설 영양결핍증의 원인 : 식품섭취의 부족, 식품구매 능력의 감소, 식품금기나 식품과 영양에 대한 지식의 부족, 대사장애와 질병의 영향

15 체내의 기능을 수행하기 위해 영양소가 필요하게 되는데, 이는 식생활의 어떤 요구와 관련된 것인가?

① 생리적 요구　　② 심리적 요구　　③ 사회적 요구　　④ 습관적 요구

해설 신체를 유지하고 움직이고 활동하기 위해서는 필요한 에너지와 영양소들이 적절히 공급되어야 한다. 체내의 기능을 수행하기 위해 영양소가 필요하게 되면 여러 생리적인 현상이 나타난다.

16 괴혈병은 어떤 영양소의 결핍 때문에 발생하는가?

① 비타민 A　　② 비타민 C　　③ Ca　　④ 비타민 K

해설 잇몸에 쉽게 피가 나거나 괴혈병이 발생하는 것은 비타민 C의 결핍 때문이다.

17 스트레스를 받으면 음식을 더 많이 먹는 것과 관계있는 식생활 요구는?

① 심리적 요구　　② 생리적 요구　　③ 사회적 요구　　④ 습관적 요구

해설 음식을 심리적 보상의 수단으로 이용하는 것은 생리적 요구와는 다른 심리적 요구이다. 즉, 심리적으로 불안하거나 초조하거나 슬플 때, 스트레스를 받을 때 그러한 불안감·초조감·슬픔·스트레스를 잊으려고 음식을 먹는 경우이다.

18 배가 고프지 않더라도 시간이 되어 밥을 먹지 않으면 허전한 기분 때문에 음식을 먹는 식생활 요구는?

① 사회적 요구　　② 습관적 요구　　③ 생리적 요구　　④ 심리적 요구

해설 배가 고파서 또는 목이 말라서 음식을 먹거나 음료를 마시는 것이 아닌 경우, 심리적 보상수단도 아니고 사회적 요구도 아닌 경우, 그저 때가 되면 음식을 먹는 것을 습관적 요구라 할 수 있다. 즉, 배가 고프지 않더라도 시간이 되어 밥을 먹지 않으면 허전한 기분 때문에 음식을 먹기도 한다.

19 다음 중 국민의 건강증진 및 질병예방을 목적으로 에너지 및 각 영양소의 적정섭취량을 나타낸 것을 무엇이라고 하는가?

① 영양소 섭취기준　　② 국민건강 영양지침
③ 성장권장지표　　④ 식사구성 섭취지침

해설 영양소 섭취기준은 국민의 건강증진 및 질병예방을 목적으로 에너지 및 각 영양소의 적정섭취량을 나타낸 것이다.

정답 10.① 11.④ 12.② 13.② 14.④ 15.① 16.② 17.① 18.② 19.①

20 영양소 섭취기준 중 과잉섭취로 인한 유해영향에 대한 근거가 있는 경우 제정하는 것은?

① 권장섭취량
② 평균필요량
③ 충분섭취량
④ 상한섭취량

해설 영양소 섭취기준에는 인체 필요량에 대한 과학적인 근거가 있을 경우에는 평균필요량과 권장섭취량을 제정하고, 근거가 충분하지 않은 경우에는 충분섭취량을 제정하며, 과잉섭취로 인한 유해영양에 대한 근거가 있는 경우에는 상한섭취량을 제정한다.

21 다음 중 2020 영양소 섭취기준에서 나트륨과 관련하여 새롭게 제정된 것은?

① 권장섭취량
② 만성질환 위험 감소를 위한 섭취량
③ 충분섭취량
④ 상한섭취량

해설 만성질환 위험 감소를 위한 섭취량은 건강한 인구집단에서 만성질환의 위험을 감소시킬 수 있는 영양소의 최저수준의 섭취량이다.

22 다음 중 식품군에는 포함이 되나 가능한 섭취량을 줄이도록 하기 위해 식품구성자전거에서는 제외된 것은?

① 곡류
② 채소류
③ 우유·유제품
④ 유지·당류

해설 유지·당류는 식품군에는 포함이 되나 가능한 섭취량을 줄이도록 하기 위해 식품구성자전거에서는 제외된다.

23 다음 중 탄수화물, 단백질, 지방의 에너지 비율로 각각 알맞은 것은?

① 55~65%, 5~10%, 17~40%
② 55~65%, 7~20%, 15~30%
③ 60~65%, 7~20%, 20~30%
④ 60~65%, 12~15%, 15~33%

해설 탄수화물, 단백질, 지방의 에너지 비율은 55~65%, 7~20%, 15~30% 정도를 유지한다.

24 우리나라의 국민 공통 식생활 지침으로 옳지 않은 것은?

① 술자리를 피하자.
② 되도록 혼자 식사한다.
③ 아침밥을 꼭 먹자.
④ 우리 식재료를 활용한 식생활을 즐기자.

해설 국민 공통 식생활 지침
- 쌀·잡곡, 채소, 과일, 우유·유제품, 육류, 생선, 달걀, 콩류 등 다양한 식품을 섭취하자.
- 아침밥을 꼭 먹자.
- 덜 짜게, 덜 달게, 덜 기름지게 먹자.
- 술자리를 피하자.
- 우리 식재료를 활용한 식생활을 즐기자.
- 과식을 피하고 활동량을 늘리자.
- 단 음료 대신 물을 충분히 마시자.
- 음식은 위생적으로, 필요한 만큼만 마련하자.
- 가족과 함께 하는 식사 횟수를 늘리자.

25 다음 중 국민 공통 식생활 지침으로 거리가 먼 것은?
① 다양한 식품을 섭취한다.
② 음식은 남기더라도 충분히 마련한다.
③ 단음료 대신 물을 충분히 마신다.
④ 덜 짜게, 덜 달게, 덜 기름지게 먹는다.

해설 문제 24번 해설 참조

26 바람직한 식행동과 식습관으로 가장 타당한 것은?
① 기호에 치우쳐서 식사를 한다.
② 식욕에 따라 식사를 한다.
③ 값비싼 식재료만으로 구성하여 식사한다.
④ 영양학적인 배려와 문화적 감각에 따라 균형있게 식사를 한다.

해설 바람직하게 먹는 방법이란 기호에 치우치지 않고 영양학적인 배려와 문화적 감각에 따라 균형있는 식사를 하는 것이다.

27 다음의 식행동과 식습관에 대한 설명으로 타당하지 않은 것은?
① 사람마다 식욕의 내용이 다르며 같은 사람에게서도 주변의 조건에 따라 식욕의 내용이 다르다.
② 식습관은 불연속적으로 이루어진다.
③ 부모 교육 수준이 높을수록, 영양과 건강에 관심이 높을수록 좋은 식습관을 보인다.
④ 비합리적인 외식이 누적된다면 소비자의 영양 불균형과 건강장애를 초래할 수 있다.

해설 식습관은 불연속적으로 이루어지는 것이 아니라 서서히 과거의 식습관 위에 누적되는 과정을 거친다.

28 어떤 음식을 먹은 후 소화에 관련하여 받은 불쾌한 경험으로 인하여 그 음식을 다시 먹지 못하게 되는 경우와 관계있는 기호에 영향을 미치는 요인은?

정답 20.④ 21.② 22.④ 23.② 24.② 25.② 26.④ 27.② 28.②

① 식습관 　　　　　　　　　② 심리적 영향
③ 음식에 대한 선택적 경향 　④ 교육적 경험

> **해설** 기호는 심리적 영향을 받기 쉽다. 어떤 음식을 먹은 후 소화에 관련하여 받은 불쾌한 경험은 그 음식을 다시 먹지 못하게 막으며 그 음식에 대한 기호를 손상시킨다. 또한 과거에 먹은 경험은 기호에 큰 영향을 준다. 임신했을 때나 병에 걸렸을 때에는 기호가 바뀌는 경우가 많다.

29 식행동과 식습관에 영향을 주는 요소로 가장 거리가 먼 것은?
① 식욕 　　　　　　② 기호
③ 사회경제적 환경 　④ 인종

> **해설** 식행동과 식습관에 영향을 주는 요소 : 기호, 식욕, 식습관, 사회경제적 환경, 가공식품과 외식산업의 발달

30 다음 중 한식 식사 시 주의해야 할 점으로 볼 수 없는 것은?
① 식사할 때는 팔꿈치를 상에 올려놓지 않는다.
② 입 속에 음식을 넣을 때는 적당한 양을 넣어 씹을 수 있도록 하며, 입 속에 음식을 넣고 말을 하지 않는다.
③ 김치국물이나 국 국물을 마실 때는 숟가락으로 떠서 마시되, 후루룩 소리를 내지 않는다.
④ 음식을 다 먹은 후에는 숟가락을 왼편에 가지런히 놓는다.

> **해설** 음식을 다 먹은 후 숟가락을 오른편에 가지런히 놓는다.

31 양식의 식사예절 중 옳지 않은 것은?
① 식탁에 앉을 때에는 의자의 오른편으로 들어가 앉는다.
② 포크와 나이프는 바깥쪽에서부터 차례로 사용한다.
③ 물컵이나 술잔은 오른손으로 든다.
④ 스프는 스푼을 안쪽에서 바깥쪽으로 떠서 소리가 나지 않게 마신다.

> **해설** 식탁에 앉을 때에는 의자의 왼편으로 들어가 앉고, 의자를 식탁 가까이 끌어 당겨서 자세를 바르게 한다. 자리에 앉으면 양편과 맞은편 손님에게 가벼운 인사를 하고 주빈에 뒤따라서 냅킨을 무릎 위에 편다.

정답 29.④ 30.④ 31.①

주관식

1 WHO에서 제시한 건강의 정의를 쓰시오.

2 영양결핍증의 원인을 3가지 이상 쓰시오.

3 영양소 섭취기준의 의미를 설명하시오.

4 식품구성자전거가 표현하고 있는 의미를 쓰시오.

Answer

1 건강이란 병이 없거나 허약함이 없는 것만이 아니라 신체적으로나 정신적으로나 사회적으로도 완전히 양호한 상태를 의미한다.

2 식품 섭취의 부족, 식품 구매 능력의 감소, 식품 금기나 식품과 영양에 대한 지식의 부족, 대사 장애와 질병의 영향

3 영양소 섭취기준은 국민의 건강증진 및 질병예방을 목적으로 에너지 및 각 영양소의 적정 섭취량을 나타낸 것이다.

4 다양한 식품을 매일 필요한 만큼 섭취하여 균형잡힌 식사를 유지하며, 규칙적인 운동으로 건강을 지켜나갈 수 있다는 것을 표현한다.

5 식행동과 식습관에 영향을 주는 요소를 3가지 이상 쓰시오.

6 국민공통식생활지침을 3가지 이상 쓰시오.

Answer

5 기호, 식욕, 식습관, 사회경제적 환경, 가공식품과 외식산업의 발달

6
- 쌀·잡곡, 채소, 과일, 우유·유제품, 육류, 생선, 달걀, 콩류 등 다양한 식품을 섭취하자.
- 아침밥을 꼭 먹자.
- 과식을 피하고 활동량을 늘리자.
- 덜 짜게, 덜 달게, 덜 기름지게 먹자.
- 단 음료 대신 물을 충분히 마시자.
- 술자리를 피하자.
- 음식은 위생적으로, 필요한 만큼만 마련하자.
- 우리 식재료를 활용한 식생활을 즐기자.
- 가족과 함께 하는 식사 횟수를 늘리자.

제1부 건강과 영양

02 식생활의 변화와 건강양식

단원 개요

현대사회의 식생활은 경제수준의 향상, 식품가공산업과 외식산업의 발달, 교통·통신의 발달, 대중매체와 광고의 영향 등에 의해서 크게 변화되고 있다. 곡류와 식물성 식품 위주의 전통적 식생활에서 벗어나, 동물성 식품의 증가가 식품 공급과 섭취면에서 나타나고 있으며, 가공식품 이용과 외식이 증가하고 있다.
이 단원에서는 현대사회의 식생활, 식생활의 변화, 질병발생과 평균수명에 대하여 자세히 살펴보기로 한다.

출제 경향 및 수험 대책

이 단원에서는 현대사회의 식생활에 영향을 미치는 요인인 가공식품의 발달·외식산업의 확대·가공법의 발달·인터넷 발달·경제수준 향상과 소비 증가, 식품 공급과 섭취의 변화, 식생활과 수명의 관계, 질병발생의 변화 등에 대해서 묻는 문제들이 출제될 수 있는 바, 자세하고 철저한 학습이 요구된다.

2

01 현대사회의 식생활

현대사회는 산업의 발달과 경제수준의 향상, 인구의 도시화, 교통·통신의 발달, 고령화 등의 특징을 가지고 있으며, 가정의 식생활도 크게 변화되고 있다.

1 가공식품의 발달

① 과거의 식생활은 주로 식품 원재료를 구입하여 가정에서 조리하여 먹는 형태였으나, 산업화의 진행에 따라 각 가정에서 담가 먹던 것으로만 생각하던 장, 김치, 젓갈을 사다 먹는 비율이 늘어나는 등 가공식품에 대한 의존도가 높아지게 되었다.

② 가공식품은 손쉽게 먹거나 오래 저장하기 위해 농산물·축산물, 수산물 등의 재료와 첨가물을 이용해 만든 식품이다. 좁은 의미에서 천연상태의 모양을 바꾸고 다른 재료를 첨가하여 취식성·소화성·기호성·저장성·취급의 간편성을 증진시킨 식품을 말한다.

③ 가공식품에는 가공 저장 식품, 인스턴트 식품, 강화식품 등이 있다. 인스턴트 식품은 식품을 일단 가공하여 손쉽게 조리할 수 있는 형태로 만든 것이고, 강화식품은 영양소를 보충해서 영양가를 높인 것이다.

④ 가공식품의 발달과정
  ㉠ 1960년대 : 제과, 제빵, 라면 등의 밀가루 제품업의 발달
  ㉡ 1970년대 : 유가공업, 청량음료 가공업의 발달
  ㉢ 1980년대 : 햄·소시지 등의 육가공업의 발달
  ㉣ 1990년대 : 배달 도시락, 김밥 같은 식품과 완제식품 시장의 확대
  ㉤ 2000년 이후 : 인스턴트 식품, 웰빙 식품 등의 발달

⑤ 분주한 현대생활에 간편한 식사, 자원의 효용, 위생적인 처리 등의 장점을 가지고 있어서 가공식품은 날로 증가하고 있다. 특히 요즈음에는 반가공식품·완제품 등 다양하게 가공되어 소비자가 원하는 대로 선정할 수 있다.

2 외식산업의 발달

① 산업화와 여성의 사회진출 증가, 맞벌이 부부의 증가, 1인 세대 증가, 대중매체의 발달, 경제수준 향상 등에 따라 외식수요를 크게 증가시켰다.

② 다양한 종류의 외식 체인점이 증가하고 외식산업의 발전이 가속화됨에 따라 직장인과 학생들의 점심이 매식이나 급식에 의존하는 비율이 크게 증가하였고, 가족 전체의 외식도 점차 증가되어 전체 가계비 중 외식비가 차지하는 비율이 증가되고 있다.

③ **패스트푸드점 이용** : 국민의 영양적 불균형 초래를 우려하게 되었고, 특히 성장기 어린이와 청소년들의 바른 식습관 형성을 위해 올바른 식생활 교육에 대한 요구가 증대하고 있다.

추가 설명

가정간편식(HMR, Home Meal Replacement)
조리방법이 간단한 가정 대체 식품을 말하는 것이다. 인구고령화, 여성의 사회 진출 등으로 결혼적령기가 늦춰지며 1인 가구가 급증하면서 간편식은 더욱 증가 추세에 있다.

- RTE(Ready To Eat) : 구매 시 이미 모든 조리가 다 끝나 있어 바로 섭취하면 되는 식품
- RTH(Ready To Heat) : 이미 조리가 되어 있긴 하지만 집에서 섭취 시에 간단히 데워먹기만 하면 되는 식품(냉동피자).
- RTC(Ready to Cook) : 음식을 쉽게 요리할 수 있도록 필요한 재료들을 소포장한 식품

추가 설명

유통시장 확대와 식품공업 발달
- 다양한 가공식품의 공급을 가능하게 하여 우리의 식사양식을 전환시키는 획기적인 계기가 되고 있다.
- 사회가 다양화되고 전문화됨에 따라 여성의 사회진출이 증가하고, 식생활에 필요한 노동과 시간의 질곡에 대한 욕구로 인해 가공식품의 이용률은 더욱 증대될 것이고, 따라서 가공식품의 이용증대는 우리의 식생활 문화를 새롭게 전개시킬 것이다.

3 대중매체 산업과 광고의 영향

① 아동이나 부모들에게 TV, 인터넷 등의 대중매체와 각종 광고 등의 정보의 영향은 전문적인 영양교육의 영향보다 훨씬 크다.
② 매체나 광고를 통해 잘못 보도된 영양정보나 광고는 바로잡을 수 없을 만큼 영향력이 크기 때문에 사전에 이를 모니터링하고 올바른 정보를 제공하도록 하여야 한다.
③ 식품광고나 연속극, 인터넷의 다양한 프로그램의 먹는 장면은 국민의 심신건강 측면에서 관심을 가질 때이다.

4 경제수준 향상과 소비 증가

① 급속한 경제발전과 핵가족화, 주거양식의 변화는 과거 양적인 충족에 의존하던 식생활로부터 질적 향상을 추구하는 식생활로 전환하였으며, 식생활의 서구화를 가져왔고, 가공식품과 외식산업의 발전이 이루어졌다. 보다 풍요로운 식생활을 영위하게 되면서 식량부족에 의한 영양결핍증은 크게 감소하였으나, 영양과잉에 의한 비만이 나타나기 시작했고 당뇨병, 고지혈증, 고혈압과 같은 성인병이 많아졌다.
② 소아 성인병의 증가
  ㉠ 많은 경우 성인의 고혈압은 유년기에 그 기원을 두며, 외견으로는 건강해보이지만 중등도의 고혈압을 가진 어린이의 경우에 본태성 고혈압이 현저하다.
  ㉡ 우리나라에서도 햄버거와 피자 등 패스트푸드를 즐겨 찾는 서구식 식생활이 보편화되면서 성인병에 걸리는 어린이들이 증가하고 있다.

> **추가 설명**
> **서구형 식생활의 영향**
> - 우리 민족문화 속에서 자라온 전통식품과 그 생활패턴을 변화시키고 사라지게 하였고, 대량생산, 대량소비 풍조 속에서 어느 도시에서나 같은 음식이 소비되고 각 지방마다 특색있는 향토음식이 사라지고 있어 식생활의 지역성이 희박해지고 있다.
> - 국적 불명의 기계화된 특정 맛에 우리 고유의 전통적인 맛이 매몰되고, 음식문화의 지역적 특색이 사라지고 있다.

02 식생활의 변화

우리나라의 식생활은 전통적으로 특히 쌀을 위주로 한 곡류, 채소류, 어패류 등을 중심으로 이루어져 왔지만 최근에는 국민경제의 성장과 함께 주식량인 쌀의 소비가 점차 감소되는 반면 육류·유지류·당류 등의 소비는 증가되고 있다.

1 식품 소비량의 변화

① 소득수준이 낮았던 시대 : 적은 비용으로 일상활동에 필요한 에너지를 섭취할 수 있는 곡류, 감자류 등 당질식품의 소비가 많았으며, 양 위주의 식품소비패턴을 보였다.
② 소득수준이 향상된 시대 : 식품소비에서도 양보다는 질을 중시하게 되어, 품목별로는 육류, 우유류, 어패류 등 단백질식품의 소비가 크게 증가하였다.

2 식품 섭취량의 변화

우리나라 국민의 건강과 영양 상태를 파악하기 위하여 보건복지부는 해마다 국민건강영

> **추가 설명**
> **식생활의 전망**
> - 유기농 식품에 대한 선호도 증가
> - 로컬 푸드의 녹색 식생활운동의 확산
> - 건강에 좋은 맞춤형 식사에 대한 정보 제공 서비스의 가능
> - 우리 음식의 퓨전화와 한식의 세계화
> - 영양성분 등의 의무적 표시범위 확대

> **추가 설명**
>
> **국민건강영양조사**
> - **의의** : 국민건강증진법에 근거하여 검진조사, 건강설문조사, 영양조사를 통해 국민의 건강 및 영양 상태를 파악하고, 작성된 데이터는 통계절차를 거쳐 제공된다.
> - **실시 목적** : 국민건강영양조사는 국민의 건강 및 영양 상태에 관한 현황 및 추이를 파악하여 정책적 우선순위를 두어야 할 건강취약집단을 선별하고, 보건정책과 사업이 효과적으로 전달되고 있는지를 평가하는데 필요한 통계를 산출한다. 실시목적에 따른 세부목표는 다음과 같다.
>   - 국민건강증진종합계획의 목표지표 설정 및 평가 근거 자료 산출
>   - 흡연, 음주, 영양소 섭취, 신체활동 등 건강위험행태 모니터링
>   - 주요 만성질환 유병률 및 관리현황(인지율, 치료율, 조절률 등) 모니터링
>   - 질병 및 장애에 따른 삶의 질, 활동 제한, 의료이용 현황 분석
>   - 국가 간 비교 가능한 건강지표 산출

양조사를 실시하여 왔다.

① 식품섭취량에서 곡류, 채소류, 음료류 등의 섭취량이 상대적으로 높았고, 곡류, 감자·전분류, 채소류 등의 섭취는 줄고 육류와 우유류 섭취량이 상대적으로 증가하였다.
② 과일류 섭취량은 소득수준에 따른 차이가 큰데 소득수준 하위군의 섭취량은 상위군의 섭취량보다 적다.
③ 나트륨 섭취량은 꾸준한 감소세를 보이나 여전히 섭취량이 다른 나라에 비해 높은 편이다.
④ 식습관 영역에서는 아침식사 결식률 증가, 가족 동반 식사율 감소 등을 보이며, 식이보충제 경험 비율이 증가했다.

03 질병발생과 평균수명

1 질병구조의 변화

① 우리나라의 질병구조의 변화
　㉠ 1950년대 : 폐렴·기관지염·설사·장염·결핵 등의 전염성 질환에 의한 사망이 많았다.
　㉡ 1970년대 이후 : 암·뇌혈관성 질환·고혈압성 질환·폐순환계 질환 및 기타 심질환이 상위를 차지하게 되었다.
　㉢ 2000년 이후 : 악성신생물(암), 심장 질환, 폐렴, 뇌혈관 질환 등이 상위를 차지하고 있다.

② 주요 사인의 사망률 추이
　㉠ 2009년 10대 사인은 악성신생물, 뇌혈관 질환, 심장 질환, 자살, 당뇨병, 운수사고, 만성하기도 질환, 간질환, 폐렴, 고혈압성 질환 순이다.
　㉡ 2019년 10대 사인은 악성신생물(암), 심장 질환, 폐렴, 뇌혈관 질환, 고의적 자해(자살), 당뇨병, 알츠하이머, 간 질환, 만성 하기도 질환, 고혈압성 질환 순이다. 사망자의 27.5%가 암으로 사망했으며 폐암이 가장 많고 이어 간암, 대장암, 위암, 췌장암 순이다.

| 표 2-1 | 한국인의 5대 사인

순위	1979년	1990년	2006년	2010년	2019년
1	뇌혈관 질환	암	악성신생물(암)	악성신생물(암)	악성신생물(암)
2	암	뇌혈관 질환	뇌혈관 질환	뇌혈관질환	심장질환
3	순환기 질환	심장질환	심장질환	심장질환	폐렴
4	고혈압	교통사고	당뇨병	자살	뇌혈관질환
5	사고	고혈압성 질환	고의적 자해(자살)	당뇨병	고의적 자해(자살)

③ 의약품의 개발과 의료전달체계의 개선 그리고 특히 식생활의 변화로 감염성 질병은 감소되는 데 반하여, 만성질환은 점차로 증가되고 있다.

2 인구통계와 기대수명(평균수명)

① 한국의 총인구 : 2019년 기준 총인구수는 약 4,868만명 정도이다.
② 65세 이상의 인구 : 2011년 65세 이상 비율이 11.0%였고, 2019년에는 14.9%이다.
③ 기대수명(평균수명)
  ㉠ 2019년 출생아 기대수명(남녀 전체)은 83.3년이다.
  ㉡ 우리나라의 기대수명은 OECD 평균보다 높으며, 2018년 출생아(남녀 전체)의 유병기간을 제외한 기대수명은 64.4년, 주관적으로 건강하다고 생각하는 기대수명은 69.0년이다.

| 표 2-2 | 기대수명 추이

지표	2013	2014	2015	2016	2017	2018	2019
기대수명(년)	81.4	81.8	82.1	82.4	82.7	82.7	83.3
기대수명(남)(년)	78.1	78.6	79.0	79.3	79.7	79.7	80.3
기대수명(여)(년)	84.6	85.0	85.2	85.4	85.7	85.7	86.3

추가 설명

식생활과 건강

- 개인과 가족의 건강은 생물학적 특성, 생활양식, 사회경제적 여건, 지역사회 여건, 국가 정책 및 문화적 특성에 의해 영향을 받는다.
- 우리나라 국민의 사망원인이 되는 질병은 지난 40여 년 사이에 급성감염성 질환에서 만성 질환으로 변화되어 왔다. 그 결과 사망원인 중 식생활 인자와 관련이 있는 암, 뇌혈관 질환, 심장질환, 당뇨로 인한 사망이 크게 증가하였다.
- 만성 질환을 예방하고 건강을 유지하기 위해서는 열량을 적절히 섭취하고, 포화지방과 나트륨의 섭취를 줄이며, 채소와 과일을 충분히 섭취하는 등 과학적인 식생활을 영위하는 것이 특히 중요하다.

추가 설명

기대수명

0세 출생자가 향후 생존할 것으로 기대되는 평균 생존년수이다.

실전예상문제

1 다음 중 가공식품이나 외식산업 발달의 배경으로 거리가 먼 것은?
① 맞벌이 부부 증가
② 인구의 지방 분산
③ 1인 가구 증가
④ 여성의 사회진출 증가

해설 가공식품이나 외식산업 발달 배경 : 맞벌이 부부 증가, 1인 가구 증가, 여성의 사회진출 증가, 대중매체 발달, 경제수준 향상

2 현대사회의 식생활에 영향을 주는 요인이 아닌 것은?
① 가공식품의 발달
② 외식산업의 확대
③ 인터넷의 발달
④ 전통산업의 발달

해설 현대사회의 식생활에 영향을 주는 요인 : 가공식품의 발달, 외식산업의 확대, 운송 및 가공법 등의 발달, 대중매체 산업과 광고의 영향, 인터넷의 발달, 경제수준의 향상과 소비증가 등

3 다음 중 조리 방법이 간단한 가정 대체 식품을 말하는 것은?
① PERT
② GI
③ HMR
④ CPM

해설 가정간편식(HMR, Home Meal Replacement)이라고 한다.

4 우리나라의 외식이 크게 증가하고 있는데, 이러한 식생활 변화에 영향을 가장 적게 주는 것은?
① 유전적 요소
② 경제 수준 향상과 소비 증가
③ 대중매체 발달
④ 외식산업의 발달

해설 현대사회는 산업의 발달과 경제수준의 향상, 대중매체 발달, 1인 가구 증가, 맞벌이 부부 증가 등에 따라 가정의 식생활도 크게 변화되고 있다. 식품산업의 발달과 외식산업의 발달 및 증가는 우리의 식생활과 건강에 큰 영향을 주고 있다.

5 유통시장의 확대 및 식품공업의 발달로 인하여 나타난 현상이 아닌 것은?
① 우리의 식사양식을 전환시키는 계기가 되었다.

② 식생활에 필요한 노동과 시간의 절약에 대한 욕구가 증가하고 있다.
③ 손수 집에서 특별식을 준비하여 먹는 것을 취향이나 개성창출의 기회로 생각하는 것은 사라질 것이다.
④ 가공식품의 이용률은 더욱 확대될 것이다.

해설 대량생산, 대량소비 풍조 속에서도 한편에서는 손으로 직접 만들고 손수 집에서 특별식을 준비하여 먹는 것을 하나의 취향이나 개성창출의 기회로 생각하는 추세도 끊임없이 병행되고 있다.

6 외식산업의 확대로 인하여 기대하기 어려운 것은?
① 다양한 종류의 외식 체인점의 증가
② 매식이나 급식에 의존하는 비율의 증가
③ 전체 가계비 중 외식비가 차지하는 비율의 증가
④ 균형있는 영양의 공급

해설 간편성, 경제성 때문에 점차 증가되는 패스트푸드점 이용은 국민의 영양적 불균형 초래를 우려하게 되었고, 특히 성장기 어린이와 청소년들의 바른 식습관 형성을 위해 올바른 식생활 교육에 대한 요구도 증대하고 있다.

7 다음 중 현대사회 식생활과 관련된 설명으로 타당하지 않은 것은?
① 가공식품에 대한 의존도가 증가하고 있다.
② 패스트푸드점의 이용 증가는 영양적 불균형을 초래할 수 있다.
③ 서구형 식생활의 영향으로 민족문화 속에서 자라온 전통식품과 그 생활패턴을 변화시키고 사라지게 했다.
④ TV, 인터넷 등의 대중매체는 항상 올바른 영양정보를 제공한다.

해설 TV, 인터넷 등의 잘못 보도된 영양정보는 영향력이 크기 때문에 사전에 모니터링하고 올바른 정보를 제공하도록 노력해야 한다.

8 현대 사회 경제수준 향상과 소비 증가가 식생활에 미친 영향으로 옳지 않은 것은?
① 고혈압, 동맥경화증 등의 질환이 감소하였다.
② 식량부족에 따른 영양결핍증이 감소하였다.
③ 우리나라에서도 서구식 생활이 보편화되면서 성인병이 많아졌다.
④ 가공식품과 외식산업이 발전하였다.

해설 당뇨병, 고지혈증, 고혈압 등 성인병이 많아졌다.

정답 1.❷ 2.❹ 3.❸ 4.❶ 5.❸ 6.❹ 7.❹ 8.❶

9 최근 국민경제의 성장과 함께 그 소비가 점차 감소하고 있는 것은?

① 육류의 소비   ② 당류의 소비
③ 유지류의 소비   ④ 쌀의 소비

해설 우리나라의 식생활은 전통적으로 특히 쌀을 위주로 한 곡류, 채소류, 어패류 등을 중심으로 이루어져 왔지만 최근에는 국민경제의 성장과 함께 주식량인 쌀의 소비가 점차 감소되는 반면에, 육류 · 유지류 · 당류 등의 소비는 증가되고 있다.

10 다음 중 우리나라 식생활에 대한 전망으로 거리가 먼 것은?

① 유기농 식품에 대한 선호도 증가
② 로컬푸드의 녹색 식생활운동의 확산
③ 건강에 좋은 맞춤형 식사에 대한 정보 제공 서비스의 가능
④ 영양성분 등의 의무적 표시범위 축소

해설 식생활 전망 : 유기농 식품에 대한 선호도 증가, 로컬 푸드의 녹색 식생활운동의 확산, 건강에 좋은 맞춤형 식사에 대한 정보 제공 서비스의 가능, 우리 음식의 퓨전화와 한식 세계화, 영양성분 등의 의무적 표시범위 확대

11 다음 중 수송과정에서 발생하는 환경오염을 방지하기 위해 가능한 가까운 곳에서 생산된 농산물을 사용하고자 하는데, 이런 농산물을 무엇이라 하는가?

① 컬러 푸드   ② 로컬 푸드
③ HMR   ④ 그린 푸드

해설 로컬 푸드 : 수송과정에서 발생하는 환경오염을 방지하기 위해 가능한 가까운 곳에서 생산된 농산물을 사용하고자 하는 농산물이다.

12 다음 중 로컬 푸드(local food)의 장점이 아닌 것은?

① 신선도 면에서 우수할 가능성이 높다.   ② 수송거리가 짧다.
③ 신토불이 정신에 부합하는 측면이 있다.   ④ 안전성이 항상 높다.

해설 로컬 푸드의 장점
- 신선도 면에서도 우수할 가능성이 높다.
- 수송거리가 짧다.
- 신토불이 정신에 부합하는 측면이 있다.
- 안전성이 우수할 가능성이 높다.

13 한국인의 사인 중 2019년 가장 많은 비중을 차지한 것은?

① 교통사고　　　　　　　　　② 자살
③ 뇌혈관 질환　　　　　　　　④ 암

해설 한국인의 5대 사인

순위	1979년	1990년	2006년	2010년	2019년
1	뇌혈관 질환	암	악성신생물(암)	악성신생물(암)	악성신생물(암)
2	암	뇌혈관 질환	뇌혈관 질환	뇌혈관질환	심장질환
3	순환기 질환	심장질환	심장질환	심장질환	폐렴
4	고혈압	교통사고	당뇨병	자살	뇌혈관질환
5	사고	고혈압성 질환	고의적 자해(자살)	당뇨병	고의적 자해(자살)

14 2019년 출생아 기대수명(평균수명)으로 옳은 것은?

① 75.2년　　　　　　　　　　② 83.3년
③ 85년　　　　　　　　　　　④ 90년

해설 2019년 남녀 출생아 기대수명은 83.3년이다. 남자는 80.3년, 여자는 86.3년이다.

정답　9.④　10.④　11.②　12.④　13.④　14.②

주관식

1 현대사회에서 식생활의 변화와 이에 영향을 주는 요인들을 3가지 이상 쓰시오.

2 과거에 비해 현대에 와서 식생활 변화에 따른 질병발생에서 특기할 만한 사항에 대하여 쓰시오.

3 로컬 푸드(local food)의 장점을 3가지 이상 쓰시오.

4 기대수명의 의미를 설명하시오.

Answer

1 경제수준 향상과 소비 증가, 인구의 도시집중화 등과 함께 가공식품의 발달, 외식산업의 확대, 대중매체 산업과 광고의 영향 및 인터넷 발달 등

2 항생물질을 비롯한 의약품의 개발과 의료전달 체계의 개선, 그리고 특히 식생활의 변화로 전염성 질병은 감소되는 데 반하여 만성질환이 점차로 증가되고 있다.

3
- 신선도 면에서도 우수할 가능성이 높다.
- 수송거리가 짧다.
- 신토불이 정신에 부합하는 측면이 있다.
- 안전성이 우수할 가능성이 높다.

4 기대수명이란 0세 출생자가 향후 생존할 것으로 기대되는 평균 생존년수이다.

제1부 건강과 영양

03 영양소의 종류와 체내작용

 단원 개요

인간이 섭취하는 식품에는 탄수화물·지방·단백질·수분·비타민·무기질 등의 영양성분, 섬유질 성분과 펙틴질, 색소성분, 맛성분, 향기성분 등 여러 가지 물질이 들어 있다. 이러한 성분 중에서 인간의 신체건강을 유지하는 데 필요하며 몸 안에서 합성되지 않거나 합성량이 충분하지 않은 성분을 영양소라 한다. 이러한 영양소들이 결핍되면 결핍증상이 나타나며, 다시 섭취하였을 때에는 결핍증상이 회복되는 것을 볼 수 있다.

이 단원에서는 영양소의 중요성, 탄수화물·지방·단백질, 비타민·무기질·수분에 대하여 자세히 살펴보기로 한다.

 출제 경향 및 수험 대책

이 단원에서는 식품과 영양소 섭취의 중요성, 영양소가 우리 몸에 필요한 이유, 우리나라 식이에서 탄수화물과 지방의 중요성 및 체내작용, 특히 식이섬유질이 식품으로서 중요한 이유와 필수지방산을 식품으로 꼭 섭취해야 하는 이유, 지단백질의 체내작용, 단백질의 특성과 체내작용 및 급원식품, 무기질과 수분의 중요성과 급원식품, 비타민의 중요성과 급원식품 등에 대해서 묻는 문제들이 출제될 수 있는 바, 자세하고 철저한 학습이 요구된다.

3

01 영양소의 중요성

1 영양소의 일반적 작용

(1) 몸의 구성물질

① 몸은 영양소에 의해 만들어지며, 그 영양소는 우리가 매끼 먹고 있는 음식물에서 얻을 수 있다.

② 사람은 정자와 난자가 만나서 생성된 수정란이 분열·증식하여 형성된 것이지만, 신체의 조성과 체격은 수정란이 형성될 때 유전인자와 성장과정에서의 영양상태에 의해 좌우된다.

(2) 에너지 공급원

① 영양소 중에서 탄수화물, 단백질, 지방 등 유기 물질은 우리 몸 속에서 서서히 연소하여 열을 발생시킨다.

② 에너지는 대부분 활동에너지와 체온 유지를 위한 열에너지로 사용된다. 또한 일부는 전기 에너지로 전환되어 뇌와 신경 활동을 원활하게 하고 기계 에너지(근육의 수축·이완 작용을 함), 전기화학 에너지(삼투압을 조절함), 전자 및 빛 에너지(시력의 명암 조절로 낮과 밤에 물체를 볼 수 있음) 등으로도 전환되어 일을 할 수 있도록 한다.

(3) 생리적 기능 조절

비타민이나 무기질과 같은 영양소의 결핍으로 인하여 에너지가 우리 몸 속에서 완전 연소하지 못하고 불완전 연소하거나, 영양소들이 제대로 잘 이용되지 못하면 건강에 나쁜 영향이 온다. 생리적 조절 작용을 하는 영양소가 부족할 경우에는 우리 몸도 기능이 원활하지 않거나 병이 날 수 있다.

> **참고** 영양소의 소화와 흡수
>
> 우리가 섭취하는 음식물 속의 탄수화물, 단백질, 지방은 분자의 크기가 커서 몸 안으로 바로 흡수될 수 없다. 따라서 영양소가 몸 안으로 흡수되려면 작은 분자로 분해되어야 한다. 이처럼 영양소가 우리 몸에 흡수될 정도의 작은 분자로 분해되는 과정을 소화라고 한다. 소화 과정을 거쳐 탄수화물은 포도당으로 분해되고, 단백질은 아미노산으로 분해되며, 지방은 지방산과 모노글리세리드로 분해되어 몸 안으로 흡수된다. 분해된 영양소는 소장의 융털을 통해 몸 속으로 흡수된다. 비타민과 무기 염류는 크기가 작아 소화과정을 거치지 않고 바로 몸 속으로 흡수된다.

추가 설명

영양소의 의미

영양소란 식품의 성분 중 체내에서 영양적인 작용을 하는 유효 성분으로 우리 몸을 만들고 에너지를 제공하며, 몸의 생체 기능을 조절하는 것으로 우리가 식품을 먹는 것은 건강의 모든 단계에서 중요한 역할을 한다. 우리 몸의 건강을 지키기 위해 반드시 섭취해야 하는 영양소로는 탄수화물, 단백질, 지방의 3대 영양소와 비타민, 무기질 그리고 물 등이 있다.

추가 설명

영양소의 기능과 역할

많은 영양소들은 그 구조와 성질 및 기능에 따라 여섯 개의 영양소로 크게 구분할 수 있다. 이 중 세 가지는 신체에 에너지를 제공하는 것으로서 탄수화물, 지방, 단백질, 특히 탄수화물과 지방(지질)이 에너지의 주된 영양원이 된다. 다른 세 가지 영양소는 무기질, 비타민과 물로서 위의 영양소들처럼 에너지를 주지는 못하나 신체에 꼭 필요한 영양소들이다.

2 균형 있는 영양소 섭취의 중요성

① 식품에 함유된 탄수화물, 단백질, 지방을 소화시키는 효소는 모두 단백질로 구성되어 있으므로 탄수화물이나 지방을 충분히 섭취하더라도 단백질이 장기간 결핍되면 이들을 소화시키는 효소의 양이 줄어들어 소화능력이 감소된다.
② 체세포 내에서 영양소의 대사에 작용하는 대부분의 효소들은 단백질 효소와 비단백질 조효소[비타민 B군인 B_1(티아민), 니아신, B_2(리보플라빈)]가 결합되어야만 기능을 발휘할 수 있다.
③ 효소 중에는 조효소는 아니지만 철(Fe), 마그네슘(Mg), 구리(Cu), 망간(Mn), 아연(Zn) 등과 같은 금속원소인 무기질이 있어야만 활성화되는 것이 있다.

02 탄수화물 · 지방 · 단백질

1 탄수화물

(1) 탄수화물의 종류

포도당, 과당과 같은 단당류, 설탕 · 맥아당 같은 단당류가 2개 결합된 이당류, 전분 · 섬유소와 같이 단당류가 수천 개 결합된 다당류가 있다.

① 포도당, 과당, 갈락토오스
   ㉠ 포도당
   - 영양상 가장 중요한 단당류로서, 전분이나 글리코겐, 설탕과 젖당(유당) 등이 소화되거나 분해되어 생성된다.
   - 과일 · 채소 · 꿀 · 엿 등에 다량 함유되어 있으며, 포도당은 그대로 흡수되어 빠르게 효율적으로 이용되는 영양소로서 수술환자, 극도로 피로한 사람에게 주사하거나 마시게 하면 쉽게 회복될 수 있다.
   ㉡ 과당 : 과일과 꿀 등에 다량 함유되어 있으며 자연으로 존재하는 당 중에서 가장 달아서 설탕과 함께 감미료로 사용되고 있다.
   ㉢ 갈락토오스 : 사람이나 젖소, 양 등의 유즙에 함유된 단당류로서, 포도당과 결합된 젖당의 형태로 되어 있다. 특히 뇌에 다량 함유되어 있는 물질로, 뇌의 성장에 필수적인 작용을 한다.
② 자당, 맥아당, 젖당
   ㉠ 자당(설탕) : 사탕수수의 줄기, 사탕무, 과일 속에 다량 들어 있으며, 소장에서 쉽게 포도당과 과당으로 소화되어 흡수된다.
   ㉡ 맥아당 : 곡식의 싹이나 당화한 곡류와 곡류제품, 우유와 맥주 등에 들어 있다.
   ㉢ 젖당(유당) : 포유동물의 유즙에 있으며, 포도당과 갈락토오스로 소화되어 흡수된다.

추가 설명

인체와 에너지
인체는 에너지 섭취량과 소모량의 균형을 통하여 항상성을 유지하는데, 에너지 소비량에 비해 섭취량이 부족하면 체중이 감소하고, 소비량에 비해 섭취량이 많으면 잉여 에너지가 체지방의 형태로 저장된다.

추가 설명

기초대사량 측정 방법
마지막 식사 후 12~14시간이 지난 보통 아침 식사 전의 공복 상태에서 눈을 뜨고 조용히 누워서 6~10분간 측정한다. 온도는 18~20℃가 적당하며 측정 전 12시간 동안은 심한 운동을 피하는 것이 좋다.

추가 설명

탄수화물
우리나라 세계인의 주된 열량 공급원으로 인간의 생존을 위해서 가장 중요한 영양소이다.

추가 설명

갈락토오스의 체내작용
포도당이 유방의 유선을 통과할 때 갈락토오스로 전환된다.

추가 설명

젖당(유당)의 특징
- 젖당(유당)은 뇌의 발달에 필수적인 갈락토오스를 제공한다.
- 젖당은 장내에서 유용한 유산균의 발육을 왕성하게 하며, 다른 잡균의 번식을 억제하여 젖당을 정장영양소라고도 한다.
- 모유 속에는 우유보다 젖당의 함유량이 아주 높다.

③ 전분, 글리코겐, 섬유질
  ㉠ 전분 : 곡류와 감자류의 75~80%는 전분이다. 전분은 조리를 하면 일부 가수분해되어 전분의 사슬이 짧아진 덱스트린이 되는데 이것은 물에 잘 용해된다.
  ㉡ 글리코겐 : 동물의 간과 근육에서 만들어지고 저장되어 있으며 글리코겐은 필요할 때 포도당으로 분해되는 에너지 저장원으로서의 역할을 한다.
  ㉢ 섬유소 : 장에는 섬유소를 분해하는 셀룰라아제가 없어서 열량원으로 이용되지는 못한다. 섬유소는 소화관을 자극하여 연동작용을 촉진시키며, 대변의 배설을 촉진시킨다.

(2) 탄수화물의 체내 작용

① 주요 에너지원
  ㉠ 탄수화물은 1g당 4kcal의 에너지를 내는 중요한 에너지원이고, DNA와 RNA의 구성 성분이며, 소장에서 소화·흡수되지 않은 올리고당, 일부의 전분과 식이섬유는 대장에서 체내 유익균의 생장을 증가시키는 작용을 한다. 또한 인체의 뇌와 적혈구는 포도당을 주요 에너지원으로 사용한다.
  ㉡ 저탄수화물 식사를 하면 혈액 내 인슐린 농도가 감소하고 글루카곤 농도가 증가하게 되어 체내대사가 변화된다.
  ㉢ 열량섭취량이 부족하면 우선 신체적 생리기능을 유지하기 위하여 체내에서 열량원으로 사용할 수 있는 지방이나 단백질같은 물질을 이용한다.
② 감미료로 이용 : 설탕·과당·맥아당 등은 감미료로서 널리 이용된다.
③ 섬유질과 장 기능
  ㉠ 섬유질 : 열량원으로 사용되지는 못하지만 장운동을 도와 변의 통과를 원활히 하여 변비를 예방하며 장 기능을 촉진시킨다.
  ㉡ 젖당(유당) : 칼슘의 흡수를 증진시킨다.

(3) 탄수화물의 급원

① 탄수화물은 대부분 곡류나 감자류, 과일류, 당류 등 식물성 식품을 통해 섭취된다.
② 탄수화물의 급원으로는 복합전분을 권장하며, 설탕류는 가능한 한 적게 섭취할 것을 권장한다.

2 지방(지질)

(1) 지방의 종류

① 중성지방
  ㉠ 중성지방은 지질의 한 종류로, 글리세롤 1분자와 지방산 3분자가 결합하여 형성된다. 중성지방의 구성성분인 지방산은 다시 불포화지방산과 포화지방산으로 나눈다.
  ㉡ 중성지방은 음식물에 포함된 지질의 대부분을 차지한다. 또한, 탄수화물과 함께 주요 에너지원으로 사용될 뿐만 아니라 체온 유지에도 기여한다.

추가 설명

섬유소의 생리적 작용과 질병 예방과의 관계
- 인체에 셀룰라아제가 없어 열량이 적으므로 비만이 예방된다.
- 연동운동 촉진으로 변비가 예방된다.
- 혈중 콜레스테롤 농도를 낮추어 주므로 동맥경화가 예방된다.
- 혈당을 서서히 증가시키므로 당뇨병에 효과적이다.
- 수분을 흡수하므로 발암물질 배설을 촉진해 대장암, 직장암 등을 예방한다.

추가 설명

포도당 대사
- 포도당 대사는 세포 속의 미토콘드리아에서 주로 일어나며, 해당과정과 시트르산 회로, 호흡연쇄상으로 나눌 수 있다.
- 포도당이 완전히 산화되어 에너지 화합물인 ATP를 합성하려면 산소가 필요하다.
- 세포에 포도당이 없을 때 에너지 생산이 중지된다.

추가 설명

불포화지방산과 포화지방산
- 불포화지방산 : 탄소 간에 하나 이상의 이중결합을 가지며 상온에서 액체 상태이다.
- 포화지방산 : 탄소와 탄소 사이에 이중결합이 없으며 상온에서 고체상태로 존재한다.
- 불포화지방산은 식물성 지방과 생선 기름에, 포화지방산은 동물성 지방에 다량 포함되어 있다.

ⓒ 중성지방은 말초세포에서 에너지원으로 쓰이지만, 혈액 속에 너무 많이 존재하면 LDL을 강화시키는 효과가 있어 동맥경화의 발생 가능성을 높인다. 혈중 중성지방의 수치가 높으면 심장병, 뇌졸중 등이 발생할 수 있다.

ⓔ 중성지방을 줄이기 위한 식이요법은 주로 지방의 섭취량을 줄이는 데에서 출발한다. 육류의 껍질 부위 등 지방이 많은 부위, 식물성 식용유, 버터, 케이크 등은 피한다. 같은 식재료라도 튀기거나 볶은 음식보다 찌거나 구워 먹는 것이 좋다. 술은 중성지방 수치를 높이는 주요 원인이므로 금주한다.

② 인지질 : 신경, 뇌, 심장, 간과 골수 등에 많이 들어 있으며 동물의 장기와 특히 달걀 노른자에 다량 함유되어 있다.

ⓐ 인지질은 세포막 성분의 주요 구성요소이며 다른 지질, 단백질들과의 상호작용을 통해서 막 구조를 안정화시킴으로써 모든 생체기능에 중요한 역할을 한다. 또한 인지질은 물에 녹지 않는 호르몬이나 지질성분들의 이동과 대사에도 중요한 역할을 한다.

ⓑ 특히 인지질은 지방의 대사에서 중요한 역할을 하는데, 혈중 중성지방을 유화해 간으로 이동시켜 대사되는 것을 도와주고, 간에서 대사된 지방들이 다시 유화되어 필요한 각 조직으로 전달되게 도와주기도 한다. 그밖에도 인지질은 신경전달이나 효소계의 조절작용에 중요한 역할을 한다.

③ 지단백질(lipoprotein) : 중성지방, 단백질, 콜레스테롤과 인지질 등이 결합된 것으로서 지방을 각 조직세포로 운반하는 작용을 한다.

ⓐ 혈장의 지단백질은 혈류와 림프액을 통해 콜레스테롤을 운반하는 역할을 한다. 콜레스테롤은 혈액 내에서 불용성 상태로 존재하므로 이것이 운반되기 위해서는 지단백질과 결합해야 한다. 2종류의 지단백질이 이러한 기능에 관여하는데, 저밀도 지단백질(low-density lipoprotein, LDL)과 고밀도 지단백질(high-density lipoprotein, HDL)이다.

ⓑ LDL과 결합한 콜레스테롤은 혈관벽에 지방침전물이 축적되어 일어나는 동맥경화증의 주원인이 된다. 반면 HDL 입자는 침전물이 쌓이는 것을 감소시키거나 지연시켜 건강에 이로운 작용을 한다.

④ 스테롤 : 지방에서 유래된 것으로 스테로이드계에는 콜레스테롤, 에르고스테롤 등이 속한다.

ⓐ 콜레스테롤 : 콜레스테롤은 세포막의 주성분이다. 혈류 내 콜레스테롤 수치가 크면 동맥경화의 주요 원인이 된다.

ⓑ 에르고스테롤 : 버섯이나 어류 등에 함유되어 있으며, 생체 내에서는 콜레스테롤로 전환되어서 작용한다.

(2) 지방의 소화와 대사

① 지방의 소화

추가 설명

불포화지방산의 특징

- 필수지방산인 리놀레산, 알파-리놀렌산이 있다.
- 불포화지방산의 산화를 방지하기 위해 비타민 E의 필요량이 많아진다.
- 성장기 아동에게 필수지방산이 결핍되면 성장이 불량하고 피부염과 습진 등이 발생한다.
- 식물성 기름은 불포화지방산이 아주 많아서 필수지방산인 리놀레산의 양이 동물성 지방의 약 5배 이상이다.

추가 설명

지단백질의 유형

- LDL : 혈중 콜레스테롤을 운반하는 지단백 중의 하나이다. LDL 콜레스테롤은 일명 '나쁜 콜레스테롤'이라고 하는데, 이는 혈관벽에 과도한 콜레스테롤 침착을 유발해서 동맥경화증과 심장질환 위험을 높이기 때문이다.
- HDL : 콜레스테롤을 운반하는 지단백 중의 하나이다. HDL 콜레스테롤을 흔히 '좋은 콜레스테롤'이라고 부르는데, 이는 혈중의 과다한 콜레스테롤을 간으로 이동하는 역할을 하기 때문이다. 혈중 HDL은 혈액으로부터 콜레스테롤을 제거하여 혈관벽에 침착되어 쌓이게 되는 플라그(plaque)의 생성을 저하시켜 동맥경화나 심장질환 위험을 감소시켜 준다.

> 📝 **추가 설명**
> **지방 함량 식품**
> 지방 함량이 높은 식품은 육류, 식용 유지, 버터, 마가린 등이다. 필수지방산인 리놀레산은 호두, 종자와 대두유에 다량 함유되어 있고, 알파-리놀렌산은 카놀라유나 아마씨유, 들기름, 등푸른 생선에 풍부하다.

㉠ 실제 지방의 소화는 소장에서 거의 이루어진다. 지방은 담낭에서 소장으로 배출된 담즙에 의해서 유화된 후 소화효소의 작용을 받는다. 담즙에는 소화효소가 없지만, 지방을 유화시키는 담즙산염과 뮤신 및 색소와 콜레스테롤이 함유되어 있다.

㉡ 소장에서 지질소화의 최종 분해산물은 글리세롤, 지방산, 콜레스테롤이다.

② 지방의 흡수 : 지방의 흡수는 매우 효율적이어서 지방 섭취량의 약 95%가 흡수된다. 소장의 장벽 내로 흡수된 지방산과 글리세롤이 결합하여 다시 트리 글리세리드인 중성지방을 합성하며, 이 지방과 콜레스테롤, 인지질은 단백질과 결합하여 지단백질을 형성한다.

(3) 지방의 작용

① 열량의 공급과 저장 : 지방 1g당 9kcal의 열량을 발생하여 적은 양으로 많은 열량을 얻을 수 있다. 그러나 과다하게 섭취할 경우 간이나 피하지방 조직에 지방이 축적된다.

② 필수영양소의 기능 : 필수지방산인 오메가-3 지방산(ω-3 지방산, n-6 지방산)인 리놀레산과 오메가-3 지방산(ω-3 지방산, n-3 지방산)인 알파-리놀렌산은 반드시 식품을 통해 섭취되어야 한다. 이들은 체내 필요에 따라 다른 지방산으로 전환되어 면역작용이나 다양한 화학적 메신저로 작용한다. 필수지방산이 결핍되면 피부에 염증이 생기고 피부가 벗겨지며 위장에 문제가 생기고 면역기능이 손상될 수 있으며, 특히 성장기에는 성장지연이 나타난다.

③ 신체의 구성성분 : 지방은 세포막의 주요 구성성분이다. 뇌에는 인지질의 형태로 다량 함유되어 있고, 모든 체조직에도 함유되어 있다.

④ 체온 유지 및 주요 장기의 보호 : 지방은 체온을 유지시켜 주고, 장기를 외부로부터 보호해 준다.

⑤ 체내 중요 물질의 합성
㉠ 콜레스테롤 및 프로스타글란딘과 그 외 지방유도물질을 합성한다.
㉡ 지용성 비타민의 흡수를 돕는다.

3 단백질

(1) 단백질의 소화와 대사

> 📝 **추가 설명**
> **단백질**
> - 단백질은 아미노산의 펩타이드 결합으로 구조를 형성하고 있는 복합분자이다. 단백질은 탄수화물이나 지방과 달리 탄소, 산소, 수소 이외에 질소를 함유하고 있다.
> - 식품 내 단백질은 가열로 인해 구조가 변형되어 소화 및 흡수가 쉬워진다. 단백질은 섭취 후 대사과정을 거쳐 아미노산으로 가수분해되어 체내 단백질 및 질소 함유 분자를 생성하게 된다.
> - 섭취한 단백질은 주로 체조직 성분을 구성하는데 사용되고, 여분의 단백질은 1g당 4kcal를 생성하는 열량 급원으로 사용된다.

① 식품 단백질을 섭취하면 위에서 분비되는 펩신에 의해 단백질을 구성하는 폴리펩타이드가 작은 분자의 분자의 펩타이드로 분해된다. 소장에서 여러 가지 소화효소에 의해 가수분해되고, 유리아미노산과 작아진 펩타이드 분자는 장 점막 세포로 운송되고 흡수된다.

② 그후 아미노산은 혈중으로 유입되어 세포에 의해 대사되거나 문맥을 통해 간으로 운송되어 일부는 저장되고 일부는 다른 조직으로 운송되어 사용된다.

③ 간으로 유입된 아미노산은 우선적으로 단백질 합성을 위해 이용되고 나머지는 이화과정을 거쳐 포도당 및 지방질과 요소 합성을 위해 사용된다.

④ 단백질을 합성하는 데 중요한 점은 합성에 필요한 아미노산이 공급되어야 한다는 것이

다. 아미노산 풀은 단백질 합성과 그 외 체내 아미노산의 다른 필요를 위해 마련되어 있는 아미노산들의 단기 집합체이다. 이 풀은 대사의 주된 장소인 간에 대부분 있으며, 나머지가 혈액을 순환하거나, 근육에 있거나 혹은 체내 각 세포 내에 있다.

(2) 단백질의 체내 작용

① 조직세포의 생성과 보수 : 인체를 구성하는 세포의 주성분은 단백질이며 일단 만들어진 세포는 그 수명을 다하고 나면 분해되어 배설되므로 새로운 세포가 다시 합성되어 보충해 주어야 한다. 단백질은 근육, 피부, 뼈, 손톱, 머리카락 등의 신체조직 성분이며 혈액, 호르몬, 효소의 구성성분이다.

② 혈청단백질의 합성 : 혈청단백질은 주로 알부민, 글로불린과 혈액응고를 돕는 피브리노겐이다.
  ㉠ 알부민 : 새로운 조직의 형성과 보수를 위하여 사용되며, 다른 영양소를 한 조직에서 다른 조직으로 운반해주는 역할을 한다.
  ㉡ 글로불린 : 혈액 내에서 철분과 구리를 운반하며, 항생체로서 병원균에 대한 방어작용을 한다.

③ 효소와 호르몬의 합성 : 단백질은 효소, 호르몬, 글루타치온과 그 외 분비물의 합성을 위해 사용된다.

④ 열량의 발생 : 열량 섭취량이 부족하거나 과다한 운동 시에 에너지원이 부족해지면 단백질이 에너지원으로 사용된다.

⑤ 운반, 저장 및 체내 대사과정의 조절 : 단백질은 체내 필수 영양성분이나 활성물질의 운반과 저장, 체내의 수분함량과 산·염기의 평형을 유지하도록 작용한다.

(3) 단백질의 급원

식품 급원에 따라 단백질을 구성하고 있는 아미노산의 종류 및 함량이 다르다. 특히, 체내에서 생합성될 수 없어 식품으로부터 섭취해야 하는 아미노산을 필수아미노산이라 하고, 그 유무에 따라 단백질을 완전단백질, 부분적 불완전단백질, 불완전단백질로 분류한다.

(4) 단백질 결핍증

① 영유아기 동안의 단백질 섭취 부족은 콰시오커라 하는 단백질 결핍증을 초래하여 영유아의 발육부진 및 감염증의 원인이 될 수 있다.
② 단백질 결핍 증세가 없더라도 불충분한 단백질을 섭취할 경우 근육감소증을 나타낼 수 있다. 노인에서 만성질환, 외상, 활동부족이 있으면서 불충분한 단백질을 섭취할 경우 근육감소증이 더 빨리 진행된다.

추가 설명

단백질의 분류(필수 아미노산 유무)

- 완전단백질 : 필수 아미노산이 충분히 함유되어 있어 정상적인 성장과 생리적 기능을 돕는 단백질이다. 예 동물성 육류(소고기, 돼지고기, 닭고기), 생선, 달걀, 우유 및 유제품(치즈, 요거트) 등
- 부분적 불완전단백질 : 필수 아미노산을 가지고 있으나 몇 종류의 필수아미노산이 양적으로 부족한 단백질 예 곡류, 견과류, 대두 등(대두는 단백질이 35~40%로 많이 함유되어 있어 중요한 단백질 식품으로 꼽힘, 또한 곡류는 단백질 함량이 높지 않지만 한국인의 주식으로 섭취량이 많아 간과할 수 없는 단백질 급원식품)
- 불완전단백질 : 필수 아미노산이 부족하게 들어 있어 성장 지연 및 생리적 불균형을 초래하는 단백질

추가 설명

콰시오커 발생

단백질 섭취량이 극도로 낮은 상태가 장기간 계속되면 콰시오커(kwashioker)가 나타나고, 에너지도 함께 부족되면 마라스무스(marasmus)가 나타난다.

03 비타민 · 무기질 · 수분

1 비타민

(1) 개요

① 비타민의 종류
　㉠ 수용성 비타민 : 비타민 B군과 니아신, 비타민 C가 있다.
　㉡ 지용성 비타민 : 비타민 A, 비타민 D, 비타민 E, 비타민 K 등이다. 이 지용성 비타민은 수용성보다 열에 강하다.

② 비타민의 작용
　㉠ 성장을 촉진시키고, 건강한 생식능력을 증진시킨다.
　㉡ 소화기관의 정상적 작용과 무기질의 이용을 돕고, 에너지를 내는 영양소의 대사과정과 신경의 안정을 돕는다.
　㉢ 조직의 건강을 도모하며, 전염성 질병에 대한 저항력을 증가시킨다.

(2) 비타민 A와 비타민 D

① 비타민 A(레티놀)
　㉠ 비타민 A는 정상적인 성장과 발달, 생식, 상피세포의 분화, 세포 분열, 유전자 조절, 그리고 정상적인 면역반응에 중요한 역할을 한다.
　㉡ 비타민 A는 기본 분자인 레티놀(retinol)과 시각색소로 작용하는 레티날(retinal), 세포 분화를 조절하는 세포 내 신호전달물질인 레티노산(retinoic acid) 등과 같이 다양한 레티노이드의 형태로 존재한다.
　㉢ 녹황색 채소나 해조류에 풍부하게 함유되어 있는 베타-카로틴은 장과 간에서 레티놀로 전환될 수 있어 비타민 A의 전구체로 간주된다.
　㉣ 비타민 A가 결핍되면 야맹증, 결막건조증, 각막연화증 등이 나타날 수 있다.
　㉤ 비타민 A는 간, 우유, 달걀, 지방이 많은 생선과 같은 동물성 식품과 비타민 A 전구체가 많이 함유된 녹황색 채소, 과일과 같은 식물성 식품으로부터 섭취할 수 있다. 우리나라 사람들은 당근, 시금치, 과일 등 카로티노이드 함량이 높은 식품성 식품으로부터 많이 섭취한다.

② 비타민 D
　㉠ 비타민 D는 칼슘 대사를 조절하여 체내 칼슘 농도의 항상성과 뼈의 건강을 유지하는데 관여한다.
　㉡ 비타민 D가 부족하면 구루병, 골연화증, 골다공증의 위험이 높아진다.
　㉢ 비타민 D 영양 상태를 개선하기 위해서는 실외활동 등으로 햇빛으로부터의 비타민 D 합성을 증가시키는 한편, 비타민 D 함유 식품(청어, 갈치, 고등어 등의 생선과 육류의 간, 달걀, 버섯류 등)의 꾸준하고 적극적인 섭취가 요구된다.

추가 설명

비타민
- 비타민은 동물의 정상적인 발육과 영양을 유지하는 데에 미량으로 중요한 작용을 하는 유기화합물이다.
- 탄수화물, 단백질, 지방과는 달리 체내에서 에너지원으로 사용되지 않으며, 생물체 구성물질로도 작용하지 않는다.
- 체내에서는 음식물에서 섭취해야 하는데, 부족하면 비타민 결핍 질환에 걸릴 수 있다.

(3) 비타민 B₁과 B₂와 니아신

① 비타민 B₁(티아민)
  ㉠ 체내에 존재하면서 탄수화물 대사에 직접적으로 관여하고 탄수화물, 단백질 및 지질의 대사적 연결 작용을 한다.
  ㉡ 티아민이 부족하면 식욕부진, 체중감소, 근육 무력증, 심장 비대 등이 나타나고 심각하게 부족하면 신경계와 심혈관계 장애를 보이는 각기병이 나타난다.
  ㉢ 비타민 B₁은 견과류, 굴, 돼지고기, 현미 등에 많이 함유되어 있다.

② 비타민 B₂(리보플라빈)
  ㉠ 식품을 통해 섭취된 리보플라빈은 흡수되어 혈장 알부민, 면역글로불린과 결합되어 운반되며, 조직 내에서 조효소 형태로 여러 가지 산화, 환원 반응의 촉매 역할을 한다.
  ㉡ 비타민 B₂가 결핍되면 구강에 생기는 구순염, 구각염, 눈이 부시는 안질, 안구출혈, 혀에 염증이 생기는 설염 등이 발생한다.
  ㉢ 비타민 B₂의 급원으로는 동물성 식품 중 육류, 닭고기, 생선 등과 유제품이다.

③ 니아신 : 니아신이 결핍되면 펠라그라가 발생하는데, 피부, 소화관, 신경계통으로 그 증세가 나타난다. 주요 급원으로는 쇠고기, 돼지고기, 생선, 달걀 등이다.

(4) 비타민 C

① 비타민 C의 기능
  ㉠ 콜라겐은 결합조직, 뼈, 치아, 힘줄, 혈관에 많이 농축되어 있고, 상처 치유에 중요하다. 비타민 C는 콜라겐에 있는 아미노산들 사이에서 결합조직을 증가시켜 조직을 강하게 한다.
  ㉡ 비타민 C는 위에서 암을 유발시키는 니트로사민의 형성을 감소시킨다.
  ㉢ 엽산의 조효소를 원래대로 유지시켜서 그것의 파괴를 막는 등의 항산화 작용을 한다.
  ㉣ 비타민 C가 풍부한 식사는 백내장의 위험을 감소시킨다.
  ㉤ 비타민 C는 철을 Fe^{++}  형태로 유지시켜 흡수를 촉진시킨다.
  ㉥ 비타민 C는 항균작용이나 면역세포의 활성이나 증식에서도 중요한 역할을 한다.
  ㉦ 비타민 C는 갑상선호르몬인 티록신 합성을 위하여 필요하다. 또한 에피네프린, 세로토닌, 담즙산, 스테로이드 호르몬, DNA 합성에 사용되는 퓨린체의 합성에도 중요하다.

② 비타민 C의 결핍 : 비타민 C가 부족하면 결체조직의 형성에 결함을 가져와 신체의 각 부위에서 출혈이 나타난다. 잇몸에 염증이 생기거나 지혈 능력이 저하된다. 불충분한 섭취가 지속되면 괴혈병이 유발된다.

③ 비타민 C의 급원 : 신선한 채소와 과일에만 존재하는데, 가장 많이 함유하고 있는 것은 풋고추, 배추, 귤, 딸기, 감 등이다.

추가 설명

비타민과 그 결핍증
- 비타민 A의 결핍 : 야맹증, 결막건조증, 각막연화증 등
- 비타민 D의 결핍 : 구루병
- 비타민 B₁의 결핍 : 각기병, 심장 비대
- 비타민 B₂의 결핍 : 구순구각염, 안질, 설염
- 니아신의 결핍 : 펠라그라
- 비타민 C의 결핍 : 괴혈병

추가 설명

비타민 C
- 사람의 경우 비타민 C 생합성 효소 중 글로노락톤 산화효소의 결손으로 합성이 되지 않아, 반드시 섭취해야 한다.
- 비타민 C는 환원형인 아스코르빈산과 산화형인 디하이드로아스코르빈산을 말하며, 두 형태 모두 비타민 C 활성을 갖는다.

2 무기질

(1) 칼슘

① 체내 칼슘의 대부분은 주로 뼈에 존재하며, 그 외 체내 여러 조직에서 신경의 자극전달, 근육이나 혈관의 수축 및 이완 조절 등의 대사과정에 관여한다.

② 칼슘은 뼈 속에서 수산화인회석의 주요 구성성분이 되며, 뼈를 단단하게 하는 역할을 하고 체내 칼슘의 저장 기능도 수행하게 된다. 따라서 칼슘은 인체의 구성과 성장에 필요한 주요 영양소이며, 장기간의 칼슘 섭취 상태는 성숙기의 최대 골밀도에 커다란 영향을 미친다.

③ 칼슘의 결핍
　㉠ 아동 : 성장지연, 가슴과 골반의 발육부진, OX형 다리, 구루병이 발생한다.
　㉡ 성인 : 골다공증, 골감소증이 발생한다.

④ 칼슘의 급원 : 치즈, 뼈째 먹는 생선, 우유, 진한 녹색채소 등이다.

(2) 철분

① 철분의 특성 : 철은 효소 및 시토크롬, 헤모글로빈, 미오글로빈 등의 중요한 구성요소이다. 체내 철의 2/3가 헤모글로빈에 존재하며, 헤모글로빈은 대사를 위해 체내 조직에 산소를 운반한다. 철이 부족하면 철 결핍성 빈혈 이외에도 어린이의 운동실조, 발달장애, 인지능력 손상과 임신부의 임신성 빈혈, 조산, 미숙아, 사산 위험 등이 발생한다.

② 철분의 흡수 : 동물성 식품에 있는 철분은 쉽게 흡수되는 반면, 식물성 식품에 있는 철분은 잘 흡수되지 않는다. 철분의 흡수를 방해하는 요인으로는 섬유소와 피트산이 있다.

(3) 나트륨

① 나트륨의 특징 : 나트륨은 우리 몸에서 수분 평형, 산-알칼리 평형 등 몸 안의 여러 생리 기능을 조절해 주는 미네랄의 일종이다. 나트륨의 경우, 주로 소금에 함유된 염화나트륨의 형태로 섭취하게 된다. 나트륨은 체내에 자극을 전달하는 역할을 하는데, 이때 칼륨과의 균형이 중요하다. 나트륨은 칼륨과 함께 우리 몸의 산과 알칼리의 평형을 유지하고, 혈장의 부피를 조절해 혈압을 정상적으로 유지하는 작용을 한다.

② 나트륨의 과잉 섭취 : 혈장 내에 나트륨과 칼륨 농도가 조금만 증가해도 혈압과 심장 운동에 큰 영향을 미친다. 나트륨 섭취가 과다하면 수분 평형 조절 기능에 의해 혈액의 부피가 증가하고 이것이 동맥 혈압에 큰 영향을 주어 고혈압을 일으키거나 신장에 무리를 주게 된다.

③ 나트륨의 주요 급원 : 양념류, 국·찌개·탕류, 면류, 김치류 등이다.

(4) 기타

① 칼륨
　㉠ 칼륨은 세포내액의 주요 전해질로서 나트륨 이온과 함께 정상적인 삼투압을 유지시

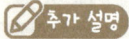
무기질
- 식품으로 섭취되어 체내에서 인체의 구성성분과 생리작용의 역할을 담당하는 중요 영양소가 된다.
- 무기질은 체액의 산·알칼리 균형조절과 생리작용에 대한 촉매활동, 수분의 평형 조절 등 인체에서 중요한 역할을 한다.
- 다량원소와 미량원소
　- 다량원소 : 칼슘, 인, 나트륨, 염소, 칼륨, 마그네슘, 황
　- 미량원소 : 철분, 요오드, 망간, 아연, 코발트, 불소 등

칼슘 흡수 요인
- 칼슘의 흡수를 촉진하는 요인 : 비타민 D와 젖당(우유는 칼슘의 좋은 급원)
- 칼슘의 흡수를 방해하는 요인 : 옥살산과 피트산, 섬유소

철분의 급원
식품 중의 철은 헴철과 비헴철의 형태로 존재한다. 생체이용률이 높은 헴철은 헤모글로빈과 미오글루빈이 풍부한 육류, 가금류, 생선에 많고, 생체이용률이 낮은 비헴철은 식물성 식품(곡류, 과일, 채소, 두부)과 유제품(우유, 치즈), 달걀에 주로 존재한다.

킴으로써 수분평형을 유지하며 세포액을 보전하는 기능을 한다. 또한 칼륨은 산-알칼리 조절인자로 작용하며 근육, 특히 심장근육을 이완시키는 기능을 한다.
　ⓒ 식사를 통한 충분한 칼륨의 섭취는 혈압을 낮추며 뇌졸중과 심근경색을 예방한다. 그러나 신장 질환이 있을 경우 칼륨을 과잉섭취할 경우 혈중 칼륨의 농도가 상승하여 고칼륨혈증이 나타날 수 있으며, 이때 심부정맥의 위험이 증가할 수 있다.
② 아연 : 아연은 체내 약 100여 개 효소 및 조효소의 구성요소로 작용하여 촉매활성에 기여하고, 유전자 발현 조절과 면역 작용 및 세포분화에 관여한다. 아연이 부족하면 성장지연, 식욕 감퇴, 설사, 염증, 면역 능력 감소, 탈모, 신경장애 등이 나타나고, 과잉으로 섭취하면 구리 등 다른 무기질의 흡수 저해, 소화관 과민증 및 면역기능의 감소가 일어난다.

3 수분

(1) 체내 작용

① 영양소와 노폐물의 운반
　⊙ 분해된 영양소는 혈액과 림프액을 통하여 간과 각 조직으로 운반되며 혈액과 림프액의 대부분은 수분이다.
　ⓒ 체내에서 생긴 노폐물은 혈액이나 소변을 통하여 배설된다.
② 분비액의 성분 : 분비액의 주성분은 수분이며 수분은 장기능을 돕고 음식물이 소화, 흡수되는 데 필수적이다.
③ 체내 대사과정의 촉매제 : 우리 체내에서 일어나는 대부분의 작용은 수분없이는 반응을 일으킬 수 없다.
④ 체온조절 작용 : 물은 열의 좋은 전도체이다.
⑤ 신체보호 작용 : 수분은 탄력을 가지고 있어서 우리의 내장기관을 외부의 충격으로부터 보호하는 역할을 한다.
⑥ 체내 물질의 농도조절 작용 : 체내 물질의 농도를 조절한다.

(2) 수분의 체내 이용

① 수분의 흡수 및 배설 : 음식에 존재하는 수분과 소화액으로 분비되는 수분은 소장과 대장을 통해서 흡수되며, 소량만 대변을 통하여 배설된다.
② 대변을 통한 배설 : 건강한 성인은 1일 100mL 정도의 수분을 대변으로 배설한다.
③ 수분의 효능 : 물을 적절히 마시면 체내에서 발생한 노폐물을 빨리 체외로 배설할 수 있으므로 건강에 좋다.

추가 설명

칼륨의 주요 급원식품
가공하지 않은 곡류, 채소와 과일 등이 있으며 특히 고구마, 감자, 토마토, 근채류에 칼륨이 많이 들어 있고, 콩류, 사과, 바나나, 우유, 육류에도 상당량 들어 있다.

추가 설명

아연의 급원
아연의 주요 급원식품은 붉은 살코기, 해산물, 전곡류, 콩류 등이며, 동물성 급원식품이 식물성 급원식품에 비해 체내 아연의 흡수율이 높다.

추가 설명

수분
- 수분은 신체의 약 60%를 차지하는 주요 구성성분이다.
- 수분은 영양소를 운반하고 노폐물을 배출시켜 준다. 또한 체내 화학반응이 일어나는 장이 되며, 체온조절, 타액, 소화액, 점액 등의 성분으로 윤활작용을 하고, 인체를 충격으로부터 보호해 준다.
- 건강한 사람은 수분 섭취량과 수분 배설량을 조절하여 수분 균형을 유지한다. 수분 섭취량보다 수분 배설량이 많으면 탈수가 나타난다.
- 체내 총수분량의 2%가 손실되면 갈증을 느끼며, 4%가 손실되면 근육 피로감을 쉽게 느끼게 되고, 12%가 손실되면 무기력 상태, 20% 이상이 손실되면 사망할 수 있다.

실전예상문제

1 영양소의 일반적 작용으로 거리가 먼 것은?

① 몸의 구성물질 ② 에너지 공급원
③ 생리적 기능 조절 ④ 질병의 통제

> **해설** 영양소의 일반적 작용 : 몸의 구성물질, 에너지 공급원, 생리적 기능 조절

2 영양소의 기능 중 신체에 에너지를 공급하는 영양소로 거리가 먼 것은?

① 비타민 ② 탄수화물 ③ 지방 ④ 단백질

> **해설** 신체에 에너지를 제공하는 것으로서 탄수화물, 지방, 단백질이 있다. 특히 탄수화물과 지방이 에너지의 주된 영양원이 된다.

3 다음 중 에너지가 필요하지 않은 대사과정은?

① 기초대사 ② 활동대사
③ 산·알칼리 평형 ④ 특이동적 작용

> **해설** 사람이 생명을 유지하려면 기초대사를 유지하기 위한 에너지인 기초대사, 신체활동에 필요한 에너지인 활동대사, 먹은 음식의 소화·흡수가 이루어지도록 하는 열생산작용(특이동적 작용) 등을 위하여 에너지가 필요하다. 이 외에도 성장기 때 성장을 지속하고 배설하기 위해서도 에너지가 필요하다.

4 다음 중 1g당 에너지의 발생량이 잘못 짝지어진 것은?

① 탄수화물 — 4kcal ② 지방 — 9kcal
③ 단백질 — 4kcal ④ 알코올 — 9kcal

> **해설** 음식의 열량가 : 탄수화물·지방·단백질은 에너지를 발생하는 영양소이다. 에너지 발생량은 1g당 탄수화물은 4kcal, 지방은 9kcal, 단백질은 4kcal이며 알코올(에탄올)은 1g당 7.1kcal를 발생시킨다.

5 균형 있는 영양소 섭취의 중요성에 대한 설명으로 틀린 것은?

① 탄수화물이나 지방을 충분히 섭취하면 단백질은 섭취하지 않아도 된다.
② 영양소의 대사에 작용하는 대부분의 효소들은 단백질 효소와 비단백질 조효소가 결합되어야만 기능을

발휘할 수 있다.
③ 효소 중에는 철, 마그네슘, 구리 등과 같은 금속원소인 무기질이 있어야만 활성화되는 것이 있다.
④ 다른 음식이 아무리 풍부해도 수분을 섭취하지 않으면 생명에 큰 지장을 초래한다.

해설 식품에 함유된 탄수화물, 단백질, 지방을 소화시키는 효소는 모두 단백질로 구성되어 있으므로 탄수화물이나 지방을 충분히 섭취하더라도 단백질이 장기간 결핍되면 이들을 소화시키는 효소의 양이 줄어들어 소화능력이 감소된다.

6 다음 중 영양소에 대한 설명으로 적합한 것은?

① 나트륨은 합성되지 않으므로 반드시 양질의 단백질을 섭취해야 한다.
② 갈락토오스는 뇌발달에 중요한 영양성분이며 모유나 우유 등에 중요한 급원이다.
③ 식이 섬유질은 장운동을 도와 배변을 촉진하며 중요한 열량원이 된다.
④ 지방은 몸에 해로운 성분이므로 먹지 않고 체내 함유율이 10% 이하인 것이 좋다.

해설 갈락토오스 : 사람이나 젖소, 양 등의 유즙에 함유된 단당류로서, 포도당과 결합된 젖당(유당)의 형태로 되어 있다. 갈락토오스는 특히 뇌에 다량 함유되어 있는 물질로서, 뇌의 성장에 필수적인 작용을 한다. 따라서 신생아나 영유아의 뇌성장을 위하여 중요하게 공급되어야 한다.

7 다음 중 이당류에 해당되는 것은?

① 과당　　　　② 설탕　　　　③ 전분　　　　④ 섬유소

해설 탄수화물의 종류 : 포도당·과당과 같은 단당류, 설탕·맥아당과 같은 단당류가 2개 결합된 이당류, 전분·섬유소와 같이 단당류가 수천 개 결합된 다당류가 있다.

8 다음 중 체내 흡수가 빨라 효율적으로 이용되는 탄수화물로서 수술환자나 극도로 피로한 사람에게 주사하거나 마시게 하는 것은?

① 포도당　　　　② 자당　　　　③ 갈락토오스　　　　④ 맥아당

해설 포도당
- 영양상 가장 중요한 단당류로서, 전분이나 글리코겐, 설탕과 젖당 등이 소화되거나 분해되어 생성된다.
- 과일·채소·꿀·엿 등에 다량 함유되어 있으며, 포도당은 그대로 흡수되어 빠르게 효율적으로 이용되는 영양소이다. 중환자나 수술환자, 기아 상태에 있거나 극도로 피로한 사람에게 포도당을 주사하거나 마시게 하면 쉽게 회복될 수 있다.

정답 1.④　2.①　3.③　4.④　5.①　6.②　7.②　8.①

9 다음 중 활동의 주에너지원으로 식사 시 공급되며 피로할 때나 운동시에 섭취하면 빠르게 회복이 되는 성분은?

① 포도당　　　② 글리코겐　　　③ 나트륨　　　④ 아미노산

해설 문제 8번 해설 참조

10 과일류의 단맛의 원천이 되는 성분들끼리 서로 연결된 것은?

① 클로로필 — 플라보노이드　　　② 에테르 — 카르보닐화합물
③ 유기산 — 알코올　　　　　　　④ 과당 — 포도당

해설 포도당은 과일·채소·꿀·엿 등에 다량 함유되어 있으며, 과당은 포도당과 함께 과일과 꿀 등에 다량 함유되어 있다. 과당은 자연으로 존재하는 당 중에서 가장 달아서 설탕과 함께 감미료로 사용되고 있다. 자당(설탕)은 사탕수수의 줄기, 사탕무, 과일 속에 다량 들어 있다.

11 자연으로 존재하는 당 중에서 가장 달아서 설탕과 함께 감미료로 사용되는 것은?

① 포도당　　　② 과당　　　③ 맥아당　　　④ 젖당

해설 문제 10번 해설 참조

12 뇌에 다량 함유되어 있는 물질로서 뇌의 성장에 필수적인 작용을 하는 단당류는?

① 과당　　　　　　　　　② 맥아당
③ 자당　　　　　　　　　④ 갈락토오스

해설 갈락토오스의 특성 : 사람이나 젖소, 양 등의 유즙에 함유된 단당류로서 포도당과 결합된 젖당(유당)의 형태로 되어 있다. 갈락토오스는 특히 뇌에 다량 함유되어 있는 물질로서, 뇌의 성장에 필수적인 작용을 한다. 따라서 신생아나 영유아의 뇌성장을 위하여 중요하게 공급되어야 한다.

13 다음 중 젖당(유당)에 대한 설명으로 옳지 않은 것은?

① 포유동물의 유즙에만 있다.
② 뇌의 발달에 필수적인 갈락토오스를 제공한다.
③ 유산균의 발육을 억제한다.
④ 모유 속에는 우유보다 정장영양소인 젖당의 함량이 높다.

해설 젖당(유당)의 특성 : 포유동물의 유즙에 있으며, 포도당과 갈락토오스로 소화되어 흡수된다. 젖당은 뇌의 발달에 필수적인 갈락토오스를 제공하며, 위에서 발효가 잘 일어나지 않으므로 위에 주는 자극이 적다. 또한 젖당은 장내에서 유용한 유산균의 발육을 왕성하게 하며, 다른 잡균의 번식을 억제하여 젖당을 정장영양소라고도 한다.

14 다음 중 모유의 특징적인 영양성분으로 유아의 뇌 성장이나 발육을 돕는 물질로서, 이를 분해하는 효소가 부족한 사람들의 경우에는 그로 인해 설사 등의 문제가 발생하기도 하는 성분은?

① 글루텐　　　② 젖당　　　③ 섬유소　　　④ 비타민 A

해설 문제 13번 해설 참조

15 다음 중 섬유소에 대한 설명으로 틀린 것은?

① 섬유소는 소화관을 자극하여 연동작용을 촉진시킨다.
② 헤미셀룰로오스와 펙틴은 소화되지 않는 식물성 물질인 식이섬유이다.
③ 식이섬유질은 생체내에서 대장의 기능을 돕는 작용을 한다.
④ 열량원으로 이용되며 영양적 가치가 높다.

해설 섬유소의 특성 : 약 3,000개의 포도당이 결합된 다당류로서 장에는 섬유소를 분해하는 셀룰라아제가 없어서 열량원으로 이용되지 못한다. 섬유소는 영양적 가치는 적으나 생리적으로 아주 중요하다. 섬유소는 소화관을 자극하여 연동작용을 촉진시키며, 대변의 배설을 촉진시킨다.

16 다음 중 포도당 대사에 대한 설명으로 옳지 않은 것은?

① 세포 속의 미토콘드리아에서 주로 일어난다.
② 해당과정과 시트르산 회로, 호흡연쇄상의 세 가지로 나눌 수 있다.
③ 포도당이 산화되어 ATP를 합성하려면 수소가 필요하다.
④ 세포에 포도당이 없을 때에는 에너지 생산이 중지된다.

해설 포도당 대사 : 세포 속의 미토콘드리아에서 주로 일어나며, 해당과정과 시트르산 회로, 호흡연쇄상의 세 가지로 나눌 수 있다. 포도당이 완전히 산화되어 에너지 화합물인 ATP를 합성하려면 산소가 필요하다.

17 다음 중 탄수화물이 체내에서 하는 주된 기능으로 적합한 것은?

정답 9.❶　10.❹　11.❷　12.❹　13.❸　14.❷　15.❹　16.❸　17.❷

① 체내 작용을 조절한다. ② 에너지를 발생한다.
③ 신체를 보호한다. ④ 골격을 형성한다.

해설 탄수화물의 기능 : 주요 에너지원, DNA와 RNA 구성성분, 체내 유익균의 생장 증가 등

18 지질의 한 종류로서 글리세롤 1분자와 지방산 3분자가 결합하여 형성되는 것은?

① 중성지방 ② 인지질
③ 지단백질 ④ 콜레스테롤

해설 중성지방은 글리세롤 1분자와 지방산 3분자가 결합하여 형성된다. 중성지방의 구성 성분인 지방산은 불포화지방산과 포화지방산으로 나눈다.

19 중성지방에 대한 설명으로 옳지 않은 것은?

① 중성지방의 구성 성분인 지방산은 불포화지방산과 포화지방산으로 나눈다.
② 중성지방은 주요 에너지원으로 사용된다.
③ 중성지방은 혈액 속에 너무 많이 존재하면 동맥경화 발생 가능성을 높인다.
④ 중성지방 섭취량을 줄이려면 육류의 껍질 부위, 식물성 식용유, 버터 등을 먹는다.

해설 중성지방 섭취량을 줄이려면 지방이 많은 부위, 식물성 식용유 등을 피하고, 같은 식재료라도 튀기거나 볶은 음식보다 찌거나 삶는 것이 좋다.

20 중성지방, 단백질, 콜레스테롤과 인지질 등이 결합된 것으로서 지방을 각 조직세포로 운반하는 작용을 하는 것은?

① 스테로이드 ② 글리세롤 ③ 지방산 ④ 지단백질

해설 지단백질(lipoprotein) : 지방을 체내에서 이용하는 데에 중요한 역할을 하며 중성지방, 단백질, 콜레스테롤과 인지질 등이 결합된 것으로서 지방을 각 조직세포로 운반하는 작용을 한다.

21 다음 중 반드시 식품을 통해 섭취해야 하는 지방산은?

① 리놀레산 ② 팔미트산 ③ 스테아르산 ④ 트랜스지방

해설 필수지방산인 리놀레산과 알파-리놀렌산은 반드시 식품을 통해 섭취되어야 한다.

22 다음 중 포화지방산과 불포화지방산에 대한 설명으로 틀린 것은?

① 포화지방산은 주로 동물성 지방에 많다.
② 포화지방산의 과다 섭취는 동맥경화증을 유발한다.
③ 불포화지방산에는 리놀레산, 알파-리놀렌산이 있다.
④ 불포화지방산의 산화를 방지하기 위해 비타민A가 필요하다.

해설 필수지방산인 리놀레산, 알파-리놀렌산은 모두 불포화지방산이다. 자연에서나 체내에서 이중결합을 가진 지방산은 매우 불안정하여 산화되기 쉽다. 그러므로 불포화지방산의 산화를 방지하기 위해 비타민 E의 필요량이 많아진다.

23 다음 중 지방의 작용이라 볼 수 없는 것은?

① 열량의 공급과 저장
② 세포막의 주요 구성성분
③ 피브리노겐 형성
④ 체온 유지 및 주요 장기의 보존

해설 지방의 체내 작용 : 열량의 공급과 저장, 필수영양소의 기능, 세포막의 주요 구성성분, 체온 유지 및 주요 장기의 보호, 체내 중요 물질의 합성

24 다음 중 단백질에 대한 설명으로 옳지 않은 것은?

① 단백질은 탄수화물이나 지방과 같이 탄소, 수소, 산소로만 구성된다.
② 섭취된 단백질은 주로 체조직 성분을 구성하는데 사용된다.
③ 단백질은 1g당 4kcal를 생성하는 열량 급원으로 사용된다.
④ 단백질은 아미노산의 펩타이드 결합으로 구조를 형성하는 복합분자이다.

해설 단백질은 탄수화물이나 지방과 달리 탄소, 산소, 수소 이외에 질소를 함유하고 있다.

25 다음 중 단백질에 대한 설명으로 옳지 않은 것은?

① 콩류, 곡류는 우리나라 사람들의 단백질의 중요한 급원이다.
② 식이 단백질로부터 체내에서 많은 양의 단백질이 합성되어 이용된다.
③ 산·염기 평형 유지와는 상관이 없다.
④ 필수아미노산은 체내에서 생합성될 수 없어 식품으로 섭취해야 한다.

해설 단백질은 체액의 함량과 산·염기의 평형을 유지하도록 작용한다.

정답 18.❶ 19.❹ 20.❹ 21.❶ 22.❹ 23.❸ 24.❶ 25.❸

26 다음 중 새로운 조직의 형성과 보수를 위하여 사용되며 다른 영양소를 한 조직에서 다른 조직으로 운반해 주는 혈청 단백질은?

① 알부민 ② 글로불린
③ 피브리노겐 ④ 단백질

해설 알부민은 새로운 조직의 형성과 보수를 위하여 사용되며, 다른 영양소를 한 조직에서 다른 조직으로 운반해 주는 역할을 한다. 글로불린은 알부민이 부족할 때 제2의 단백질 급원이 된다. 글로불린은 혈액내에서 철분과 구리를 운반하며, 항생체로서 병원균에 대한 방어작용을 한다.

27 다음 중 완전단백질에 속하는 식품은?

① 달걀 ② 곡류 ③ 견과류 ④ 대두

해설 완전단백질 : 필수아미노산이 충분히 함유되어 있어 정상적인 성장과 생리적 기능을 돕는 단백질이다. 동물성 육류, 생선, 달걀, 우유 등이 있다.

28 단백질 섭취량이 낮은 상태가 장기간 계속되면 나타나는 것은?

① 괴혈병 ② 콰시오커
③ 케토시스 ④ 헤마토크리트

해설 영유아기 동안 단백질 섭취량이 낮은 상태가 장기간 계속되면 콰시오커(kwashioker)가 나타나고, 에너지도 함께 부족되면 마라스무스(marasmus)가 나타난다. 아프리카의 기아상태 어린이들은 이 두 가지의 결핍증이 나타난 경우이다.

29 다음 중 단백질의 체내 작용이라 볼 수 없는 것은?

① 조직세포의 생성과 보수 ② 혈청단백질의 형성
③ 프로스타글란딘의 합성 ④ 체내 대사과정의 조절

해설 단백질의 체내 작용 : 조직세포의 생성과 보수, 혈청단백질의 형성, 효소와 호르몬의 합성, 열량의 발생, 운반·저장 및 체내 대사과정의 조절

30 다음 중 체내 아미노산 풀(pool)을 감소시키는 요인이 아닌 것은?

① 불필수 아미노산의 합성 ② 체지방의 합성
③ 효소, 호르몬, 항체의 합성 ④ 체구성 성분의 합성

해설 체내 아미노산 풀을 감소시키는 요인 : 체지방의 합성, 효소·호르몬·항체의 합성, 체구성 성분의 합성

31 다음 중 수용성 비타민이 아닌 것은?
① 비타민 B_1
② 비타민 C
③ 니아신
④ 비타민 K

해설 물에 녹는 수용성 비타민으로는 비타민 B군과 니아신, 비타민 C가 있다. 지용성 비타민은 비타민 A, 비타민 D, 비타민 E, 비타민 K 등이다.

32 비타민의 작용이라 볼 수 없는 것은?
① 성장 촉진
② 건강한 생식능력 증진
③ 열량의 발생
④ 전염성 질병에 대한 저항력 증가

해설 비타민의 작용
- 비타민은 성장을 촉진시키고, 건강한 생식능력을 증진시킨다.
- 소화기관의 정상적 작용과 무기질의 이용을 돕고 에너지를 내는 영양소의 대사과정과 신경의 안정을 돕는다.
- 조직의 건강을 도모하며, 전염성 질병에 대한 저항력을 증가시킨다.

33 다음 중 결핍되면 야맹증, 결막건조증, 각막연화증 등의 증세를 보이는 비타민은?
① 비타민 A
② 비타민 D
③ 비타민 C
④ 비타민 E

해설 비타민 A의 특성 : 성장을 촉진시키고 시각세포의 성분이며 카로티노이드는 암의 발생을 방지한다고 알려져 있다. 그러므로 비타민 A가 체내에서 부족되면 야맹증, 결막건조증, 각막연화증 등의 결핍증세를 나타낸다.

34 다음 중 비타민과 그 결핍증이 바르게 연결된 것은?
① 비타민 A — 구루병
② 비타민 D — 야맹증
③ 비타민 B_1 — 각기병
④ 니아신 — 괴혈병

해설 비타민과 그 결핍증
- 비타민 A의 결핍 : 야맹증, 결막건조증, 각막연화증 등
- 비타민 D의 결핍 : 구루병

정답 26.① 27.① 28.② 29.③ 30.① 31.④ 32.③ 33.① 34.③

- 비타민 B₁의 결핍 : 각기병, 심장 비대
- 니아신의 결핍 : 펠라그라
- 비타민 B₂의 결핍 : 구순구각염, 안질, 설염
- 비타민 C의 결핍 : 괴혈병

35 다음 중 칼슘 대사를 조절하여 체내 칼슘 농도의 항상성과 뼈의 건강을 유지하는 데 관여하는 비타민은?
① 비타민 A
② 비타민 D
③ 비타민 C
④ 비타민 B₁

[해설] 비타민 D의 특성 : 칼슘 대사를 조절하여 체내 칼슘 농도의 항상성과 뼈의 건강을 유지하는 데 관여한다. 그러므로 비타민 D가 부족하면 칼슘도 부족하므로 구루병이 발생한다. 비타민 D는 고등어, 육류의 간, 버섯류 등에 다량 함유되어 있다.

36 다음 중 실외활동으로 햇빛으로부터의 합성을 증가시키는 한편 마른 버섯이나 간 등에 다량 함유되어 있는 비타민은?
① 비타민 A
② 비타민 D
③ 비타민 B₂
④ 니아신

[해설] 비타민 D는 실외활동 등으로 햇빛으로부터의 비타민 D 합성을 증가시킨다.

37 다음 중 티아민의 결핍 증상으로 거리가 먼 것은?
① 체중 감소
② 각기병
③ 심장 비대
④ 각막연화증

[해설] 티아민의 결핍 증상 : 식욕 부진, 체중 감소, 근육무력증, 심장 비대, 각기병 등

38 티아민(비타민 B₁)의 주요 급원으로 거리가 먼 것은?
① 현미
② 돼지고기
③ 과일류
④ 견과류

[해설] 티아민의 주요 급원 : 현미, 돼지고기, 견과류, 굴 등

39 다음 중 니아신의 결핍 증상으로 옳은 것은?

① 구순염 　　　　　　　　② 설염
③ 안구 충혈 　　　　　　　④ 펠라그라

해설 니아신이 결핍되면 펠라그라가 발생한다.

40 다음 중 비타민 C의 작용이 아닌 것은?
① 티록신의 합성을 위해 필요하다.
② 성장을 촉진시키고 건강한 생식능력을 증진시킨다.
③ 콜라겐에 있는 아미노산들 사이에서 결합조직을 증가시켜 조직을 강하게 한다.
④ 철분의 흡수와 엽산의 작용을 돕는다.

해설 비타민 C의 작용 : 티록신의 합성을 위해 필요하며, 콜라겐에 있는 아미노산들 사이에서 결합조직을 증가시켜 조직을 강하게 한다. 그리고 철분의 흡수와 엽산의 작용을 돕는다.

41 다음 무기질 중 다량원소가 아닌 것은?
① 칼슘　　　　② 나트륨　　　　③ 철분　　　　④ 칼륨

해설 무기질의 종류 : 칼슘, 인, 나트륨, 염소, 칼륨, 마그네슘, 황은 체내에 비교적 많이 함유되어 있다. 철분, 요오드, 망간, 아연, 코발트, 불소 등은 미량 존재한다.

42 다음 중 칼슘의 흡수를 촉진하는 요인으로 옳은 것은?
① 비타민 D　　　　② 옥살산　　　　③ 피트산　　　　④ 섬유소

해설 칼슘의 흡수와 방해
• 칼슘의 흡수를 촉진하는 요인 : 비타민 D와 젖당(우유는 칼슘의 좋은 급원)
• 칼슘의 흡수를 방해하는 요인 : 옥살산과 피트산, 섬유소

43 다음 중 칼슘의 작용이라 볼 수 없는 것은?
① 뼈와 치아의 구성 　　　　　　② 근육의 수축과 이완 작용
③ 체액의 약산성 유지 　　　　　④ 신경의 자극 전달

정답 35.❷　36.❷　37.❹　38.❸　39.❹　40.❷　41.❸　42.❶　43.❸

해설 칼슘
- **칼슘의 작용** : 뼈와 치아의 구성, 근육이나 혈관의 수축과 이완 작용, 신경의 자극 전달, 체액의 약알칼리성 유지 등이다. 칼슘은 성장기 아이들에게는 특히 많이 필요하지만 성인이 된 후에도 계속 필요하다.
- **칼슘의 결핍** : 칼슘이 부족한 아동들에게는 성장지연, 가슴과 골반의 발육부진, OX형 다리, 구루병이 발생한다. 성인에게는 골다공증 및 골감소증이 발생한다.

44 각 영양소와 그에 해당되는 대표적 급원 식품이 바르게 연결된 것은?
① 철분 — 우유
② 칼슘 — 멸치
③ 비타민 C — 달걀
④ 나트륨 — 미역

해설 칼슘의 좋은 급원식품은 치즈 · 뼈째 먹는 생선 · 우유 · 진한 녹색채소 등이다.

45 다음 중 칼슘이 부족한 아동에게 나타나는 증상이 아닌 것은?
① 성장지연
② 골반의 발육부진
③ OX형 다리
④ 혈우병

해설 문제 43번 해설 참조

46 다음 칼슘의 급원식품으로 가장 좋은 것은?
① 마른 멸치
② 사과
③ 두부
④ 곡류

해설 칼슘의 급원식품 : 뼈째 먹는 생선, 치즈, 우유, 시금치 등이다.

47 다음 중 철분의 흡수를 방해하는 요인은?
① 비타민 D
② 젖당
③ 옥살산
④ 섬유소

해설 동물성 식품에 있는 철분은 쉽게 흡수되는 반면, 식물성 식품에 있는 철분은 잘 흡수되지 않는다. 섬유소와 피트산은 철분의 흡수를 방해한다.

48 다음 중 과잉 섭취를 하면 고혈압의 원인이 되는 무기질은?
① 칼슘
② 철분
③ 아연
④ 나트륨

해설 소금의 과잉 섭취는 고혈압의 원인으로 지적되고 있다. 고혈압이 되기 쉬운 사람은 소금의 섭취량을 감소시키면 줄여야 한다.

49 다음 중 성장 지연, 식욕 감퇴, 탈모, 신경 장애, 면역 능력 감소가 나타나는 무기질은?

① 아연   ② 요오드
③ 나트륨   ④ 철분

해설 아연의 결핍증세와 급원 : 아연이 결핍되면 성장지연, 식욕감퇴, 탈모, 신경장애, 면역능력 감소가 나타난다. 동물성 급원식품이 식물성 급원식품에 비해 체내 흡수율이 높다. 아연은 주로 동물성 식품에 함유되어 있다.

50 다음 중 대체로 체내 수분의 몇 %를 손실하면 사망하는가?

① 4%   ② 7%   ③ 12%   ④ 20%

해설 체내 총수분량의 2%가 손실되면 갈증, 4%가 손실되면 근육피로감, 12%가 손실되면 무기력 상태, 20% 이상 손실되면 사망할 수 있다.

51 다음 중 수분의 체내 작용이 아닌 것은?

① 영양소와 노폐물의 운반   ② 에너지 생성
③ 분비액의 성분   ④ 체온조절 작용

해설 수분의 체내 작용 : 영양소와 노폐물의 운반, 분비액의 성분, 체내 대사과정의 촉매제, 체온조절 작용, 신체보호 작용, 체내물질의 농도조절 작용

52 다음 중 신체구성 성분으로 과다한 손실(약 20%)이 생명에 지장을 주는 영양성분과 위험을 초래할 수 있는 상황은?

① 산소 — 설사   ② 수분 — 사망
③ 지방 — 설사   ④ 단백질 — 출혈

해설 문제 50번 해설 참조

정답 44.② 45.④ 46.① 47.④ 48.④ 49.① 50.④ 51.② 52.②

주관식

1 영양소의 일반적 작용 3가지를 쓰시오.

2 기초대사량을 측정하는 방법을 설명하시오.

3 섬유소의 생리적 작용과 질병예방과의 관계를 3가지 이상 쓰시오.

Answer

1 몸의 구성물질, 에너지 공급원, 생리적 기능조절

2 마지막 식사 후 12~14시간이 지난 보통 아침 식사 전의 공복상태에서 눈을 뜨고 조용히 누워서 6~10분간 측정한다. 온도는 18~20℃가 적당하며 측정 전 12시간 동안은 심한 운동은 피하는 것이 좋다.

3
- 인체에 셀룰라아제가 없어 열량이 적으므로 비만이 예방된다.
- 연동운동 촉진으로 변비가 예방된다.
- 혈중 콜레스테롤 농도를 낮추어 주므로 동맥경화가 예방된다.
- 혈당을 서서히 증가시키므로 당뇨병에 효과적이다.
- 수분을 흡수하므로 발암물질 배설을 촉진해 대장암, 직장암 등을 예방한다.

4 포화지방산과 불포화지방산을 구분하여 설명하시오.

5 지방의 체내 작용에 대해 3가지 이상 쓰시오.

6 단백질의 체내 작용에 대해 3가지 이상 쓰시오.

7 비타민 A와 D의 결핍증과 급원식품에 대하여 쓰시오.

Answer

4 포화지방산은 탄소와 탄소 사이에 이중결합이 없으며 상온에서 고체상태로 존재한다. 동물성 지방에 다량 함유되어 있다. 불포화지방산은 탄소 간에 하나 이상의 이중결합을 가지며 상온에서 액체상태로 존재한다. 그리고 식물성 지방과 생선기름에 포함되어 있다.

5 열량의 공급과 저장, 필수영양소의 기능, 신체 구성성분, 체온 유지 및 주요 장기의 보호, 지용성 비타민 흡수 도움 등

6 조직세포의 생성과 보수, 혈청 단백질의 합성, 효소와 호르몬의 합성, 에너지원, 운반·저장 및 체내 대사과정의 조절

7 ① 비타민 A의 결핍증으로는 야맹증, 결막건조증, 각막연화증 등이 있다. 주요 급원식품은 당근, 시금치, 과일 등이다.
② 비타민 D의 결핍증으로는 구루병, 골연화증, 골다공증 등이 있다. 주요 급원식품은 고등어, 갈치 등의 생선과 육류의 간, 버섯 등이다.

8 비타민 C의 기능을 3가지 이상 쓰시오.

9 수분 섭취가 중요한 이유에 대하여 쓰시오.

10 나트륨과 칼륨의 작용에 대해 설명하시오.

11 수분의 체내 작용을 3가지 이상 쓰시오.

Answer

8 콜라겐 합성, 항산화작용, 철 흡수와 면역기능, 호르몬 및 기타 생체조절물질의 생합성에 관여

9 수분은 신체의 약 60%를 차지하는 주요 구성성분이다. 수분은 영양소를 운반하고 노폐물을 배출시켜 준다. 그런데 체내 수분량의 2%가 손실되면 갈증을 느끼며, 4%가 손실되면 근육 피로감, 12%가 손실되면 무기력 상태, 20% 이상이 손실되면 사망할 수 있다.

10 나트륨과 칼륨은 정상적인 삼투압을 유지시킴으로써 수분 평형을 유지하며 산·알칼리 조절인자로 작용하여 혈압이 적정하게 유지되도록 조절한다.

11 영양소와 노폐물의 운반, 분비액의 성분, 체내 대사의 촉매제, 체온조절 작용, 신체보호 작용, 체내 물질의 농도 조절 작용

제1부 건강과 영양

04 영양과 질병

 단원 개요

식품섭취의 부족이나 불균형으로 인하여 영양결핍증이 발생한다. 최근에 점차 골다공증의 발생률이 높아지고 있는 것도 영양섭취와 관련이 높다. 골다공증은 노인에게 흔히 발생하는 질병으로서, 특히 폐경기 이후 여성에게 발생빈도가 높다. 우리나라에서는 빈혈 발생이 아주 높고, 에너지 결핍증이나 단백질 결핍증도 나타나고 있다.

이 단원에서는 최근 증가되고 있는 빈혈과 동맥경화증, 골다공증의 원인, 식이와의 관계, 예방과 치료 방안에 대하여 자세히 살펴보도록 한다.

 출제 경향 및 수험 대책

이 단원에서는 에너지와 단백질 결핍증의 증상과 식이요법, 특히 에너지와 단백질의 섭취량이 신체 건강에 미치는 영향, 철결핍성 빈혈과 악성 빈혈의 원인과 식이요법, 콜레스테롤의 정의와 체내 콜레스테롤의 공급원, 콜레스테롤의 체내 작용, 콜레스테롤과 동맥경화증의 관계, 칼슘과 골격 건강, 골다공증의 관계를 알고 골다공증의 예방법 등에 대해서 묻는 문제들이 출제될 수 있는 바, 자세하고 철저한 학습이 요구된다.

4

01 영양결핍과 빈혈

1 에너지와 단백질 결핍증

(1) 에너지 결핍증(마라스무스)

① 에너지 결핍증의 원인 : 부분적 기아상태로서 식품섭취 부족으로 인해 나타나며 이러한 에너지 결핍증(마라스무스)은 영유아기에 많이 나타난다.

② 에너지 결핍증의 증상
　㉠ 피하지방과 근육의 감소로 체중 감소가 현저하다.
　㉡ 구토가 따르고 사물에 대한 감각이 무뎌지며 말이 없어진다.
　㉢ 운동능력이 감소되고 나중에는 뼈만 남아 몸을 지탱할 수 없으며 걸을 수 없다.
　㉣ 성장기에는 성장이 현저히 저하된다.

(2) 단백질 결핍증(콰시오커)

① 단백질 결핍증의 원인
　㉠ 단백질의 질적·양적 섭취가 부족하거나 만성설사 등으로 인해 단백질의 흡수가 불량할 때
　㉡ 간질환 등으로 혈장단백질의 합성에 지장이 생기거나 체내이용이 안될 때
　㉢ 장기능 장애·장염·위질환 등으로 인한 단백질 소화불량이나 신장염·복수·출혈 등으로 인한 단백질의 상실, 열병·내분비 이상·기초대사 상승 등으로 인한 체단백질의 분해가 증가될 때

② 단백질 결핍증의 증상
　㉠ 성장이 지연되고, 체중과 키가 정상인에 크게 못 미친다.
　㉡ 혈중 알부민 농도가 감소되고, 주로 다리, 얼굴, 복부에 부종이 생긴다.
　㉢ 피부염, 분홍반점 등이 생기고, 머리칼이 희고 가늘어진다.
　㉣ 식욕이 없어지고 소화기관에 염증이 생겨 설사가 난다.
　㉤ 쉽게 감염되며 빈혈과 지방간을 일으켜 사망하게 된다.

2 빈혈

빈혈이란 혈액 중의 혈색소 또는 적혈구의 양이 정상 이하로 감소된 상태를 말한다.

(1) 철결핍성 빈혈

① 원인
　㉠ 성장·임신·수유·월경 등에 의한 철 필요량의 증가
　㉡ 소화성 궤양·위염·암·치질·자궁근종 등에 의한 출혈과 만성출혈에 의한 철 배설량의 증가

추가 설명

에너지 결핍증의 치료
- 구강 또는 정맥으로 포도당을 공급한다.
- 일반우유에는 지방분이 많으므로 치료 초기에는 탈지우유를 공급한다.
- 식품은 소화능력에 따라 에너지와 단백질을 보충한다.
- 소량으로 자주 공급하는 것이 효과적이다.

추가 설명

단백질 결핍증의 치료
- 초기에 지질 대신 탈지우유 공급
- 고열량식이·고단백식이
- 유화된 지방 섭취
- 고비타민·고무기질 식이

추가 설명

빈혈의 진단 및 종류
- 빈혈의 진단 : 혈액검사와 임상증상으로 이루어진다. 혈색소 수치가 남성은 13g/dL, 여성은 12g/dL 이하인 경우 빈혈로 정의한다. 특히 임산부의 경우 체중과 혈장량의 증가를 감안하여 11g/dL 이하로 정의한다.
- 빈혈의 종류 : 철결핍성 빈혈과 악성빈혈, 재생불량성 빈혈, 용혈성 빈혈 등

② 증상
- ㉠ 철결핍성 빈혈은 적색소성 빈혈로서 적혈구수가 감소되어 나타난다.
- ㉡ 적혈구는 저색소성, 소혈구성의 혈액상태를 나타낸다.
- ㉢ 손톱의 모양이 달라지고, 구각염이 나타나며, 식성이 변화된다.
- ㉣ 권태감과 피로를 느끼고 호흡곤란을 겪으며 안색이 창백해진다.

③ 식이요법
- ㉠ 철결핍성 빈혈환자는 대개 영양부족에 의한 저체중을 나타내므로 고열량식이를 실시한다. 총단백질의 절반은 조혈효과가 높은 동물성 단백질로 공급하는 것이 바람직하다.
- ㉡ 철분이 많이 함유된 식품으로는 간, 콩팥, 고기내장, 달걀노른자, 마른완두콩, 강낭콩, 땅콩, 녹색채소와 당밀 등이 있다. 비타민 C와 동물성 식품은 비헴형의 철분을 증가시키므로 철분 함유식품과 같이 섭취한다.

(2) 악성빈혈

① 원인
- ㉠ 악성빈혈은 비타민 B_{12}와 엽산의 체내 이용이 저하되어 생성된다.
- ㉡ 위절제환자 · 위궤양 · 위암, 소장절제 · 소장궤양 등의 환자에게서 발생한다.

② 식이요법 : 악성빈혈환자를 위한 식이요법으로는 고단백질식이, 고비타민 B_{12}와 엽산 식이, 철분과 비타민 등이 함유된 균형있는 식이를 실시한다.

(3) 재생불량성 빈혈

① 원인 : 대부분 알려져 있지 않으나 면역계에 의해 생성된 항체가 자신의 줄기세포를 공격해서 파괴해 버리는 자가면역기전에 의한 조혈모세포의 장애에 의한 발병이 가장 잘 알려져 있는 발병원인이다. 가장 흔한 것은 항암제나 벤젠 등 유기용매, 살충제, 염색제 등의 화학물질에 의한 경우이며, X선, 자연방사선, 방사성 동위원소 등이 있다.

② 증상 : 가장 흔한 초기 증상은 혈소판 감소로 인한 출혈이다. 쉽게 멍들거나 잇몸 출혈, 코피, 월경 과다의 증상이 있을 수 있다. 또한 혈액 내에 적혈구 감소로 인한 허약감, 피로감, 운동 시 호흡곤란 등이 있다.

③ 치료 : 원인이 될 수 있는 약제, 유기용매, 농약과 살충제에 노출을 피하고 세균감염이나 출혈의 위험성에 주의하며, 혈소판 기능을 억제하는 아스피린 제재의 복용을 삼가야 한다.

(4) 용혈성 빈혈

① 원인 : 몸 속에서 만들어지는 항체가 적혈구를 공격해 비장에서 파괴되도록 하는 비정상적인 면역반응으로, 종종 페니실린 등 약제에 의해 유발된다. 또한 만성 림프구성 백혈병이나 전신성 홍반성 낭창에 의해 유발되기도 한다.

② 증상 : 피로감, 어지러움, 창백한 피부, 가벼운 운동에도 숨이 차는 등 빈혈과 공통되는 증상이 나타난다. 황달, 담석, 복부 팽만이 있을 수 있다.

철결핍성 빈혈

가장 흔한 빈혈의 형태로, 혈색소의 주요한 구성 요소인 철분이 부족하여 혈색소 합성이 정상적으로 이루어지지 않아 발생한다.

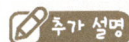

재생불량성 빈혈

골수 안에서 모든 세포의 모체가 되는 줄기세포를 만들지 못하여 혈액세포가 줄어들면서 생기는 질환이다. 따라서 재생불량성 빈혈 환자는 적혈구, 백혈구, 혈소판 등 모든 혈액세포가 감소할 수 있다.

용혈성 빈혈

적혈구의 파괴 속도가 너무 지나치게 빠르거나 골수의 조혈이 비교적 낮아지거나 골수가 보충할 만큼 미처 적혈구 생산을 증가시키지 못할 때 빈혈로 나타난다.

02 콜레스테롤과 동맥경화증

1 콜레스테롤의 급원과 체내 작용

① 콜레스테롤의 급원

㉠ 식품의 콜레스테롤
- 급원식품 : 소돼지의 골수, 기름, 내장과 난류, 닭고기 등과 새우와 굴에도 다량 함유되어 있다.
- 섭취된 식품의 콜레스테롤의 흡수에 영향을 주는 것 : 식이지방은 콜레스테롤 흡수를 증진하며, 담즙산은 콜레스테롤과 마이셀을 형성하여 장점막 내로 콜레스테롤이 흡수되도록 하는 필수물질이다.

㉡ 생체 내에서 합성한 콜레스테롤
- 포도당이나 지방산, 아미노산의 분해과정에 의해서 생성된 물질(아세틸 코엔자임 A)에서 합성된다.
- 스쿠알렌(squalene)은 콜레스테롤 합성의 중간물질이다.
- 콜레스테롤은 간에서 담즙산으로 분해된다.

② 콜레스테롤의 체내 작용

㉠ 콜레스테롤은 세포막의 구성성분이며 세포 원형질에 다량 함유되어 있다.
㉡ 뇌와 신경조직에도 함유되어 있어서, 각 조직세포의 기능을 원활히 수행하도록 한다.
㉢ 콜레스테롤은 성호르몬과 비타민 D, 담즙산을 합성하는 기본물질이다.
- 비타민 D : 피부세포에 존재하는 콜레스테롤의 유도체인 7-디히드로콜레스테롤로부터 합성된다.
- 담즙산 : 주로 간에서 콜레스테롤이 분해되어 생성, 지방을 유화시켜서 분해효소들의 작용을 용이하게 한다.

| 표 4-1 | 지단백질의 종류와 특징

종류	주요 생성장소	특징
킬로미크론	소장	식이의 중성지질을 운반하는 지단백질로서, 중성지질이 풍부하여 밀도가 가장 낮음. 공복상태에서는 존재하지 않음. 생성 후 분해되는 속도가 빠름.
극저밀도 지단백질 (VLDL)	간	간에서 합성되는 중성지질을 조직으로 운반하는 지단백질로, 밀도가 두 번째로 낮음.
저밀도 지단백질 (LDL)	혈액 내에서 전환	혈액 내의 LDL의 증가는 곧 콜레스테롤의 증가를 의미하며 동맥경화증의 위험요소로 지적된다.
고밀도 지단백질 (HDL)	간	조직에서 간으로 콜레스테롤을 운반하는 항동맥경화성 지단백질. 콜레스테롤 농도가 가장 낮고 단백질 함량이 가장 높음.

추가 설명

콜레스테롤

- 주로 동물의 조직이나 달걀의 노른자 등에서 발견되는 지질의 일종이다.
- 콜레스테롤은 각각의 세포를 둘러싸고 있는 세포막의 주성분으로, 체내에서 이 물질을 출발물질 또는 중간물질로 하여 담즙산, 스테로이드 호르몬, 비타민 D 등이 합성된다.
- 콜레스테롤은 혈류를 따라 순환하며 간과 몇몇 기관에서 합성된다. 사람은 음식물을 통해 상당량의 콜레스테롤을 섭취한다. 간에서 합성되는 콜레스테롤의 양은 보상 메커니즘으로 조절된다. 즉, 식사를 통해 섭취한 콜레스테롤의 양이 증가하면 간에서 콜레스테롤의 합성이 감소한다.

ⓔ 콜레스테롤은 프로게스테론, 테스토스테론과 에스트로겐 등 성호르몬뿐만 아니라 코르티솔(cortisol)과 알도스테론(aldosterone) 호르몬 합성의 전구물질이다.
- 코르티솔 : 포도당 신생작용을 증진하며, 지방과 단백질의 분해를 촉진하여 에너지 대사를 증진시킨다.
- 알도스테론 : 나트륨과 염소와 중탄산의 신장 재흡수를 증가시켜서 혈액량과 혈압을 증가시킨다.

2 콜레스테롤과 동맥경화증의 관계

① 동맥경화증과 콜레스테롤
ⓐ 동맥경화증(atherosclerosis)은 혈관 중 대동맥벽에 중성지방, 주로 콜레스테롤이 축적되어 내강이 좁아져서 발생하는 것이다.
ⓑ 동맥경화증의 위험요소는 유전적 LDL 대사의 이상, 고지혈증과 고콜레스테롤증, 고혈압, 흡연, 스트레스 등이다.

② 콜레스테롤과 식이요소
ⓐ 콜레스테롤 농도를 높이는 경우
- 포화지방산과 지방의 다량 섭취가 콜레스테롤 합성을 촉진한다.
- 설탕도 일시적으로 혈중 지질 농도를 높인다.

ⓑ 콜레스테롤 농도를 낮추는 경우
- 식이 요소 중 불포화지방산, 비타민 C와 섬유질 등 : 혈중 지방과 콜레스테롤 농도를 낮추는 효과를 나타낸다.
- 운동 : 지단백질 중 HDL의 농도를 높여주므로 동맥경화증을 예방하는 인자로 이용된다.

③ 동맥경화증의 예방
ⓐ 육류 지방과 콜레스테롤이 다량 함유된 식품의 섭취량을 감소시켜야 한다. 한편, 불포화 지방산을 섭취하는 것이 좋은데 대표적인 ω-3(오메가 3) 지방산은 혈중 지방과 혈액이 엉기는 성질을 감소시킨다. 이는 등푸른 생선에 많이 함유되어 있다.
ⓑ 체중감소가 더욱 효과가 높다.
ⓒ 과로를 피하고 스트레스를 덜 받게 낙천적인 성격을 가지도록 노력한다.
ⓓ 규칙적인 운동을 한다.

추가 설명
동맥경화증
- 동맥경화란 혈관벽 내부에 콜레스테롤 등이 쌓여 혈관이 좁아지는 전신성 질환으로서, 그 원인으로서는 고혈압, 당뇨병, 고콜레스테롤혈증, 흡연, 비만, 연령 등의 다양한 위험 인자들이 복합적으로 관여한다.
- 신장 손상, 관상동맥질환, 뇌나 사지로의 순환장애 등이 발생할 수 있으며, 침범 부위에 따라 마비, 감각 이상, 언어장애, 시력 이상, 어지럼증, 두통 등의 증상이 나타난다.

추가 설명
오메가-3 지방산
- 오메가-3 지방산인 알파 리놀렌산은 체내에서 EPA와 DHA로 전환되기는 하지만 전환 효율성이 낮아 직접 섭취하는 것이 좋다.
- 오메가-3 지방산, 특히 EPA와 DHA의 섭취는 심혈관계 질환 예방에 도움이 된다. 특히 어패류 섭취를 통한 예방효과가 다수 연구에서 나타났다.

03 칼슘과 골다공증

1 골다공증

(1) 골다공증의 특징

> **추가 설명**
> **골다공증**
> 골다공증은 뼛속에 구멍이 많이 생긴다는 뜻으로 뼈의 양이 줄어들어 뼈가 얇아지고 약해져 잘 부러지는 병이다. 사춘기에 성인 골량의 90%가 형성되며, 35세부터 골량이 서서히 줄어들다가 50세 전후 폐경이 되면서 매우 빠른 속도로 골량이 줄어든다.

> **추가 설명**
> **골격조직의 특성**
> - 뼈는 한번 만들어지면 영구적인 것이 아니라, 계속 생성되었다 분해되고 보수·재생성 되는, 활발한 대사가 이루어지는 조직이다.
> - 골조직의 생성과 석회화 과정 : 단백질인 콜라겐과 점성 다당류로 기본망상 섬유구조인 골조직이 생성되며, 여기에 인산칼슘이 침착하여 단단해지는 석회화 과정이 일어난다.
> - 뼈의 생성에 필요한 성분 : 단백질, 칼슘, 인 등 무기질과 비타민 A·C·D
> - 골격 내의 골질량 결정 : 뼈의 생성량과 용해량의 균형에 의해서 결정된다.
> - 뼈조직의 감소에 영향을 미치는 요인 : 유전, 연령, 활동량, 호르몬, 칼슘 섭취 등 여러 가지 생리적·환경적 요인에 의해 영향을 받는다.
> - 노령화에 따른 골질량의 감소 원인 : 혈청 칼슘 수준이 감소됨에 따라 이를 정상 수준으로 유지하기 위해 뼈의 탈무기질화가 일어난다.

① 골다공증은 노인에게 흔히 발생하는 질병으로, 특히 폐경기 이후 여성에게 발생빈도가 높다.
② 골다공증은 늙어가면서 뼈의 생성량보다 용해량이 많아져 골질량과 골밀도가 감소하여 생기는데 발병에는 여러 요소가 관여한다.

(2) 골다공증의 증상

① 요통, 관절통, 척추통 등 뼈가 쑤시는 통증이 발생한다.
② 뼈조직의 구조가 엉성해지고 뼈에 작은 구멍이 생긴다.
③ 작은 충격에도 쉽게 골절이 일어나고, 대퇴골 상부, 척추, 팔목뼈, 어깨뼈, 골반 늑골 등이 자주 골절된다.
④ 등이 굽고 키가 작아지며, 뼈가 변형되고 파열됨에 따라 신경이나 근육이 눌리고 당겨서 통증을 유발한다.
⑤ 골다공증은 서서히 진행되어 특별한 자각증상 없이 골절된 후에야 알게 되는 경우가 많다.

2 골다공증의 관련 요인

(1) 유전과 연령

① 유전
  ㉠ 일반적으로 최대 골질량은 어느 정도 유전적 요인의 영향을 받으나, 그 후의 뼈 손실량은 유전적 요인보다는 환경적 요인의 영향을 받는다.
  ㉡ 흑인은 선천적으로 백인이나 아시아인에 비해 골밀도가 높고 노년기의 골다공증 발생률도 낮다.
② 연령
  ㉠ 뼈의 강도와 높은 상관관계를 나타내는 골질량 또는 골밀도는 연령에 따라 달라진다.
  ㉡ 연령과 관련된 골질량의 감소는 증가된 뼈의 용해량과 감소된 뼈의 생성량으로 결정되지만 뼈의 용해량 증가가 상대적으로 더 중요하다.
  ㉢ 여성이 남성보다 모든 연령에서 높은 골다공증 발생률을 보인다.

(2) 신체활동

① 신체활동은 골아세포를 자극하여 뼈재생을 촉진하며, 활동제한은 골질량의 감소를 초래한다.
② 노년기의 질병, 의복상실, 부자유 등 신체활동 부족이 골다공증 유발과 진행의 중요 요인이다.

(3) 에스트로겐과 기타 호르몬

① 에스트로겐과 골다공증 : 골다공증은 폐경에 따른 여성호르몬인 에스트로겐의 분비부족과 밀접한 관련이 있다. 에스트로겐은 골격에 대한 부갑상선 호르몬의 작용을 억제하고

칼시토닌의 작용을 촉진함으로써 뼈의 용해량을 감소시키고 칼슘 평형을 개선시킨다.
② **부갑상선 호르몬과 골다공증** : 노령화에 따라 혈중 부갑상선 호르몬이 증가하는데, 폐경 후 여성의 부갑상선 호르몬 수준이 높다. 부갑상선 호르몬의 혈중 농도 증가는 뼈의 칼슘용해를 증가시키고 주로 치밀골의 뼈손실을 증가시킴으로써 골다공증을 유발한다.
③ **칼시토닌** : 갑상선에서 분비되는 칼시토닌은 뼈의 용해를 저해함으로써 칼슘대사를 개선한다.

(4) 칼슘과 식이요소

① 칼슘과 골격대사
  ㉠ 칼슘 섭취량과 골질량의 관계 : 성인기에는 최대 골질량에 달할 때까지는 칼슘을 충분히 섭취함으로써 골질량이 증가된다.
  ㉡ 칼슘 섭취량의 부족은 골다공증 발생에 중요한 역할을 한다.
  ㉢ 골다공증 환자의 칼슘평형은 음을 나타내는데, 이것은 칼슘 섭취량의 부족뿐만 아니라 흡수율 저하, 배설량 증가 등에 의해서 나타난다.
② **인과 골격대사** : 인의 충분한 섭취는 요중 칼슘 배설량을 감소시키지만 인이 과잉되면 요중 칼슘 배설량을 증가시켜서 뼈손실을 촉진한다. 칼슘과 인의 비율은 1:1이다.
③ **비타민 D와 골격대사** : 비타민 D가 결핍되면 칼슘 흡수와 혈중 칼슘 농도를 저하시켜 뼈의 칼슘 용해를 촉진시킨다.
④ **불소와 골격대사** : 불소는 조골세포를 자극하여 뼈조직 생성을 증가시키는 작용을 한다. 그러나 불소를 과잉섭취하면 뼈의 강도를 높여 골경화증과 골절을 유발할 수도 있다.
⑤ **알코올과 골격대사** : 알코올 중독환자는 뼈의 형성량이 감소하고, 골질량이 현저하게 감소한다. 알코올이 직접 골아세포에 작용해 뼈의 생성을 억제하고 소장에서의 칼슘 흡수를 저해하며 요중 칼슘배설량을 증가시킨다.

3 골다공증의 예방과 치료

(1) 골다공증의 예방
① 골다공증의 예방은 골격의 강도와 골질량을 최대로 유지하도록 하는 데 있다.
② 골격구성에 필요한 충분량의 칼슘, 적당량의 단백질과 인, 비타민 C와 D의 섭취 등 균형 있는 식이가 중요하다.
③ 칼슘섭취는 양적인 고려와 함께 칼슘의 흡수와 이용성을 높이도록 해야 한다.
④ 적당한 운동을 통해 골질량을 최대화하고 뼈손실을 최소화할 수 있다.

(2) 골다공증의 치료
① 뼈조직을 원상으로 재생시키기보다 더 이상 뼈가 손실되지 않도록 하고 진행속도를 지연시키는 데 있다.
② 골다공증 환자의 골질량 감소를 억제하기 위한 방법

추가 설명

섬유소와 골격대사
- 섬유소는 장관 내에서 칼슘의 흡수율을 저하시키는 작용을 한다.
- 고섬유질식이는 음의 칼슘평형을 유도함으로써 골다공증 발생위험을 증가시킨다.
- 뼈손실을 막기 위해서는 식이 섬유소를 적절히 섭취하고 칼슘 섭취량을 증가시켜야 한다.

추가 설명

흡연과 골격대사
흡연은 폐경연령을 앞당기며, 니코틴은 에스트로겐 분비를 저하시키고, 에스트로겐의 대사를 촉진시켜 혈중 농도를 낮춘다.

추가 설명

카페인과 골격대사
카페인의 섭취량은 칼슘 흡수와는 음의 상관관계를, 대변 및 요중 칼슘 배설량과는 양의 상관관계를 나타낸다.

추가 설명

골다공증 치료를 위한 에스트로겐 요법
- 폐경기 이후의 여성에게 에스트로겐을 투여하는 것은 골질량의 손실을 최소화하기 위해서이다.
- 에스트로겐의 장기 투여는 혈전증 및 자궁암의 발생위험률을 증가시킬 수 있다.

㉠ 칼슘 보충제 급여 : 일반적으로 칼슘 보충제는 탄산칼슘, 인산칼슘 등과 소뼈, 달걀, 굴껍질 분말 등이다.

㉡ 비타민 D와 칼시토닌 요법 : 장기간 입원하는 환자나 설사환자에게 적당량 복용하게 한다.

- 부작용 : 고칼슘혈증과 고칼슘뇨증을 일으킬 수 있다.
- 칼시토닌 투여 : 골다공증 환자의 뼈손실을 억제하고 요통을 완화하는 효과가 있으나 약값이 비싸고, 식욕부진, 구역질과 구토 등을 유발한다.

㉢ 운동요법 : 적당한 운동은 골손실을 억제하고 폐경기 후에도 골질량을 증가시킬 수 있다.

4 골다공증의 식이요법

(1) 칼슘의 급원 및 이용성의 증가

① 우리나라 정상 성인(19~49세)의 칼슘 권장섭취량은 1일 남자는 800mg, 여자는 700mg 이다.

② 칼슘 체내흡수의 증진과 저해
　㉠ 증진 : 단백질, 인, 비타민 D 등
　㉡ 저해 : 과량의 지방, 섬유질, 수산, 피트산

(2) 적당량의 단백질, 인 및 비타민 D를 함유한 식사

① 권장량에 맞는 단백질을 섭취하며 동물성 단백질을 약 1/3 이상 섭취하도록 한다.
② 칼슘과 인의 권장 섭취비율은 1 : 1이다.
③ 비타민 D는 칼슘 흡수의 필수성분이므로 적당량의 섭취가 필요하다.

추가 설명

골다공증의 예방과 치료
칼슘의 체내 흡수율 또는 이용률을 높일 수 있는 칼슘 식품의 선택, 칼슘 흡수 촉진 인자와의 동시 섭취, 일광욕 등

실전예상문제

1 에너지 결핍증(마라스무스)은 어느 시기에 가장 많이 나타나는가?

① 영유아기 ② 학동기 ③ 청소년기 ④ 노인기

> **해설** 에너지 결핍증 : 필요한 에너지가 공급되지 못하면, 체지방 및 기타 근육조직 등이 에너지원으로 이용되어 체중감소가 일어나며 저체중이 나타나게 된다. 부분적 기아상태로서 식품섭취 부족으로 인해 나타난다. 이러한 에너지 결핍증(마라스무스)은 영유아기에 많이 나타난다.

2 다음 중 에너지 결핍증의 증상이 아닌 것은?

① 피하지방과 근육의 감소
② 구토
③ 운동능력의 감소
④ 다리·얼굴·복부에 부종이 생김.

> **해설** 에너지 결핍증의 증상
> • 피하지방과 근육의 감소로 체중감소가 현저하며 너무 말라서 애늙은이같이 된다.
> • 구토가 따르고 사물에 대한 감각이 무뎌지며 말이 없어진다.
> • 운동능력이 감소되고 나중에는 뼈만 남아 몸을 지탱할 수 없으며 걸을 수 없다.
> • 성장기에는 성장이 현저히 저하된다.

3 에너지 결핍증의 치료에 대한 설명으로 틀린 것은?

① 구강 또는 정맥으로 포도당을 공급한다.
② 치료 초기에는 일반우유를 공급한다.
③ 소량으로 자주 공급한다.
④ 식품은 소화능력에 따라 에너지와 단백질을 공급한다.

> **해설** 에너지 결핍증의 치료 : 치료를 위해서는 우선 액체와 전해질 불균형이 치료되어야 하므로 구강 또는 정맥으로 포도당을 공급한다. 일반우유에는 지방분이 많으므로 치료 초기에는 탈지우유를 공급한다. 에너지결핍증 환자는 지방소화율이 아주 낮기 때문이다.

4 다음 중 단백질 결핍증(콰시오커)의 증상에 대한 설명이 아닌 것은?

① 성장이 지연되고, 체중과 키가 정상인에 크게 못 미친다.
② 주로 다리·얼굴·복부에 부종이 생긴다.

정답 1.① 2.④ 3.② 4.④

③ 피부염, 분홍반점 등이 생기고 머리칼이 희고 가늘어진다.
④ 피하지방과 근육이 감소하고 구토가 따른다.

해설 단백질 결핍증의 증상
- 성장이 지연되고, 체중과 키가 정상인에 크게 못 미친다.
- 혈중 알부민 농도가 감소되고, 주로 다리, 얼굴, 복부에 부종이 생긴다.
- 피부염, 분홍반점 등이 생기고, 머리칼이 희고 가늘어진다.
- 식욕이 없어지고 소화기관에 염증이 생겨 설사가 난다.
- 쉽게 감염되며 빈혈과 지방간을 일으켜 사망하게 된다.

5 다음 중 철결핍성 빈혈의 증상으로 옳지 않은 것은?

① 적혈구는 저색소성, 소혈구성의 혈액상태를 나타낸다.
② 호흡곤란을 겪으며 안색이 붉어진다.
③ 손톱의 모양이 달라지고 구각염이 나타난다.
④ 권태감과 피로를 느낀다.

해설 철결핍성 빈혈의 증상 : 적혈구는 저색소성, 소혈구성의 혈액상태를 나타낸다. 손톱의 모양이 달라지고, 구각염이 나타나고, 식성이 변화된다. 권태감과 피로를 느끼고 호흡곤란을 겪으며 안색이 창백해진다.

6 다음 중 철결핍성 빈혈의 식이요법으로 알맞은 것은?

① 고열량식이
② 저지방식이
③ 고섬유식이
④ 고비타민 B_2 식이

해설 철결핍성 빈혈의 식이요법 : 철결핍성 빈혈환자는 대개 영양부족에 의한 저체중을 나타내므로 고열량식이를 실시한다. 총단백질의 절반은 조혈효과가 높은 동물성 단백질로 공급하는 것이 바람직하다.

7 다음 중 철분이 많이 함유된 식품이 아닌 것은?

① 간
② 달걀노른자
③ 땅콩과 녹색채소
④ 올리브유

해설 철분이 많이 함유된 식품 : 간, 콩팥, 고기내장, 달걀노른자, 마른완두콩, 강낭콩, 땅콩과 녹색채소와 당밀 등이 있다. 비타민 C와 동물성 식품은 비헴형의 철분을 증가시키므로 철분 함유식품과 같이 섭취할 것을 권장한다.

8 다음 중 악성빈혈을 일으키는 것과 관계가 깊은 것은?

① 비타민 C ② 비타민 D ③ 비타민 B_{12} ④ 비타민 B_1

> **해설** 악성빈혈의 원인 : 악성빈혈은 비타민 B_{12}와 엽산의 체내이용이 저하되어 생성된다. 즉, 적혈구의 성숙부전과 위의 내적 요소의 결핍에 의해서 생성된다.

9 대체로 자가면역기전에 의한 조혈모세포의 장애에 의한 발병이 가장 잘 알려진 발병원인이며 초기 증상으로 출혈을 보이는 빈혈은?

① 악성빈혈 ② 철결핍성 빈혈
③ 재생불량성 빈혈 ④ 용혈성 빈혈

> **해설** 재생불량성 빈혈은 골수 안에서 모든 세포의 모체가 되는 줄기세포를 만들지 못하여 혈액세포가 줄어들면서 생기는 질환이다.

10 다음 중 콜레스테롤과 마이셀을 형성하여 장점막 내로 콜레스테롤이 흡수되도록 하는 필수물질은?

① 담즙산 ② 콜레스테롤 에스테라아제
③ 아세틸 코엔자임A ④ 펩신

> **해설** 섭취된 식품의 콜레스테롤의 흡수는 지방 섭취량과 담즙산의 영향을 많이 받는다. 식이지방은 콜레스테롤 흡수를 증진하며, 담즙산은 콜레스테롤과 마이셀을 형성하여 장점막 내로 콜레스테롤이 흡수되도록 하는 필수물질이다.

11 다음 중 콜레스테롤의 체내작용에 대한 설명으로 틀린 것은?

① 각 조직세포의 기능을 원활히 수행하도록 한다.
② 성호르몬과 비타민 D와 담즙산을 합성하는 기본물질이다.
③ 프로게스테론, 테스토스테론과 에스트로겐 등 성호르몬 합성의 전구물질이다.
④ 세포막의 구성성분이나 세포 원형질에는 소량 함유되어 있다.

> **해설** 콜레스테롤의 체내작용
> • 콜레스테롤은 생체 내에서 필수적인 구성성분이다.
> • 콜레스테롤은 세포벽의 구성성분이며 세포 원형질에 다량 함유되어 있다.
> • 뇌와 신경조직에도 함유되어 있어서, 각 조직세포의 기능을 원활히 수행하도록 한다.
> • 콜레스테롤은 성호르몬과 비타민 D와 담즙산을 합성하는 기본물질이다.

정답 5.❷ 6.❶ 7.❹ 8.❸ 9.❸ 10.❶ 11.❹

12 다음 중 나트륨과 염소와 중탄산의 신장 재흡수를 증가시켜서 혈액량과 혈압을 증가시키는 것은?

① 코르티솔　　　　　　　　　② 알도스테론
③ 비타민D　　　　　　　　　④ 담즙산

> **해설** 알도스테론 : 나트륨과 염소와 중탄산의 신장 재흡수를 증가시켜서 혈액량과 혈압을 증가시킨다. 이러한 호르몬의 주된 합성장소는 부신피질이다.

13 다음 중 식이의 중성지질을 운반하는 지단백질로서 중성지질이 풍부하여 밀도가 가장 낮은 지단백질은?

① 킬로미크론　　　　　　　　② 극저밀도 지단백질(VLDL)
③ 저밀도 지단백질(LDL)　　　④ 고밀도 지단백질(HDL)

> **해설** 킬로미크론 : 소장에서 생성되며, 식이의 중성지질을 운반하는 지단백질로서, 중성지질이 풍부하여 점도가 가장 낮으며, 공복상태에서는 존재하지 않고 생성 후 분해되는 속도가 빠르다.

14 조직에서 간으로 콜레스테롤을 운반하는 항동맥경화성 지단백질로서 이것의 혈액 내 증가는 동맥경화증을 예방하는 요소가 된다는 것은?

① 킬로미크론　　　　　　　　② 극저밀도 지단백질(VLDL)
③ 저밀도 지단백질(LDL)　　　④ 고밀도 지단백질(HDL)

> **해설** 저밀도 지단백질과 고밀도 지단백질
> • 저밀도 지단백질(LDL) : 혈액 내의 LDL의 증가는 곧 콜레스테롤의 증가를 의미하며 동맥경화증의 위험요소로 지적된다.
> • 고밀도 지단백질(HDL) : 간에서 생성되며, 조직에서 간으로 콜레스테롤을 운반하는 항동맥경화성 지단백질로서, 콜레스테롤 농도가 가장 낮고 단백질 함량이 가장 높다.

15 다음 중 콜레스테롤의 증가를 의미하며 동맥경화증의 위험요소로 지적되고 있는 것은?

① LDL의 증가　　　　　　　② LDL의 감소
③ HDL의 증가　　　　　　　④ VLDL의 감소

> **해설** 혈액 내의 LDL의 증가는 곧 콜레스테롤의 증가를 의미하며, 동맥경화증의 위험요소로 지적되고 있다. 반대로 HDL의 혈액 내 증가는 동맥경화증을 예방하는 요소이다.

16 다음 중 혈중 콜레스테롤의 농도를 높이는 식이는?

① 불포화지방산　　　　　　② 육류
③ 비타민 C　　　　　　　　④ 섬유질

> **해설** 식이요소 중 포화지방산과 지방의 다량 섭취가 콜레스테롤 합성을 촉진하는 것으로 알려져 있다. 그러나 식이요소 중 불포화지방산, 비타민 C와 섬유질 등은 혈중 지방과 콜레스테롤 농도를 낮추는 효과를 나타낸다. 운동은 지단백질 중 HDL의 농도를 높여주므로 동맥경화증을 예방하는 인자로 이용되고 있다.

17 다음 중 콜레스테롤 농도를 낮추는 인자가 아닌 것은?

① 지방　　　　　　　　　　② 불포화지방산
③ 비타민 C　　　　　　　　④ 운동

> **해설** 문제 16번 해설 참조

18 다음 중 동맥경화증의 위험요소와 가장 관련 없는 것은?

① 고지혈증　　② 흡연　　③ 적정 체중　　④ 스트레스

> **해설** 동맥경화증의 위험요소 : 유전적 LDL 대사의 이상, 고지혈증과 고콜레스테롤증, 고혈압, 흡연, 스트레스 등으로 알려지고 있다. 그 중 동맥경화증의 대표적인 증상은 혈중지질 증가와 LDL 농도의 증가이다.

19 다음 중 골다공증의 증상이라고 볼 수 없는 것은?

① 요통, 관절통, 척추통 등이 발생한다.
② 뼈에 작은 구멍이 생긴다.
③ 골다공증은 눈에 띄게 진행되므로 쉽게 알 수 있다.
④ 작은 충격에도 쉽게 골절이 일어난다.

> **해설** 골다공증의 증상 : 요통, 관절통, 척추통 등 뼈가 쑤시는 통증이 발생한다. 뼈조직의 구조가 엉성해지고 뼈에 작은 구멍이 생긴다. 작은 충격에도 쉽게 골절이 일어나고, 대퇴골 상부, 척추, 팔목뼈, 어깨뼈, 골반 늑골 등이 자주 골절된다.

20 등푸른 생선에 많이 함유되어 있으며 동맥경화증을 예방하는 것은?

① 인지질　　　　　　　　　　② 중성지방

정답 12.❷　13.❶　14.❹　15.❶　16.❷　17.❶　18.❸　19.❸　20.❹

③ 포화지방산   ④ 오메가-3 지방산

해설 오메가-3 지방산은 등푸른 생선에 많이 함유되어 있다.

21 다음 중 뼈의 생성에 필요한 성분이 아닌 것은?
① 단백질   ② 칼슘   ③ 비타민 D   ④ 나트륨

해설 뼈의 생성에는 단백질, 칼슘, 인 등 무기질과 비타민 A · C · D · K 등이 필요하다. 그리고 이미 형성되었던 뼈의 조직은 분해와 재흡수 과정이 이루어진다.

22 뼈조직을 감소시키는 요인으로 거리가 먼 것은?
① 운동 부족   ② 높은 연령
③ 칼슘 섭취 증가   ④ 에스트로겐 감소

해설 뼈조직에 영향을 미치는 요인 : 유전, 연령, 활동량, 호르몬, 칼슘 섭취 등 여러 가지 생리적 · 환경적 요인에 의해 영향을 받는다.

23 다음 중 골다공증 발생률이 가장 낮은 인종은?
① 아시아인   ② 백인   ③ 흑인   ④ 인디언

해설 흑인은 선천적으로 백인이나 아시아인에 비해 골밀도가 높고 노년기의 골다공증 발생률도 낮다. 백인은 아시아인이나 흑인보다 골다공증 발생률이 높은 것으로 밝혀지고 있다.

24 골격에 대한 부갑상선 호르몬의 작용을 억제하고 칼시토닌의 작용을 촉진함으로써 뼈의 용해량을 감소시키고 칼슘평형을 개선시키는 것은?
① 에스트로겐   ② 부갑상선 호르몬
③ 칼시토닌   ④ 불소

해설 에스트로겐의 작용 : 골격에 대한 부갑상선 호르몬의 작용을 억제하고 칼시토닌의 작용을 촉진함으로써 뼈의 용해량을 감소시키고 칼슘평형을 개선시킨다. 무월경, 생리불순, 조기폐경, 난소절제, 출산 무경험 등 여성호르몬의 분비가 충분치 않거나 불균형일 가능성이 큰 여성들에게 골다공증의 발생빈도가 높다.

25 골격대사와 관련된 식이요소에 대한 설명으로 틀린 것은?

① 골다공증 환자의 칼슘평형은 음을 나타낸다.
② 칼슘/인 비율은 1.5 : 1이다.
③ 비타민 D의 결핍은 뼈의 칼슘용해를 촉진시킨다.
④ 섬유소는 장관 내에서 칼슘의 흡수율을 저하시킨다.

해설 인의 충분한 섭취는 요중 칼슘 배설량을 감소시키지만 인이 과잉되면 요중 칼슘 배설량을 증가시켜서 뼈손실을 촉진한다. 따라서 칼슘/인 비율은 1 : 1이다.

26 다음 중 골다공증의 발생위험을 높이는 요인으로 거리가 먼 것은?

① 인의 과잉 섭취　　　　　　　② 비타민 D의 결핍
③ 고섬유질 식이　　　　　　　④ 불소의 적정 섭취

해설 불소는 뼈와 치아의 형성과 유지에서 필수적인 미량원소이다. 불소는 조골세포를 자극하여 뼈조직 생성을 증가시키는 작용을 한다. 불소 섭취량이 높은 지역에서 골다공증 발생빈도가 낮게 나타났다.

27 다음 중 골다공증의 예방법이 아닌 것은?

① 골격의 강도와 골질량을 최대로 유지하도록 한다.
② 칼슘, 적당량의 단백질과 인, 비타민 C의 섭취 등 균형있는 식이를 한다.
③ 칼슘 섭취는 칼슘의 흡수보다는 양적인 면을 고려해야 한다.
④ 적당한 운동을 통해 골질량을 최대화한다.

해설 칼슘 섭취는 양적인 고려와 함께 칼슘의 흡수와 이용성을 높이도록 해야 한다. 이와 동시에 적당한 운동을 통해 골질량을 최대화하고 뼈손실을 최소화할 수 있으며 따라서 골다공증을 예방할 수 있다.

28 다음의 〈보기〉에서 괄호 안에 들어갈 적절한 것은?

> **보기** 카페인 섭취량은 칼슘 흡수와는 (㉠)의 상관관계를, 대변 및 요중 칼슘배설량과는 (㉡)의 상관관계를 나타낸다.

① ㉠ : 양, ㉡ : 양　　　　　　　② ㉠ : 양, ㉡ : 음

정답　21.❹　22.❸　23.❸　24.❶　25.❷　26.❹　27.❸　28.❸

③ ㉠ : 음, ㉡ : 양 ④ ㉠ : 음, ㉡ : 음

해설 카페인의 섭취량은 칼슘 흡수와는 음의 상관관계를, 대변 및 요중 칼슘 배설량과는 양의 상관관계를 나타낸다. 이와 같이 카페인 섭취에 의한 칼슘 흡수량 감소와 배설량 증가는 뼈손실을 초래한다.

29 골다공증 환자의 골질량 감소를 억제하기 위한 방법이 아닌 것은?

① 칼슘 보충제 급여
② 비타민 D 요법
③ 에스트로겐 요법
④ 탄수화물 요법

해설 골다공증 환자의 골질량 감소를 억제하기 위한 방법 : 칼슘 보충제 급여, 비타민 D 요법, 에스트로겐 요법, 운동요법

30 다음 중 골다공증 환자의 뼈손실을 억제하고 요통을 완화하는 효과가 있으나 비싸고, 식욕부진, 구역질과 구토 등을 유발하는 것은?

① 칼슘 보충제 급여
② 비타민 D 요법
③ 칼시토닌요법
④ 에스트로겐 요법

해설 칼시토닌 투여 : 골다공증 환자의 뼈손실을 억제하고 요통을 완화하는 효과가 있으나 약값이 비싸고, 식욕부진, 구역질과 구토 등을 유발하는 부작용이 있다.

31 칼슘의 체내흡수를 증진시키는 것은?

① 섬유질
② 인
③ 수산
④ 피트산

해설 칼슘의 체내흡수
- 칼슘의 체내흡수는 단백질, 인, 비타민 D 등에 의해서 증진되고 과량의 지방, 섬유질, 수산, 피트산은 칼슘의 흡수를 저해한다.
- 우유와 유제품은 칼슘과 칼슘 촉진인자가 많아서 가장 좋은 급원식품으로 평가된다.

32 칼슘과 인의 권장 섭취비율은?

① 0.5 : 1
② 1 : 1
③ 1.5 : 1
④ 1 : 1.5

해설 인산의 과잉섭취는 칼슘흡수를 저하시킨다. 칼슘과 인의 권장 섭취비율은 1 : 1이다. 인은 가공식품, 탄산음료 등에 첨가되므로 인산을 과잉섭취하기 쉬우므로 이 식품들의 섭취를 삼가야 한다.

정답 29. ④ 30. ③ 31. ② 32. ②

주관식

1 단백질 결핍증의 치료 방법을 3가지 이상 쓰시오.

2 콜레스테롤의 체내작용을 3가지 이상 설명하시오.

3 지단백질 중 LDL과 동맥경화와의 관계에 대하여 쓰시오.

Answer

1 ① 치료 초기에는 소화하기 어려운 지질 대신에 탈지우유를 준다.
② 고열량식이와 고단백식이를 실시한다.
③ 지방은 유화된 지방을 섭취하도록 한다.
④ 고비타민·고무기질 식이를 실시한다.

2 ① 콜레스테롤은 생체 내에서 필수적인 구성성분이며, 세포 원형질이 다량 함유되어 있다.
② 콜레스테롤은 뇌와 신경조직에도 함유되어 있어 각 조직세포의 기능을 원활히 수행하도록 한다.
③ 콜레스테롤은 성호르몬과 비타민 D와 담즙산을 합성하는 기본물질이다.
④ 콜레스테롤은 에스트로겐, 테스토스테론 등 성 호르몬뿐만 아니라 코르티솔, 알도스테론 호르몬 합성의 전구물질이다.

3 동맥경화증은 혈관 중 대동맥벽에 중성지방, 주로 콜레스테롤이 축적되어 내강이 좁아져서 발생하는 것으로 알려져 있다. 이 질병은 관상심장병과 뇌혈관성 질환의 주원인이 되고 있으며, 중년기 이후에 이환율이 높고, 사망의 주된 요인이다. 동맥경화증의 위험요소는 유전적 LDL 대사의 이상, 고지혈증과 고콜레스테롤증, 고혈압, 흡연, 스트레스 등으로 알려지고 있다. 그 중 LDL은 혈중 콜레스테롤의 2/3를 차지하고 있다. 혈중 콜레스테롤의 농도가 증가함에 따라 동맥경화증의 발병률이 높아진다는 것이 역학적 연구에서, 또한 동물과 인체대사 실험에서도 알려졌다. 특히, 유전적으로 LDL 대사의 이상이 있는 가계에서는 어린 시절에도 동맥경화증이 발생되는 예가 있다.

4 혈중 콜레스테롤 농도를 높이는 식이요소에 대하여 설명하시오.

5 골다공증 예방을 위한 식이섭취에 대하여 설명하시오.

6 에너지 결핍증(마라스무스)의 증상을 3가지 이상 쓰시오.

7 동맥경화증 예방을 위한 방법을 3가지 이상 쓰시오.

> **Answer**
>
> **4** 식이요소 중 포화지방산과 지방의 다량 섭취가 콜레스테롤 합성을 촉진하는 것으로 알려져 있다. 그러므로 쇠기름, 돼지비계, 닭기름 등에 다량 함유된 포화지방산과 콜레스테롤은 혈중의 콜레스테롤량을 증가시키는 요인이 될 수 있다. 이외에 설탕도 일시적으로 혈중 지질 농도를 높인다. 특히 비만한 사람은 혈중 지질 농도와 콜레스테롤 농도가 높아서 동맥경화증 발병률이 정상인의 2배 이상 높게 나타나고 있다.
>
> **5** 골격구성에 필요한 충분량의 칼슘, 적당량의 단백질과 인, 비타민 C와 D의 섭취 등 균형 식이가 중요하다. 칼슘섭취는 양적인 고려와 함께 칼슘의 흡수와 이용성을 높이도록 해야 한다. 이와 동시에 적당한 운동을 통해 골질량을 최대화하고 뼈손실을 최소화할 수 있으며, 따라서 골다공증을 예방할 수 있다.
>
> **6** ① 피하지방과 근육의 감소로 체중감소가 현저하다.
> ② 구토가 따르고 사물에 대한 감각이 무뎌지며 말이 없어진다.
> ③ 운동능력이 감소되고 나중에는 뼈만 남아 몸을 지탱할 수 없으며 걸을 수 없다.
> ④ 성장기에는 성장이 현저히 저하된다.
>
> **7** ① 육류 지방과 콜레스테롤이 다량 함유된 식품의 섭취량을 감소시켜야 한다. 대신 오메가 3 지방산 등 불포화 지방산의 섭취를 늘린다.
> ② 체중감소가 더욱 효과가 높다.
> ③ 과로를 피하고 스트레스를 덜 받게 낙천적인 성격을 가지도록 노력한다.
> ④ 규칙적으로 운동을 한다.

제1부 건강과 영양

05 성인병의 영양관리

 단원 개요

최근 우리나라의 경제수준 향상과 풍요로운 식이섭취, 생활의 편리로 인하여 비만과 순환기계 질환, 고혈압, 당뇨병 등 성인병이 계속 증가하고 있다. 질병으로 인한 건강악화와 합병증은 삶의 질을 낮추고 수명을 단축시킨다. 이러한 질병은 완치가 어렵고, 지속적 관리를 필요로 한다. 따라서 질병의 예방이 무엇보다 중요하다. 성인병의 치료를 위하여 질병의 원인, 식생활과의 관계, 식이 방안 등을 알고 대처할 수 있어야 한다.

 출제 경향 및 수험 대책

이 단원에서는 정상체중의 중요성과 유지 방안, 비만증의 원인과 식이관리 방안, 고혈압의 위험과 식이관리, 순환기계 질환인 동맥경화증·고혈압·뇌졸중의 원인과 예방 및 식이관리, 당뇨의 원인과 증상 및 진단방법, 식이요법 및 당뇨병의 응급상황 시의 처치 등에 대해서 묻는 문제들이 출제될 수 있는 바, 자세하고 철저한 학습이 요구된다.

5

01 체중과다와 비만증

1 비만의 판정

① **브로카법** : 키와 체중을 기초로 하여 비만도를 계산한다. 브로카법에 의한 일반적 지표는 자신의 키에서 100을 뺀 뒤 0.9를 곱한 수치를 이용한다.
  ㉠ 표준체중의 10% 내외 : 정상
  ㉡ 표준체중의 10~20% 내외 : 과체중
  ㉢ 표준체중의 20% 이상 : 비만
② **체질량 지수**(body mass index : BMI) : 체중을 키의 제곱으로 나눈 값으로 20~25가 정상체중이고 그 이상은 과체중과 비만으로 분류된다. 그러나 이 지수가 높다고 하여 반드시 비만이라고 단정할 수 없다.

2 비만의 원인

① **유전적 요인** : 지방세포의 수와 비만의 소인이 유전된다는 것 외에도 식사섭취 경향이나 습관이 함께 작용한다.
② **정신·신경인자**
  ㉠ 사회적·심리적·문화적 스트레스, 정신불안, 욕구불만, 고독을 먹는 것으로 푸는 경우, 과다한 열량의 섭취
  ㉡ 뇌의 시상하부의 식품섭취와 만복감을 조절하는 중추에 기질적 장애가 생길 경우
③ **내분비 요인**
  ㉠ 갑상선의 기능 저하 : 기초대사량의 저하를 유발하고, 이에 따라 에너지 소비가 감소된다.
  ㉡ 부신피질 호르몬 항진으로 내분비성 비만이 발생할 수 있으며, 다량의 부신피질 스테로이드제를 사용해도 비만이 발생할 수 있다.

| 표 5-1 | 부모의 체중 상태와 자녀의 비만율

부모의 체중 상태	자녀의 비만율
양부모 정상	9%
한쪽 부모 비만	40%
양부모 비만	80%

④ **활동량과 운동량 감소** : 활동량과 운동량이 감소되어 열량의 소비가 감소하는 데도 열량 섭취량을 감소시키지 않으면, 나머지는 체지방으로 저장된다.

추가 설명

비만증
- 비만증의 정의 : 체지방이 과도하게 축적된 상태를 말한다.
- 어린이 비만증 증가의 원인 : 인스턴트 식품의 섭취 증가, 식생활의 풍요, 운동 부족, 부모의 인식 부족 등

추가 설명

비만증의 위험
- 비만증은 생명을 단축시킨다.
- 비만은 당뇨병·동맥경화증·심장병·고혈압·통풍 등을 일으킨다.
- 비만한 사람은 감염병에 대한 저항력도 약해진다.
- 임신부 비만 : 임신중독증, 임신당뇨 등이 합병증을 유발하기 쉽고 유산율과 사산율도 높으므로 주의하여야 한다.

3 비만을 교정하기 위한 요법

① 체중감량식이 : 저열량식이를 기본으로 하되 체단백질을 유지할 수 있도록 충분한 단백질을 공급하여야 하며, 자신의 열량 필요량의 20% 정도를 감하여 시작한다.

㉠ 이상적인 체중감량 : 1주일에 0.5~1kg 정도이다.

㉡ 칼로리를 줄이는 대신 식사의 종류를 변화시켜서 만복감을 가지도록 한다.
- 채소류나 해조류, 과일류는 체중감량식이에 유용하다.
- 수분을 공급하기 위하여 설탕을 타지 않는 차를 마신다.

㉢ 지방 : 위에 오래 머물러 공복감을 지연시키며 지용성 비타민의 이용과 불포화지방산의 공급에 필수적이나 과식하지 않도록 한다.

㉣ 탄수화물 : 단백질이 열량원으로 이용되는 것을 억제하고 케톤증을 방지하기 위하여 1일 최저 100g 이상의 탄수화물을 섭취하여야 한다.

㉤ 알코올 섭취의 제한 : 습관성 음주 또는 과음은 과외 열량 섭취로서 비만을 일으키기 쉽다.

② 식습관 및 식행동 변화

㉠ 음식을 천천히 먹고, 더 먹고 싶다고 느낄 때 식사를 마친다.

㉡ 식사를 거르지 않고 규칙적으로 먹으며, 가능한 한 간식시간을 피하며 짜고 맵게 먹지 않는다.

㉢ 스트레스나 우울, 화 등을 음식 외의 다른 방법으로 해소하도록 한다.

③ 운동

㉠ 지속적인 운동 : 자신의 건강 상태에 맞는 것을 선택하여 지속적으로 한다. 유산소운동( 에어로빅, 조깅, 수영, 정구 등)과 근력운동 등을 한다.

㉡ 열량소비량을 높이기 위하여 활동량과 운동량을 늘린다.

④ 식사 및 행동양식의 변화 : 지속적인 의지를 가지고 행동양식을 변화시켜야 체중조절에 성공할 수 있다.

| 표 5-2 | 활동에 따른 열량 소비량

활동의 종류	열량(kcal/시간)	활동의 종류	열량(kcal/시간)
잠자기	54.8	층계 오르기	948
앉아 있기	85.8	수영	428.4
설거지	123.6	뛰기	488.4
보통 걷기	256.8	빨리 걷기	556.8
층계 내려가기	312	빨리 타이프치기	120

추가 설명
비만의 증상

비만은 겉으로 드러나는 현상과 숨찬 증상, 관절통 이외에 각종 합병증을 유발한다. 협심증, 뇌졸중, 대사증후군, 요통, 통풍 등 다양한 질병과 관계가 있다.

추가 설명
비만의 원인으로서의 식습관과 식사행동

- 기름진 음식이나 다식을 즐기는 식습관이 있는 가족에게서 비만이 많다.
- 외식 증가는 비만을 초래한다.
- 여성에게는 임신 시의 과다섭취 역시 비만을 초래한다.
- 간식은 취침 전이나 비활동 시 섭취하기 때문에 과외 열량으로 체지방으로 축적되기 쉽다.

02 순환기 질환

1 고혈압

① **고혈압의 정의** : 혈압이란 동맥 혈관벽에 대항한 혈액의 압력을 말한다. 심장이 수축하여 동맥혈관으로 혈액을 보낼 때의 압력이 가장 높은데 이때의 혈압을 수축기 혈압이라 하고, 심장이 늘어나서 혈액을 받아들일 때의 혈압이 가장 낮은데 이때의 혈압을 이완기 혈압이라고 한다. 이러한 혈압이 여러 가지 이유로 높아진 것을 고혈압이라고 한다.

| 표 5-3 | 혈압의 분류

혈압 분류	수축기 혈압(mmHg)		이완기 혈압(mmHg)
정상혈압	< 120	그리고	< 80
주의혈압	120~129	그리고	< 80
고혈압전단계	130~139	또는	80~89
고혈압			
1기	140~159	또는	90~99
2기	≥ 160	또는	≥ 100
수축기 단독 고혈압	≥ 140	그리고	< 90

② **고혈압의 원인** : 심혈관질환의 가족력(유전), 흡연, 고지혈증, 당뇨병, 60세 이상 고령, 성별(남성과 폐경 이후 여성), 식사성 요인인 Na, 지방 및 알코올의 과잉 섭취 등이다.

③ **고혈압의 식이요법**

㉠ 저염식이 : 나트륨의 체내 저류로 인해 수분저류가 일어나고, 그에 따라 혈류량이 증가되어 혈압이 높아지므로 저나트륨식이를 실시한다.

㉡ 저염식이를 위한 조리상 및 식행동 시 주의
- 간장, 고추장, 된장 등을 최소한 사용한다.
- 짠맛을 내는 양념 대신 고춧가루, 후추, 마늘 등을 이용하여 독특한 맛과 향기를 적극 활용한다.
- 국이나 찌개 등은 건더기 위주로 섭취하고, 가공식품이나 젓갈 섭취를 가능한 한 적게 한다.

2 동맥경화증

① **동맥경화증의 정의** : 콜레스테롤, 인지질, 칼슘 등을 함유한 지방성 물질이 혈관에 축적된 것으로, 그 결과 혈관의 내강이 좁아지고 탄력성이 적어져 혈액의 이동을 방해하게 된다.

② **동맥경화증의 위험요소** : 고콜레스테롤혈증, 고혈압과 흡연 등이다. 그 외에 당뇨병, 고지혈증, 비만, 신체 활동 부족, 심리적 스트레스와 식사요인들이 지적되고 있다.

㉠ 고콜레스테롤증 : 혈중의 저밀도 지단백질(LDL)의 농도가 높을 때 위험이 더 크며,

추가 설명

순환기
심장과 혈관계를 이르는 용어로 혈액의 순환에 관여하는 중요한 기관이다.
- **심장** : 혈액을 말초혈관으로 보내는 펌프작용을 하는 장기로서 순환기 계통에서 중추적 구실을 한다.
- **혈액** : 체내의 모든 기관의 활동에 필요한 영양물질과 기타 물질을 유리하고 노폐물을 운반하며 체기능의 조절작용을 한다. 이러한 혈액의 기능은 정상적인 혈액의 환류에 의해서 이루어진다. 혈액의 환류는 심장에 의해서 이루어진다.

추가 설명

고혈압의 증상
고혈압은 '소리없는 죽음의 악마'라고 할 정도로 증상이 없는 경우가 대부분이다. 간혹 증상이 있어서 병원을 찾는 경우는 두통이나 어지러움, 심계항진, 피로감 등의 혈압상승에 의한 증상과 코피나 현훈, 시력 저하, 뇌혈관 장애 증상, 협심증 등 고혈압성 혈관질환에 의한 증상에 의해서이다.

고밀도 지단백질(HDL)은 관상심장병의 위험을 낮춘다는 보고가 있다.
  ⓒ 고혈압 : 혈압이 높으면 관상심장질환의 위험율이 더욱 커진다.
  ⓒ 흡연 : 흡연에 의해서 흡입된 일산화탄소는 혈청 지질농도를 증가시킨다. 즉, 일산화탄소로 인해 저산소증이 유발되기 때문이다.
③ 동맥경화증의 예방 방법
  ㉠ 비만으로 고혈압과 당뇨병 등이 발생되기 쉬우며, 또한 동맥경화증이 오는 경우가 많으므로 체중조절에 유의한다.
  ㉡ 계속적인 스트레스는 동맥경화증의 위험요소이므로 금연과 함께 낙관적 성격으로의 전환이 필요하다.
  ㉢ 콜레스테롤 및 동물성 지방의 과다한 섭취를 지양하며, 균형잡힌 식사를 하도록 한다.
  ㉣ 양질의 단백질을 충분히 섭취하도록 하며, 충분한 비타민과 무기질을 섭취한다. 그리고 가능한 한 싱겁게 먹도록 한다.

동맥경화증 예방
등푸른 생선에 많이 함유되어 있는 오메가-3 불포화지방산을 많이 섭취한다.

3 뇌졸중, 허혈성 심장질환

① 뇌졸중
  ㉠ 뇌혈관의 순환장애로서 뇌혈관이 막히거나 터져 뇌 조직에 손상이 초래되고, 이에 따라 언어장애, 의식장애, 반신마비 등 신체장애가 나타나는 뇌혈관 질환을 뇌졸중이라고 총칭하는데 중풍이라고도 한다. 이는 뇌출혈과 뇌경색으로 구분된다.
  ㉡ 뇌경색은 비만, 고혈압 환자에게서 발생 빈도가 높으며 나이가 들수록 위험률이 높아진다. 뇌출혈은 과로, 폭식, 과음, 배변, 분노, 온·냉욕 시에 일어나기 쉽다. 이외에 흡연, 운동부족, 비만, 과도한 스트레스 등이 뇌졸중의 위험인자이다.
  ㉢ 영양관리 : 혈압 강하를 위해 나트륨 섭취를 제한하고, 동맥경화증의 진행을 막기 위해 포화지방산과 콜레스테롤 섭취를 제한한다.
② 허혈성 심장질환(관상동맥성 심장질환) : 심장근육을 향한 혈액공급이 감소되거나 두절되면서 생기는 급성 또는 만성 심장장애이다. 예 협심증, 심근경색 등
  ㉠ 고혈압, 고콜레스테롤혈증, 흡연 등이 위험요소이며, 비만·당뇨병·운동부족·성격 등의 요인도 발병에 관여한다.
  ㉡ 나트륨 섭취를 제한하고 식이섬유를 충분히 섭취하도록 한다.

03 당뇨병

1 개요

① 당뇨병 : 췌장에서 분비되는 인슐린의 작용이 부족해서 생기는 탄수화물 대사이상 상태이며, 지방·단백질·전해질의 대사장애도 수반한다.

당뇨병의 발병요인
유전적인 요인이 강한 대사병으로서, 비만, 연령, 감염, 내분비이상, 임신, 정신적 스트레스, 영양불량 등의 발병인자가 부가됨으로써 발병된다.

② 증상 : 다뇨 · 다음, 다식, 공복감, 체중감소, 피로감 등

2 당뇨병의 원인

① 유전적 요인 : 동일 가계 내 당뇨병이 많이 발생한다. 일란성 쌍생아와 양친이 모두 당뇨병인 경우, 인종별로 유태인의 발병률이 높게 나타나고 있다.
② 연령과 성 : 15세 미만에 발생하는 소아당뇨는 대개 유전성이 많다. 중년기 이후 비만과 함께 오는 경우 비인슐린 의존형 당뇨가 많다.
③ 식이 : 탄수화물과 설탕 함유식품의 과다 섭취 등이 과외열량 섭취의 원인이며, 섬유소의 다량 섭취는 당뇨병을 완화시킨다.
④ 임신과 내분비 이상 : 임신 시 포도당 내성이 저하되어 유전적 소질이 있는 임신부에게서 당뇨병이 발생한다. 뇌하수체 호르몬, 부신 호르몬이 과잉분비될 때도 발생할 수 있다.
⑤ 정신적 스트레스 : 스트레스는 인슐린 분비 조절기구인 중추신경계에 영향을 주어 비만을 일으키게 하며 당뇨병의 원인이 될 수 있다.

3 당뇨병의 진단

① 요당검사 : 소변에서 포도당 유무를 검사하는 것으로 검사 시약띠에 소변을 묻혀 색 변화를 관찰한다.
② 혈당검사 : 정상인의 공복혈당은 70~120mg/dL이다. 공복혈당이 140mg/dL이면 당뇨병으로 진단된다.
③ 포도당부하검사
  ㉠ 일정량의 포도당을 먹은 후 또는 경구적으로 투여한 후 시간경과에 따른 혈당과 요량을 측정한다.
  ㉡ 당뇨병 환자는 2시간 이후에도 정상으로 감소되지 않고 계속 혈당이 높은 상태를 유지하다가 감소된다. 그리고 당뇨가 나온다.

4 당뇨병의 관리와 식이요법

① 당뇨병 관리
  ㉠ 당뇨병 환자 관리의 목적
    • 신체의 정상상태를 유지해 정상 성장과 생활을 유지하고 합병증을 예방하는 데 있다.
    • 당뇨 합병증으로 나타날 수 있는 동맥경화증, 신장질환, 안구질환을 예방하도록 한다.
  ㉡ 약물요법 : 식이요법만으로 당뇨병이 관리되지 않을 때 인슐린이나 경구용 혈당강화제를 사용한다.
  ㉢ 운동요법
    • 운동을 하면 몸의 당대사가 활발해지고, 특히 근육에서의 당 이용이 왕성해진다.
    • 인슐린 의존성 당뇨병과 같이 인슐린이 거의 없는 경우에는 운동이 오히려 당뇨병성 혼수 등을 유발할 위험성이 있다. 운동에 의한 급작스러운 혈당의 저하는 저혈당

📝 **추가 설명**

당뇨와 케톤뇨

당뇨병일 경우에는 지방산이 과다하게 분해되어 케톤체가 대사할 수 있는 양 이상으로 케톤체가 많이 생성되어 혈중 농도가 높아지게 된다. 과다한 케톤체가 소변으로 배설되는데 이를 케톤뇨라 한다.

📝 **추가 설명**

당뇨병의 대표적인 증상

• 당뇨 : 모든 당이 흡수되지 못하고 소변으로 배설된다.
• 다뇨 : 환자는 많은 양의 소변을 보게 되며, 잠을 자는 도중에도 여러 번 소변을 보고 항상 소변의 색이 붉게 된다.
• 다음 : 당과 함께 다량의 수분이 배설되면 상대적으로 체내 수분이 부족하게 되어 갈증을 느끼게 되고 다량의 물을 섭취하게 된다.
• 다식 : 인슐린 부족 및 저항성으로 혈당은 상승되어 있으나 세포 내로 당이 공급되지 않으므로 세포 내 에너지 부족과 조직의 영양소 부족으로 심한 공복감을 느끼게 되며 이에 따라 많이 먹게 된다.
• 체중 감소 : 식사단백질과 근육단백질로부터 포도당을 합성하는 당신생이 활발하게 일어나 체근육손실이 나타난다. 또한 체중 감소가 초래된다.
• 피로감 : 세포의 활동 부족으로 심한 피로감을 느낀다.
• 케톤증 : 당질 부족으로 지방이 산화될 때 불완전 연소하게 되어 그 결과 케톤체를 과잉 형성하게 되어 케톤증을 유발한다.

증을 초래할 수도 있다.
    ㉣ 당뇨병 환자 교육 : '자기관리'가 중요하며 올바른 반복교육을 통하여 평생 꾸준하게 교육하는 것이 중요하다.
② 식이요법
    ㉠ 성인의 정상체중을 유지하도록 해야 한다.
    ㉡ 튀긴 음식이나 가공식품은 혈당지수가 높으므로 제한하고, 생과일주스보다는 생과일로 먹어 혈당지수를 낮춘다.
    ㉢ 지방을 과다 섭취하면 케톤산혈증, 고지혈증을 유발할 수 있다.
    ㉣ 녹황색 채소와 해조류, 과일 등을 충분히 섭취하여 비타민, 무기질의 공급이 부족하지 않도록 유의한다. 당질대사를 촉진시키기 위해서 비타민 B군도 충분히 섭취한다.
③ 식사
    ㉠ 일정 시간에 알맞은 양의 음식을 규칙적으로 식사한다.
    ㉡ 저지방 식이를 하고, 염분의 섭취를 줄인다.
    ㉢ 설탕이나 꿀 등 단순당의 섭취를 주의한다.

5 당뇨병의 응급상황

① 저혈당증 : 혈당의 절대치가 50mg/dL 이하로 감소되면 나타나는 현상이다.
    ㉠ 원인 : 인슐린 용량이 너무 많거나, 식사량이 적거나 운동을 과다하게 한 경우 등이다.
    ㉡ 증상 : 교감신경계 작용으로 인한 어지러움, 식은땀이 나타나며, 심해지면 뇌신경 증상인 의식의 혼탁, 간질발작, 혼수 등이 일어나며, 뇌세포 기능장애를 초래하기도 한다.
② 당뇨병성 케톤산혈증 : 인슐린이 부족하면 지방조직 분해가 많아지고 케톤체가 생성되어 심한 탈수현상과 케톤산혈증이 일어나게 된다.
    ㉠ 원인 : 혈당조절이 나쁠 때, 세균성 감염 또는 감기 등 바이러스성 감염, 신체적·정신적 스트레스가 심할 때도 나타날 수 있다.
    ㉡ 인슐린 의존성 당뇨병 환자 : 열이 나거나 아프면 평소보다 자주(1일 4회) 혈당을 측정하고, 소변 케톤검사를 하며 충분한 양의 수분을 섭취하고, 정해진 칼로리에 해당하는 음식을 반드시 공급한다.
    ㉢ 케톤산혈증의 증상 : 아세톤 냄새가 나며 얼굴이 붓고 두통, 갈증, 구토, 호흡곤란이 온다.
    ㉣ 응급처방 : 신속한 인슐린 요법과 수분·전해질 주사를 한다. 토사가 없을 때 맑은 국물을 마시게 하고, 차차 주스나 사이다 또는 우유를 준다.
③ 당뇨병성 혼수
    ㉠ 원인 : 대부분 인슐린 주사를 맞는 청소년 환자에게 잘 일어나며, 특히 예전부터 인슐린 주사를 맞던 사람이 의사의 지시없이 갑자기 중지한 때에 발생한다.
    ㉡ 증상 : 두통이나 심한 복통 후에 혼수상태에 빠지기도 한다.

추가 설명

당뇨병 환자의 식사 시 주의사항
- 식사는 규칙적으로 정해진 시간에 한다.
- 매일 일정한 시간에 일정량의 운동을 함으로써 표준체중을 유지하도록 하고 자주 체중을 측정한다.
- 음식은 되도록 자극성 없게 싱겁게 먹는다.
- 참깨나 들깨·들기름 등 식물성 기름을 섭취하도록 한다.
- 공복감을 해소하기 위해 천천히 잘 씹어서 먹도록 한다.
- 외식 시에는 설탕을 많이 사용한 음식, 튀김음식, 중국음식은 피한다.
- 알코올 음료는 되도록 피하는 것이 좋다. 합병증이 있을 경우는 절대 금지하여야 한다.
- 식후에 바로 혈당지수가 높은 후식을 먹는 것을 피하고, 식후 바로 먹기보다 3~4시간 정도 지난 후 먹는 것이 적당하다.

추가 설명

당뇨병성 케톤산혈증의 원인
- 혈당조절이 나쁠 때
- 세균성 감염 또는 감기 등 바이러스성 감염
- 신체적·정신적 스트레스가 심할 때

실전예상문제

1 다음 중 어린이 비만증 증가의 요인으로 거리가 먼 것은?
① 인스턴트 식품의 섭취 증가
② 식생활의 풍요
③ 부모의 인식 부족
④ 운동 과잉

> **해설** 비만증은 식생활의 풍요, 인스턴트 식품의 섭취 증가, 운동 부족, 부모의 인식 부족 등으로 인해 계속 증가하고 있다.

2 다음 중 비만증의 위험에 속하지 않는 것은?
① 당뇨병, 동맥경화증, 심장병 등을 일으킨다.
② 감염병에 대한 저항력이 약해진다.
③ 생명을 증진시킨다.
④ 임산부 비만은 임신중독증, 임신당뇨 등의 합병증을 유발하기 쉽다.

> **해설** 비만증은 생명을 단축시킨다. 비만형의 사람은 그렇지 않은 사람보다 단명한다는 것이 통계에서 증명되고 있다.

3 비만의 판정법 중 체중을 키의 제곱으로 나누어 판정하는 것은?
① 브로카법
② 체질량지수
③ 강화법
④ 체지방측정

> **해설** 체질량 지수 : 체중을 키의 제곱으로 나눈 값으로 20~25가 정상체중이다.

4 자신의 키에서 100을 뺀 뒤 0.9를 곱한 수치를 이용하는 비만판정법은?
① 브로카법
② 체질량지수
③ 체지방측정
④ BMI법

> **해설** 일반적으로 지방비율을 측정하기가 쉽지 않으므로 키와 체중을 기초로 하여 비만도를 계산한다. 브로카법에 의한 일반적 지표는 자신의 키에서 100을 뺀 뒤 0.9를 곱한 수치를 이용한다.

5 다음 중 비만의 원인으로 거리가 먼 것은?
① 유전적 요인
② 과도한 열량 섭취

③ 운동량 증가 ④ 갑상선의 기능 저하

해설 비만의 원인으로는 유전적 요인과 정신·신경인자, 내분비요인, 활동량과 운동량 감소, 식품 섭취 등을 들 수 있다.

6 비만의 원인에 대한 설명으로 옳지 않은 것은?
① 뇌의 시상하부의 식품섭취와 만복감을 조절하는 중추에 기질적 장애가 생겨 비만을 초래할 수 있다.
② 다량의 부신피질 스테로이드제를 사용해도 비만이 발생할 수 있다.
③ 기름진 음식이나 다식을 즐기는 식습관이 있는 가족에게서 비만이 많다.
④ 외식이 감소되면 비만이 초래된다.

해설 외식의 증가는 비만을 초래한다. 외식을 하면 과식하기 쉽고, 기름진 음식을 먹는 경우가 많다. 그래서 외식을 자주 하는 중년기에 체중이 증가하는 경향이 높다. 자녀에게 음식과 간식을 과다하게 주어 과식습관을 들이면 비만을 초래할 수 있다.

7 다음 중 비만을 교정하기 위한 요법으로 거리가 먼 것은?
① 체중감량식이 ② 규칙적으로 먹는 습관으로 수정
③ 활동량의 증가 ④ 열량소비량의 감소

해설 비만의 식이요법 : 체중감량식이, 식습관 및 식행동 변화, 열량소비량을 높임, 식사 및 행동양식의 변화

8 이상적인 체중 감량은 1주일에 어느 정도 감량시키는 것이 적당한가?
① 0.4kg 이하 ② 0.5~1kg
③ 5kg ④ 10kg

해설 이상적인 체중 감량은 1주일에 0.5~1kg 정도이다.

9 비만의 식이요법에 대한 설명 중 옳지 않은 것은?
① 이상적인 체중감량은 1주일에 0.5~1kg 정도이다.
② 단백질이 열량원으로 이용되는 것을 억제하고 케톤증을 방지하기 위해 1일 최저 100g 이상의 탄수화물을 섭취해야 한다.

정답 1.④ 2.③ 3.② 4.① 5.③ 6.④ 7.④ 8.② 9.④

③ 열량소비량을 높이기 위해 활동량과 운동량을 늘린다.
④ 짜고 맵게 먹는다.

해설 짜고 맵게 먹지 않는다. 반찬이 짜고 매우면 밥을 많이 먹게 되기 때문이다. 그리고 스트레스나 우울, 화 등은 음식 외의 다른 방법으로 해소하도록 한다.

10 다음 중 활동에 따른 열량(kcal/시간) 소비량이 가장 높은 것은?

① 설거지　　　② 층계 오르기　　　③ 층계 내려가기　　　④ 수영

해설 활동에 따른 열량 소비량

활동의 종류	열량(kcal/시간)	활동의 종류	열량(kcal/시간)
잠자기	54.8	층계 오르기	948
앉아 있기	85.8	수영	428.4
설거지	123.6	뛰기	488.4
보통 걷기	256.8	빨리 걷기	556.8
층계 내려가기	312	빨리 타이프치기	120

11 비만을 교정하기 위한 식습관 및 식행동으로 옳지 않은 것은?

① 음식을 천천히 먹는다.　　　② 식사 사이에 간식을 꼭 먹어 열량을 보충한다.
③ 습관성 음주를 하지 않도록 한다.　　　④ 외식을 줄이고 식사를 거르지 않는다.

해설 식사를 거르지 않고 가능한 한 간식시간을 피하도록 한다.

12 순환기의 장애에 의해 일어나는 질환이 아닌 것은?

① 고혈압　　　　　　　　　② 당뇨병
③ 고지혈증　　　　　　　　④ 허혈성 심장질환

해설 순환기의 장애에 의하여 일어나는 질환은 고혈압, 동맥경화증, 고지혈증, 뇌졸중과 허혈성 심장질환 등이며, 이를 통틀어 순환기 질환이라고 한다.

13 다음 중 정상혈압 수치로 알맞은 것은?

① 수축기 혈압 〈 50mmHg, 이완기 혈압 〈 50mmHg

② 수축기 혈압 〈 70mmHg, 이완기 혈압 〈 60mmHg
③ 수축기 혈압 〈 120mmHg, 이완기 혈압 〈 80mmHg
④ 수축기 혈압 〈 130mmHg, 이완기 혈압 〈 100mmHg

해설 고혈압은 혈압이 정상보다 계속적으로 높은 경우를 말한다. 정상혈압은 80~120mmHg이며, 일반적으로 고혈압은 90~140mmHg 이상, 저혈압은 60~90mmHg이다.

14 다음 중 고혈압의 원인으로 거리가 먼 것은?
① 지방의 과잉 섭취
② 흡연
③ 섬유소의 과잉 섭취
④ 나트륨의 과다 섭취

해설 고혈압은 고령에 따라 발생확률이 크고 유전력이 있다. 지방 등을 과잉 섭취하였을 때 고혈압이 발생할 수 있다. 특히 비만은 고혈압의 발생 위험을 높인다. 나트륨을 계속 과다하게 섭취하면 나트륨이 체내에 과잉축적되어 세포외액량이 증가되어 혈압이 높아질 수 있다.

15 다음 중 고혈압이 발생하는 원인으로 거리가 먼 것은?
① 염분 섭취
② 고령
③ 우유 섭취
④ 유전

해설 문제 14번 해설 참조

16 다음 중 고혈압 위험 인자로 옳지 않은 것은?
① 저염식이
② 흡연
③ 고지혈증
④ 비만

해설 문제 14번 해설 참조

17 다음 중 저염식이를 위한 조리상 및 식행동의 주의점으로 옳지 않은 것은?
① 간장, 고추장, 된장 등을 최소한 사용한다.
② 짠맛을 내는 양념 대신 고춧가루, 마늘 등을 활용한다.
③ 가공식품이나 젓갈 섭취를 적게 한다.
④ 국이나 찌개 등은 국물 위주로 섭취하도록 한다.

정답 10.❷ 11.❷ 12.❷ 13.❸ 14.❸ 15.❸ 16.❶ 17.❹

해설 국이나 찌개 등을 건더기 위주로 섭취한다.

18 동맥경화증의 위험요소로 거리가 먼 것은?

① 고콜레스테롤증　② 낙관적 성격　③ 고혈압　④ 흡연

해설 동맥경화증의 위험요소 : 고콜레스테롤증, 고혈압, 흡연, 스트레스, 비만 등

19 등푸른 생선에 많이 함유되어 있으며 동맥경화증을 예방하는 것은?

① 오메가-3 불포화지방산　② 포화지방산
③ 중성지방　④ 인지질

해설 동맥경화증의 예방 : 등푸른 생선에 많이 함유되어 있는 오메가-3 불포화지방산을 많이 섭취한다.

20 다음 중 고혈압과 콜레스테롤이 정상수치보다 훨씬 높은 중년 남성에게 발생할 위험이 높은 질병과 이를 치료하기 위한 방안으로 적절한 것은?

① 빈혈 — 철분 복용, 고단백질 식이
② 당뇨병 — 고섬유질식이, 육류 제한, 고단백질 식이
③ 동맥경화증 — 동물성 지방 섭취 제한, 저염식이, 충분한 비타민과 무기질 섭취
④ 괴혈병 — 비타민 C, 비타민 B군

해설 동맥경화증의 식이요법 : 콜레스테롤 및 동물성 지방의 과다한 섭취를 지양하며, 균형잡힌 식사를 하도록 한다. 달걀·쇠고기·돼지고기·닭고기 등은 좋은 단백질 급원식품이므로 무조건 모든 사람에게 제한해서는 안 되며 양질의 단백질을 충분히 섭취하도록 한다. 충분한 비타민과 무기질을 섭취한다. 가능한 한 싱겁게 먹도록 한다.

21 동맥경화증의 예방을 위한 방법으로 옳지 않은 것은?

① 체중조절에 유의한다.
② 금연과 함께 낙관적 성격으로의 전환이 필요하다.
③ 콜레스테롤 및 동물성 지방의 과다한 섭취를 지양한다.
④ 단백질 섭취를 무조건 제한한다.

해설 문제 20번 해설 참조

22 뇌졸중에 대한 설명으로 옳지 않은 것은?

① 뇌혈관이 막히거나 터져 뇌조직에 손상이 초래된다.
② 언어장애, 의식장애, 마비 등 신체장애가 나타난다.
③ 비만, 고혈압 등이 위험요소이다.
④ 포화지방산과 콜레스테롤을 섭취하게 한다.

해설 나트륨 제한과 포화지방산과 콜레스테롤을 제한한다.

23 허혈성 심장질환의 주요 위험요소가 아닌 것은?

① 체중 감소 ② 고혈압
③ 고콜레스테롤혈증 ④ 흡연

해설 허혈성 심장질환은 고혈압, 고콜레스테롤혈증, 흡연이 주요 위험요소이며, 비만, 당뇨병, 운동부족, 성격 등의 요인도 발병에 관여한다.

24 췌장에서 분비되는 인슐린의 작용이 부족해서 생기는 탄수화물 대사이상 상태를 무엇이라 하는가?

① 뇌졸중 ② 당뇨병 ③ 뇌경색 ④ 협심증

해설 당뇨병은 췌장에서 분비되는 인슐린의 작용이 부족해서 생기는 탄수화물 대사이상 상태이며, 지방, 단백질, 전해질 대사장애도 수반한다.

25 다음 중 당뇨병에 대한 설명으로 옳지 않은 것은?

① 유전적인 요인이 강한 대사병으로서 비만, 연령, 스트레스 등의 발병인자가 부가된다.
② 다음, 다뇨, 다식 등의 증상을 보인다.
③ 섬유소가 풍부한 식사를 한다.
④ 꿀 등 단순당의 섭취를 늘린다.

해설 설탕이나 꿀 등 단순당의 섭취를 주의한다. 단순당은 농축된 열량원이며 소화흡수가 빨라 혈당 상승을 촉진시킨다.

26 다음 중 당뇨병의 원인으로 옳지 않은 것은?

정답 18.❷ 19.❶ 20.❸ 21.❹ 22.❹ 23.❶ 24.❷ 25.❹ 26.❸

① 인종별로 유태인의 발병률이 높게 나타나고 있다.
② 중년기 이후 비만과 함께 오는 경우 비인슐린 의존형 당뇨가 많다.
③ 섬유소의 다량 섭취는 당뇨병의 원인이 된다.
④ 스트레스는 중추신경계에 영향을 주어 비만을 일으키게 하며 당뇨병의 원인이 될 수 있다.

해설 총열량 섭취량이 소비량보다 많으면 비만과 당뇨병이 유발될 수 있다. 탄수화물과 설탕 함유 식품의 과다 섭취 등이 과외열량 섭취의 원인으로 지적되고 있다. 이에 반하여 섬유소의 다량 섭취는 당뇨병을 완화시키는 것으로 알려지고 있다.

27 다음 중 비만으로 인한 성인 당뇨병을 조절하기 위한 치료 요법에 대한 설명으로 올바른 것은?
① 섬유질이 많은 채소류, 해조류를 많이 섭취하고 살 빼는 약을 같이 복용한다.
② 정기적으로 인슐린 주사를 계속 맞아야 한다.
③ 저열량식이를 섭취하여 체중을 감소시킨다.
④ 육류는 동물성 지방과 콜레스테롤이 많으므로 엄격히 제한한다.

해설 성인형(비인슐린 의존형) 당뇨병의 경우, 환자의 60~90%가 발병 전에 체중과다를 보이며, 비만증 치료를 통해 체중이 감소하면 당뇨병 증상이 완화된다. 정상체중의 유지가 당뇨병의 예방과 치료에 중요하다.

28 다음 중 케톤뇨와 관련있는 질환은?
① 고혈압　　　② 동맥경화　　　③ 당뇨병　　　④ 고지혈증

해설 당뇨병일 경우에는 지방산이 과다하게 분해되어 에너지원으로 이용되면서 케톤체가 대사할 수 있는 양 이상으로 케톤체가 많이 생성되어 혈중 농도가 높아지게 된다. 과다한 케톤체가 소변으로 배설되는데 이를 케톤뇨라 한다. 케톤체가 적절히 체외로 배설되지 않으면 혈액 중 농도가 높아져 케톤증이 생기게 된다. 소변에서는 독특한 냄새가 난다.

29 당뇨병의 증상과 관련 없는 것은?
① 갈증과 다뇨　　② 두근거림　　③ 피로감　　④ 케톤증

해설 당뇨병의 자가증상 · 갈증과 다뇨, 다음, 다식, 체중 감소 및 체력 쇠약, 피로감, 케톤증, 저혈당증, 당뇨병성 혼수

30 다음 중 당뇨병의 진단방법과 관련 없는 것은?
① 요당검사　　　　　　　　② 혈당검사

③ 포도당부하검사   ④ 브로카검사

[해설] 당뇨병의 진단에는 임상증상과 요당검사, 혈당검사, 포도당부하검사가 일반적으로 사용되고 있다.

31 다음 중 당뇨병관리에 대한 설명으로 옳지 않은 것은?
① 식이요법만으로 당뇨병이 관리되지 않을 때 인슐린이나 경구용 혈당강화제를 사용한다.
② 운동을 지속적으로 하며, 인슐린 의존성 당뇨병의 경우도 격심한 운동으로 혈당을 저하시키도록 한다.
③ 자기관리가 중요하며 평생 꾸준히 관리해야 한다.
④ 당뇨로 인한 합병증으로 나타날 수 있는 동맥경화증, 신장질환, 안구질환을 예방하도록 한다.

[해설] 운동의 효과로서 당대사가 활발해지려면 어느 정도의 인슐린이 필요하다. 그러므로 인슐린 의존성 당뇨병 같이 인슐린이 거의 없는 경우에는 오히려 당뇨병성 혼수 등을 유발할 위험성이 있다. 운동에 의한 급작스러운 혈당 저하는 저혈당증을 초래할 수도 있다.

32 당뇨병의 식이요법으로 부적당한 것은?
① 총열량 섭취량을 조절하여 성인의 정상체중을 유지하도록 한다.
② 생과일보다는 과일주스로 섭취하도록 한다.
③ 당질대사를 촉진시키기 위해서 비타민 B군을 충분히 섭취하도록 한다.
④ 일정 시간 알맞은 양의 음식을 규칙적으로 식사한다.

[해설] 생과일 주스보다는 생과일로 먹어 혈당지수를 낮춘다.

33 다음 중 당뇨병 환자의 식사 시 주의해야 할 사항으로 옳은 것은?
① 입맛이 없으므로 자극성 있는 음식으로 짭짤하게 먹는다.
② 규칙적으로 식사한다.
③ 양질의 단백질을 충분히 먹되 식이 섬유질을 제한한다.
④ 고지방식이를 하되 염분 섭취를 줄인다.

[해설] 당뇨병 식이 : 규칙적으로 식사한다. 균등한 배분은 혈당 수준의 심한 변동과 저혈당증을 방지한다.

정답 27. ❸ 28. ❸ 29. ❷ 30. ❹ 31. ❷ 32. ❷ 33. ❷

34 당뇨병 환자의 식사 시 주의사항으로 옳지 않은 것은?
① 식사는 규칙적으로 정해진 시간에 한다.
② 음식은 되도록 자극성 없게 싱겁게 먹는다.
③ 참깨나 들깨, 들기름 등 식물성 기름을 섭취하도록 한다.
④ 식후 바로 케이크 등의 후식을 같이 먹는 것이 좋다.

> **해설** 혈당 지수가 높은 후식은 식후 바로 먹기보다 3~4시간 정도 지난 후 먹는 것이 적당하다.

35 다음 중 저혈당증의 증상이 아닌 것은?
① 어지러움　　　　　　　　② 의식의 혼탁
③ 발진　　　　　　　　　　④ 간질발작

> **해설** 저혈당증의 증상으로는 교감신경계 작용으로 인한 어지러움, 식은땀이 나타나며, 심해지면 뇌신경 증상인 의식의 혼탁, 간질발작, 혼수 등이 일어난다. 저혈당이 심한 데도 적절한 조치를 하지 않으면 뇌세포 기능장애를 초래하기도 한다.

36 아세톤 냄새가 나며 얼굴이 붓고 두통, 갈증, 구토, 호흡곤란 등의 증상을 보이는 것은?
① 저혈당증　　　　　　　　② 당뇨병성 케톤산혈증
③ 당뇨병성 혼수　　　　　　④ 2차성 저혈당증

> **해설** 케톤산혈증이 일어나면 인슐린 쇼크와 달리 아세톤 냄새가 나며 얼굴이 붓고 두통, 갈증, 구토, 호흡곤란이 온다. 빨리 치료하지 않으면 치명적이다.

37 저혈당증이 발생했을 때의 초기 응급조치로 알맞은 것은?
① 당질 섭취　　　　　　　　② 수분·전해질 주사
③ 미음 섭취　　　　　　　　④ 우유 섭취

> **해설** 저혈당증이 발생했을 때 의식이 있고 음식물 섭취가 가능하면 당질 10~15g을 먹도록 한다. 의식이 없으면 글루카곤을 피하 또는 근육에 주사하며, 의식을 회복하면 음식물을 공급한다.

정답 34.❹　35.❸　36.❷　37.❶

주관식

1 비만예방을 위한 식품의 섭취 시 주의점을 3가지 이상 쓰시오.

2 성인병의 위험 요인으로 문제가 되는 비만증이 최근 계속 증가하고 있다. 이러한 비만을 치료하기 위한 방법을 3가지 쓰시오.

3 정상혈압 수치를 쓰시오.

4 동맥경화증의 위험요소를 3가지 이상 쓰시오.

Answer

1
① 음식을 천천히 먹고, 더 먹고 싶다고 느낄 때 식사를 마친다.
② 음식을 남기지 않고 모두 먹는 습관을 바꾼다.
③ 식사를 거르지 않는다.
④ 가능한 한 간식을 피하며 짜고 맵게 먹지 않는다.
⑤ 스트레스나 우울, 화 등을 음식 외의 다른 방법으로 해소하도록 한다.

2
① 식사요법 : 저열량 식이(체중감량 식이)
② 운동 : 유산소운동(걷기, 에어로빅, 수영, 조깅 등)
③ 식습관 및 식행동 변화 : 천천히 먹기, 규칙적인 식습관 등

3 수축기 혈압 〈 120mmHg, 이완기 혈압 〈 80mmHg

4 고콜레스테롤혈증, 고혈압, 흡연, 당뇨병, 고지혈증, 비만, 신체활동 부족 등

5 뇌졸중에 대한 정의를 설명하시오.

6 동맥경화증을 예방하기 위한 방법 3가지를 쓰시오.

7 당뇨병의 발병원인에 대해서 설명하시오.

8 당뇨병의 대표적 증상을 3가지 이상 쓰시오.

9 당뇨병의 관리방법에 대해서 3가지 이상 쓰시오.

Answer

5 뇌졸중은 뇌혈관이 막히거나 터져 뇌조직에 손상이 초래되고, 이에 따라 언어장애, 의식장애, 반신마비 등 신체장애가 나타나는 뇌혈관 질환이다.

6 ① 비만이 되지 않도록 체중조절을 한다.
② 금연한다.
③ 콜레스테롤 및 동물성 지방의 과다섭취를 지양하고, 가능한 싱겁게 먹는다.

7 당뇨병은 여러 가지 복합적인 요인에 의해서 발병되는데, 유전적인 요인이 강한 대사병으로서, 비만, 연령, 감염, 내분비 이상, 임신, 정신적 스트레스, 영양불량 등의 발병인자가 부가됨으로써 발병된다.

8 당뇨, 다뇨, 다음, 다식, 체중감소, 피로감, 케톤증

9 ① 운동을 통해 혈당을 개선시킨다.
② 식이조절(규칙적 식사, 비타민과 무기질 공급, 지방 섭취 제한, 혈당지수 높은 식품제한 등)
③ 약물요법을 적절히 시행한다.

제1부 건강과 영양

06 음주, 흡연과 건강

 단원 개요

우리나라의 음주량은 세계에서 가장 높은 수준이고 흡연인구도 아주 많으며, 최근에는 여성의 음주, 흡연이 늘고 있다. 음주는 각종 사고나 간질환의 원인이다. 흡연은 폐암의 원인이며, 면역기능을 감소시킨다. 임신 시 과음과 흡연은 태아에게 심각한 영향을 주는 것으로 알려지고 있다. 따라서 음주와 흡연은 주요한 건강 위해 요인으로서 건강증진을 위한 관리대상이 되고 있다.

 출제 경향 및 수험 대책

이 단원에서는 음주와 흡연으로 인한 건강장애, 음주와 간질환의 관계, 간질환 식이요법, 급성간염과 만성간염 등의 원인과 식이요법, 흡연 현황과 문제, 담배의 유해물질, 흡연 시의 영양대사와 영양관리, 흡연과 관련된 폐질환 등에 대해서 묻는 문제들이 출제될 수 있는 바, 자세하고 철저한 학습이 요구된다.

6

01 음주와 간질환

1 개요

① 술의 사용 : 종교적 의식이나 의학적 목적과 사회적 관습 외에 술에 들어 있는 알코올(에탄올)은 기분을 좋게 만들어 스트레스나 우울, 외로움 등을 잊게 해 주어서 사람들은 술을 마신다.

② 술로 인한 폐해 : 음주로 인한 교통사고와 사고사가 늘고 있으며, 간질환, 알코올 중독, 관상심장병 발생으로 인한 건강장애도 심각하게 나타나고 있다.

2 알코올과 영양

① 알코올 대사

㉠ 섭취된 알코올(에탄올)은 위와 소장의 상부에서 확산작용에 의하여 쉽게 흡수되는데, 흡수 속도는 함유된 알코올 함량, 식품섭취 등에 의하여 영향을 받는다. 섭취된 알코올은 거의 완전히 흡수되어 각 조직으로 운반되지만, 일부는 대사되지 않은 채 폐를 통하거나 소변 및 땀으로 배설된다.

㉡ 흡수된 알코올은 우선 위장에서 일부가 대사되고, 주로 간조직에서 대사된다. 에탄올은 효소와 결합하여 아세트알데히드와 아세테이트를 생성하며, 아세테이트는 에너지를 발생하거나 또는 콜레스테롤과 지방산을 합성하는 데 이용된다. 알코올의 산화 과정에서 생성되는 대사산물인 아세트알데히드는 알코올에 의한 간 손상을 유발하는 주요 인자로 지적되고 있다.

② 알코올과 간내 영양소 대사 : 에탄올을 섭취한 동물 간의 건조무게가 증가되었으며, 특히 지방의 함량은 약 2배, 단백질은 1.3배 가량 증가되었다.

㉠ 지방 : 에탄올 대사는 간에서 알코올 디히드로게나아제에 의하여 일어나며, 알코올은 간세포 내의 미토콘드리아를 손상시킨다(지방산의 산화 감소, 지방산의 합성 증가).

㉡ 단백질 : 장기간의 알코올 음주 시 간에 단백질 축적이 일어난다.

㉢ 탄수화물
- 만성적인 알코올 섭취는 포도당 부하를 손상시키고, 인슐린 수준을 증가시킨다.
- 간에서의 당생성작용을 방해하여 저혈당증을 유발한다. 또한, 젖산 형성이 증가되며 요산이 증가된다. 만성적인 알코올 중독자에게 통풍이 나타나는 이유가 여기에 있다.

㉣ 비타민과 무기질
- 알코올 섭취는 비타민의 필요를 증가시키며 비타민 대사를 변화시킨다. 비타민이 활성을 가진 조효소로 합성되는 것은 대개 간에서 이루어지고 있으나, 알코올 섭취는 조효소의 활성화를 지연시킨다.

추가 설명

알코올의 체내 이용
- 에탄올의 함량 : 도수 또는 %로 나타낸다. 20도는 20%의 알코올을 함유하고 있다는 뜻이다. 예 양주는 20~45도 정도, 소주는 14~20도, 맥주는 4~5도
- 에탄올의 열량 : 1g당 7.1kcal의 열량을 발생시킨다.
- 아세트알데히드의 독성 : 숙취의 원인이며, 음주 시 음식을 소량 섭취하거나 안주를 먹지 않고 술만 마시면 이 효과가 더욱 강해진다.

추가 설명

간의 역할
- 체내 장기 중 가장 큰 장기로서, 성인 남자의 간 무게는 1~1.5kg, 여자는 0.9~1.3kg 정도이다.
- 흡수되어 간으로 들어온 영양소를 분배하며, 영양소 및 체내에 필요한 물질을 합성한다. 담즙의 생성과 배설, 영양분의 저장, 조혈, 해독과 체온 조절 등을 한다.
- 간은 탄수화물·단백질·지질·비타민·무기질 등의 대사에 관여하며, 에탄올(알코올)이나 각종 유해성분을 해독하기도 한다.

- 만성 알코올 음주자에게는 혈장 내 아연·칼슘·마그네슘의 함량이 낮다. 비타민 D의 활성화 지연으로 인해 칼슘 효과가 지연되고 요중 배설이 증가되기 때문이다.

3 알코올성 간질환의 발생

① 음주습관 : 마시는 술의 종류와는 관련이 없이 얼마나 많은 알코올을 복용하였는가가 중요하다.
② 음주기간 : 술을 마셔온 기간이 길수록 심각한 알코올성 간질환이 발생할 위험이 높다.
③ 성별 : 여성이 남성에 비해 알코올성 간질환이 더 잘 발생한다. 여성이 남성에 비해 몸집이 작을 뿐 아니라 체내 지방 함량이 더 높기 때문에 알코올이 분포할 수 있는 공간이 적다.
④ 기타 : 지방섭취를 너무 많이 하는 경우나 비만, 고혈당이 있는 경우에도 알코올성 간질환에 취약한 것으로 알려져 있다. 간손상의 위험인자이다.

4 알코올성 간질환의 유형

① 알코올성 지방간 : 쉽게 피로하거나 소화불량, 우상복부 불편감 또는 통증이 있을 수 있다.
② 알코올성 간염 : 간세포의 염증을 특징으로 한다. 알코올 중독의 30% 정도에서 나타나며 피로, 식욕부진, 무력감, 체중 감소, 고열, 간 비대 등의 증상이 나타나며, 심할 경우 황달, 구토 등의 증상이 동반되기도 한다.
③ 알코올성 간경변증 : 간경변증은 간세포의 염증과 섬유화, 최종적으로 세포의 괴사가 나타나는 상태이다. 그럼에도 불구하고 아무런 증상이 없는 경우도 있다. 간경변증이 심해지다 보면 배속에 물이 차는 복수가 나타나거나 식도정맥류가 발생하여 점점 커지다가 결국 파열하여 심한 출혈을 나타낼 수 있다. 또 혈액 응고에 이상이 나타나거나 뇌기능, 신장 기능에 영향을 미칠 수도 있다.

5 알코올성 간질환의 식사요법

과다한 음주로 인한 불규칙적인 영양 섭취를 교정하고 회복을 위해 단백질, 비타민 및 무기질의 영양소를 충분히 공급한다.
① 금주한다.
② 금주 직후에는 회복에 필요한 충분한 에너지 공급을 위해 식사 외에도 간식을 자주 섭취한다. 하지만 장기적으로는 건강한 체중 유지를 위한 식사를 하도록 한다.
③ 충분한 단백질 공급을 위해 고기, 생선, 두부, 달걀 등을 골고루 섭취한다. 단, 간성혼수가 있을 시에는 단백질 섭취를 줄인다.
④ 부족한 비타민 및 무기질 보충을 위해 채소와 과일을 충분하게 먹는다.
⑤ 복수 및 부종이 동반된 경우 저염식을 병행한다.
⑥ 녹즙 등 고농축 음식이나 민간요법은 간기능을 악화시킬 수 있으므로 주의한다.

추가 설명

간질환으로 인한 장애

- 만성적으로 과량의 알코올을 섭취하면 체내 대사에서 중요한 역할을 하는 간세포의 장애를 가져올 뿐만 아니라 위장, 췌장, 뇌, 신경, 조혈기관 및 면역계에도 치명적인 영향을 줄 수 있다.
- 알코올성 간 질환은 알코올 자체의 독성작용 외에도 음주와 동반되는 영양장애, 유전자의 영향 및 면역학적 기전 등 다양한 인자들에 의해 영향을 받는다. 다량의 알코올 섭취는 영양소의 소화, 흡수, 대사에 장애를 일으키고 식사량을 감소시켜 영양불량을 유발할 수 있다.
- 알코올성 간경변은 간암으로 이환될 위험이 있다.

02 흡연과 폐질환

1 흡연 현황과 문제

① 폐암이 증가하는 이유 : 산업화에 의한 공해 요인, 흡연의 증가
② 20대 이상 성인의 흡연율 변화추이
  ㉠ 우리나라 성인 남성의 흡연율 : 선진국에 비해 2배 정도 높은 세계 최고 수준이긴 하지만, 감소하고 있다.
  ㉡ 여성 흡연율 : 20대 여성의 흡연율이 많이 증가되었다.
③ 흡연자들의 흡연 시작 연령 : 대부분 중·고등학교 시절이었으며, 점차 그 연령이 낮아지고 있다. 청소년기에 흡연을 시작하게 되면 질병발생에 더욱 큰 영향을 미칠 수 있으며, 성인기에 시작한 경우보다 더 쉽게 니코틴 중독에 노출될 가능성이 높다.
④ 흡연 시작 연령과 그 동기 : 남녀 모두 흡연 시작 연령이 **빠를수록** 흡연동기가 호기심에서 시작되나, 시작 연령이 늦을 때는 욕구불만이나 스트레스 해소가 주요 동기였다.

2 담배의 유해물질

① 니코틴
  ㉠ 니코틴의 흡수 : 흡연 시 폐로 빠르게 흡입되어 체액 속으로 흡수된다. 그 속도는 아주 빨라서 흡입 후 19초 이내에 뇌에 도달한다.
  ㉡ 만성적 니코틴 흡입 : 혈중 HDL 농도를 저하시켜 동맥벽에 콜레스테롤 침착을 촉진함으로써 동맥경화증의 원인이 된다.
  ㉢ 습관성 중독 : 반복적으로 니코틴을 흡입하면 뇌에 니코틴 수용체가 생기며, 빠른 속도로 니코틴 내성이 생겨 습관성 중독을 일으킨다.
② 일산화탄소
  ㉠ 일산화탄소 : 화학적으로 질식성 가스에 속한다. 연탄가스로 잘 알려져 있으며, 담배 연기 속에는 약 0.5~1%의 일산화탄소가 포함되어 있다.
  ㉡ 일산화탄소의 폐해 : 혈관의 내벽세포에 손상을 입힐 뿐만 아니라 헤모글로빈·미오글로빈·시토크롬계 산화효소 같은 단백질과 결합하여 산소공급을 저하시키고, 세포 내에서 산소이용을 방해한다. 만성 저산소증이 나타나며 신진대사 장애와 조기 노화 현상을 초래한다.
③ 타르 : 타르는 담배의 독특한 맛을 내는 성분으로 타르에는 발암물질이 포함되어 있다.

3 흡연과 영양

① 식습관과 영양섭취 실태
  ㉠ 비흡연자에 비해 흡연자의 식생활 습관
    • 아침 결식률이 높고, 불규칙한 식사를 하고, 1일 식사횟수가 부족하다.

추가 설명

흡연과 건강

- 일반적으로 담배와 관련되는 암은 흡연습관의 강도에 따라 좌우된다. 즉 흡연해온 기간, 하루에 피우는 담배 개비 수, 담배의 타르 함량, 들이마시는 정도 등과 관계가 있다.
- 흡연이 일으키는 병은 폐뿐만 아니라 방광·구강·후두·식도 등에도 영향을 미친다.
- 흡연자가 흡연을 중단하면 폐암·관상동맥질환·만성기관지염·폐기종·만성폐쇄성 폐질환 및 다른 흡연과 관련된 질환의 위험률이 감소한다.

추가 설명

니코틴의 생리적 작용

- 각성효과 : 도파민과 노르에피네프린 분비를 촉진하여 기분을 좋게 하고 식욕부진과 체중감소를 유발한다.
- 교감신경 항진작용 : 혈압·심박수·심장박출량을 증가시키고, 말초혈관을 수축시킨다.

추가 설명

금연으로 인한 금단현상

정신불안증, 신경질, 불안감 등을 느끼며, 금단증상은 금연 후 24~48시간에 최대에 이르며, 2주 동안 서서히 감소한다.

추가 설명

타르의 폐해

담배연기를 통해 폐로 들어가 혈액에 스며들어 세포, 장기에 피해를 주기도 하고, 잇몸과 기관지 등에 직접 작용하여 폐포 세포 등을 파괴하거나 만성 염증을 일으키기도 한다.

- 단 음식의 섭취가 적고 알코올, 탄수화물 등 고열량 식품의 섭취가 높다.
- 채소류와 과일류의 섭취가 낮은 반면, 기름진 음식의 섭취가 높다. 특히 커피·알코올 등 기호식품의 섭취량이 높다.
- 생활습관과 신체활동이 비흡연자에 비해 불규칙적으로 나타나고 있다.

ⓒ 흡연자가 금연한 후 : 식이섭취 상태가 비흡연자와 유사해지고 관상심장질환 위험률이 감소된다.

② 혈중 지질

㉠ 하루 25개비 이상 피우는 사람들은 HDL이 낮고 중성지질과 LDL은 높다.
㉡ 아무리 적은 양이라 할지라도 흡연이 지속된다면 동맥경화증 및 심장순환계질환의 위험률을 높일 수 있다.
㉢ 흡연으로 인한 지방조직에서 지방의 분해가 촉진되어 혈중 유리지방산을 증가시켜 간에서 중성지질과 VLDL의 합성을 증가시켜 혈중 지질 농도가 증가하며 간에서 HDL 합성을 억제한다.

③ 무기질 : 산화된 LDL이 동맥 내벽에 침착하게 되면 콜레스테롤이 축적되어 동맥경화증이 나타난다. LDL은 유해산소에 의해서 지질의 과산화작용이 일어나며, 구리·철 같은 금속이온에 의해서 산화가 촉진된다. 그런데 구리/아연의 비가 높으면 높을수록 심혈관계의 질환이나 급성 심근경색증의 위험도는 증가한다.

㉠ 흡연은 혈청 구리 농도를 상승시키고, 셀룰로플라스민(구리 운반 단백질)의 농도를 높인다.
㉡ Fe^{2+}를 Fe^{3+}로 전환시켜 지질의 과산화 작용을 방지하고 항산화 정도를 나타내는 셀룰로플라스민 페록시데이즈 활성도는 오히려 감소하는 경향을 보인다. 따라서 흡연자의 혈청 항산화 능력은 더욱 떨어지게 된다.

4 흡연과 폐질환

① 폐암 : 폐암이란 폐에서 비정상적인 암 세포가 무절제하게 증식하여 종괴(덩어리)를 형성하고 인체에 해를 미칠 때 이를 폐암이라 한다. 흡연은 폐암에 있어서 가장 중요한 발병요인이다.

㉠ 타르 : 점액과 섬모운동에 의한 이물질 제거기능의 장애를 초래하여 상피세포에 흡입된 담배연기 속에 있는 여러 가지 발암물질에 대한 노출시간을 길게 한다.
㉡ 담배 필터의 사용 : 타르나 니코틴의 흡입을 줄일 수 있어 폐암 위험률을 줄인다.

② 만성폐쇄성폐질환

㉠ 만성폐쇄성폐질환은 나이가 들면서 생기고, 오랜 기간 동안 담배를 피운 사람한테 잘 발생한다. 만성폐쇄성폐질환은 서서히 진행하며, 처음에는 가벼운 호흡곤란과 기침이 간혹 나타나지만 병이 진행하면 호흡곤란이 심해진다. 가장 중요한 발병 원인은 흡연이다.

추가 설명

흡연이 비타민 C의 대사에 미치는 영향
- 흡연자들의 혈청 비타민 C 농도는 비흡연자에 비해 낮으며, 비타민 C 결핍증세가 높다.
- 결핍 정도는 흡연기간과 흡연량이 증가할수록 높다.
- 흡연자들의 혈중 비타민 C 농도가 낮은 것은 비타민 C 대사의 증가 때문이다.

추가 설명

흡연의 폐해
폐암 외에도 후두암·구강암·식도암·췌장암·방광암 등 여러 종류의 암을 유발하여 암으로 사망할 확률이 훨씬 더 높다.

추가 설명

흡연의 양과 폐암 발생률의 상관관계
- 흡연량이 증가할수록 폐암 발생률이 높으며, 흡연기간도 폐암 발생률과 관계가 있다.
- 흡연 시작 연령이 낮을수록 폐암발생에 영향을 미치는데, 15세에 흡연을 시작한 경우 25세에 시작한 경우보다 60세가 되었을 때의 폐암 위험률이 4배나 된다.

> **추가 설명**
>
> 흡연이 심장순환계 질환을 증가시키는 기전
>
> 일산화탄소의 증가로 인해 심근에 산소가 부족해져 심근의 허혈상태가 발생하거나, 니코틴의 직접적인 작용으로 동맥 내벽 세포가 손상되어 콜레스테롤 같은 지방의 침투가 용이해져 동맥경화증이 생긴다.

ⓛ 식사요법의 실제
- 금연하며 식품 섭취를 골고루 한다. 매끼니 살코기나 생선, 두부, 달걀 등을 챙겨서 섭취한다.
- 소량씩 나누어 천천히 식사하도록 하며, 식사 중간에 국물이나 수분 섭취는 과다하게 하지 않도록 한다.
- 지나치게 기름지거나 가스를 형성하는 식품의 섭취는 삼가한다.

③ 동맥경화증과 심장순환계 질병
ⓐ 심장혈관질환의 유발은 흡연량에 따라 증가하며, 대다수 관상동맥질환 환자는 흡연 중이거나 흡연경력이 있다.
ⓑ 여성의 관상동맥질환의 위험도는 남성과 유사하며, 흡연 여성의 심근경색증의 위험도는 비흡연자에 비해 3배나 높다.
ⓒ 흡연이 혈중 지질 농도에 영향을 미치거나, HDL 농도를 감소시킴으로써 관상심장 질환을 초래할 수도 있다.

실전예상문제

1 알코올의 폐해와 관련 없는 것은?
① 음주로 인한 교통사고
② 알코올 중독
③ 스트레스의 해소
④ 관상심장병 발생으로 인한 건강장애

> **해설** 술을 과다하게 마신다면 엄청난 사회적·경제적 손실과 부담을 안겨 줄 수 있다. 음주로 인한 교통사고와 사고사가 늘고 있으며, 간질환, 알코올 중독, 관상심장병 발생으로 인한 건강장애도 심각하게 나타나고 있다.

2 알코올(에탄올)에 대한 설명 중 옳지 않은 것은?
① 에탄올의 함량은 도수 또는 %로 나타낸다.
② 에탄올은 1g당 7.1kcal의 열량을 발생시킨다.
③ 생성된 아세테이트는 100% 에너지를 발생하는데 사용된다.
④ 아세트알데히드는 알코올에 의한 간 손상을 유발하는 주요 인자이다.

> **해설** 생성된 아세테이트는 에너지를 발생하거나 또는 콜레스테롤과 지방산을 합성하는데 이용된다.

3 알코올과 간내 영양소 대사에 관한 설명 중 옳지 않은 것은?
① 장기간 음주 시 혈중 콜레스테롤이 증가된다.
② 만성 알코올 섭취자는 인슐린 수준을 증가시킨다.
③ 알코올은 간세포 내 미토콘드리아의 활동을 촉진시킨다.
④ 만성 알코올 음주자에게는 혈장 내 아연·칼슘·마그네슘의 함량이 낮다.

> **해설** 알코올은 간세포 내 미토콘드리아를 손상시킨다.

4 알코올 과다 섭취 시 발생될 수 있는 질병과 관련 없는 것은?
① 간염
② 간경변
③ 지방간
④ 폐렴

> **해설** 알코올로 인해 간대사가 변화되고 간조직이 파괴되어, 간에 지방이 침착된다. 간의 병리적 변화는 간에 지방이 축적되면서 일어나며, 이는 지방간으로, 더 나아가 간염과 간경변으로 발전하게 된다.

정답 1.③ 2.③ 3.③ 4.④

5 간질환의 식이요법으로 옳지 않은 것은?

① 고비타민 식이　　　　② 저열량 식이
③ 고단백 식이　　　　　④ 고무기질 식이

해설 간질환의 식이요법에는 금주가 무엇보다 중요하며, 간세포의 회복을 위해 고열량·고단백질·고비타민·고무기질 식이를 하여야 한다.

6 다음 중 간에 대한 설명으로 옳지 않은 것은?

① 체내 장기 중 가장 큰 장기이다.　　② 영양소 및 체내에 필요한 물질을 합성한다.
③ 알코올이나 각종 유해성분을 해독하기도 한다.　　④ 이산화탄소 배출을 돕는다.

해설 간은 흡수되어 간으로 들어온 영양소를 분배하며, 영양소 및 체내에 필요한 물질을 합성한다. 그 외에도 담즙의 생성과 배설, 영양분의 저장, 조혈, 해독과 체온조절 등 많은 역할을 한다.

7 알코올성 간질환의 발생 위험이 높은 경우는?

① 맥주를 가끔 마신다.　　② 음주기간이 길다.
③ 비흡연자이다.　　　　　④ 적정 체중을 유지한다.

해설 알코올 복용기간이 길수록 알코올성 간질환이 발생할 위험이 높다.

8 알코올성 간염의 식이에 대한 설명으로 적절치 않은 것은?

① 간세포의 보수를 위하여 저열량, 저단백 식이를 준다.
② 금주한다.
③ 무기질, 비타민을 충분히 섭취한다.
④ 영양섭취를 골고루 한다.

해설 과다한 음주로 인한 불균형적인 영양섭취를 교정하고 회복하기 위해 단백질, 비타민, 무기질의 영양소를 충분히 공급한다.

9 알코올성 간염의 증상이 아닌 것은?

① 식욕부진　　　　② 심한 출혈
③ 간비대　　　　　④ 무력감

해설 알코올성 간염의 증상으로는 피로, 식욕부진, 무력감, 고열, 간비대 등이 흔히 나타난다.

10 알코올성 간질환에 대한 주의 사항으로 옳지 않은 것은?
① 충분한 단백질 섭취를 위해 고기, 생선, 두부 등을 골고루 섭취한다.
② 복수 시에는 고열량·고나트륨 식이를 해야 한다.
③ 가능한 한 금주를 반드시 지키도록 한다.
④ 부족한 비타민 및 무기질 보충을 위해 채소와 과일을 충분히 섭취한다.

해설 복수 및 부종이 동반된 경우 저염식이를 병행한다.

11 다음 중 알코올성 간질환의 경우 섭취해야 할 적절한 식품이 아닌 것은?
① 생선
② 녹즙
③ 달걀
④ 과일

해설 녹즙 등 고농축 음식이나 민간요법은 간기능을 악화시킬 수 있으므로 주의한다.

12 흡연 현황에 대한 내용 중 옳지 않은 것은?
① 폐암이 증가하는 주요인은 흡연의 증가이다.
② 흡연자들의 흡연 시작 연령은 대부분 중·고등학교 시절이었으며, 점차 그 연령이 낮아지고 있다.
③ 청소년기에 흡연을 시작하게 되면 성인기에 시작한 경우보다 더 쉽게 니코틴 중독에 노출될 가능성이 높다.
④ 남녀 모두 흡연 시작 연령이 빠를수록 흡연동기가 스트레스에서 시작되었다.

해설 남녀 모두 흡연 시작 연령이 빠를수록 흡연동기가 호기심에서 시작되나, 시작 연령이 늦을 때는 욕구불만이나 스트레스 해소가 주요 동기였다.

13 담배의 주요 유해물질과 관련 없는 것은?
① 니코틴
② 타르
③ 에탄올
④ 일산화탄소

정답 5.❷ 6.❹ 7.❷ 8.❶ 9.❷ 10.❷ 11.❷ 12.❹ 13.❸

해설 담배연기에는 4,000여 종류의 인체에 유해한 화학물질이 있으며, 그 중 약 200~300종의 유독성 물질과 유독가스가 존재한다. 특히 니코틴, 타르, 일산화탄소가 대표적인 유해물질이다. 니코틴은 무색의 독성이 강한 중독성 물질이며, 타르는 발암성 물질이다. 일산화탄소는 산소결핍을 일으키는 무색, 무취의 유해가스이다.

14 다음 중 니코틴에 대한 설명 중 옳지 않은 것은?

① 니코틴의 생리적 작용은 각성효과와 교감신경계 항진작용이다.
② 만성적 니코틴 흡입은 혈중 HDL 농도를 저하시켜 동맥벽에 콜레스테롤 침착을 촉진함으로써 동맥경화증의 원인이 된다.
③ 니코틴은 아편과 같이 습관성 중독을 일으킨다.
④ 금연으로 인한 금단현상은 정신불안, 호흡곤란, 사지마비 등이다.

해설 흡연을 습관적으로 하는 사람이 금연을 하게 되면 니코틴 약리작용으로 금단현상이 일어나서 정신불안증, 신경질, 불안감 등을 느끼게 된다.

15 일산화탄소 흡입 시의 폐해와 관련 없는 것은?

① 혈관의 장애와 손상을 입는다.
② 만성 저산소증이 나타난다.
③ 신진대사 장애와 조기 노화현상을 초래한다.
④ 포도당 생성을 촉진시킨다.

해설 일산화탄소는 혈관의 내벽세포에 손상을 입힐 뿐만 아니라 헤모글로빈·미오글로빈·시토크롬계 산화효소 같은 단백질과 결합하여 산소공급을 저하시키고, 세포 내에서 산소이용을 방해한다. 이러한 현상으로 만성 저산소증이 나타나며 신진대사 장애와 조기 노화현상을 초래한다.

16 담배의 독특한 맛을 내는 주요인자로서 흡연욕구를 충동하는 역할을 하는 것은?

① 니코틴
② 타르
③ 일산화탄소
④ 암모니아

해설 타르는 담배를 피울 때 파이프나 필터를 검게 하는 담뱃진의 성분이며, 담배 맛과 향을 결정하는 주요 인자로서 흡연욕구를 충동하는 역할을 한다.

17 비흡연자에 비해 흡연자의 식습관과 관련 없는 것은?

① 아침 결식률이 낮고, 1일 식사횟수가 많다.
② 단 음식의 섭취가 적고 알코올, 탄수화물 등 고열량 식품의 섭취가 높다.

③ 커피 등 기호식품의 섭취량이 높다.
④ 채소류와 과일류의 섭취가 낮은 반면, 기름진 음식의 섭취가 높다.

해설 흡연자는 비흡연자에 비해 아침 결식률이 높고, 불규칙한 식사를 하고, 1일 식사횟수가 부족하며 생활습관, 식습관, 식이섭취와 관련해서 많은 문제점을 나타내고 있다.

18 흡연과 영양에 대한 기술 중 옳지 않은 것은?

① 흡연자는 비흡연자보다 체내 항산화 영양소의 필요량이 증가된다.
② 구리/아연의 비가 높을수록 급성 심근경색의 위험도는 낮아진다.
③ 하루 25개비 이상 피우는 사람들은 HDL이 낮고 중성지질과 LDL은 높다.
④ 아무리 적은 양이라 할지라도 흡연이 지속된다면 동맥경화증 및 심장순환계 질환의 위험률을 높일 수 있다.

해설 심혈관계 질병의 진단 및 예후의 판정에 구리 농도나 구리/아연(Cu/Zn)의 비는 매우 민감한 지표로 사용되고 있다. 구리/아연의 비가 높으면 높을수록 심혈관계의 질환이나 급성 심근경색증의 위험도는 증가한다.

19 다음 중 흡연자가 비흡연자에 비해서 더 많이 섭취해야 하는 영양소는 무엇인가?

① 나트륨   ② 지방
③ 탄수화물   ④ 비타민 C

해설 흡연은 특히 비타민 C 대사에 해로운 영향을 미치고 있다. 흡연자들의 혈청 비타민 C 농도는 비흡연자에 비해 낮으며, 비타민C 결핍 증세가 흡연자에게서 더 많이 보고되고 있다.

20 장기간의 흡연으로 인한 질병으로 거리가 먼 것은?

① 폐암   ② 만성폐쇄성폐질환
③ 심혈관질환   ④ 복막염

해설 장시간의 흡연은 폐암, 만성폐쇄성폐질환 등의 원인이 된다. 그리고 동맥경화성 심혈관질환의 유발과 밀접한 관련이 있다.

정답 14.④ 15.④ 16.② 17.① 18.② 19.④ 20.④

21 흡연과 폐암에 대한 기술 중 옳지 않은 것은?

① 타르는 점액과 섬모운동에 의한 이물질 제거기능의 장애를 초래하여 여러 발암물질에 대한 노출시간을 길게 한다.
② 흡연량이 증가할수록 폐암 발생률이 높다.
③ 담배 필터를 사용해도 니코틴의 흡입을 줄일 수 없다.
④ 흡연 시작 연령이 낮을수록 폐암 발생률도 높다.

해설 담배 필터를 사용하면 타르나 니코틴의 흡입을 줄일 수 있어 폐암 위험률을 줄이는 것이 알려져 있다.

22 만성폐쇄성 폐질환에 대한 설명으로 옳지 않은 것은?

① 금연한다.
② 살코기, 생선, 두부 등을 섭취한다.
③ 소량씩 나누어 천천히 식사한다.
④ 기름진 음식, 탄산음료는 식후에 섭취한다.

해설 만성폐쇄성폐질환 환자는 지나치게 기름지거나 가스를 형성하는 식품의 섭취는 삼간다.

23 다음 중 과도한 흡연이 발병 요인으로 작용하는 두 가지 질병끼리 연결된 것은?

① 고지혈증 — 야맹증
② 각기병 — 빈혈
③ 당뇨병 — 폐기종
④ 동맥경화 — 폐암

해설 폐암, 만성폐쇄성폐질환 등은 흡연에 의해 주로 발생하는 질병이며, 또한 동맥경화성 심혈관 질환의 유발과 흡연은 밀접한 관련이 있다.

정답 21. ❸ 22. ❹ 23. ❹

주관식

1 알코올이 인체에 미칠 수 있는 폐해에 대하여 설명하시오.

2 알코올 과다 섭취 시 발생될 수 있는 대표적 질병을 3가지 쓰시오.

3 알코올성 간질환의 식사요법을 3가지 이상 쓰시오.

Answer

1. 알코올로 인해 간대사가 변화되고 간조직이 파괴되어, 간에 지방이 침착된다. 간의 병리적 변화는 간에 지방이 축적되면서 일어나며, 이는 지방간으로, 더 나아가 간염과 간경변으로 발전하게 된다. 간에 축적된 지방은 간세포의 정상기능을 저해하며, 말초혈관으로부터 혈액의 유통을 감소시켜 조직이 사멸되는 원인이 된다.

2. 알코올성 지방간, 간염, 간경변증

3. ① 금주한다.
   ② 충분한 단백질 공급을 위해 고기, 생선, 두부, 달걀 등을 골고루 섭취한다.
   ③ 부족한 무기질, 비타민 보충을 위해 채소와 과일을 충분히 섭취한다.
   ④ 복수 및 부종 시 저염식이를 한다.

4 담배의 대표적 유해물질을 3가지 쓰시오.

5 흡연자가 비흡연자에 비해서 항산화 영양소의 필요량이 높은 이유에 대하여 쓰시오.

6 만성폐쇄성폐질환의 식사요법을 3가지 이상 쓰시오.

Answer

4 니코틴, 일산화탄소, 타르

5 담배연기에는 지질의 과산화 작용을 개시하고 촉진하는 자유 유리기가 다량 함유되어 있어 심장질환이나 암의 발현을 조장하게 된다. 흡연자는 비흡연자보다 체내 항산화 영양소의 필요량이 증가된다. 비타민 A와 비타민 C가 풍부한 채소와 과일을 많이 섭취하여야 한다.

6 ① 금연하며 식품섭취를 골고루 한다.
② 살코기나 생선, 두부, 달걀을 섭취한다.
③ 식사를 소량씩 나누어 천천히 한다.
④ 지나치게 기름지거나 가스를 형성하는 식품의 섭취는 삼간다.

제2부 건강과 질병

01 일상생활과 건강

 단원 개요

성인병의 예방과 건강진단에 관한 내용을 다루고 있는 이 단원에서는 일상생활의 관리, 성인병 예방을 위한 관찰과 측정법, 스트레스 관리에 대해 숙지하도록 한다. 또한 연령별 혈압의 변화와 스트레스 시에 나타나는 생리적 반응에 대해서도 학습한다.

 출제 경향 및 수험 대책

이 단원에서는 체중의 측정시기, 불면증 제거방법, 피로의 원인, 금연 전 행동지침, 효율적인 흡연 방법, 당뇨병·골다공증의 특성 및 치료, 체온을 내리는 방법, 체온의 특성, 비출혈이 있는 경우의 조치, 스트레스의 진행과정과 스트레스 관리의 기본원칙 등에 대해서 묻는 문제들이 출제될 수 있는 바, 자세하고 철저한 학습이 요구된다.

01 일상생활의 관리

개인적 습관들은 신체건강상태에 심각한 영향을 끼치며, 따라서 사망의 위험도 증가시킬 수 있기 때문에 일상생활이 건강이 증진되는 방향으로 습관화되어야 한다.

1 식사와 배설

① 식사
  ㉠ 하루에 섭취하는 음식의 총량은 신체적 요구량에 부합되도록 한다.
  ㉡ 우리 몸은 섭취하여 왔던 음식을 소화시키는 데에 익숙하기 때문에 음식은 골고루 섭취하도록 하며, 즐거운 마음으로 천천히 식사한다.
② 배설 : 섭취한 음식의 배설은 직장내압 및 반사작용으로 이루어진다. 대장에 대변을 오래 가지고 있을수록 수분이 흡수되어 대변이 굳어질 뿐만 아니라, 각종 세균에 의하여 부패되기 때문에 가스와 독소를 배출하게 된다.

2 수면과 휴식

① 수면
  ㉠ 전적으로 개인적인 습관이지만 대체로 하루에 7~8시간 정도의 수면이 적당하다.
  ㉡ 불면증이란 만성적으로 잠을 자지 못하거나 잠을 자다가 저절로 깨어 다시 잠을 이루지 못하는 경우를 말한다. 불면증의 원인은 고민·긴장·좌절감 같은 정신적 스트레스, 커피·홍차와 같은 카페인이 함유된 식품의 섭취, 과식이나 과음 및 운동부족 등이다.
② 휴식 : 규칙적으로 휴식을 취한다.
  ㉠ 휴식은 눈으로 보는 것, 귀로 듣는 것, 코로 냄새를 맡는 것, 입으로 말하는 것, 근육을 움직이는 것, 뇌의 활동을 멈추는 것 등 다양하게 그때의 상황에 따라 수시로 쉬게 하는 것을 의미한다. 아침에 일어났을 때와 저녁식사 직후에 약 20분 정도 휴식을 취하면 좋다.
  ㉡ 휴식의 효과 : 휴식은 심장박동수를 낮추고 혈압을 감소시키며, 근육의 긴장을 이완시키고 알레르기를 일으키는 목적을 피할 수 있게 해준다.

3 활동과 운동

① 신체적 활동량이 건강을 해칠 정도로 지나친 경우도 있으나, 여가시간에 충분히 신체활동을 하지 않음으로써 해가 되는 경우도 있다. 따라서 가볍게 운동을 지속적으로 한다.
② 건강을 위해 가장 적당한 신체활동의 종류와 양이 따로 정해져 있는 것이 아니기 때문에 모든 사람은 각자가 좋아하는 활동이 신체에 적합하도록 활동의 양을 조절하도록 한다.

추가 설명

규칙적인 식사의 중요성
- 일상생활 동안 하루에 세 끼 식사를 규칙적으로 하도록 한다.
- 아침식사를 안하는 것은 불규칙한 식습관으로 이어져 영양 불균형을 초래하게 된다. 그리고 간식 섭취나 점심 폭식으로 연결되어 체중 증가의 원인이 된다.

추가 설명

불면증의 대책
- 낮에 몸을 움직여 운동을 하도록 하여 휴식을 필요로 하게 한다. 취침 전의 가벼운 산책도 좋다.
- 잠들기 전에 따뜻한 우유를 마신다. 카페인 음료는 금한다.
- 아주 소량의 알코올은 수면에 도움이 될 수 있지만 이것이 습관이 되어서는 안된다.
- 따뜻한 물 속에 몸을 담그고 기분이 나른해지도록 한다.
- 업무나 공부에 관련이 없는 기분전환용 독서를 한다.
- 조명은 어둡게 하고 전자기기는 되도록 멀리 두도록 한다.

4 피로

① **피로현상** : 오랜 시간 일을 하고 나면 전신이 나른하고, 능률이 떨어지고 몸의 여러 곳이 쑤시고 아프게 되는 현상이다.

② **피로의 종류**

    ㉠ 정신적인 피로와 육체적인 피로
- **정신적인 피로** : 중추신경계의 피로를 말하는 것으로, 아주 정밀한 작업을 하거나 어려운 계산을 하는 등 정신적인 긴장을 요하는 작업을 할 때 일어나게 된다.
- **육체적인 피로** : 주로 육체적 노동에 의한 근육의 피로를 말하며, 정신적 피로나 육체적 피로는 각각 단독으로 생긴다기보다는 정신노동이 위주인 경우는 정신적 피로가 많이 생겨 함께 발생하게 된다.

    ㉡ 보통피로, 과로 및 곤비상태
- **보통피로** : 하루저녁 휴식하면 완전히 회복할 정도의 것을 말한다.
- **과로 및 곤비상태** : 과로라 하는 것은 다음날까지도 피로상태가 계속되는 것을 말하며, 과로상태가 축적된 상태를 곤비라고 한다.

③ **피로의 증상**

    ㉠ 육체적인 증상 : 머리가 무겁고 아프며, 전신이 나른하고 어깨 · 가슴이 결리고 숨쉬기가 어렵고 팔 · 다리가 쑤신다.

    ㉡ 정신적인 증상 : 졸음이 오고 주의력이 산만해지며 마음이 안정되지 못한다.

④ **피로의 회복 방법**

    ㉠ 피로회복에는 규칙적인 생활과 기본영양을 골고루 섭취하는 것이 중요하다.

    ㉡ 육체적인 노동으로 피로할 경우는 당분이 좋은 피로회복제가 된다.

5 흡연

① **담배의 성분** : 담배연기에는 니코틴, 일산화탄소, 타르 등 4,000여종의 성분이 포함되어 있으며, 이 중 상당수가 독소와 발암성 물질인 것으로 알려져 있다.

② **흡연이 주위사람에게 주는 영향** : 흡연에 의해 해를 입는 사람은 흡연자 자신뿐만이 아니라, 간접흡연으로 인해 배우자를 비롯한 가족과 주변사람으로 이들의 건강도 위태로워질 수 있다.

③ **금연의 장점**

    ㉠ 담배를 끊는 경우에 스트레스 호르몬의 분비가 정상수준으로 돌아온다.

    ㉡ 산소를 들이마심에 따라 순환상태는 호전되고 모세혈관은 다시 확장되어 사지와 심장, 뇌로 흐르는 혈액의 순환이 용이해진다.

    ㉢ 금연 후 10~15년 후에는 폐암, 구강암, 후두암의 위험이 거의 비흡연자의 수준에 가까워진다.

④ **금연법** : 금연은 혼자의 힘으로도 행하고, 어떤 경우는 금연기관이나 행동수정치료, 최

추가 설명

피로의 발생 원인
- 에너지원의 소모
- 피로물질의 축적
- 체내에서의 물리 · 화학적 조절 변화
- 신체조절기능의 저하

추가 설명

정신적인 피로
- 정신적인 피로의 특징 : 육체적인 피로보다 회복하기 어려운 것이 정신적인 피로의 특징으로 양질의 단백질 섭취가 효과적이다.
- 목욕을 한다든가 잠을 깊이 취할 수 있으면 이것은 정신적 피로회복에 큰 도움이 된다.
- 적당량의 술은 대뇌피질을 쉬게 하는 힘이 있으므로 정신적인 피로회복엔 효과적이지만 과량은 금물이다.

추가 설명

금연하기 전 해야 할 행동지침
- 건강과 비용상의 이유뿐 아니라 개인들의 동기를 포함해서 금연해야 하는 동기들을 적어 본다.
- 긍정적으로 사고한다.
- 흡연습관에 대해 기록한다.
- 금연일을 정하고 그것을 지키려고 애쓴다.
- 다른 사람들을 관여시킨다.
- 규칙적인 운동 등을 시작한다.
- 금연상담을 한다.

면요법 등의 접근방법을 택한다.

6 음주

① 알코올의 영향

　㉠ 소량의 술을 마시는 경우에 몸의 긴장을 풀어주고 식욕을 자극하지만, 혈압이 높은 사람에게는 역효과를 가져오기도 한다. 알코올은 에너지원이 될 수 있지만, 비타민과 미네랄의 결핍을 초래한다.

　㉡ 소화된 알코올의 95%는 위나 소장에서 직접 혈액 속으로 흡수된다. 그리고 뇌에 도달한 알코올은 소량으로도 강한 흥분제의 효과를 나타낸다. 알코올에 의해 증가된 소화액은 위통을 일으키고, 신장은 알코올의 자극을 받아 과다한 양의 물을 배설시켜 탈수를 가져온다.

　㉢ 혈중 알코올은 반응시간을 지연시키고, 신체적인 적응, 시력, 인식능력을 모두 저하시킨다. 혈중알코올은 간에서 이산화탄소와 물로 분해된 후 몸밖으로 배설된다.

② 만성적 알코올 의존증

　㉠ 술을 마심으로써 시력, 성기능, 순환, 영양 등의 여러 가지 문제가 나타난다.

　㉡ 노인의 알코올 의존증은 비타민과 영양 결핍증의 일차적인 원인이 된다.

　㉢ 간은 알코올의 대사가 이루어지는 곳이기 때문에 알코올에 의해서 해를 받는 주요 대사이기도 하다.

　㉣ 과음으로 인한 위험성

　　• 고혈압, 심장마비 등 심장질환의 발생위험이 높다.

　　• 식사중 과음하는 경우 흔히 질식의 발생위험성이 높은데, 의치를 가지고 있는 경우 특히 위험하다.

　　• B_{12}와 엽산의 흡수장애를 유발한다.

02 성인병의 예방과 건강진단

1 건강진단

① 건강을 유지하기 위해서 질병의 진단과 치료가 필요하지만, 치료에 있어서도 자각증상이나 타각증상이 있고 나서 손을 쓰다보면 이미 때가 늦은 경우가 많으므로, 발병 조기에 조기진단을 함으로써 건강생활을 적극적으로 설계하려는 데에 의의가 있다.

② 건강진단을 크게 나누면, 개인적 건강유지를 위한 것과 국민 전체의 건강유지를 위하여 행정적으로 특정한 대상자에게 의무적으로 하는 것이 있는데, 후자의 경우를 '정기건강진단'이라고 한다.

③ 중년 이상이 되면 성인병에 대한 건강진단도 필요하게 되는데, 검사항목에 있어서는 대

추가 설명

체중과 알코올의 관계

알코올은 체액과 함께 순환하고 체액의 양은 체중과 직접적인 관련이 있다. 즉, 체중이 가벼운 사람이 알코올에 의해 더욱 심각한 영향을 받게 된다.

추가 설명

알코올에 의한 지방간과 간경화

• 지방간 : 회복이 가능한 상태로 수개월간에 걸쳐 하루 네 다섯 잔씩 꾸준히 술을 마시면 생길 수 있는데, 보통은 별다른 증상을 나타내지 않는다.

• 간경화 : 섬유성 상처조직이 간의 혈관들을 막아 혈류공급을 차단한다.

상에 따라 다르나, 신체계측 외에 감각기·신경계·순환기·호흡기·소화기 등의 임상 검사, X선에 의한 흉부 검사 등을 한다.
④ 건강진단 결과 이상이 있더라도 시급을 요하지 않는 정도일 때에는 생활에 주의를 하면서 사태를 관망하고, 필요에 따라 치료를 받도록 한다.

② 정기검진을 요하는 성인병

① 고혈압 : 정상성인의 수축기혈압은 120mmHg 미만이며 이완기혈압은 80mmHg 미만이다. 정도에 따라서 고혈압 전단계, 1기와 2기 고혈압 등으로 구분된다.
  ㉠ 원인 : 심혈관 질환의 가족력(유전), 흡연, 고지혈증, 당뇨병, 나트륨의 과잉섭취 등이다.
  ㉡ 증상 및 예방
    • 증상 : 두통, 가슴이 뛰는 증상이 있을 수 있다.
    • 예방 : 체중조절, 과도한 알코올 섭취 금지, 식이요법 등을 행한다.

② 당뇨병 : 당뇨병이란 혈액 중의 포도당(혈당)이 높아서 소변으로 포도당이 넘쳐 나오는데서 지어진 이름이다. 인슐린은 췌장 랑게르한스섬에서 분비되어 식사 후 올라간 혈당을 낮추는 기능을 한다. 만약 여러 가지 이유로 인하여 인슐린이 모자라거나 성능이 떨어지게 되면 체내에 흡수된 포도당은 이용되지 못하고 혈액 속에 쌓여 소변으로 넘쳐 나오게 되는 것을 말한다. 우리나라는 최근 사회 경제적인 발전으로 과식, 운동 부족, 스트레스 증가 등으로 인하여 당뇨병 인구가 늘고 있다. 당뇨병의 진단에 있어 혈당치의 기준은 공복 혈당치 126mg/dL 이상, 식후 2시간 혈당치 200mg/dL 이상을 기준으로 한다.
  ㉠ 제1형 당뇨병(인슐린 의존성 당뇨병) : 인슐린호르몬의 부족으로 일어나는 질환으로서, 주로 40대 이하의 젊은 연령층에서 발생하고 발병시간도 빠르며, 일명 소아당뇨라고도 한다. 이 경우는 외부에서 공급하는 인슐린이 없이는 혈당을 조절하기 힘들며 생존에 위협을 받는다.
  ㉡ 제2형 당뇨병(인슐린 비의존성 당뇨병) : 주로 40세 이상의 연령층에서 발생하고 비만, 식생활, 스트레스 등 원인이 다양하다.

③ 뇌졸중 : 뇌의 일부분에 혈액을 공급하고 있는 혈관이 막히거나 터져 그 부분의 뇌가 손상되어 나타나는 신경학적 증상으로 흔히 중풍이라고도 한다.
  ㉠ 원인
    • 뇌경색증 : 뇌혈관의 동맥경화증으로 인하여 혈관이 좁아진 상태에서 일어난다.
    • 뇌출혈 : 고혈압으로 혈관벽이 약해진 상태, 약해진 혈관벽이 늘어나 꽈리 모양의 동맥류를 이룬 상태, 뇌혈관의 선천성 기형 등으로 인하여 생긴다.
  ㉡ 초기증상 : 뇌에 이상이 생기면 반대쪽에 마비, 반신불수, 감각이상, 감각손실 등이 있게 되며, 심한 두통과 반복적인 구토에 이어 의식장애가 나타난다.
  ㉢ 예방 : 뇌졸중 예방을 위해서는 금연, 금주 및 절주, 저염식, 지속적인 운동, 적정 체

추가 설명

당뇨병의 증상 및 예방
• 제1형 당뇨병 : 갈증, 소변량의 증가, 다식, 체중감소, 허약감 등이 뚜렷하게 나타나며, 소변검사에서 당이 검출된다.
• 제2형 당뇨병 : 자각증상이 없는 시기에 조기발견하여 치료하면 증상이 없이 지낼 수 있고, 주로 비만증상이 나타난다.

추가 설명

당뇨병의 식사요법
• 매일 일정한 시간에 알맞은 양의 음식을 규칙적으로 먹는다.
• 설탕이나 꿀 등 단순당의 섭취를 주의한다.
• 식이섬유소를 적절히 섭취한다.
• 지방을 적정량 섭취하며 콜레스테롤의 섭취를 제한한다. 동물성 지방 및 콜레스테롤은 심혈관계 질환의 위험을 증가시킬 수 있으므로 가급적 섭취를 줄이고 식물성 기름으로 적정량 섭취한다.
• 소금 섭취를 줄이며, 술은 되도록 피한다.

중 유지, 스트레스 줄이기, 정기적인 혈압과 혈당 및 콜레스테롤 측정 등이다.
④ 골다공증
ㄱ. 폐경기 후 골다공증 : 에스트로겐의 감소에 의한다. 에스트로겐은 뼈에서 칼슘이 빠져 나가는 것을 차단하는 호르몬이다.
ㄴ. 노인성 골다공증 : 노인이 되면서 활동력의 감소, 영양섭취의 부족, 전체적인 대사활동의 저하 등으로 생긴다.

추가 설명
골다공증의 증상 및 예방
- 증상 : 골다공증 환자는 단순한 요통 이외에 특이한 증상이 없어서 골절이나 골의 변형이 발생한 후에나 병원을 찾게 되므로 조기진단이 어렵다.
- 예방 : 30세 전후에 도달하는 최고골량은 개인차가 매우 심하다고 하는데, 이때 열심히 운동하고 우유나 멸치 등 칼슘이 풍부한 음식을 충분히 섭취하면 최고골량이 증가하여 예방의 효과가 있으며, 지속적으로 최대한의 골량형성과 유지를 위하여 충분한 칼슘의 섭취, 운동량의 증가에 노력해야 한다.

03 기본적인 관찰과 측정법

① 체온 측정 : 체온은 신체 내부 온도를 말하며 건강상태를 보여주는 중요 지표이다. 감염·외상, 약물 부작용 등이 발생했을 때 체온이 정상을 벗어나게 된다. 체온은 구강, 겨드랑이, 이마, 고막 등에서 잴 수 있는데 특정 부위별로 범위가 조금씩 다르다. 사람의 체온은 대체로 36~37℃ 정도이다.
② 맥박의 측정법 : 성인의 맥박은 분당 60~80회로 규칙성, 강도 등도 함께 평가한다.
③ 몸무게의 측정 : 정상체중은 표준체중의 범위이고, 과체중은 표준체중에서 10~20% 범위일 때를 말하며, 비만은 표준체중보다 20% 이상을 초과할 때를 의미한다.
④ 혈압의 측정과 평가 : 성인의 정상치는 120/80mmHg이며, 연령이 증가함에 따라 점차 상승한다.
⑤ 후두부의 모양과 색깔 : 염증, 부종, 목구멍의 흰색 또는 노란색 백태 등은 모두 염증의 징후이다.

추가 설명
병원 방문이 필요한 경우
- 체온이 약 38℃ 이상인 경우는 염증이 진행되고 있는 경우이므로 적절한 의학적 조치가 필요하다.
- 주기적 또는 지속적인 통증이 있는 경우
- 3시간 이상 지속되거나 오심을 동반한 복통
- 반복적인 소화불량
- 명백한 원인이 없는 오랜 기간의 피로
- 예상하지 않은 체중증가나 체중저하
- 뚜렷한 외상이 없는 출혈
- 명백히 설명할 수 없는 인성 변화
- 하루 이상 지속되는 두통
- 며칠 이상 지속되는 관절통

04 통상증상의 관리

1 두통

① 두통의 의미 : 두통은 머리에 통증이 있고 욱신거리며, 눈을 뜨기 힘들 정도로 통증이 계속되다가 몇 시간이 지나면 없어지는 경우가 대부분이다.
② 두통의 종류
ㄱ. 긴장성 두통 : 얼굴, 목, 두개근육의 긴장으로 유발되는데, 수면부족이나 스트레스 등이 주원인이다.
ㄴ. 근육성 두통 : 단순작업, 독서 등으로 인하여 발생한다.
ㄷ. 편두통 : 오심, 구토, 눈이 침침해지거나 빛에 민감해지고 열점을 느끼며 이명 등이

동반한다.
- ㉣ 부비동 두통 : 뺨의 위쪽, 이마, 콧등 부분에 위치한 부비동 위의 통증이다. 부비동은 콧속 양쪽에 있는 구멍으로, 여기에 염증이 있거나 액체가 고이면 통증이 유발된다.

③ 두통의 예방
- ㉠ 초기증상을 기록하고, 두통발생 초기에 제거하려는 시도를 한다.
- ㉡ 규칙적인 운동을 한다.
- ㉢ 민감한 사람들에게 두통을 유발하는 바나나, 카페인 음료, 초콜릿, 양파, 호두, 적포도주, 신 크림, 초산 등의 음식을 피한다.

2 안질환

① 다래끼 : 다래끼는 눈썹의 뿌리 부분에 염증이 생긴 것으로 1주일 정도 지나면 저절로 치유된다. 염증의 초기에는 항생제를 투입함으로써 예방한다.
② 눈의 피로 : 희미한 불빛 아래서 오랫동안 책을 읽거나 세밀한 일을 하는 것을 피한다.

3 구강질환

① 혀의 통증 : 치아가 혀를 자극하거나 혀에 염증이 있을 때이다.
② 구강궤양 : 혀에 푸른 빛의 황색반점이 있는 경우로 세정제나 소금물로 입을 깨끗이 한다.
③ 구강 칸디다증 : 입이나 혀에 황색 부위가 나타나며, 통증을 동반하면 곰팡이의 일종인 구강 칸디다증인 경우가 대부분이다.
④ 잇몸의 염증 : 구강세정제나 소금물로 입안을 깨끗이 한 후 진통제를 복용한다.
⑤ 구순 헤르페스 : 입술에 수포가 있고 통증이 있는 경우로 바이러스에 의해 감염된다.
⑥ 구취 : 구강과 잇몸, 혀 등의 염증에 의해 악취가 난다.
⑦ 목젖의 통증
- ㉠ 목젖 부위의 통증은 목구멍의 가벼운 감염이나 자극에 의해 나타난다.
- ㉡ 목구멍의 통증은 유행성 감기, 유행성 이하선염(볼거리), 인두염 및 편도선염 등 목구멍의 염증에 의한 것이다.

4 기타

① 가슴의 통증
- ㉠ 통증의 형태 : 예리하게 찌르는 통증, 짓누르는 통증, 지속적인 둔한 통증 등이 있는데, 대부분 일시적인 경우가 많다.
- ㉡ 심근경색증으로 인한 통증 : 짓누르는 듯한 매우 심한 통증이 가슴의 중앙부위에 느껴지거나 호흡정지와 부정맥을 동반하는 경우는 응급처치를 요한다.
- ㉢ 일반적으로 급성기관지염, 소화불량, 흉부의 작은 외상 등이 가슴의 통증을 유발한다.

② 비출혈 : 코 부위에 충격을 받으면 출혈이 있게 되는데, 이럴 때에는 다음과 같은 조치가 필요하다.

추가 설명

두통의 일반적인 관리
- 조용하고 어두운 방에서 눈을 감고 휴식을 취한다.
- 엄지손가락으로 두개골을 마사지한다.
- 머리 양옆(측두)도 부드럽게 문지른다.
- 뜨거운 물로 목욕한다.
- 눈 위에 차가운 물수건을 댄다.
- 이완요법을 이용한다. 명상, 심호흡, 조용한 산책 등이 좋다.

추가 설명

체온을 내리는 방법
- 과일, 주스, 물 등 수분을 섭취한다.
- 미지근한 물로 수건을 적셔서 몸을 닦아준다.
- 3~4시간마다 해열제를 복용한다.
- 누워서 휴식을 취한다.
- 옷을 많이 껴입거나 담요를 너무 두껍게 덮지 않도록 한다.
- 심한 운동을 피한다.

㉠ 머리를 앞으로 숙이고 앉는다.
㉡ 엄지와 검지손가락으로 코의 중앙을 눌러준다.
㉢ 15분 동안은 입으로 숨을 쉰다.
㉣ 입으로 숨쉬면서 코에는 찬 물수건을 대어준다.
㉤ 하루 동안은 코를 풀지 말고 무거운 물건을 들거나 심한 운동을 삼간다.

05 스트레스의 관리

1 스트레스의 정의 및 분류

① 정의 : 스트레스는 자극에 대한 신체적·정신적 반응으로 에너지의 소모와 괴로움이 뒤따르는 경우가 많다.
② 분류 : 스트레스는 긍정적 스트레스와 부정적 스트레스로 나눌 수 있다.
　㉠ 긍정적 스트레스 : 당장에는 부담스럽더라도 적절히 대응하여 향후 삶이 더 나아질 수 있는 스트레스이다.
　㉡ 부정적 스트레스 : 자신의 대처나 적응에도 불구하고 지속되는 스트레스는 불안이나 우울 등의 증상을 일으킨다.

2 자극원

① 신체적 자극원
　㉠ 좋은 자극원 : 정기적인 예방접종, 균형잡힌 식사와 규칙적인 배설, 적당한 수면과 휴식, 규칙적인 운동, 안전한 생활 등
　㉡ 나쁜 자극원 : 병원균, 약, 담배, 술, 사고, 불규칙한 생활 등
② 정서적 자극원
　㉠ 좋은 자극원 : 적절한 인내, 성숙한 정서, 밝은 인상, 멋진 모습, 사랑 등
　㉡ 나쁜 자극원 : 분노, 공포, 적개심, 사랑의 결핍 등
③ 정신적 자극원
　㉠ 좋은 자극원 : 강렬한 지적 욕구, 적극적인 학습, 계획된 지적 활동, 실현 가능한 목표 설정 및 실현 등
　㉡ 나쁜 자극원 : 정신적 갈등, 저조한 지적 욕구, 감당하기 힘든 임무, 낮은 자긍심 등
④ 영적 자극원
　㉠ 좋은 자극원 : 성숙된 도덕심, 좋은 인생 철학 등
　㉡ 나쁜 자극원 : 죄의식, 도덕심의 결여, 인생철학의 빈곤 등
⑤ 사회적 자극원
　㉠ 좋은 자극원 : 좋은 인간관계, 좋은 의사소통기술, 친한 친구, 적극적인 사회참여, 행

추가 설명

스트레스의 진행과정

스트레스를 일으키는 원인이 있어야 한다. 이를 자극원(stressor)이라고 한다. → 자극원이 물리적·정신적·사회적인 힘으로 스트레스를 가한다. → 스트레스로 인하여 스트레스 상태가 된다. → 스트레스 상태에서 벗어나려고 적응하는 단계이다. → 스트레스에 의하여 변화된 상태가 된다.

복한 가정 내의 인간관계, 직업적 긍지 등
ⓒ 나쁜 자극원 : 비웃음, 조롱, 싸움 등

3 스트레스의 발생근원

① 내적인 근원 : 내적인 근원은 자신이 스스로 스트레스를 만든다. 내적 자극원은 신체 내부로부터 발생하는 스트레스로서, 예를 들면 발열, 추위, 통증, 우울, 분노와 같이 나쁜 자극원이 있는가 하면, 좋은 신체적 상태, 즐거운 생각, 사랑하는 마음 등과 같이 좋은 자극원이 있다.

② 상호작용에 의한 자극원
   ㉠ 스트레스를 일으키는 상대와 상호작용 관계 속에서 스트레스가 발생한다.
   ㉡ 상호작용에 의한 자극원은 나와 다른 사람 혹은 동물이나 물건 등의 상대로부터 자극을 받아 스트레스를 느끼는 것이다.
   ㉢ 인간관계 속에서 발생하는 스트레스가 인간의 정신과정에 영향을 주는 것들이다.

③ 삼라만상에 의한 자극원 : 제3자에 의하여 스트레스를 받거나, 자동차의 경적소리, 날씨, 오염, 홍수, 전쟁, 고통 등에 의해서 스트레스를 받는다.

> **추가 설명**
> 스트레스의 발생원과 이의 관리
> 일상생활을 통하여 우리는 매순간마다 내적 자극원, 상호작용에 의한 자극원, 삼라만상에 의한 자극원 등을 건강에 좋은 자극원으로 활용하고, 필요에 따라 수시로 이를 창출하여 항상 희열을 느끼도록 자신을 관리함으로써 건강이 증진된다.

4 스트레스가 건강에 미치는 영향

① 정신건강 : 스트레스를 받으면 근심, 걱정, 초조 등 불안 증상이 발생하고 우울 증상이 나타나게 된다. 흔히 적응장애, 불안장애, 식이장애, 수면장애 등이 있다.

② 신체 질환 : 스트레스로 인하여 두통, 과민성 대장증후군, 고혈압 등이 나타날 수 있다.

③ 면역기능 : 장기간 스트레스를 받으면 면역기능이 떨어져 질병에 걸리기 쉬운 상태가 될 수 있다.

5 스트레스 관리

① 스트레스 관리의 기본원칙
   ㉠ 일상생활의 일거일동이 좋은 자극원에 의해서 수행되고 있다는 마음가짐을 갖는다.
   ㉡ 사람을 대할 때에는 항상 얼굴 표정, 몸짓, 언어를 통해 남에게 좋은 스트레스를 준다.
   ㉢ 좋은 스트레스를 받으면 이를 좋게 느껴 β-엔돌핀이 배출되도록 함으로써 면역체계가 강화된다.
   ㉣ 나쁜 스트레스를 줄이기 위해서는 좋은 자극원을 인지하여 받아들이도록 노력한다.

② 나쁜 스트레스 관리기술 : 나쁜 스트레스를 제거하기 위한 방법으로는 이완요법, 호흡법, 명상, 운동, 요가 등이 있다.

> **추가 설명**
> 나쁜 스트레스를 줄이는 방법
> • 나쁜 스트레스 상황 시 자신에게 나타나는 증상이 무엇인지 알도록 한다. 초조, 수면장애, 식욕부진, 무관심 등이 있을 수 있다.
> • 나쁜 자극원이 되는 사건을 친구나 가까운 사람에게 이야기한다.
> • 나쁜 자극원을 처리할 수 있는 것과 할 수 없는 것으로 인식한다.
> • 낙관적인 태도를 기른다.
> • 화가 났을 때에는 건설적인 방법으로 해소한다.
> • 자신의 문제보다 다른 사람의 문제에 눈을 돌린다.
> • 매일 짧은 시간이라도 운동을 한다.

실전예상문제

1 식사에 관한 기술 중에서 틀린 것은?
① 식사를 규칙적으로 해야 하는 것은 건강관리의 기본이다.
② 소화기계의 기능에 맞도록 식사의 횟수와 간격을 조절한다.
③ 비만인 사람은 식사를 빨리한다.
④ 섭취한 음식은 매일 아침에 배설해야만 한다.

> **해설** 비만인 사람은 천천히 식사를 해야 하는데, 천천히 식사하면 식사도중에 혈당농도가 상승하면서 식욕이 감퇴되어 식사량을 조절할 수 있다.

2 건강을 유지하기 위한 생활방식으로 적절하지 않은 것은?
① 규칙적으로 휴식을 취한다.
② 가벼운 운동을 지속적으로 한다.
③ 즐거운 마음으로 천천히 식사한다.
④ 열량 섭취를 줄이기 위해 아침 식사를 한다.

> **해설** 아침식사를 거르게 되면 불규칙한 식습관으로 영양 불균형을 초래하고, 점심에 과식으로 연결되어 체중 증가의 원인이 된다.

3 일반적으로 하루의 적당한 수면시간으로 볼 수 있는 것은?
① 3~4시간
② 7~8시간
③ 9~10시간
④ 11~12시간

> **해설** 보통 매일 7~8시간 정도의 수면이 적당하다고 생각되는데, 수면시간은 전적으로 개인적인 습관이라 할 수 있다.

4 다음은 불면증의 원인을 나열한 것이다. 관계 없는 것은?
① 운동
② 카페인이 함유된 식품의 섭취
③ 과식과 과음
④ 스트레스

> **해설** 불면증의 원인은 카페인이 함유된 식품의 섭취, 과식과 과음, 스트레스 등이다.

5 불면증을 제거하기 위한 방법으로 옳지 않은 것은?

① 낮에 몸을 움직여 운동을 하도록 하여 휴식을 필요로 하게 한다.
② 잠들기 전에 따뜻한 음료수나 우유를 마신다.
③ 잠들기 전에 냉수로 샤워를 한다.
④ 잠자는 곳의 온도·소음·습도·조명 등을 아늑하게 한다.

해설 따뜻한 물 속에 몸을 담그고 기분이 나른해지도록 한다.

6 다음은 피로의 원인을 나열한 것이다. 관계 없는 것은?

① 에너지원의 소모　　　　　② 피로물질의 축적
③ 체내에서의 물리·화학적 조절 변화　　④ 단순하고 반복적인 생각

해설 피로의 원인은 에너지원의 소모, 피로물질의 축적, 체내에서의 물리·화학적 조절 변화 이외에 여러 가지 신체조절기능의 저하가 있을 때 발생한다.

7 흡연자에게 자주 발생하는 질병으로 거리가 먼 것은?

① 위장병　　　　　② 폐암
③ 폐기종　　　　　④ 폐렴

해설 비흡연자보다 흡연자의 경우 폐렴, 감기, 부비동염, 폐기종, 폐암 등이 더 많이 발생한다. 흡연자의 경우 또한 상병일수, 침상와병일수, 의료비의 사용이 비흡연자에 비해 더욱 높은 것으로 보고되고 있다.

8 다음은 금연하기 전에 해야 할 행동지침이다. 관계 없는 것은?

① 긍정적으로 사고한다.　　　　② 흡연습관에 대해 기록한다.
③ 다른 사람들을 관여시킨다.　　④ 운동은 중단한다.

해설 운동 등을 시작하도록 한다.

9 다음 중 알코올에 관한 설명으로 틀린 것은?

① 알코올은 에너지원이 될 수 없다.
② 소화된 알코올의 95%는 위나 소장에서 직접 혈액 속으로 흡수된다.

정답 1.❸　2.❹　3.❷　4.❶　5.❸　6.❹　7.❶　8.❹　9.❶

③ 체중이 무거운 사람이 마른 사람보다 알코올에 덜 영향을 받는다.
④ 혈중알코올은 간에서 이산화탄소와 물로 분해된 후 몸밖으로 배설된다.

해설 알코올은 에너지원이 될 수 있지만 열량 이외에 몸에 이로운 영양소는 하나도 가지고 있지 않다. 그리고 비타민과 미네랄의 결핍을 초래할 수 있으며, 술을 마심으로 시력, 성기능, 순환, 영양 등의 여러 가지 문제가 나타난다.

10 알코올 대사가 이루어지는 곳으로 알코올에 의해 가장 큰 해를 보는 곳은?
① 대뇌　　　　　　　　　　② 척추
③ 간　　　　　　　　　　　④ 소장

해설 간은 알코올의 대사가 이루어지는 곳이기 때문에 알코올에 의해서 해를 받는 주요 대상이기도 하다. 간은 평상시 사용하던 지방산 대신 알코올을 연료로 사용하게 된다. 그 결과 간 속에 있는 대사되지 못한 지방산들이 간비대의 원인이 되는데, 이것을 지방간이라 한다.

11 과음하는 경우에 발생위험이 높은 질환은?
① 신우염　　　　　　　　　② 요통
③ 폐렴　　　　　　　　　　④ 심장마비

해설 과음하는 경우 고혈압, 심장마비 등 심장질환의 발생위험이 높다.

12 체내에 흡수된 포도당이 이용되지 못하고 혈액 속에 쌓여 소변으로 넘쳐 나오게 되는 병적 상태를 무엇이라 하는가?
① 고혈압　　　　　　　　　② 당뇨병
③ 통풍　　　　　　　　　　④ 뇌졸중

해설 당뇨병이란 혈액 중의 포도당(혈당)이 높아서 소변으로 포도당이 넘쳐 나오는 데서 지어진 이름이다.

13 다음 중 당뇨병의 원인으로 거리가 먼 것은?
① 비만　　　② 폐렴　　　③ 스트레스　　　④ 유전

해설 당뇨병의 원인 : 비만, 유전, 스트레스, 식생활 등 다양하다.

14 당뇨병의 식이요법으로 옳지 않은 것은?

① 매일 일정 시간에 알맞은 양의 음식을 규칙적으로 먹는다.
② 설탕이나 꿀 등 단순당 섭취를 주의한다.
③ 소금 섭취를 줄인다.
④ 지방은 동물성 지방으로 섭취한다.

> **해설** 지방은 적정량 섭취하며, 콜레스테롤의 섭취를 제한한다. 동물성 지방 및 콜레스테롤은 심혈관계 질환의 위험을 증가시킬 수 있으므로 가급적 섭취를 줄이고 식물성 기름으로 적정량 섭취한다.

15 다음 중 뇌가 손상되어 나타나는 신경학적 증상으로 흔히 중풍이라고 하는 것은?

① 당뇨병　　　　　　　　② 뇌졸중
③ 골다공증　　　　　　　④ 고혈압

> **해설** 뇌졸중은 뇌의 일부분에 혈액을 공급하고 있는 혈관이 막히거나 터짐으로써 그 부분의 뇌가 손상되어 나타나는 신경학적 증상으로 흔히 중풍이라고 한다.

16 다음 중 폐경기 후 골다공증의 원인이 되는 호르몬은?

① 에스트로겐　　　　　　② 아드레날린
③ 인슐린　　　　　　　　④ 에피네프린

> **해설** 폐경기후 골다공증은 에스트로겐의 감소에 의한다.

17 다음 중 대체로 정상 성인의 1분당 맥박 횟수는?

① 50~60회　　　　　　　② 60~80회
③ 80~90회　　　　　　　④ 90~100회

> **해설** 정상 성인의 맥박은 분당 60~80회이다. 맥박은 횟수뿐만 아니라 규칙성, 강도 등도 함께 평가되어야 한다.

18 다음은 병원의 방문이 필요한 경우이다. 관계 없는 것은?

① 체온이 36℃인 경우　　　　　② 뚜렷한 외상이 없는 출혈

정답 10.❸　11.❹　12.❷　13.❷　14.❹　15.❷　16.❶　17.❷　18.❶

③ 반복적인 소화불량 ④ 예상하지 않은 체중증가나 체중저하

해설 병원의 방문이 필요한 경우
- 체온이 약 38℃ 이상인 경우는 염증이 진행되고 있는 경우이므로 적절한 의학적 조치가 필요하다.
- 반복적인 소화불량
- 예상하지 않은 체중증가나 체중저하
- 명백히 설명할 수 없는 인성 변화
- 며칠 이상 지속되는 관절통
- 명백한 원인이 없는 오랜 기간의 피로
- 뚜렷한 외상이 없는 출혈
- 하루 이상 지속되는 두통

19 다음 중 두통의 자기관리법의 내용이 아닌 것은?
① 조용하고 어두운 방에서 눈을 감고 휴식을 취한다.
② 차가운 물로 목욕한다.
③ 통증 부위를 손가락으로 누른다.
④ 명상, 심호흡 등 이완요법을 이용한다.

해설 ②의 경우에는 뜨거운 물로 목욕을 하도록 한다.

20 입이나 혀에 황색 부위가 나타나며, 통증을 동반하는 구강질환은?
① 구강 칸디다증 ② 구강궤양
③ 구순 헤르페스 ④ 구취

해설 입이나 혀에 황색 부위가 나타나며, 통증을 동반하면 곰팡이의 일종인 구강 칸디다증인 경우가 대부분이다. 이때에는 입안을 깨끗이 하고 항진균성 약제를 복용한다.

21 다음은 체온을 내리는 방법이다. 관계 없는 것은?
① 과일, 주스, 물 등 수분을 섭취한다. ② 누워서 휴식을 취한다.
③ 3~4시간마다 해열제를 복용한다. ④ 찬물로 수건을 적셔서 몸을 닦아준다.

해설 체온을 내리는 방법
- 심한 운동을 피한다.
- 누워서 휴식을 취한다.
- 미지근한 물로 수건을 적셔서 몸을 닦아준다.
- 옷을 많이 껴입거나 담요를 너무 두껍게 덮지 않도록 한다.
- 3~4시간마다 해열제를 복용한다.
- 과일, 주스, 물 등 수분을 섭취한다.

22 다음은 비출혈이 있는 경우의 조치이다. 틀린 것은?

① 고개를 뒤로 젖히게 한다.
② 엄지와 검지로 코의 중앙을 눌러준다.
③ 입으로 숨쉬면서 코에는 찬 물수건을 대어준다.
④ 하루 동안은 코를 풀지 말고 무거운 물건을 들거나 심한 운동을 삼간다.

해설 코피가 날 때 고개를 뒤로 젖히게 되면 피가 목으로 넘어가 잘못하면 폐로 피가 넘어가 흡인되어 폐렴이 발생할 수 있다.

23 스트레스의 과정이 바르게 나열된 것은?

① 자극원 → 스트레스 → 스트레스 상태 → 적응 → 변화된 상태
② 변화된 상태 → 자극원 → 스트레스 → 스트레스 상태 → 적응
③ 적응 → 자극원 → 스트레스 → 스트레스 상태 → 변화된 상태
④ 스트레스 → 적응 → 자극원 → 스트레스 상태 → 변화된 상태

해설 스트레스의 진행과정
- 자극원 : 스트레스를 일으키는 원인이 있어야 한다. 이를 자극원이라고 한다.
- 스트레스 : 자극원이 물리적·정신적·사회적인 힘으로 스트레스를 가한다.
- 스트레스 상태 : 스트레스로 인하여 스트레스 상태가 된다.
- 적응 : 스트레스 상태에서 벗어나려고 적응하는 단계이다.
- 변화된 상태 : 스트레스에 의하여 변화된 상태가 된다.

24 다음 중 정신적 자극원에 해당되는 것은?

① 성숙된 도덕심   ② 적극적인 학습
③ 적절한 인내   ④ 밝은 인상

해설 정신적 자극원
- 좋은 자극원 : 강렬한 지적 욕구, 적극적인 학습, 계획된 지적 활동, 실현 가능한 목표설정 및 실현 등
- 나쁜 자극원 : 정신적 갈등, 저조한 지적 욕구, 감당하기 힘든 임무, 낮은 자긍심 등

25 다음 중 좋은 이웃관계, 친한 친구, 직업적 긍지 등과 관련된 자극원은?

① 정서적 자극원   ② 사회적 자극원

정답 19.❷ 20.❶ 21.❹ 22.❶ 23.❶ 24.❷ 25.❷

③ 신체적 자극원　　　　　　　　　④ 영적 자극원

해설 사회적 자극원 : 좋은 인간관계, 친한 친구, 적극적 사회참여, 직업적 긍지 등

26 다음 중 스트레스 관리의 기본원칙으로 거리가 먼 것은?
① 좋은 자극원을 창출한다.　　　② 좋은 스트레스를 주고받는다.
③ 면역체가 강화되도록 한다.　　④ 나쁜 스트레스를 주고받는다.

해설 스트레스 관리의 기본원칙은 ①, ②, ③ 이외에 나쁜 스트레스를 줄이도록 한다.

27 다음 중 나쁜 스트레스를 줄이는 방법으로 볼 수 없는 것은?
① 나쁜 자극원이 되는 사건을 친구나 가까운 사람에게 이야기한다.
② 낙관적인 태도를 기른다.
③ 다른 사람의 문제보다 자신의 문제에 눈을 돌린다.
④ 매일 짧은 시간이라도 운동을 한다.

해설 나쁜 스트레스를 줄이는 방법
- 나쁜 스트레스 상황 시 자신에게 나타나는 증상이 무엇인지 알도록 한다.
- 나쁜 자극원이 되는 사건을 친구나 가까운 사람에게 이야기한다.
- 나쁜 자극원을 처리할 수 있는 것과 할 수 없는 것으로 인식한다. 그래서 가능한 쪽으로 에너지를 집중시킨다.
- 낙관적인 태도를 기른다. 매일 짧은 시간이라도 운동을 한다.
- 화가 났을 때에는 건설적인 방법으로 해소한다. 화가 난 상태를 지속하는 것은 나쁜 스트레스를 배가시킨다.
- 자신의 문제보다 다른 사람의 문제에 눈을 돌린다. 더 큰 나쁜 스트레스에도 나보다 의연하게 대처하는 사람들을 볼 수 있을 것이다.

정답　26. ④　27. ③

주관식

1 아침식사의 중요성에 대해 간략히 설명하시오.

2 불면증 대책을 3가지 쓰시오.

3 당뇨병의 식이요법을 3가지 쓰시오.

Answer

1 아침식사를 하지 않으면 불규칙한 식습관으로 이어져 영양불균형을 초래하게 된다. 그리고 간식 섭취나 점심 폭식으로 연결되어 체중 증가의 원인이 될 수 있다.

2 ① 낮에 몸을 움직여 운동을 하도록 한다.
② 잠들기 전 따뜻한 우유를 마신다.
③ 조명을 어둡게 하고 전자기기를 되도록 멀리 둔다.

3 ① 매일 일정 시간에 알맞은 양의 음식을 규칙적으로 먹는다.
② 설탕이나 꿀 등 단순당 섭취를 주의한다.
③ 소금 섭취를 줄이며, 술은 되도록 피한다.

4 정상성인의 수축기혈압과 이완기혈압에 대하여 쓰시오.

5 병원의 방문이 필요한 경우를 3가지 이상 쓰시오.

6 나쁜 스트레스를 줄이는 방법을 3가지 이상 쓰시오.

Answer

4 정상성인의 수축기혈압은 120mmHg 미만이며 이완기혈압은 80mmHg 미만이다.

5 ① 반복적인 소화불량
　② 명백한 원인이 없는 오랜 기간의 피로
　③ 예상하지 않은 체중증가나 체중저하
　④ 뚜렷한 외상이 없는 출혈
　⑤ 명백히 설명할 수 없는 인성 변화
　⑥ 하루 이상 지속되는 두통
　⑦ 며칠 이상 지속되는 관절통
　⑧ 체온이 약 38℃ 이상인 경우는 염증이 진행되고 있는 경우이므로 적절한 의학적 조치가 필요하다.

6 ① 나쁜 스트레스 상황 시 자신에게 나타나는 증상이 무엇인지 알도록 한다.
　② 나쁜 자극원이 되는 사건을 친구나 가까운 사람에게 이야기한다.
　③ 나쁜 자극원을 처리할 수 있는 것과 할 수 없는 것으로 인식한다. 그래서 가능한 쪽으로 에너지를 집중시킨다.
　④ 낙관적인 태도를 기른다.
　⑤ 매일 짧은 시간이라도 운동을 한다.
　⑥ 화가 났을 때에는 건설적인 방법으로 해소한다. 화가 난 상태를 지속하는 것은 나쁜 스트레스를 배가시킨다.
　⑦ 자신의 문제보다 다른 사람의 문제에 눈을 돌린다. 더 큰 나쁜 스트레스에도 나보다 의연하게 대처하는 사람들을 볼 수 있을 것이다.

제2부 건강과 질병
02 노동과 건강

 단원 개요

노동과 인체의 반응양상에 관한 내용을 다루고 있는 이 단원에서는 근로자의 건강관리의 내용에 중점을 두어 살펴보고 직업병 예방을 위한 관리 및 보호 대책과 직업병의 종류와 근로자의 건강문제에 관한 사항에 대하여 자세히 살펴보도록 한다.

 출제 경향 및 수험 대책

이 단원에서는 인체의 항상성을 조절하는 기관, 여성 근로자의 신체적 특징, 산업체의 건강관리 내용, 보건관리자의 역할, 건강진단의 종류, 교대제 편성 시 고려사항, VDT 증후군의 예방대책, 경견완장해의 발생요인, 보호구 착용 시 차음효과 등에 대해서 묻는 문제들이 출제될 수 있는 바, 자세하고 철저한 학습이 요구된다.

2

01 노동과 인체의 반응

1 인체의 적응

① 건강한 근로자의 노동은 사회발전의 원동력이 되며, 노동은 건강과 밀접한 관련이 있다.
② 인체는 환경에 대한 적응력을 가지고 있으므로 적절한 노동량과 노동 여건은 오히려 건강을 증진시킨다.
③ 인체의 항상성은 자율신경계, 호르몬계, 뇌하수체에서의 조절 기능에 의하여 이루어진다.

2 직업과 질병

① 직장 노동의 특징 : 직장에서 이루어지는 노동은 생산품을 만들어내는 공정에 의해 틀에 박힌 반복적인 작업과 그 작업으로 발생하는 작업환경이 계속적으로 조성된다.
② 질병의 성별 차이 : 여성 근로자의 경우 남자에 비하여 체력이 떨어지며, 인체 구조상 몸의 중심이 하방에 있으므로 활발한 운동 시에 불리하며, 중량 작업 시에는 복부 장기를 받치는 지지력이 약하므로 복압을 높이는 작업 시에 내장하수나 자궁하수가 일어날 수 있다. 장시간 서서 하는 작업 시에는 하지의 울혈이나 정맥류가 발생한다.
③ 산업장에서 흔히 볼 수 있는 정신장애 : 성격이상, 노이로제, 히스테리 등

> **추가 설명**
> 작업장과 관련된 질병
> • 방직과 주물공장 : 호흡기질환
> • 고열 작업장 : 소화기계질환
> • 중근 노동과 철야 작업 : 뇌졸중과 심장질환
> • 자동차의 운전사 : 십이지장궤양

02 근로자의 건강관리

1 건강관리

(1) 근로자의 자기건강관리

근로자들은 자신의 건강권을 보장하고 또 보장받기 위하여 자기 건강을 관리할 수 있어야 한다.
① 일상의 생활을 건강하게 해야 한다.
② 근로자가 작업하는 환경에서 발생될 수 있는 유해요인이 무엇이며, 이 유해요인에 의하여 발생될 수 있는 직업병이나 재해에 대해 잘 알고 있어야 한다.
③ 근로자 스스로 작업환경에 유해요인이 발생되지 않도록 노력한다.
④ 근로자 스스로의 건강관리에 관한 지식과 기술에 귀를 기울이면서 자신의 건강관리 능력을 향상시킨다.
⑤ 직업병이나 직업 관련성 질환 발생 시 진단이나 치료가 잘 이루어지도록 한다.
⑥ 근로자 자신 및 동료의 직업병 발생에 대하여 계속적인 감시를 통하여 직업병을 조기에 발견한다.

> **추가 설명**
> 직업병 발생과 연령의 관계
> 인체는 연령이 많아짐에 따라 실질 세포의 위축과 세포수의 감소, 세포간질액과 조직액의 감소 등으로 체력의 약화가 오며, 관절의 연결과 인대의 위축으로 근육의 긴장력이 감퇴된다.

(2) 기업주의 산업체 건강관리

① 산업체는 근로자, 원료, 공정, 생산품, 공장으로 구성되며, 이들은 서로 상호작용 속에서 산업체의 목표인 생산성을 높이고 있다.

② 산업체의 건강관리
  ㉠ 복지시설 및 조직을 강화한다.
  ㉡ 산업체의 사회조직을 건강하게 유지한다.
  ㉢ 작업환경 위생을 감시하고 관리한다.
  ㉣ 근로자의 자기 건강관리 능력 향상을 위해 교육한다.

(3) 보건관리자의 산업보건

① 근로자의 건강권은 근로자가 지켜야 하며, 이를 지키도록 도와주는 것이 보건관리자로서의 보건의료전문가이다.

② 근로자의 건강을 위해서 보건관리자가 담당하여야 할 사항
  ㉠ 작업장의 보건관리사업을 제공한다.
  ㉡ 근로자의 직업병 예방을 위해서 교육한다.
  ㉢ 근로자의 보건교육 및 상담을 실시한다.
  ㉣ 근로자의 직업병 및 직업 관련성 질환의 검진 및 치료를 해야 한다.
  ㉤ 근로자의 건강을 보호·유지·증진하는 데 필요한 지식과 기술을 연구·개발한다.

2 직업병의 예방

(1) 작업환경관리

① 대치 : 유해물질의 변경, 공정의 변경, 시설의 변경 등으로 직업병 유해요인 자체를 제거한다.

② 격리 : 근로자와 유해요인 사이에 물체·거리·시간 등의 장벽을 놓는다.

③ 환기 : 오염된 공기를 작업장에서 제거하고 새로운 공기를 치환함으로써 이루어진다.

(2) 근로자의 보호

① 보호구의 사용
  ㉠ 보호구는 유해요인으로부터 근로자의 신체를 보호하기 위하여 만들어진 보조기구이다.
  ㉡ 보호구의 종류 : 안전모, 보안경, 보안면, 방진마스크, 방음보호구, 안전장갑

② 건강진단
  ㉠ 채용 시의 건강진단
    • 건강진단은 취업 전이나 작업 부서에 배치되기 전에 실시한다.
    • 근로자의 건강 정보는 직종마다 적합하게 고안된 채용 시 신체검사표에 의한다.
  ㉡ 정기 건강진단

추가 설명

정부의 산업보건
- 정부는 근로자의 건강권 보장을 위해 법을 제정하고, 이의 실현을 위해 행정적 조치를 취한다.
- 정부는 산업보건사업의 책임을 기업주에게 부여하고, 이를 법적으로 규제하고 행정적으로 지도·감독한다.
- 정부는 근로자, 기업주, 보건관리자 모두의 역학관계 속에서 근로자의 건강을 관리하는 최대공약수를 찾는 것이 아니라 최소공배수에 따라 결정해야 한다.

추가 설명

근로자의 직업병 유해요인으로부터의 보호
보호구의 사용, 정기적인 건강진단, 보건교육을 들 수 있다.

추가 설명

건강진단의 특수검사
- 유해물질의 작업상 노출과 이로 인한 건강에 대한 효과를 특수검사로 밝힐 수 있다.
- 특수검사의 종류 : 심전도검사, 뇌파검사, 신경전도검사, 청력검사 등이 있다.
- 특수검사의 기준 : 특수검사는 신뢰성, 감수성, 저렴한 비용과 안전성을 바탕으로 한다.

- 정기 건강진단은 특별한 위험물 노출에 대한 문진과 그에 해당하는 신체검사의 측면이 강조된다.
- 정기 건강진단의 실시 대상과 기간 : 유해요인의 특성과 정도에 따라 결정되며, 직업성 유해요인에 의해 침해될 수 있는 신체기관에 대해 세밀한 검사를 실시해야 한다.

③ 보건교육 : 작업장의 환경과 건강에 관한 보건교육은 지속적이고 반복적으로 실시한다.

3 직업과 건강문제

(1) 교대제 근무

① 작업시간의 변화
  ㉠ 교대제 근무는 일정한 시간 간격으로 둘 이상 또는 여러 조(組)가 번갈아 근무하는 제도로서, 이는 산업의 발달에 따라 세계적으로 증가하는 추세이다.
  ㉡ 교대제 근무는 의료나 방송 분야 등에서 이용자의 편의를 고려해야 하는 시설, 석유정제나 금속제련 등 공정상 조업중단이 불가피한 경우 생산설비를 완전가동하고자 하는 경제적인 이유로 실시한다.

② 교대제 근무의 신체적 부담
  ㉠ 교대제 근무는 근로자의 생체리듬을 깨뜨려 수면장애와 스트레스를 유발하고 소화기 장애, 위장질환, 심혈관질환 등 건강에 부정적인 영향을 미친다.
  ㉡ 야근을 3~4일 이상 지속하면 피로 축적 현상이 온다.

③ 작업 여건
  ㉠ 야간작업의 피해를 예방하기 위한 대책
   - 야간작업을 폐지할 수 있는 작업공정으로 개선한다.
   - 야간작업 시간을 단축하고 작업환경을 개선한다.
   - 교대제 편성 시에 야근 근속 일수, 작업시간 배정, 교대 순서, 교대 시와 휴일 수 등을 고려하여야 한다.
  ㉡ 야간작업 후에는 충분한 휴식과 영양을 섭취함으로써 피로 등의 회복에 만전을 기한다.

(2) 컴퓨터 사용과 VDT 증후군

① VDT(Visual Display Terminal) 증후군
  ㉠ 잘못된 자세로 컴퓨터를 장시간, 장기간 사용함으로써 나타나는 각종 신체적·정신적 장해를 이르는 말이다.
  ㉡ 게임, 인터넷 쇼핑 등 장시간의 컴퓨터 이용자와 스마트폰, 모바일 디바이스 등의 단말기를 오래보는 사람들에게 많이 나타나고 있다.

② VDT 작업의 신체적 부담
  ㉠ 눈의 피로와 이물감이 있다.
  ㉡ 목이나 어깨 결림 등의 경견완증후군이 나타난다.

야간작업의 피해
- 낮밤이 뒤바뀐 생활과 작업은 인간생활 본래의 습관을 파괴한다.
- 정신적·육체적으로 부자연스러운 생활을 하게 한다.
- 수면 부족, 피로의 축적, 식사 시간의 파괴 등은 식욕을 감퇴시키고 소화 능력과 영양 흡수력을 저하시켜 체중이 점차적으로 감소하게 된다.
- 신체적 조절 능력의 저하와 빈혈 등이 일어난다.

ⓒ 근육 증상은 VDT 작업의 빈도가 늘수록, 또 작업시간이 길수록 증가한다.
ⓔ 건강인이라도 계속되는 작업인 경우에는 오심·구토 등의 현상이 나타난다.
ⓜ 정신신경계 증상, 특히 낮의 피로감, 기상 시 피로감, 두통이 현저하다.
ⓗ VDT 작업에 따른 건강장해는 일과성 현상이며, 일종의 피로 현상이다.

③ 예방대책
㉠ 수시로 자세를 점검하여 바른 자세(등을 쭉 펴고 턱을 당긴 자세)를 취하려고 노력한다.
㉢ 컴퓨터 모니터를 볼 때는 모니터의 높이를 눈높이보다 10~15도 정도 약간 아래로 오게 한 다음 얼굴이 모니터에서 40cm 이상 떨어지도록 해야 한다.
㉣ 적어도 50분에 10분 정도의 휴식이 필요하다.
㉤ 충분한 휴식과 스트레칭을 해 주도록 한다.

(3) 경견완장해와 상지작업

① 경견완장해
㉠ 경견완장해(cervical syndrome)는 장시간 일정한 자세로 상지(上肢)를 반복하여 과도하게 사용하는 노동으로 발생하는 직업성 건강장해이며, 경견완증후군(shoulder-arm-neck syndrome)이라고도 한다.
㉡ 장시간 움직임이 적은 상태에서 팔 부위를 반복적으로 과도하게 사용하는 노동에 의해 발병한다.  전화교환원, 부품조립공과 컴퓨터 키보드를 두드리는 직장인들에게 발생
㉢ 발생요인 : 작업량의 과중, 연속 작업시간, 인간공학적인 결함, 환경 조건의 미비, 경견완장해에 대한 이해 부족

② 상지작업의 신체적 부담
㉠ 근무한 지 6개월 내에도 오는 수가 있지만 보통은 1~2년 후에 발생한다.
㉡ 손가락과 손목·팔목·어깨에 피로감을 주고, 좀더 진행되면 손이 붓고 저리며 뻐근하고 차가운 것 등 지각이상을 초래한다.

(4) 요통

① 요통의 발생 : 요통은 평생 동안 80%의 사람들이 한 번 이상 경험하고, 근로자의 50%가 매년 경험할 정도로 흔한 증세이며, 그 발생은 근본적으로 인간의 기립자세와 관계가 있다.
② 요통의 원인 : 척추질환, 외상, 척추원반 이상, 임신, 부인과 질환, 비뇨계통 질환, 신경·근육 질환 등
③ 요통이 많이 발생하는 작업 : 남성에서는 노동자·사무직·농부 등이고, 여성에서는 주부·농부·사무직 등이다.
④ 직업성 요통
㉠ 정의 : 직업성 요통은 업무 수행 중 허리에 과도한 부담을 받아 허리 부위에 발생한 급·만성 통증과 그로 인한 둔부 및 하지의 방사통을 말한다.

추가 설명

경견완장해의 예방대책
- 직업성 경견완장해의 예방대책 : 직장의 부담요인을 제거하는 데 있다. 즉, 작업부하요인을 경감, 제거하는 조치를 취하면서 안정, 보온, 목욕을 병행함으로써 중증으로의 이행을 예방할 수 있다.
- 1회 연속작업은 1시간 정도로 하고, 작업의 성질에 따라 10~20분의 휴식을 하며, 1일 작업시간은 5시간 이내로 한다.

ⓛ 직장에서 가장 많이 발생하는 요통 : 요통증(근막성 요통)이다.
ⓒ 예방대책 : 바른 자세, 적절한 의자(수평, 쿠션은 얇고 좀 딱딱한 것)

(5) 직업성 천식

① 정의 : 직업성 천식은 직장에서 알레르기성 물질이나 다른 자극적인 물질에 노출되어 유발되는 것을 말한다.

② 직업성 천식의 원인 물질
㉠ 유기용제와 약물(항생제)
㉡ 매우 높은 농도의 불활성 먼지
㉢ 곡류, 밀가루, 커피 원두, 피마자, 송진, 홍차 잎, 솜털, 담배 등의 식물류
㉣ 강알칼리, 강산, 산화제(예 암모니아·염소·염화수소 등) 등의 자극물질
㉤ 조개, 실험동물(예 쥐, 생쥐, guinea pig), 진드기, 누에, 기타 곤충들로부터 발생하는 먼지

③ 증상 : 기관지 과민반응과 화학적 천식의 증상은 호흡곤란증, 흉부압박감, 천명, 폐색성 폐기능장애 등이 있을 수 있다.

④ 예후 : 천식의 첫 증상이 발생한 사람이 이후에도 원인물질에 계속 노출되면 천식 증상이 일어나고 폐기능이 점차 약화된다.

⑤ 예방대책 : 작업장에서 원인이 되는 물질의 농도를 줄이고 호흡 보호구를 사용한다.

(6) 소음과 난청

① 소음의 특성과 관련 직종
㉠ 소음의 정의 : 소음은 불규칙하게 뒤섞여 불쾌하고 시끄러운 소리로, 일반적으로 원하지 않는 소리이다.
㉡ 주파수(진동수)로서 사람이 들을 수 있는 음의 주파수는 16~20,000Hz이나 우리가 말을 하는 소리는 250~4,000Hz의 범위이며, 높은 소리일수록 더욱 해롭다.
㉢ 소음과 관련된 직종 : 광산터널을 뚫는 작업, 암석이나 돌을 다루는 일, 대형의 내연기관 엔진, 조선업, 제트엔진의 검사 등

② 청력 손실의 형태
㉠ 소음성 일시 난청은 청각피로현상이라 하며 커다란 소리에 짧은 기간 노출 때 경험할 수 있다.
㉡ 일시적 난청이 회복되지 않은 상태에서 계속적으로 노출되면 영구적으로 난청이 일어나고 이는 회복되지 않는다.
㉢ 소음성 난청은 소음 수준, 소음의 성질, 노출 기간, 개인의 감수성 등에 의해서 좌우된다.

③ 예방대책

추가 설명

천식과 관련된 직종
- 곡물류를 취급하는 사람(사일로 작업자, 제분업자, 빵 굽는 사람, 곡물창고업자)
- 피마자나 커피 원두, 그리고 홍차 잎을 채질하고 포장할 때 생기는 분진에 폭로되는 작업자
- 가구 제조업 근로자, 인쇄업자
- 동물을 취급하는 실험실 근무자
- 효소 세제 공장, 백금 제련 작업자
- 화학·제약산업 근로자
- 이소시아네이트 취급 공장 근로자
- 보건의료인

㉠ 흡음시설, 반사감소판, 격리, 칸막이 등이 이용되나 근본적으로는 저소음시설로 재설계할 수 있으면 가장 좋다.
㉡ 보호구를 사용하면 8~30dB 정도의 차음 효과가 있다.

(7) 결핵

① 산업장에서의 이환율
㉠ 결핵은 만성 전염성 질환이기 때문에 작업환경이나 작업공정과는 직접적인 기인성은 없지만 간접적인 영향을 무시할 수가 없다.
㉡ 성인의 폐결핵 발병은 어렸을 때 감염되었던 일차감염의 재발에 의한 것이다.

② 환자의 관리
㉠ 결핵검진상 폐결핵이 비활동성인 경우 90%가 치유된다.
㉡ 경증 결핵 : 객담검사상 결핵균을 발견할 수 없는 경우로 타인에게 전염시킬 위험성이 없다.
㉢ 폐결핵 경증 : 무조건 취업 금지에 적용시키지 말고 기능공 확보는 물론 근로자들의 생활안정을 위하여 일단 3개월 간 근무 중 치료를 할 수 있도록 하여, 3개월이 지난 후 검사 결과가 호전되고 있으면 계속 근무 중 치료를 허용하고 악화되었을 경우에는 휴직하여 안정하게 치료할 수 있도록 한다.
㉣ X선상 활동성 결핵으로 판정되면 객담검사를 실시한다.

(8) 직업암(직업성 암)

① 정의 : 직업암은 직업적으로 폭로된 발암물질의 독성이 지연되어 나타난 형태로서, 임상경과는 다른 어떤 직업성 질환보다 심각하다.
② 발생원인
㉠ 직업암의 원인으로는 화학물질, 방사선물질이 많다.
㉡ 발암의 위험요소 : 폴리염화비닐이 혈관육종, 석면이 폐암과 중피종, 벤젠이 백혈병, 염화비닐이 간암이나 폐암, 비소와 비소화합물이 폐암과 피부암을 일으킨다.
③ 예방대책
㉠ 예방하기 위한 효과적인 방법 : 산업공정에서 발암물질의 존재를 완전히 제거한다.
㉡ 예방에 대한 관점 : 발암물질의 생산·사용·수입에 대한 국가적 그리고 국제적 차원의 관리제도 확립에 있다.

> **추가 설명**
> 직업암이 관심을 끌게 된 이유
> 흡연, 음주, 일반 환경오염 등과 같이 개인의 습관이나 자연환경의 변화에 기인하는 일반적인 암과는 달리, 일단 밝혀진 발암물질은 직업적으로 산업공정에서 쉽게 제거할 수 있어 직업암은 비교적 예방이 가능하기 때문이다.

실전예상문제

1 다음 중 인체의 항상성을 조절하는 기관이 아닌 곳은?
  ① 자율신경계　　　　　　　② 혈관계
  ③ 호르몬계　　　　　　　　④ 뇌하수체

  해설 인체의 항상성은 자율신경계, 호르몬계, 뇌하수체에서의 조절 기능에 의하여 이루어지고 있다.

2 고열 작업장에서 자주 발생하는 질병은?
  ① 호흡기질환　　　　　　　② 뇌졸중
  ③ 심장질환　　　　　　　　④ 소화기계질환

  해설 방직과 주물공장에서는 공정과정에서 발생하는 분진 때문에 호흡기질환이 많고, 고열 작업장에서는 소화기계질환, 중근 노동과 철야 작업을 많이 하는 직종에서는 뇌졸중과 심장질환이 많다.

3 여성 근로자의 신체적 특징을 기술한 것이다. 옳지 않은 것은?
  ① 인체 구조상 몸의 중심은 상방에 있다.
  ② 중량 작업 시에 복부 장기를 받치는 지지력이 약하다.
  ③ 복압을 높이는 작업 시에 내장하수나 자궁하수가 일어날 수 있다.
  ④ 장시간 서서 하는 작업 시에는 하지의 울혈이나 정맥류가 발생한다.

  해설 여성 근로자의 경우 남자에 비하여 체력이 떨어지며, 인체 구조상 몸의 중심이 하방에 있으므로 활발한 운동 시에 불리하며, 중량 작업 시에는 복부 장기를 받치는 지지력이 약하므로 복압을 높이는 작업 시에 내장하수나 자궁하수가 일어날 수 있다.

4 연령이 증가함에 따라 인체에 나타나는 현상이 아닌 것은?
  ① 세포의 위축　　　　　　　② 조직액의 감소
  ③ 세포수의 감소　　　　　　④ 근육의 긴장력의 증가

  해설 인체는 연령이 많아짐에 따라 실질 세포의 위축과 세포수의 감소, 세포간질액과 조직액의 감소 등으로 체력의 약화가 오며, 관절의 연골과 인대의 위축으로 근육의 긴장력이 감퇴된다.

5 산업체의 원료, 공정, 생산품, 공장 등을 관리하는 자는?
① 근로자　　　　　　　　　② 기업주
③ 보건관리자　　　　　　　④ 정부

해설 기업주의 산업체 건강관리는 주어진 기업의 재무구조하에서 최대한으로 활용 가능한 예산 범위 내에서 산업체의 건강수준을 향상시키는 것을 의미한다.

6 산업체의 건강관리 내용이 아닌 것은?
① 일상의 생활을 건강하게 해야 한다.
② 산업체의 사회조직을 건강하게 유지한다.
③ 복지시설 및 조직을 강화한다.
④ 근로자의 자기건강관리 능력 향상을 위해 교육한다.

해설 ①은 근로자의 자기 건강관리의 내용이다.

7 근로자의 건강을 위해서 보건관리자가 담당하여야 할 사항이 아닌 것은?
① 근로자의 건강을 보호·유지·증진하는 데 필요한 지식과 기술을 개발한다.
② 원료, 공정, 생산품 등에서 발생하는 유해요인을 감시한다.
③ 근로자의 보건교육 및 상담을 실시한다.
④ 근로자의 직업병 예방에 대하여 교육한다.

해설 보건관리자는 근로자의 건강을 위하여 ①, ③, ④ 이외에 작업장의 보건관리사업을 제공하고, 근로자의 직업병 및 직업 관련성 질환의 검진 및 치료를 해야 한다.

8 근로자의 건강권 보장을 위해 법을 제정하지만, 산업보건사업을 직접 수행하지 아니하는 관리자는?
① 기업주　　　　　　　　　② 보건관리자
③ 정부　　　　　　　　　　④ 작업환경관리자

해설 정부는 우리나라 근로자의 건강권 보장을 위해 법을 제정하고, 이의 실현을 위해 행정적 조치를 취한다.

정답 1.② 2.④ 3.① 4.④ 5.② 6.① 7.② 8.③

9 다음 직업병의 작업환경관리 중 대치 방법으로 볼 수 없는 것은?

① 유해물질의 변경　　　　　② 공정의 변경
③ 시설의 변경　　　　　　　④ 시설의 정리정돈

> **해설** 대치 방법은 유해물질의 변경, 공정의 변경, 시설의 변경 등으로 직업병 유해요인 자체를 제거시켜 근로자를 유해요인으로부터 노출되지 않도록 한다.

10 물체 · 거리 · 시간의 장벽과 관계 있는 작업환경관리의 요소는?

① 대치　　　　　　　　　　② 격리
③ 순환　　　　　　　　　　④ 환기

> **해설** 격리는 근로자와 유해요인 사이에 장벽을 놓는 것을 의미한다.

11 근로자의 직업병 유해요인으로부터의 보호요인으로 볼 수 없는 것은?

① 보호구의 사용　　　　　　② 정기적인 건강진단
③ 시설의 정리정돈　　　　　④ 보건교육

> **해설** 근로자의 직업병 유해요인으로부터의 보호에는 보호구의 사용, 정기적인 건강진단, 보건교육을 들 수 있다.

12 건강진단의 종류 중 특수검사에 속하지 않는 것은?

① 신체검사　　　　　　　　② 심전도검사
③ 청력검사　　　　　　　　④ 뇌파검사

> **해설** 직업병의 초기, 즉 가역적 상태를 발견하기 위해 특수검사를 사용할 수 있다. 이런 특수검사로는 심전도검사, 뇌파검사, 신경전도검사, 청력검사 등이 있다.

13 건강진단의 특수검사를 선택할 경우에 기준이 되는 것은?

① 능률성　　　　　　　　　② 신뢰성
③ 합리성　　　　　　　　　④ 형평성

> **해설** 특수검사는 신뢰성, 감수성, 저렴한 비용과 안전성을 바탕으로 한 기준에 의해 선택되어져야 한다.

14 근로자의 교대제 편성 시에 고려하여야 할 사항이 아닌 것은?

① 야근 근속 일수　　　　　　　② 숙련도
③ 교대 순서　　　　　　　　　④ 작업시간 배정

해설 근로자의 교대제 편성 시에 야근 근속 일수, 작업시간 배정, 교대 순서, 교대 시의 휴일 수 등을 고려하여야 한다.

15 VDT 작업 시의 신체적 부담에 대한 설명으로 옳지 않은 것은?

① VDT 작업에 따른 건강장해는 작업 초기에만 유발된다.
② 건강인이라도 계속되는 작업인 경우에는 오심·구토 등의 현상이 나타난다.
③ 근육증상은 VDT 작업의 빈도가 늘수록 또 작업시간이 길수록 증가한다.
④ 눈과 근육의 피로는 VDT 작업에서 흔한 장해 부위이다.

해설 VDT 작업에 따른 건강장해는 대체로 일과성 현상이며, 일종의 피로 현상으로도 볼 수 있다.

16 VDT 증후군에 대한 예방대책으로 볼 수 없는 것은?

① 잠깐의 휴식　　　　　　　　② 바른 자세 유지
③ 비용의 관리　　　　　　　　④ 스트레칭

해설 VDT 증후군의 예방대책 : 잠깐의 휴식, 바른 자세 유지, 스트레칭, 모니터와의 일정 거리 유지

17 경견완장해의 발생요인이 아닌 것은?

① 작업량의 과중　　　　　　　② 일시적인 작업시간
③ 인간공학적인 결함　　　　　④ 경견완장해에 대한 이해 부족

해설 경견완장해의 발생요인 : 작업량의 과중, 연속 작업시간, 인간공학적인 결함, 환경 조건의 미비, 경견완장해에 대한 이해 부족

18 장시간 움직임이 적은 상태에서 팔 부위를 반복적으로 과도하게 사용하는 노동에 의해 발병하는 건강장해는?

① VDT 증후군　　　　　　　　② 경견완장해

정답 9.④　10.②　11.③　12.①　13.②　14.②　15.①　16.③　17.②　18.②

③ 혈관육종　　　　　　　　　　　④ 난청

[해설] 경견완장해 : 장시간 움직임이 적은 상태에서 팔 부위를 반복적으로 과도하게 사용하는 노동에 의해 발병하는 건강장해이다.

19. 기관지 과민반응과 화학적 천식의 증상이 아닌 것은?

① 흉부압박감　　　　　　　　　　② 천명
③ 호흡곤란증　　　　　　　　　　④ 골소증

[해설] 기관지 과민반응과 화학적 천식의 증상은 호흡곤란증, 흉부압박감, 천명, 폐색성 폐기능장애 등이 있을 수 있다.

20. 사람의 귀가 감지할 수 있는 주파수의 범위는?

① 8~1,000Hz　　　　　　　　　　② 16~2,000Hz
③ 8~10,000Hz　　　　　　　　　 ④ 16~20,000Hz

[해설] 주파수(진동수)로서 사람이 들을 수 있는 음의 주파수는 16~20,000Hz이나 우리가 말을 하는 소리는 250~4,000Hz의 범위이며, 높은 소리일수록 더욱 해롭다.

21. 소음 수준을 낮추기 위해서 보호구를 사용할 경우에 차음 효과는?

① 4~10dB　　　　　　　　　　　② 8~20dB
③ 4~20dB　　　　　　　　　　　④ 8~30dB

[해설] 보호구를 사용하면 8~30dB 정도의 차음 효과가 있다. 소음이 아주 큰 곳에서는 귀마개와 귀덮개를 동시에 착용하여 효과를 높일 수 있다.

정답 19. ④　20. ④　21. ④

주관식

1 직업병 예방방법 중 보호구의 사용이 매우 중요한데, 보호구의 종류를 3가지 이상 쓰시오.

2 VDT 증후군의 예방법을 3가지 이상 쓰시오.

3 경견완장해의 발생요인을 3가지 이상 쓰시오.

Answer

1 안전모, 보안경, 보안면, 방진마스크, 방음보호구, 안전장갑

2 바른 자세의 유지, 컴퓨터 모니터와의 일정 거리 유지, 스트레칭, 일과 중 잠깐의 휴식을 통한 긴장 해소

3 작업량의 과중, 연속 작업시간, 인간공학적인 결함, 환경 조건의 미비, 경견완장해에 대한 이해 부족

MEMO

제3부 건강과 식품

01 식품의 의의

 단원 개요

식품이란 무엇인가라는 질문에 '사람이 먹을 수 있는 것'이란 말 속에는 먹으면 인간에게 해로운 물질은 식품이라 할 수 없다는 다분히 위생적인 측면과, 생리적 또는 심리적으로 구강을 통하여 삼킬 수 있는 물질이어야 한다는 뜻이 내포되어 있다. 반면 '사람이 먹는 것'이란 표현은 인간이 기꺼이 먹고자 하는 물질인가의 여부를 판별하는, 즉 인간의 기호성과 사회·문화적인 수용성을 포함하는 정의라 할 수 있다. '건강유지를 위한 영양소를 섭취하기 위하여 먹는 것'이란 답변은 인간이 왜 식품을 먹어야 하는가를 잘 나타낸 말이다. 그러나 인간이 먹는다는 행위는 영양소를 먹는 것이 아니라, 음식의 형태로 그 속에 함유되어 있는 영양성분을 섭취하는 것이다. 또한 식품에는 영양소 이외에도 음식의 맛이나 질에 영향을 미치는 맛 성분, 냄새 성분, 색소, 텍스처에 영향을 주는 성분 등 여러 가지 성분들이 함유되어 있다.

 출제 경향 및 수험 대책

이 단원에서는 식품의 구성요소 중 가장 많은 양을 차지하는 수분의 역할 및 특성, 글루텐 함량에 따른 밀가루의 종류 및 용도, 달걀의 부위별 성분, 먹는 부위에 따른 채소류의 종류, 동물성 유지와 식물성 유지의 차이점 등에 대해서 묻는 문제들이 출제될 수 있는 바, 자세하고 철저한 학습이 요구된다.

1

01 식생활과 문화

1 식생활 문화

식생활 문화는 자연 조건, 사회제도, 사람의 기술에 의해 좌우되므로 지역과 시대에 따라 다양한 식문화가 형성된다. 최근에는 각 지역의 다양한 식문화가 공유되면서 여러 지역의 식문화가 혼합되기도 한다.

① 생물학적인 관점 : 전혀 문제가 없는데도 인간사회에서는 식품으로 생각하지 않는 것들도 아주 많다.
② 지역·민족적인 관점 : 특정한 지역이나 민족이 애호하는 식품을 다른 곳에서는 혐오식품으로 여기기도 한다. 예 보신탕, 곤충을 이용한 먹거리
③ 종교적인 관점 : 힌두교도들은 쇠고기를 먹는 것을 죄악시하고, 이슬람교도는 돼지고기를 먹지 않는다.

2 음식문화

① 단순히 사회·문화적인 측면뿐만 아니라 그 지역의 기후, 풍토, 식량 사정, 농산물 재배 여건 등의 지리적·생태학적·경제적 여러 요소가 복합적으로 작용하여 오랜 세월에 걸쳐 서서히 형성된다.
② 현대에 이르러 교통의 발달로 지역 간의 이동이 많아지고, 전세계적으로 문화교류가 빈번해지면서 지역이나 민족, 국가 나름의 독자적 식문화는 상호 영향을 주고받으며 다양한 변화를 겪고 있다.

> **추가 설명**
> 인간의 식생활
> • 인간은 잡식성 동물이다.
> • 인간이 식용으로 하고 있는 물질은 매우 제한적이다.
> • 인간은 다른 동물에 비해 먹지 않는 물질이 많은 편이다.
> • 인간은 여러 가지 식품을 통해 영양분을 얻는다.

02 식품의 영양소

일반적으로 영양소라 하면 탄수화물, 단백질, 지방, 무기질과 비타민의 5대 영양소와 여기에 수분(물)을 포함시킨 6대 영양소를 일컫는다.

1 수분

① 수분(물)은 지구상에서 가장 흔한 물질로서, 자연 상태에서 고체(얼음), 액체(물), 기체(수증기)의 상태로 존재할 수 있다.
② 수분은 대부분의 식품, 물, 음료에 함유되어 있으며 음식 조리 시 자주 첨가하므로, 음식과 액체로 널리 섭취할 수 있다.
③ 식품 내의 수분 함량 : 채소 및 과일류는 75~95%, 육류 및 생선류는 50~90%, 곡류는 13~15% 정도이다.

④ 식품에서의 수분의 역할
　㉠ 물리적 역할 : 수분은 식품 내에서 분산 매개체로 작용하여 친수성 콜로이드를 형성하고, 식물성 식품의 세포 내에서 팽압을 나타내어 특유의 텍스처 특성을 갖게 한다.
　㉡ 화학적 역할 : 식품 중의 수분은 식품에 함유되어 있는 여러 가지 성분들을 녹여 주는 용매로, 또는 이와 같은 성분들의 운반체로 작용하여 식품 내의 화학적 변화를 촉진하여 준다. 또한 수분 자체가 반응물질로서 여러 화학반응에 직접 참여하기도 한다.
　㉢ 미생물학적 역할 : 식품 중의 수분함량은 미생물의 증식에서 매우 중요한 생육조건이므로 식품의 변질과 깊은 관련이 있다.
　㉣ 영양학적 역할 : 수분은 생명 유지에서 필수적인 요소이고, 생체 조직 내에서 영양소 및 노폐물의 운반체로서도 중요한 역할을 하고 있다.
　㉤ 경제학적 역할 : 식품을 거래할 때 가격은 대개 무게 단위로 결정되는데, 이때 식품의 주요 구성성분인 수분의 함량에 따라 가격이 달라진다.

2 곡류 및 전분류

(1) 쌀

① 우리나라를 비롯하여 중국, 일본 등에서는 쌀을 주식으로 하고 있다.
② 쌀은 밥의 형태로 섭취하고 있어, 서양에서 밀을 가루로 만들어 섭취하는 것(분식, 粉食)과는 대조적으로 낟알의 형태를 유지하는 조리법(입식, 粒食)을 사용하고 있다.
③ 쌀은 전분을 주성분으로 하고 단백질은 약 7%를 함유하며, 지질과 회분을 적게 함유하고 비타민류도 약간 함유하고 있다.
④ 쌀 단백질
　㉠ 글루텔린이 주이고 알부민과 글로불린도 소량 함유하고 있으며, 아미노산 중에서 특히 라이신·트립토판·메티오닌의 함량이 부족하다.
　㉡ 보리나 밀가루에 비하면 쌀 단백질의 질이 우수한 편이고, 두류나 다른 잡곡을 함께 섞어 밥을 지음으로써 상호 보완이 가능하다.
⑤ 현미 : 백미에 비하면 영양학적으로 우수하고, 식이섬유의 함량도 높아 건강식품으로 여겨지고 있다.
⑥ 밥을 지을 때 필요한 물의 양 : 쌀 중량의 1.5배, 씻은 쌀 부피의 1.2배가 적당하다.
⑦ 밥의 수분 함량 : 65% 정도이다.

(2) 밀가루

① 밀가루는 가루 형태로 먹는 대표적인 곡류이며, 빵이나 국수 등의 음식의 주재료로 쓰인다.
② 밀가루의 단백질 함량 : 품종 및 부위 등에 따라 다르지만 8~16% 정도이다.
③ 밀가루에는 글리아딘(gliadin)과 글루테닌(glutenin)이라는 단백질이 함유되어 있어, 밀가루에 물을 첨가하고 물리적인 힘(반죽)을 주면 글루텐이 형성된다.

추가 설명

수분의 역할
- 영양소를 운반하고 노폐물을 배출시켜 준다.
- 체내 화학반응이 일어나는 장이 된다.
- 체온 조절, 타액, 소화액, 점액 등의 성분으로 윤활작용을 한다.
- 인체를 충격으로부터 보호해 준다.

추가 설명

곡류의 일반 성분 함량
- 곡류는 10~15%의 수분을 함유하고 있다.
- 탄수화물 중 인체 내에서 소화, 흡수되는 당질이 70~80% 함유되어 있는데, 그 대부분은 전분이다.
- 우리가 섭취하는 총열량의 60~75%를 곡류 및 서류에서 얻고 있다.
- 곡류의 단백질 함량은 대개 10% 이하로, 육류나 두류 등의 다른 식품군에 비하면 그 함량도 많지 않고, 질도 우수한 편이 아니다.

추가 설명

쌀의 품종
- 자포니카형 : 우리나라 사람들이 선호하는 쌀로, 길이는 길고 통통하며 윤택과 끈기를 가지고 있다.
- 인디카형 : 벼알 모양은 약간 납작하고 잎 폭이 넓다.
- 통일미 : 자포니카형과 인디카형의 잡종교배 품종으로 개발되어 수확량을 증가시키는 데 큰 몫을 담당했다.

| 표 1-1 | 글루텐 함량에 따른 밀가루의 종류 및 용도

글루텐 함량	종류	용도
12~16%	강력분	식빵, 국수 등
10~13%	중력분	일반 가정용(수제비, 부침 등)
8~11%	박력분	케이크, 과자 등

(3) 서류

① 고구마, 감자, 토란 등의 서류는 전분을 다량 함유하고 있어 곡류와 더불어 우수한 열량 급원식품이지만, 수분이 많은 편이라 곡류에 비해 저장성이 좋지 못하다.

② 유럽에서는 감자가 주로 주식으로 쓰이는 반면, 우리나라에서는 부식으로 쓰이는 경우가 많다.

③ 채소류와의 공통점 : 비타민과 무기질이 풍부하다.

3 육류 · 어패류 · 난 · 콩류

(1) 육류

① 육류란 포유동물 및 가금류의 살코기를 뜻하는 말로서, 우리나라에서 흔히 사용되는 것은 쇠고기, 돼지고기, 닭고기 등이다.

② 육류에는 우수한 품질의 단백질이 20% 가량 함유되어 있으며, 육류 단백질은 체내에서 합성되지 않는 필수아미노산이 풍부하다.

③ 육류 조직

　㉠ 근육섬유조직을 구성하는 단백질 : 알부민과 글로불린인데, 근원섬유를 형성하는 단백질은 주로 글로불린의 일종인 미오신 복합체이고, 근형질을 이루는 단백질은 알부민의 일종인 마이오겐이다.

　㉡ 결합조직을 이루는 단백질
　　• 콜라겐 : 물을 넣고 가열하면 80℃ 이상의 온도에서 변화를 일으켜 수용성인 젤라틴을 형성한다.
　　• 엘라스틴 : 탄성섬유로서 물을 넣고 가열하여도 거의 연해지지 않으며, 산·알칼리·단백질 분해효소 등에 대한 저항성도 매우 크다.

　㉢ 지방조직 : 헐거운 결합조직 내에 지방세포가 1개씩 또는 여러 개가 한데 뭉쳐 들어 있다.

(2) 어패류

① 어패류 : 일반적으로 주로 식품으로서의 생선과 조개 종류를 이르는 말이다.

② 어패류에 함유되어 있는 단백질 : 종류에 따라 조금씩 다르나 보통 어패류의 10~20%는 단백질로 구성되어 있으며, 필수아미노산이 다량 함유되어 있다.

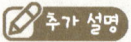

추가 설명

육류조직
• 근육섬유조직 : 알부민, 글로불린
• 결합조직 : 콜라겐, 엘라스틴
• 지방조직

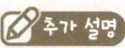

추가 설명

어패류의 종류
• 연체류 : 오징어·낙지·해파리·해삼 등
• 갑각류 : 새우·게·가재 등
• 조개류 : 대합·굴·바지락 등
• 생선류

㉠ 근원섬유 단백질 : 어육 단백질 전체의 약 75%를 차지하며, 근육 운동과 사후강직의 주된 역할을 하고 있고, 주로 액틴과 미오신으로 구성되어 있다.
㉡ 근형질 단백질 : 어육 단백질 전체의 약 20% 정도를 차지하며, 마이오겐이 주된 단백질이다.
㉢ 결합조직을 이루는 단백질 : 콜라겐과 엘라스틴인데, 육류의 경우보다 결합조직의 양 자체가 훨씬 적고 엘라스틴이 거의 없다.
③ 지방질 : 참치·고등어 등의 등푸른생선들에는 비타민, 무기질 등이 풍부하고, 불포화도가 높은 EPA, DHA 등의 지방산 함량이 높아 동맥경화증 및 심장병 등의 성인병 예방에 효과가 있다.

(3) 난류

① 난류에서 가장 대표적인 것은 달걀이지만 지역에 따라 오리알, 메추리알, 타조알 등이 다양하게 사용되고 있다.
② 달걀의 부위별 성분 : 흰자는 단백질이, 노른자는 지방과 단백질이 주성분이다.
　㉠ 단백질 : 품질이 매우 우수하여, 다른 식품의 단백질 품질을 평가하는 기준으로 사용되기도 한다.
　　• 달걀 흰자에 들어 있는 단백질 : 오브알부민, 콘알부민, 오보뮤코이드, 라이소자임, 오보뮤신, 아비딘 등
　　• 달걀 노른자에 들어 있는 단백질 : 리포비텔린, 리포비텔리닌, 포스비틴, 리베틴 등
　㉡ 지방 : 달걀 흰자에는 거의 없고 노른자에 33%라는 비교적 많은 양이 함유되어 있다.
③ 달걀 흰자와 노른자의 용도
　㉠ 달걀 노른자 : 유화성이 있어 기름에 잘 섞이며, 마요네즈 등의 유화액을 만드는 데 유용하게 사용된다.
　㉡ 달걀 흰자의 기포성 : 달걀 흰자를 강하게 저어 주면 거품이 형성되는 성질로, 거품을 내어 밀가루 반죽을 하고 음식에 넣으면 부드러워진다.

> **추가 설명**
> **달걀의 특성**
> • 달걀은 영양을 고루 갖춘 완전 식품으로 알려져 있다.
> • 달걀 흰자의 기포성이나 노른자의 유화성 같은 특수한 조리 특성을 가지고 있다.

(4) 콩류

① 콩류의 종류 : 대두, 팥, 완두, 검정콩, 녹두, 동부 등이 있다.
② 콩류의 단백질 : 다른 식물성 식품의 단백질보다 질도 우수하고 양도 비교적 많아서 중요한 단백질 공급원이 되고 있다.
③ 대두를 이용한 가공식품 : 대두를 발효시켜 만든 각종 장류(된장, 간장, 고추장)와 두부, 두유 등이 많이 쓰이고 있다.

4 채소 및 과일류

(1) 채소류

① 채소류의 분류

> **추가 설명**
> **단백질 자원 혼합의 원칙**
> 다른 종류의 단백질을 함께 사용함으로써 각각의 자원에 부족한 아미노산들을 부작용 없이 서로 보완할 수 있는 것을 의미한다. 예 곡류와 콩류의 혼식

> ㉠ 색에 따른 분류 : 녹황색채소, 담색채소
> ㉡ 먹는 부위에 따른 분류 : 잎채소(엽채류), 열매채소(과채류), 줄기채소(경채류), 뿌리채소(근채류)

② 채소류의 일반 성분
> ㉠ 수분은 85~95% 정도 함유하므로 채소류의 텍스처를 결정하는 데 절대적인 역할을 한다.
> ㉡ 단백질, 탄수화물, 지방, 함량이 낮다.
> ㉢ 비타민 A, B, C의 급원이 되며, 특히 비타민 C가 많고, 무기질로 특히 칼륨과 칼슘이 많다.

| 표 1-2 | 먹는 부위에 따른 채소의 분류

채소 종류	예
잎채소(엽채류)	쑥갓, 배추, 시금치, 상추, 파, 부추
열매채소(과채류)	오이, 호박, 가지, 토마토, 고추, 피망
줄기채소(경채류)	땅두릅, 연근, 아스파라거스, 죽순, 마늘종
뿌리채소(근채류)	당근, 무, 순무, 우엉, 비트

(2) 과일류

① 85% 이상의 많은 수분을 함유하고 있고, 각종 비타민과 무기질의 함유량이 높다.
② 과일에는 과당·포도당·설탕 등의 당이 함유되어 있어 단맛이 난다.
③ 과일의 천연색소에는 엽록소, 카로티노이드, 플라보노이드, 안토시아닌 계열의 색소가 있다.

5 우유 및 유제품

(1) 우유

① 우유는 수분·지방·단백질·유당 및 무기질의 주성분과 비타민·효소 등의 미량성분으로 구성되어 있으며, 단일식품으로는 가장 완전한 식품으로 알려져 있다.
② 우유 단백질 : 카세인이 약 80% 정도를 차지하며, 수용성인 알부민이나 글로불린은 적다.
③ 칼슘 : 다른 식품에 비해 월등히 많을 뿐만 아니라 흡수가 용이한 형태로 존재한다.
④ 유당 : 유아의 뇌 성장이나 발육을 돕는 것으로, 유당을 분해하는 효소가 부족한 유당불내증인 사람들은 우유를 먹으면 설사를 하게 된다.

(2) 유제품

① 치즈 : 우유 속에 있는 카세인을 뽑아 응고·발효시킨 식품으로, 단백질·지방·비타민 A와 B_2가 풍부하다.

추가 설명

과일의 천연색소
- 엽록소(클로로필) : 녹색을 나타낸다.
- 카로티노이드 : 노랑에서 주황까지의 색을 보여 준다.
- 플라보노이드(안토잔틴) : 무색 또는 담황색 색소로서 거의 모든 종류의 식물체 조직에 함유되어 있다.
- 안토시아닌 : 빨강에서 보라·파랑까지의 다양한 색깔을 나타낸다. 예 딸기

추가 설명

우유의 일반 성분 함량
수분 87.73%, 단백질 3.27%, 지방 3.60%, 유당 4.65%, 회분 0.75%로, 완전식품이라 일컬어질 만큼 여러 가지 영양소를 골고루 함유하고 있다.

② 버터 : 우유의 지방을 분리하여 응고시킨 식품으로, 단백질 함량은 낮고 지방과 비타민 A 함량이 높다.
③ 요구르트 : 우유에 유산균을 번식시켜 만든 발효유로, 단백질, 비타민 A와 B_2, 칼슘·망간 등의 무기질을 지니고 있으며, 유산균에 의해 단백질과 지방이 분해되어 있으므로 소화 흡수가 쉽다.

6 유지 및 당류

(1) 유지류

식용유지는 크게 실온에서 액체인 기름(oil)과 고체인 지방(fat)으로 나눌 수 있는데 이는 구성하고 있는 지방산의 불포화 정도에 따라 달라진다.

① 식물성 유지
  ㉠ 식물성 유지는 불포화지방산을 많이 함유하고 있어 상온에서 액체이며, 필수지방산의 비율도 높다.
  ㉡ 식물성 기름의 구성 지방산 : 팔미트산, 스테아르산, 올레산, 리놀레산 등인데, 이들의 구성 비율은 대체로 90% 이상이다.
  ㉢ 구성 지방산의 조성에 따른 분류 : 건성유, 반건성유, 불건성유로 구분된다.

② 동물성 유지
  ㉠ 동물성 유지는 식물성 유지에 비해 포화지방산을 많이 함유하고 있어 상온에서 고체이지만, 불포화지방산 함유량도 40% 정도에 달한다.
  ㉡ 포화지방산의 조성은 완전 포화 트리글리세라이드가 많고 불포화지방산은 거의 올레산과 리놀레산이다.

(2) 당류

① 설탕
  ㉠ 설탕은 농축한 사탕수수나 사탕무의 즙을 정제하여 얻는데, 정제 정도에 따라 백설탕, 황설탕, 흑설탕 등으로 나눈다.
  ㉡ 설탕은 가열하면 160~186℃에서 용융이 일어나며, 200℃ 이상의 온도에서는 탈수에 의한 탄화가 일어난다.

② 꿀
  ㉠ 벌이 만드는 천연의 전화당 시럽으로, 여기서 전화당이란 포도당과 과당이 1:1로 혼합된 혼합물이다.
  ㉡ 꿀의 성분은 대부분 당분이며 식용하거나 약으로 쓴다.

③ 물엿 : 전분을 산이나 효소로 가수분해(당화)하여 만든 점근성 감미료로, 맥아당, 포도당, 덱스트린 등이 들어 있다.

추가 설명

필수지방산
체내에서 합성되지 않거나, 합성된다 하여도 그 양이 필요량에 미치지 못하여 음식을 통하여 섭취해 주어야 하는 지방산으로, 리놀레산, 리놀렌산, 아라키돈산 등이 있다.

추가 설명

설탕의 과다 섭취
충치의 발생 가능성을 높일 뿐만 아니라 동맥경화증이나 심근경색증 등의 성인병의 발생과도 관련이 있는 것으로 알려져 있다.

03 식량문제

1 세계의 식량문제

① 인류 생존의 위기에는 환경오염, 전쟁, 자원 부족, 인구 문제 등이 있으나, 가장 원초적인 위기는 식량 문제이다.

② 전문가들은 2025년쯤에는 세계 인구의 약 30%가 굶주림에 시달리게 되고, 약 18억 명은 물 부족으로 고통받게 될 것이라고 경고하고 있다. 또한 2050년에는 주요 곡물 가격이 최대 23% 상승할 것으로 전망하고 있다.

③ 앞으로 농업에 있어서 지구 생태계의 조화 속에서 농경지를 넓히고 단위면적당 수확량을 늘려 식량 증산을 꾀하는 새로운 차원의 농업기술이 발달 수행되어야 할 것이다.

2 한국의 식량문제

① 우리나라는 쌀만 자급자족이 가능할 뿐, 곡물(밀, 콩, 옥수수 등)은 대부분 수입에 의존하고 있으며, 기후 변화로 인해 경작 한계선도 계속 북상 중이다.

② OECD 통계자료를 이용해 분석한 결과, 우리나라의 곡물 자급률은 1997년 21.6%에서 2017년 15.1%로 하락하였으며, 향후 지속적으로 감소하여 2026년 13.0%에 이를 것으로 전망된다.

③ 한국인 1인당 연간 식품수급비율
  ㉠ 곡류 중 쌀이 절반 이상을 차지하고 있지만, 쌀의 섭취량이 줄어들고 있고, 잡곡 사용량은 증가하는 추세이다.
  ㉡ 채소류와 과일류, 육류 및 어패류, 우유·유지류 등의 공급량이 꾸준히 증가하고 있다.

④ 농업의 문제점 해결 방안 : 농업의 생산성 및 생산량 증대, 기후 변화 대응, 지속 가능한 농업으로 전환, 농업에서 새로운 가치 창출, 농업의 범위 확대 등이다.

추가 설명

우리 농업의 해결 과제

고령화 및 농업 노동력 부족, 경지 면적의 지속적 감소, 곡물 자급률 하락, 도·농 간 소득 격차 심화, 기후 변화로 인한 재배 여건 악화, 농약, 제초제, 살충제 등으로 인한 환경오염과 식품 안전성 문제 등이다.

실전예상문제

1. 인간의 식생활에 관한 내용 중 거리가 먼 것은?
① 인간은 여러 가지 식품을 통해 영양분을 얻는다.
② 인간은 초식성 동물이다.
③ 인간이 식용으로 하고 있는 물질은 제한적이다.
④ 다른 동물에 비해 인간은 먹지 않는 물질이 많다.

해설 인간은 동물성 식품과 식물성 식품을 모두 먹는 잡식성 동물이다.

2. 다음 중 5대 영양소에 포함되지 않는 것은?
① 무기질　　② 탄수화물　　③ 지방　　④ 수분

해설 일반적으로 영양소라 하면 탄수화물, 단백질, 지방, 무기질과 비타민의 5대 영양소와 여기에 수분(물)을 포함시킨 6대 영양소를 일컫는다.

3. 다음의 식품 중에서 수분 함량이 가장 많은 것은?
① 채소 및 과일류
② 육류
③ 생선류
④ 곡류

해설 식품 내의 수분 함량은 채소 및 과일류는 75~95%, 육류 및 생선류는 50~90%, 곡류는 13~15% 정도이다.

4. 다음 중 수분의 역할에 대한 설명으로 옳지 않은 것은?
① 생체조직 중에서 여러 영양소 및 노폐물의 운반체로서 중요한 역할을 한다.
② 식품 중의 수분 함량은 미생물의 증식에서 중요한 생육조건으로 식품의 저장성과 관련이 깊다.
③ 수분 자체는 화학반응의 매개체로서만 작용할 뿐 직접 반응에 참여하지는 않는다.
④ 식품 중의 여러 영양 성분을 녹여주는 용매 및 분산 매개체의 역할을 한다.

해설 수분의 화학적 역할 : 식품 중의 수분은 식품에 함유되어 있는 여러 가지 성분들을 녹여 주는 용매로, 또는 이와 같은 성분들의 운반체로 작용하여 식품 내의 화학적 변화를 촉진하여 준다. 또한 수분 자체가 반응물질로서 여러 화학반응에 직접 참여하기도 한다.

정답 1.❷　2.❹　3.❶　4.❸

5 수분이 친수성 콜로이드를 형성하는 것과 관계있는 것은?

① 화학적 역할
② 물리적 역할
③ 미생물학적 역할
④ 영양학적 역할

해설 수분의 물리적 역할 : 수분은 식품 내에서 분산 매개체로 작용하여 친수성 콜로이드를 형성하고, 식물성 식품의 세포 내에서 팽압을 나타내어 특유의 텍스처 특성을 갖게 한다.

6 수분의 역할 중 식품의 주요 구성성분인 수분의 함량에 따라 가격이 달라지는 것과 관련있는 것은?

① 경제학적 역할
② 미생물학적 역할
③ 영양학적 역할
④ 화학적 역할

해설 수분의 경제학적 역할 : 식품을 거래할 때 가격은 대개 무게 단위로 결정되는데, 이때 식품의 주요 구성성분인 수분의 함량에 따라 가격이 달라진다.

7 수분이 노폐물의 운반체로서 중요한 역할을 하는 것과 관계있는 것은?

① 물리적 역할
② 화학적 역할
③ 미생물학적 역할
④ 영양학적 역할

해설 수분의 영양학적 역할 : 수분은 생명유지에서 필수적인 요소이고, 생체 조직 내에서 영양소 및 노폐물의 운반체로서도 중요한 역할을 하고 있다.

8 곡류의 일반 성분에 관한 내용 중 옳지 않은 것은?

① 곡류는 10~15%의 수분을 함유하고 있다.
② 탄수화물 중 인체 내에서 소화, 흡수되는 당질이 70~80% 함유되어 있다.
③ 우리가 섭취하는 총열량의 60~75%를 곡류 및 서류에서 얻고 있다.
④ 단백질의 함량은 10% 이하이지만 질이 우수하다.

해설 단백질 함량은 대개 10% 이하로, 육류나 두류 등의 다른 식품군에 비하면 그 함량도 많지 않고, 질도 우수한 편이 아니다. 그러나 한국인에게는 곡류 섭취량이 많기 때문에 실제로는 총단백질 섭취량의 50%를 곡류 단백질에서 취하고 있는 실정이다.

9 우리나라에서 주식으로 하고 있으며, 낟알의 형태를 유지하는 조리법을 사용하고 있는 것은?

① 밀　　　　　　② 쌀　　　　　　③ 옥수수　　　　　　④ 서류

해설 우리나라를 비롯하여 중국, 일본 등에서는 쌀을 주식으로 하고 있다. 쌀은 밥의 형태로 섭취하고 있어, 서양에서 같은 곡류라도 밀을 가루로 만들어 섭취하는 것(분식, 粉食)과는 대조적으로 낟알의 형태를 유지하는 조리법(입식, 粒食)을 사용하고 있다.

10 우리나라 사람들이 선호하는 쌀의 종류는?

① 통일미　　　　　　② 인디카형
③ 자포니카형　　　　④ 자바니카형

해설 자포니카형은 우리나라 사람들이 선호하는 쌀로, 길이는 길고 통통하며 윤택과 끈기를 가지고 있다.

11 밥을 지을 때 필요한 물의 양으로 적당한 것은?

① 쌀 중량의 1.5배　　　　② 쌀 중량의 2.5배
③ 쌀 부피의 2배　　　　　④ 쌀 부피의 3배

해설 밥을 지을 때 필요한 물의 양은 쌀의 종류나 상태, 쌀의 양, 조리기구 등에 따라 다르지만, 대체로 쌀 중량의 1.5배, 씻은 쌀 부피의 1.2배가 적당하다. 맛있게 지어진 밥의 수분 함량은 대략 65% 정도이다.

12 우리나라에서 밥의 수분 함량으로 가장 타당한 것은?

① 45% 정도　　　　　② 55% 정도
③ 65% 정도　　　　　④ 75% 정도

해설 문제 11번 해설 참조

13 밀가루의 단백질 함량으로 적당한 것은?

① 3~8%　　　② 8~16%　　　③ 18~24%　　　④ 34~42%

해설 밀가루
- 빵이나 국수 등의 음식의 주재료로서, 가루 형태로 먹는 대표적인 곡류이다.
- 밀가루의 단백질 함량은 품종 및 부위 등에 따라 다르지만 8~16% 정도이다.

정답 5.❷　6.❶　7.❹　8.❹　9.❷　10.❸　11.❶　12.❸　13.❷

14 밀가루에 물을 첨가하고 반죽을 하면 형성되는 것은?

① 라이신　　② 트립토판　　③ 글루텐　　④ 메티오닌

> **해설** 밀가루에는 글리아딘(gliadin)과 글루테닌(glutenin)이라는 단백질이 함유되어 있어, 밀가루에 물을 첨가하고 물리적인 힘(반죽)을 주면 글루텐이 형성된다.

15 다음 중 밀가루를 강력분, 중력분, 박력분으로 분류하는 기준이 되는 것은?

① 글루텐 함량　　② 회분 함량　　③ 지방분 함량　　④ 당질 함량

> **해설** 글루텐 함량에 따른 밀가루의 종류 및 용도

글루텐 함량	종류	용도
12~16%	강력분	식빵, 국수 등
10~13%	중력분	일반 가정용(수제비, 부침 등)
8~11%	박력분	케이크, 과자 등

16 다음 중에서 박력분이 주로 이용되는 것은?

① 빵　　② 국수　　③ 수제비　　④ 케이크

> **해설** 문제 15번 해설 참조

17 저장성이 약하지만 전분을 다량 함유하고 있는 것은?

① 고구마　　② 옥수수　　③ 쌀　　④ 밀

> **해설** 감자, 고구마, 토란 등의 서류는 전분을 다량 함유하고 있어 곡류와 더불어 우수한 열량 급원식품이지만, 수분이 많은 편이라 곡류에 비해 저장성이 좋지 못하다.

18 서류와 채소류의 공통점으로 옳은 것은?

① 무기질이 풍부하다.　　② 단백질이 풍부하다.
③ 회분이 풍부하다.　　④ 지방이 풍부하다.

> **해설** 서류와 채소류의 공통점은 비타민과 무기질이 풍부하다는 점이다.

19 우리나라에서 흔히 사용되는 육류가 아닌 것은?

① 쇠고기　　② 돼지고기　　③ 닭고기　　④ 양고기

해설 육류란 포유동물 및 가금류의 살코기를 뜻하는 말로, 전세계적으로 식용하는 육류는 매우 다양하지만, 우리나라에서 흔히 사용되는 것은 쇠고기, 돼지고기, 닭고기 등이다.

20 육류 조직에서 근육섬유조직을 구성하는 단백질은?

① 콜라겐과 엘라스틴　　② 알부민과 글로불린
③ 알부민과 콜라겐　　④ 엘라스틴과 알부민

해설 근육섬유조직을 구성하는 단백질은 주로 알부민과 글로불린인데, 근원섬유를 형성하는 단백질은 주로 글로불린의 일종인 미오신 복합체이고, 근형질을 이루는 단백질은 알부민의 일종인 마이오겐이다.

21 다음 중 육류의 근원섬유를 형성하는 단백질은?

① 마이오겐　　② 미오신 복합체　　③ 콜라겐　　④ 엘라스틴

해설 문제 20번 해설 참조

22 다음 중 물을 넣고 가열하여도 연해지지 않는 결합조직 단백질은?

① 엘라스틴　　② 콜라겐　　③ 알부민　　④ 글로불린

해설 결합조직을 이루는 단백질은 콜라겐과 엘라스틴인데 콜라겐은 물을 넣고 가열하면 80℃ 이상의 온도에서 변화를 일으켜 수용성인 젤라틴을 형성한다. 엘라스틴은 탄성섬유로서 물을 넣고 가열하여도 거의 연해지지 않으며, 산·알칼리·단백질 분해효소 등에 대한 저항성도 매우 크다.

23 다음의 어패류 중 갑각류에 속하는 것은?

① 오징어　　② 해파리　　③ 대합　　④ 새우

해설 어패류
- 갑각류 : 새우·게·가재 등
- 조개류 : 대합·굴·바지락 등
- 연체류 : 오징어·낙지·해파리·해삼 등

정답 14.❸ 15.❶ 16.❹ 17.❶ 18.❶ 19.❹ 20.❷ 21.❷ 22.❶ 23.❹

24 참치 · 고등어 등의 등푸른생선들에 많이 함유되어 있는 것은?

① DHA   ② 유당   ③ 안토시아닌   ④ 올레산

해설 참치 · 고등어 등의 등푸른생선들에는 불포화도가 높은 EPA, DHA 등의 지방산 함량이 높아, 최근 동맥경화증 및 심장병 등의 성인병 예방에 효과가 있다는 것으로 알려지면서 각광을 받고 있다.

25 달걀 노른자에 들어 있는 단백질은?

① 오브알부민   ② 콘알부민   ③ 아비딘   ④ 포스비틴

해설 달걀 흰자에는 오브알부민, 콘알부민, 오보뮤코이드, 라이소자임, 오보뮤신, 아비딘 등의 단백질이 있고, 달걀 노른자에는 리포비텔린, 리포비텔리닌, 포스비틴, 리베틴 등의 단백질이 들어 있다.

26 단백질 자원 혼합의 원칙에 의해서 곡류와 혼식하여 사용하는 경우에 부작용이 없는 것은?

① 육류   ② 유지류   ③ 콩류   ④ 과일류

해설 콩류의 단백질은 다른 식물성 식품의 단백질보다 질도 우수하고 양도 비교적 많아서 중요한 단백질 공급원이 되고 있다. 특히 곡류에 부족한 아미노산인 라이신이 풍부하게 들어가 있어, 곡류와 함께 혼식하면 상호 보완의 효과를 얻게 된다. 이렇게 다른 종류의 단백질을 함께 사용함으로써 각각의 자원에 부족한 아미노산들을 부작용 없이 서로 보완할 수 있는 것을 단백질 자원 혼합의 원칙이라 한다.

27 채소의 종류 중 잎채소에 해당하지 않는 것은?

① 부추   ② 피망   ③ 쑥갓   ④ 시금치

해설 먹는 부위에 따른 채소류의 분류

채소 종류	예	채소 종류	예
잎채소(엽채류)	쑥갓, 배추, 시금치, 상추, 파, 부추	줄기채소(경채류)	땅두릅, 연근, 아스파라거스, 죽순, 마늘종
열매채소(과채류)	오이, 호박, 가지, 토마토, 고추, 피망	뿌리채소(근채류)	당근, 무, 순무, 우엉, 비트

28 다음 중 줄기채소에 해당하는 것은?

① 아스파라거스   ② 토마토   ③ 우엉   ④ 비트

해설 문제 27번 해설 참조

29 채소류의 텍스처를 결정하는 데 절대적인 역할을 하는 것은?

① 수분　　　　② 단백질　　　　③ 탄수화물　　　　④ 비타민 C

해설 대부분의 채소류는 수분을 85~95% 정도 함유하므로 채소류의 텍스처를 결정하는 데 수분이 절대적인 역할을 하고 있다. 단백질, 탄수화물, 지방 함량은 낮다.

30 빨강에서 보라·파랑까지의 다양한 색깔을 함유하고 있는 것은?

① 클로로필　　　　　　　　② 안토잔틴
③ 카로티노이드　　　　　　④ 안토시아닌

해설 딸기 등에 들어 있는 안토시아닌 계열의 색소는 빨강에서 보라·파랑까지의 다양한 색깔을 나타낸다.

31 다음 중 우유의 대표적인 단백질은?

① 카세인　　　　② 글루텐　　　　③ 액틴　　　　④ 오리제닌

해설 우유는 대단히 우수한 품질의 단백질을 가지고 있는데, 가장 대표적인 우유 단백질은 카세인으로, 전체 우유 단백질의 80% 정도를 차지한다.

32 우유를 먹으면 설사를 하게 되는 것은 무엇 때문인가?

① 회분　　　　② 지방　　　　③ 유당　　　　④ 수분

해설 우유에는 다른 식품에서는 볼 수 없는 유당이 함유되어 유아의 뇌 성장이나 발육을 돕는다. 그러나 유당을 분해하는 효소가 부족한 유당불내증인 사람들은 바로 이 유당 때문에 우유를 먹으면 설사 등을 유발하게 된다.

33 우유의 지방을 분리하여 응고시킨 것으로 지방과 비타민 A 함량이 높은 것은?

① 치즈　　　　② 버터　　　　③ 햄　　　　④ 요구르트

해설 우유를 가공하여 만든 유제품 중에서 대표적인 것은 치즈와 버터, 요구르트 등이다. 치즈는 우유 중의 카세인을 뽑아 응고·발효시킨 것으로 단백질·지방·비타민 A와 B_2가 풍부하고, 버터는 우유의 지방을 분리하여 응고시킨 것으로 단백질 함량은 낮고 지방과 비타민 A 함량이 높다.

정답　24.❶　25.❹　26.❸　27.❷　28.❶　29.❶　30.❹　31.❶　32.❸　33.❷

34 식물성 유지의 필수지방산이 아닌 것은?

① 리놀레산 ② 리놀렌산
③ 아라키돈산 ④ 부티르산

해설 식물성 유지는 불포화지방산을 많이 함유하고 있어 상온에서 액체이며 필수지방산의 비율도 높다. 필수지방산은 대부분의 지방산과는 달리 체내에서 합성되지 않거나, 합성된다 하여도 그 양이 필요량에 미치지 못하여 음식을 통하여 섭취해 주어야 하는 지방산으로, 리놀레산, 리놀렌산, 아라키돈산 등이 있다.

35 설탕을 가열할 경우에 탈수에 의한 탄화가 일어나는 온도는?

① 78~90℃ ② 100~120℃
③ 160~186℃ ④ 200℃ 이상

해설 설탕은 가열하면 160~186℃에서 용융이 일어난다. 계속 가열하면 비효소적 갈변반응의 하나인 카라멜화가 일어나고, 200℃ 이상의 온도에서는 탈수에 의한 탄화가 일어난다.

36 다음 중 꿀에 들어 있는 당의 종류는 무엇인가?

① 포도당 ② 전화당 ③ 맥아당 ④ 덱스트린

해설 꿀은 벌이 만드는 천연의 전화당 시럽으로, 여기서 전화당이란 포도당과 과당이 1:1로 혼합된 혼합물이다.

37 인류의 생존 위기 중 가장 원초적인 위기에 해당하는 것은?

① 환경오염 ② 자원 부족
③ 식량 문제 ④ 인구 문제

해설 인류 생존의 위기에는 환경오염, 전쟁, 자원 부족, 인구 문제 등이 있으나, 가장 원초적인 위기는 식량 문제이다.

38 우리나라에서 자급자족이 가능한 것은 다음 중 어느 것인가?

① 쌀 ② 콩 ③ 옥수수 ④ 밀가루

해설 우리나라는 쌀만 자급자족이 가능할 뿐, 곡물(콩, 밀, 옥수수 등)은 대부분 수입에 의존하고 있다.

정답 34. ④ 35. ④ 36. ② 37. ③ 38. ①

주관식

1 5대 영양소를 모두 쓰시오.

2 곡류의 일반 성분 함량에 대하여 설명하시오.

Answer

1 탄수화물, 단백질, 지방, 무기질, 비타민

2 ① 곡류는 10~15%의 수분을 함유하고 있다.
② 탄수화물 중 인체 내에서 소화, 흡수되는 당질이 70~80% 함유되어 있는데, 그 대부분은 전분이다.
③ 우리가 섭취하는 총열량의 60~75%를 곡류 및 서류에서 얻고 있다.
④ 곡류의 단백질 함량은 대개 10% 이하로, 육류나 두류 등의 다른 식품군에 비하면 그 함량도 많지 않고, 질도 우수한 편이 아니다.

3 식품에서 수분의 역할을 5가지로 나누어 쓰시오.

4 필수지방산에 대하여 간략히 설명하시오.

Answer

3 ① 화학적 역할 : 식품 중의 수분은 식품에 함유되어 있는 여러 가지 성분들을 녹여 주는 용매로, 또는 이와 같은 성분들의 운반체로 작용하여 식품 내의 화학적 변화를 촉진하여 준다. 또한 수분 자체가 반응물질로서 여러 화학반응에 직접 참여하기도 한다.
② 물리적 역할 : 수분은 식품 내에서 분산 매개체로 작용하여 친수성 콜로이드를 형성하고, 식물성 식품의 세포 내에서 팽압을 나타내어 특유의 텍스처 특성을 갖게 한다.
③ 미생물학적 역할 : 식품 중의 수분 함량은 미생물의 증식에서 매우 중요한 생육조건이므로 식품의 변질과 깊은 관련이 있다.
④ 경제학적 역할 : 식품을 거래할 때 가격은 대개 무게 단위로 결정되는데, 이때 식품의 주요 구성성분인 수분의 함량에 따라 가격이 달라진다. 또한 식품의 저장성과 수분 함량 역시 매우 긴밀한 관련이 있다.
⑤ 영양학적 역할 : 수분은 생명 유지에서 필수적인 요소이고, 생체 조직 내에서 영양소 및 노폐물의 운반체로서도 중요한 역할을 하고 있다.

4 필수지방산은 체내에서 합성되지 않거나, 합성된다 해도 그 양이 필요량에 미치지 못하여 음식을 통하여 섭취해 주어야 하는 지방산으로, 리놀레산, 리놀렌산, 아라키돈산 등이 있다.

제3부 건강과 식품

02 식품의 조리

 단원 개요

음식은 눈으로 봐서 아름답고 좋은 냄새를 풍겨, 먹고 싶은 마음이 생겨야 하며, 먹었을 때 맛이 좋아야 한다. 과거에 먹을 것이 모자랐을 때에는 음식의 맛을 중요시하지 않았으나, 이제는 산업의 발전과 더불어 경제적으로 윤택해지고 식품가공업이 발달하여 음식의 질과 맛을 추구하게 되었다. 모든 식품은 반드시 어떤 조작을 가해 먹을 수 있는 형태로 만든 후 먹게 된다. 즉, 식품이 먹을 수 있는 음식으로 만드는 최종 단계가 조리과정이다.

 출제 경향 및 수험 대책

이 단원에서는 식품을 조리하는 목적, 물리적 조리방법, 화학적 조리방법, 가열 조리방법의 종류와 특징, 전자레인지를 이용한 가열 조리와 가스나 전기를 이용한 가열 조리의 차이, 전자레인지의 사용 시 주의할 점, 맛의 의미와 여러 가지 맛의 특징, 위생적·영양적·관능적인 면에서의 음식의 조리 등에 대해서 묻는 문제들이 출제되고 있는 바, 자세하고 철저한 학습이 요구된다.

01 식품조리의 의의와 목적

1 조리의 의의

① 먹기 어려운 식품 재료를 먹기 쉽고 식욕을 느끼게 하는 음식물로 바꾸는 기술을 조리라 한다.
② 건강과 생명을 유지하기 위해서 매일 식품을 섭취해야 되지만, 우리는 음식을 먹을 때 항상 영양학적인 면을 우선적으로 고려하여 선택하지는 않는다.
③ 음식은 눈으로 봐서 아름답고 좋은 냄새를 풍겨, 먹고 싶은 마음이 생겨야 하며, 먹었을 때 맛이 좋아야 하므로 식품의 조리는 중요하다.
④ 문명의 발달과 더불어 조리기구의 개발에 의해 조리는 훨씬 다양하게 발전되어 왔다.
⑤ 산업의 발전과 더불어 경제적으로 윤택해지고 식품가공업이 발달하여 음식의 질과 맛을 추구하게 되었다.

2 조리의 목적

① 식품의 기호성 향상 : 조리의 주목적은 식품을 먹기 쉽게, 또 식품 자체가 지니고 있는 맛 성분이 두드러질 수 있도록 하는 것이며, 눈으로 보아 식욕이 나도록 한다.
② 영양성 및 소화 흡수율 향상 : 조리 과정을 거치는 동안 영양의 손실을 최소화하고, 소화되기 어려운 식품을 소화하기 쉽게 만드는 것이 중요하다.
③ 안전성 향상 : 가공·조리 과정에서 식품에 부착되거나 혼입된 미생물·기생충·해충 등을 없애거나 이들이 생장할 수 없는 조건으로 만들어 위생적으로 안전하도록 한다.

02 식품의 조리와 맛

1 조리방법

(1) 물리적 조리방법

① 인류가 시초부터 사용하였던 방법으로, 물로 씻거나 우려내거나 칼로 썰거나 혼합 또는 교반하거나 압축하거나 하는 조리방법이다.
② 열을 가하지 않으므로 생조리라고도 한다. 예 생채, 겉절이, 회, 화채, 샐러드, 아이스크림 등

(2) 가열 조리방법

① 가열 조리는 인류가 불을 발견하고 이 불을 조정할 줄 알게 되면서 시작된 방법이다.
② 가열 조리의 효과

추가 설명

조리 과정
• 식품을 먹을 수 있는 음식으로 만드는 최종 단계이다.
• 조리 과정에서 주된 것은 씻기, 자르기, 익히기, 간 맞추기, 담기 등이다.

추가 설명

조리의 목적
• 식품의 기호성 향상
• 영양성 및 소화 흡수율 향상
• 안전성 향상

추가 설명

끓이기의 방법
• 보일링(boiling) : 식품이 푹 잠길 정도로 물을 붓고 삶는다.
• 브레이징(braising) : 식품을 살짝 볶아 식품이 잠길 정도로 물을 붓고 푹 끓인다.
• 스튜잉(stewing) : 적은 양의 물에서 장시간 끓인다.
• 시머링(simmering) : 90℃ 정도의 온도에서 서서히 끓인다.

㉠ 맛이 증진되고 병원균·기생충 등을 살균할 수 있고 식품의 부패도 막을 수 있다.

㉡ 소화율과 영양가가 높아지고 식품의 저장 수명이 연장된다.

㉢ 식품의 텍스처(texture)를 조절할 수 있고 색을 변화시킬 수도 있다.

③ 가열 조리방법의 구분 : 여러 가지 매체를 통해 열을 전달하는 조리방법, 식품 내부 성분의 마찰열로 가열하는 전자레인지 조리방법 등이 있다.

④ 열전달 매체를 이용한 가열

㉠ 물 : 물을 매체로 하여 조리하는 방법을 습열 조리법이라고 하는데, 물의 양 또는 온도에 따라서 끓이기, 데치기, 수란법 등이 있다.
- 데치기 : 끓는 물에 식품을 넣어 살짝 익혀 내는 방법 예 나물 중 숙채
- 끓이기 : 끓는 물에 식품을 넣어 끓이는 방법 예 보일링, 브레이징, 스튜잉, 시머링 등
- 수란법 : 서양 음식에서는 포칭(poaching)이라 하며, 물의 끓는점 이하에서 식품의 모양을 그대로 보존하면서 익히는 방법 예 생선이나 달걀 조리에 이용

㉡ 수증기
- 수증기로 식품을 쪄서 익히는 방법은 습열 조리법에 속한다.
- 끓는 물에 삶는 방법보다 조리시간이 많이 걸리므로 열에 의한 영양의 손실은 피할 수 없으나, 수용성 영양소의 손실은 감소된다.

㉢ 공기 : 공기를 매체로 하여 조리하는 방법을 흔히 건열 조리법이라 한다. 예 베이킹, 브로일링, 팬브로일링, 로스팅 등

㉣ 유지
- 다른 조리 매체를 사용할 때보다 조리시간이 단축된다.
- 소팅(sauteing) 또는 팬프라잉(pan frying) : 냄비나 프라이팬에 소량의 유지를 바르고 살짝 볶아 내는 방법이다.
- 튀김(frying) : 식품 재료가 잠길 정도의 유지에 튀겨 내는 방법이다.

⑤ 전자레인지를 이용한 가열

㉠ 전자레인지 : 마이크로파의 성질을 이용하여 음식을 조리하는 기구이다.

㉡ 전자레인지의 조리원리 : 마이크로파에 의해 물 분자 내에서 마찰이 일어나 식품 자체 내에서 생성된 열로 가열되는 것으로 식품 내부 모든 곳이 동시에 익는다.

㉢ 전자레인지 조리의 특징
- 조리시간이 짧고, 갈변현상이 일어나지 않는다.
- 조리실의 온도가 오르지 않는다.
- 식품을 먹을 그릇에 담은 채 직접 조리할 수 있다.
- 식품의 중량이 많이 감소하고, 다량의 식품을 조리할 수 없다.

(3) 화학적 조리방법

① 미생물에 의한 발효 이용

추가 설명

공기를 매체로 조리하는 방법
- 베이킹(baking) : 오븐에 음식을 넣어 오븐의 복사열과 뜨거운 공기의 대류로 음식을 익히는 방법 예 빵과 케이크, 쿠키, 페이스트리 등
- 브로일링(broiling) : 직접 불에 노출시켜 굽는 방법 예 스테이크와 바베큐, 불고기, 각종 생선구이 등
- 팬브로일링(panbroiling) : 가열된 두꺼운 냄비나 프라이팬에서 고기를 굽는 방법
- 로스팅(roasting) : 오븐에 육류나 가금류를 큰 덩어리 또는 통째로 넣고 구워 익히는 방법

추가 설명

전자레인지 사용 시 주의할 점
- 식품은 반드시 랩으로 포장한다.
- 여러 가지 재료를 배합한 음식을 재가열할 때에는 데워지는 속도에 차이가 있다.
- 전자파가 인체에 닿지 않도록 주의한다.
- 사용 가능한 용기 : 도자기, 유리(경질의 파이렉스 등), 나무, 대나무, 종이, 플라스틱(폴리프로필렌, 테프론, 실리콘 수지 등)으로 된 용기
- 사용 불가능한 용기 : 금속 장식이 있는 식기, 칠기, 열에 약한 플라스틱(폴리에틸렌, 비닐, 멜라민, 요소 수지 등)으로 된 용기

㉠ 효모를 이용한 발효식품 : 빵, 술 등
㉡ 유산균을 이용한 발효식품 : 김치, 요구르트 등
㉢ 미생물을 이용한 아미노산 발효 중 생성되는 글루탐산나트륨(MSG)은 조미료로, 아미노산은 약품이나 식품의 영양 강화제로 이용되고 있다.

② 효소 이용
㉠ 고기를 연하게 하는 경우 : 배, 파인애플, 파파야 등에 들어 있는 단백질 가수분해효소를 이용
㉡ 식혜 : 엿기름에 들어 있는 전분 가수분해효소를 이용
㉢ 치즈 : 우유에 레닛(rennet)을 첨가

③ 첨가물 이용 : 대표적인 예로 두부를 들 수 있는데, 이것은 대두 단백질이 칼슘염이나 마그네슘염 용액에서 응고하는 성질을 이용한 것이다.

2 맛

우리는 감각기관을 통하여 음식의 외관, 냄새, 맛, 질감 등을 감지함으로써 음식의 맛(flavor)을 느끼게 된다. 음식의 맛은 냄새, 맛(미각), 입안에서의 느낌 등이 종합된 느낌이다.

(1) 맛

음식의 맛(taste, 미각)은 미뢰에 의하여 감지되는데, 미뢰는 혀의 유두의 상피세포에 있다. 미각의 기본이 되는 맛은 단맛, 짠맛, 신맛, 쓴맛의 네 가지(4원미)이며, 그 외의 맛은 이 네 가지 맛이 혼합되어 느껴지는 것이다.

① 단맛
㉠ 단맛은 대개 유기물질에 있는 히드록시기(-OH)에 의한다.
㉡ 천연식품 중의 단맛 성분 : 주로 다당류, 이당류, 당알코올, 일부 아미노산, 방향족 화합물, 알데히드 등이다.
㉢ 설탕
• 수크로오스는 단맛을 내는 대표적인 당이다.
• 설탕은 전분의 노화를 방지하며, 고농도일 때에는 방부작용을 하고 육류의 연화작용도 한다.
• 설탕은 빵과 과자를 만들 때에 비효소적인 갈변에 관여함으로써 빵의 풍미를 증진시킨다.

② 짠맛
㉠ 짠맛은 염의 이온에 의한다. 특히 음이온인 염소(Cl^-)가 짠맛을 내는데, 염소에 결합된 양이온에 따라 짠맛이 조금씩 달라진다.
㉡ 소금
• 소금의 주성분은 염화나트륨이고 그 외에 염화칼륨, 염화마그네슘, 염화칼슘, 황산마그네슘 등의 불순물이 섞여 있어 약간 쓴맛을 가진다.

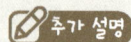
레닛(rennet)
레닌을 함유하는 응고 효소로, 우유에 작용하여 카세인으로 변화, 침전하게 한다.

인공 합성 감미제
• 아스파르템(aspartame)이 대표적이다.
• 둘신(dulcin), 사카린(saccharin), 시클라메이트(cyclamate)는 인체에 해로워 사용이 금지되어 있다.

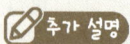
소금의 분류
불순물을 제거하는 정도에 따라 호염(천일염, 굵은소금), 재제염(꽃소금, 고운소금), 정제염으로 분류된다.

- 소금은 음식의 맛을 내는 기본적인 조미료이다.
- 소금은 방부, 탈수, 변색 방지, 조직의 견고성 유지, 다른 맛의 강화작용 등을 한다.
ⓒ 간장
- 재래식 간장의 이용 : 검은색이 옅고 단맛이 약하므로 맑은 장국을 끓일 때 사용한다.
- 개량식 간장의 이용 : 단맛이 강하고 색이 진해 식품을 조릴 때 사용한다.

③ 신맛
㉠ 신맛은 식품에 존재하는 수소이온(H^+)이나 산의 염에서 온다.
㉡ 신맛의 강도 : 총산도보다는 수소이온 농도에 의하나 신맛과 수소이온 농도가 반드시 평행하는 것은 아니다.
㉢ 식초
- 생선의 비린내를 없애 주고 탄력성을 부여한다.
- 초밥, 마늘 장아찌, 피클 등에서는 방부작용을 한다.
- 녹색채소에 산이 닿으면 녹황색으로 변하고, 붉은색 채소는 더욱 곱게 변하며, 백색 채소는 백색을 유지하여 더욱 선명하게 된다.

신맛의 성분
- 과일이나 채소의 주된 신맛 성분 : 유기산
- 조미료로 이용되는 식초의 주성분 : 아세트산

④ 쓴맛
㉠ 쓴맛을 내는 화합물 : 주로 알칼로이드(alkaloid)와 배당체이다. 예 차와 커피에 들어 있는 카페인, 코코아에 들어 있는 테오브로민은 쓴맛을 내는 알칼로이드, 감귤류에는 플라보노이드의 배당체인 나린진
㉡ 쓴맛은 단맛·신맛·짠맛에 비하면 미각을 느낄 때까지의 시간이 길고, 또 맛이 오래 남아 가시지 않는다.

역치 농도
입안에서 어떤 물질의 맛을 감지해 낼 수 있는 농도를 그 물질의 역치 농도라고 한다. 일반적으로 네 가지 기본 맛 중 단맛은 가장 농도가 높을 때 느껴지고, 다음으로 짠맛, 신맛, 쓴맛의 순으로 농도가 낮을 때 입안에서 그 맛이 감지된다.

⑤ 매운 맛
㉠ 맵다고 느끼는 감각은 미각이라기보다는 생리적인 통각이다. 즉, 미각신경을 강하게 자극함으로써 느껴지는 기계적 자극현상이다.
㉡ 매운맛 성분 : 고추, 후추, 생강 등의 매운맛 성분은 비휘발성이고, 겨자, 마늘, 파, 양파 등의 매운맛 성분은 휘발성이다.
- 고추의 매운맛 성분 : 캡사이신(capsaicine)으로, 방부작용도 하고 있다.
- 후추의 매운맛 성분 : 차비신(chavicine)이며, 고기의 누린내나 생선의 비린내를 없애 주고, 식욕을 돋우어 준다.
- 겨자, 무, 캐비지 등의 매운맛 성분 : 조직 중에 있는 시니그린(sinigrin)이 미로시나아제(myrosinase)에 의하여 가수분해되어 생성되는 이소티오시안산 알릴(Allyl isothiocyanate)이다.
- 생강의 매운맛 성분 : 진저롤(gingerole) 등으로, 생선의 비린내와 돼지고기의 누린내를 가리는 작용을 한다.
- 마늘의 매운맛 성분 : 마늘을 썰거나 다져서 조직을 파괴하면 알리나아제(allinase)에 의하여 매운맛과 냄새를 가신 알리신(allicin)으로 분해된다.

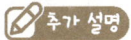

매운맛을 내는 식품
고추, 후추, 겨자, 생강, 마늘, 파 등이 있는데, 이런 식품은 일반적으로 매운맛과 함께 향기를 가지므로 향신료라고 한다.

- 파의 매운맛 성분 : 여러 가지 저분자량의 황화합물을 함유해 강한 매운맛을 가진다.

⑥ 구수한 맛
  ㉠ 구수한 맛을 내는 성분 : MSG(monosodium glutamate)나 IMP(inosine-5'-monophosphate) 또는 GMP(guanine-5'-monophosphate)가 있다. 구수한 맛 성분들은 공업적으로 제조되어 화학 조미료로 사용되고 있다.
    - MSG : 다시마, 김, 된장, 간장에는 유리아미노산인 글루탐산이 다량 함유되어 있다.
    - IMP : 가쓰오부시, 멸치 또는 각종 육류에 다량 함유되어 있다.
    - GMP : 마른 표고버섯에 다량 함유되어 있다.
  ㉡ 복합 조미료 : 핵산계 조미료(IMP, GMP)와 MSG를 혼합한 제제로, 미량으로도 강한 정미력을 나타내는 동시에 독특한 감칠맛을 얻을 수 있다.

⑦ 떫은맛
  ㉠ 떫다고 느끼는 감각은 식물체 중의 타닌(tannin)류가 입안에 표피 단백질을 응고시켜 일어나는 신경의 마비 또는 수축에 의한 것이다.
  ㉡ 찻잎의 떫은맛 성분: 주로 카테킨(catechin)과 갈산(gallic acid)에 의한 것이다.
  ㉢ 커피의 떫은맛 성분 : 클로로젠산(chlorogenic acid)에 의한 것이다.
  ㉣ 덜 익은 감의 떫은맛 성분 : 시부올(shibuol) 때문인데, 수확 후에 더운 식염수에 담가 두거나 이산화탄소 중에 밀봉하여 두면 떫은맛이 없어진다.

(2) 냄새

① 한 가지 냄새만이 아니라 여러 가지 냄새를 내는 물질들이 합쳐서 어떤 음식의 독특한 냄새를 이룬다.
② 냄새를 감지하는 곳 : 콧속 깊이 위치하고 있는 후각상피세포로서, 여기에는 수많은 후각세포가 있다.
③ 냄새의 감지 과정 : 휘발성 냄새 물질의 분자가 후각기관의 감각 수용기에 닿아 후각세포를 자극하면 그 신호가 뇌에 전달됨으로써 인지된다.
④ 사람의 후각은 다른 감각기관에 비해 쉽게 피로감을 느낀다.

03 조리와 질

1 위생적인 면

(1) 식중독

① 식중독의 정의 : 식품 또는 물의 섭취에 의해 발생되었거나 발생된 것으로 생각되는 감염성 또는 독소형 질환이다.
② 식중독의 분류 : 원인에 따라 세균성 식중독(독소형·세균형)과 바이러스성 식중독, 자연

맛의 성분

- 구수한 맛을 내는 성분 : MSG(monosodium glutamate), IMP(inosine-5'-monophosphate), GMP(guanine-5'-monophosphate)
- 떫은 맛을 내는 성분 : 찻잎의 떫은맛 성분(카테킨과 갈산), 커피의 떫은맛 성분(클로로젠산), 덜 익은 감의 떫은맛 성분(시부올)

독 식중독(동물성·식물성·곰팡이), 화학적 식중독으로 구분한다.

(2) 기생충 질환

① 기생충의 감염양식 : 경구감염, 경피감염 및 태반감염 등으로 대별되며, 이 중 식품위생과 밀접한 관계가 있는 것은 식품을 통한 경구감염이다.

② 기생충 질환 예방 시 주의사항
  ㉠ 육류, 어패류는 충분히 가열 조리하여 섭취한다.
  ㉡ 물은 반드시 끓여 먹고, 과일이나 채소 등은 흐르는 물에 철저히 세척한다.
  ㉢ 손을 항상 깨끗이 씻고 식기, 행주, 도마 등도 항상 청결하게 유지한다.
  ㉣ 인분을 비료로 사용하는 것을 금하고, 기생충란을 사멸 또는 배제시킨다.
  ㉤ 정기적으로 검변하여 조기에 구충하고 바퀴, 파리 등의 해충을 구제한다.

(3) 감염병

① 경구 감염병
  ㉠ 경구 감염병의 정의 : 감염자의 변이나 구토물이 감염원이 되어 식품이나 식수를 통해 전염되는 질병으로, 소화기계 감염병이라고 한다.
  ㉡ 경구 감염병의 병원체 : 세균, 바이러스, 기생충 등
  ㉢ 경구감염병의 예방대책
    • 환자나 보균자의 조기 발견에 유의하고 필요에 따라 격리시킨다.
    • 식품·상수도·우물물 등의 분뇨오염에 대한 관리를 철저히 한다.
    • 식품의 제조·취급·조리에 사용하는 용기·기구·식기의 세척과 소독을 철저히 한다.
    • 위생적으로 처리된 물을 사용한다.
    • 식품조리 종사자에 대한 위생교육을 철저히 한다.
    • 쥐, 파리, 바퀴 등의 침입을 방지, 구제한다.
    • 신선한 식품 재료를 선택하여 위생적으로 처리한다.

② 인수 공통 감염병
  ㉠ 인수 공통 감염병의 정의 : 사람과 가축의 양쪽에 이환되는 감염병을 말하며, 이 중에서도 특히 동물로부터 사람에게 감염되는 병을 말한다.
  ㉡ 인수 공통 감염병의 발생경로 : 감염병에 이환된 동물과 접촉함으로써 발생하며, 주로 이환동물의 고기, 우유, 알 등을 섭취함으로써 사람에 감염되는 경우가 많다.
  ㉢ 인수 공통 감염병의 예방법 : 우유 등은 충분히 살균하여야 하며, 이환동물을 가능한 한 초기에 발견해서 격리시켜 치료하거나 도살하여 사체를 태워 없앤다.

2 영양적인 면

(1) 준비 단계

추가 설명

기생충 감염과 관련 식품
- 폐흡충 : 참게 등의 담수게, 가재
- 간흡충 : 붕어 등의 담수어
- 요코가와 이형흡충 : 은어
- 광절열두조충 : 송어
- 유극악구충 : 가물치
- 아니사키스 : 대구, 청어, 고등어 등의 해수어
- 만손열두조충 : 개구리, 뱀, 닭
- 무구조충 : 소
- 유구조충 : 돼지
- 장관기생원충 : 채소류
- 회충, 구충 : 채소류

추가 설명

대표적인 경구 감염병
콜레라, 세균성 이질, 장티푸스, 파라티푸스, 폴리오 등

① 식품은 우선 다듬고 씻고 썰어서 음식을 만든다.
② 영양소의 손실량: 단면이 크면 클수록, 물에 접촉하는 시간이 길면 길수록 커진다.

(2) 물에 담그기

① 곡류나 두류 또는 건조식품은 가열 조리하기 전에 흔히 '불린다'라고 하는, 물에 담그는 과정을 거친다.
② 흡수 속도는 물의 온도가 높을수록 빠르다.

(3) 가열 조리 방법

① 찌기
  ㉠ 찌는 방법 : 보통의 방법으로 증기에 찌는 방법과 압력을 가해 100℃ 이상의 온도로 높여서 시간을 단축시켜 찌는 방법이 있다.
  ㉡ 증기에 찌는 방법 : 물에 삶는 것보다 수용성 성분의 손실은 적지만 조리 시간이 길어지게 되므로 열에 의한 비타민 등의 파괴나 색소의 변화는 피할 수가 없다.
  ㉢ 압력솥을 이용해 찌는 방법 : 조리 시간을 단축할 수 있어 색, 영양소, 맛 성분을 최대한으로 보유하기에 좋은 방법이며, 조리 시간이나 연료 소모 면에서도 경제적인 방법이다.

② 삶기 또는 데치기
  ㉠ 식품을 물에 넣고 끓이는 방법으로서 수용성 물질의 손실이 가장 크다.
  ㉡ 일반적으로 조리 온도가 높을수록, 조리 수의 양이 많을수록 그리고 조리 시간이 길수록 비타민 C와 같은 수용성 영양소의 손실이 크다.
  ㉢ 녹색 채소는 데친 후 빨리 찬물에 헹군다.

③ 볶기
  ㉠ 장점 : 수용성 성분의 손실이 없고, 식품의 색·향을 보유하고 기름진 풍부한 맛을 더해서 맛을 높인다.
  ㉡ 단점 : 대개 잘게 썰어 볶으므로 산화와 열에 의한 영양성분의 파괴가 일어난다.

④ 굽기
  ㉠ 장점 : 수용성 성분의 용출이 적고 또 가열함으로써 열에 의해 분해된 것도 표피 가까운 조직 속에 보유되며, 조리시간이 짧다.
  ㉡ 단점 : 열에 약한 성분의 파괴가 매우 크며, 식품 속의 지질이 녹아서 흘러나오게 된다.

⑤ 튀기기 : 기름에 넣어 튀기는 것이다.
  ㉠ 장점 : 식품에 기름의 향미(flavor)가 가해지며, 수용성 성분의 손실이 없고 또 조리 시간이 짧아서 영양소의 손실도 적다.
  ㉡ 단점 : 식품 중의 수분은 탈수되는 대신 기름을 흡수하므로 칼로리가 높아진다.

⑥ 기름에 지지기 : 비교적 영양소의 손실이 없는 좋은 조리법이다.

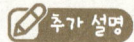

추가 설명
볶기
음식 재료를 수분이 없는 상태에서 열을 가하여 이리저리 자주 저으면서 익히는 방법이다.

추가 설명
굽기
수분이 없는 상태에서 직접 불에 굽거나 오븐 속의 건열로 익히는 방법이다.

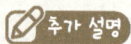

추가 설명
튀기기
다량의 기름에서 160~190℃의 고온으로 가열하는 방법이다.

3 관능적인 면

(1) 식품의 색
식품에 함유되어 있는 천연색소로는 엽록소(chlorophyll), 안토잔틴(anthoxanthin), 안토시아닌(anthocyanin), 카로티노이드(carotinoid), 헴(heme) 색소가 있다.

① 엽록소(chlorophyll)
- ㉠ 엽록소는 광합성이 가장 중요한 요소로, 빛에서 에너지를 흡수하여 이산화탄소를 탄수화물로 전환시킨다.
- ㉡ 채소를 데치거나 삶으면 엽록체와 액포의 막이 파괴되어 엽록소와 유기산이 서로 반응을 하게 되므로 녹색을 띤 엽록소는 녹황색을 띤 페오피틴(pheophytin)으로 변한다.
- ㉢ 녹색채소를 데칠 때 소금을 첨가할 경우 나타나는 현상 : 색이 선명해지고 엽록소의 용출이 줄어들며 비타민 C의 산화도 억제된다.
- ㉣ 녹색채소를 데칠 때 식소다를 첨가할 경우 나타나는 현상 : 녹색을 선명하게 유지할 수 있으나 비타민 C를 쉽게 파괴시키며, 채소가 뭉그러지기 쉽다.

② 안토잔틴(anthoxanthin)
- ㉠ 마늘, 양파, 무, 연근, 죽순, 콩나물, 숙주 등에 함유되어 있는 백색 색소이다.
- ㉡ 조리할 때 산을 넣으면 색이 더 희어지고, 알칼리성 물질이 닿으면 황색 또는 황갈색으로 변한다.

③ 안토시아닌(anthocyanin)
- ㉠ 딸기, 자두, 포도, 가지 등의 과일과 채소에 함유되어 있는 적색, 적자색의 색소이다.
- ㉡ 산성에서는 적색, 알칼리성에서는 청색으로 변하며, 철·주석·알루미늄 등의 금속이온과 반응하면 색이 짙어진다.

④ 카로티노이드(carotinoid)
- ㉠ 고추, 당근, 옥수수 등의 황색, 주황색 및 적색을 띠는 지용성 색소이다.
- ㉡ 분자 내에 산소를 함유하지 않는 카로틴류와 산소를 함유하는 크산토필류로 구분된다.
- ㉢ 물에 녹지 않고, 알칼리에는 안정하나 산에 대해서는 불안정하다.
- ㉣ 공기가 없으면 열에 대해서도 안정하나, 공기가 있으면 상온에서도 산화되기 쉽다.

⑤ 헴(heme)
- ㉠ 미오글로빈과 헤모글로빈은 모두 산소와 가역적으로 결합할 수 있는 헴(heme)을 가지고 있는 색소 단백질이다.
- ㉡ 미오글로빈 또는 헤모글로빈 산화과정 : 어두운 붉은색의 미오글로빈 또는 헤모글로빈은 산소와 결합하면 선명한 붉은색의 옥시미오글로빈 또는 옥시헤모글로빈으로 되며 계속 공기와 접촉하면 암갈색의 메트미오글로빈 또는 메트헤모글로빈으로 산화한다.

(2) 갈변반응
① 효소적 갈변반응

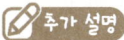

추가 설명
식품에 함유되어 있는 천연색소
- 엽록소(chlorophyll)
- 안토잔틴(anthoxanthin)
- 안토시아닌(anthocyanin)
- 카로티노이드(carotinoid)
- 헴(heme)

추가 설명
식소다를 넣어서 만든 식빵이 엷은 황갈색을 띠는 이유
밀가루의 안토잔틴이 알칼리성인 식소다에 의하여 황갈색으로 변색되기 때문이다.

㉠ 식품(과일이나 채소)의 단면이 공기 중에 노출되면 페놀 물질들이 산소와 접촉하게 되고, 효소반응이 진행되어 갈색 물질이 형성된다.
㉡ pH의 강하
- 유기산을 첨가하여 pH를 낮추면, 페놀 물질을 산화하는 효소의 활성을 저하시키거나 불활성화시킬 수 있다.
- 과일의 갈변을 방지하는 데 적합하다.

㉢ 온도 조절(가열과 냉장)
- 가열 : 효소는 단백질로 구성되어 있으므로 가열에 의하여 쉽게 불활성화된다.
- 냉장법 : 낮은 온도에서 냉장해도 효소의 활성을 저하시킬 수 있다(일시적).

㉣ 환원제 처리
- 갈변 억제에 이용되고 있는 환원성 물질 : 아황산가스, 아황산염 등
- 아황산가스는 농도를 조절하기 어렵고 또 가스 자체가 부식성이 있기 때문에 아황산염 용액에 과일이나 채소를 담그는 방법을 이용한다.

㉤ 산소의 배제 : 식품을 밀폐된 용기에 넣기, 공기의 제거, 공기 대신에 이산화탄소나 질소가스로 대체 등이다. **예** 껍질 벗긴 감자나 우엉, 연근 등을 물에 담가 두거나 껍질을 깎은 과일에 설탕을 뿌리거나 시럽에 담그는 것

② 비효소적 갈변반응
㉠ 캐러멜화 반응
- 높은 온도에서 가열한 당이 분해되어 일어나는 갈변반응으로, 당 함량이 많은 식품들을 가열하거나 가공할 때에 흔히 일어난다.
- 캐러멜은 가공식품의 착색 또는 착향에 이용된다.

㉡ 아미노-카보닐 반응
- 대부분의 식품은 당류 외에 유리아미노산, 단백질 등을 다소라도 함유하고 있으므로, 가공·조리 또는 저장 중에 가장 많이, 쉽게 일어나는 비효소적 갈변반응이다.
- 아미노-카보닐 반응은 식품의 색뿐만 아니라 맛, 냄새 등에도 큰 영향을 준다.

㉢ 아스코르브산의 산화에 의한 갈변반응
- 아스코르브산은 강한 환원력을 가지고 있으므로 효과적인 항산화제, 갈변 방지제이다.
- 문제점 : 아스코르브산이 비가역적으로 산화된 후에는 그 자체가 갈변반응을 수반하는 산화과정에 들어가게 된다.

(3) 식품의 관능평가
① 특징 : 관능평가는 계획된 조건 하에서 여러 사람들의 감각을 통해서 제품의 질을 판단하고 보편타당성이 있는 결론을 얻어내는 것이다.
② 식품의 관능평가의 장·단점

추가 설명
효소에 의한 갈변이 일어나기 위한 조건
효소, 기질(페놀 물질), 산소가 모두 갖추어져야 한다.

추가 설명
캐러멜화 반응의 특징
분해산물들이 중합반응을 거쳐 캐러멜이라는 분자량이 큰 갈색 중합체를 형성한다.

- ㉠ 장점 : 오감을 가지고 실시하므로 간편하고 신속하다.
- ㉡ 단점 : 개인차가 심하므로 결과의 정밀도가 떨어진다.
③ 관능평가의 종류
- ㉠ 차이조사 : 음식의 특징적인 차이를 감지·평가하는 방법으로, 8~9명의 훈련된 평가원이 관능검사실에서 오전 10시 또는 오후 3시에 실시한다.
- ㉡ 기호조사 : 새로운 음식을 개발했을 때, 시판에 앞서 훈련받지 않은 수백~수천 명의 일반 소비자를 대상으로, 그 음식이 먹음직스러운가 그렇지 못한가를 조사하는 방법이다.

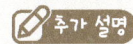

차이조사법
2점 비교법, 3점 검사법, 1대2점 검사법, 순위법, 채점법 등 여러 가지 방법이 있다.

실전예상문제

1 다음 중 조리의 의의에 대한 설명으로 옳지 않은 것은?
① 음식을 먹을 때 항상 영양적인 면이 우선 고려되어야 한다.
② 산업의 발달에 따라 식품가공업이 발달하여 음식의 질과 맛을 추구하게 되었다.
③ 조리 과정이란 식품을 먹을 수 있는 음식으로 만드는 최종 단계이다.
④ 문명의 발달과 더불어 조리기구의 개발에 의해 조리는 훨씬 다양하게 발전되었다.

해설 우리는 건강과 생명을 유지하기 위해서 매일 식품을 섭취하지 않으면 안 된다. 그러나 음식을 먹을 때 항상 영양학적인 면을 우선적으로 고려하여 선택하지는 않는다.

2 다음 중 조리의 목적이라 볼 수 없는 것은?
① 식품의 기호성 향상
② 이용성 증대
③ 영양성 및 소화 흡수율 향상
④ 안전성 향상

해설 조리의 목적 : 식품의 기호성 향상, 영양성 및 소화 흡수율 향상, 안전성 향상

3 다음 중 물리적 조리방법에 의한 예가 아닌 것은?
① 생채
② 샐러드
③ 치즈
④ 겉절이

해설 물리적 조리방법 : 물로 씻거나 우려내거나 칼로 썰거나 혼합 또는 교반하거나 압축하거나 하는 조리방법으로, 열을 가하지 않으므로 생조리라고도 한다. 예 생채, 겉절이, 회, 화채, 샐러드, 아이스크림 등

4 다음 중 가열 조리의 효과에 대한 설명으로 옳지 않은 것은?
① 맛이 증진된다.
② 색을 일정하게 유지할 수 있다.
③ 식품의 저장 수명이 연장된다.
④ 식품의 텍스처를 조절할 수 있다.

해설 가열 조리의 효과
• 맛이 증진되고 병원균·기생충 알 등을 살균할 수 있고 식품의 부패도 막을 수 있다.
• 소화율과 영양가 높아지고 식품의 저장 수명이 연장된다.
• 식품의 텍스처를 조절할 수 있고 색을 변화시킬 수도 있다.

5 다음 중 건열 조리법에 해당되지 않는 것은?

① 베이킹　　　② 브로일링　　　③ 로스팅　　　④ 시머링

해설 건열조리법 : 공기를 매체로 하여 조리하는 방법으로, 이 방법에는 베이킹, 브로일링, 팬브로일링, 로스팅 등이 있다.

6 오븐에 음식을 넣어 오븐의 복사열과 뜨거운 공기의 대류로 음식을 익히는 방법은?

① 베이킹　　　② 브로일링　　　③ 로스팅　　　④ 브레이징

해설 베이킹 : 오븐에 음식을 넣어 오븐의 복사열과 뜨거운 공기의 대류로 음식을 익히는 방법이다. 예 빵과 케이크, 쿠키, 페이스트리 등

7 스테이크, 바베큐, 각종 생선구이, 더덕구이 등에 쓰이는 조리방법은?

① 베이킹　　　② 브로일링　　　③ 로스팅　　　④ 브레이징

해설 브로일링 : 직접 불에 노출시켜 굽는 방법이다. 예 스테이크와 바베큐, 불고기, 각종 생선구이, 더덕구이 등

8 식품을 살짝 볶아 식품이 잠길 정도만큼 물을 붓고 삶는 조리방법은?

① 브로일링　　　② 브레이징　　　③ 스튜잉　　　④ 시머링

해설 끓이기의 방법
- 보일링(boiling) : 식품이 푹 잠길 정도로 물을 붓고 삶는 방법
- 브레이징(braising) : 식품을 살짝 볶아 식품이 잠길 정도만큼 물을 붓고 푹 끓이는 방법
- 스튜잉(stewing) : 적은 양의 물에서 장시간 끓이는 방법
- 시머링(simmering) : 90℃ 정도의 온도에서 서서히 끓이는 방법

9 다음 중 적은 양의 물에서 장시간 끓이는 방법은?

① 팬브로일링(pan broiling)　　　② 브로일링(broiling)
③ 로스팅(roasting)　　　　　　　④ 스튜잉(stewing)

해설 문제 8번 해설 참조

정답 1.❶　2.❷　3.❸　4.❷　5.❹　6.❶　7.❷　8.❷　9.❹

10 물의 끓는점 이하에서 식품의 모양을 그대로 보존하면서 익히는 방법은?

① 브레이징 ② 스튜잉 ③ 보일링 ④ 수란법

해설 수란법 : 서양 음식에서는 포칭(poaching)이라고 하는 것으로, 물의 끓는점 이하에서 식품의 모양을 그대로 보존하면서 익히는 방법이다. 예 생선이나 달걀 조리에 많이 이용

11 다음 중 습열 조리법에 해당하지 않는 것은?

① 로스팅 ② 스튜잉 ③ 수란법 ④ 시머링

해설 습열 조리법 : 물을 매체로 하여 조리하는 방법으로, 물의 양 또는 온도에 따라서 끓이기, 데치기(보일링, 브레이징, 스튜잉, 시머링 등), 수란법 등 다양한 조리방법이 있다.

12 전자레인지 조리의 특징이라 볼 수 없는 것은?

① 조리 시간이 짧다.
② 식품의 중량이 증가한다.
③ 갈변현상이 일어나지 않는다.
④ 다량의 식품을 조리할 수 없다.

해설 전자레인지 조리의 특징
- 조리 시간이 짧다.
- 식품의 중량이 많이 감소한다.
- 다량의 식품을 조리할 수 없다.
- 식품을 먹을 그릇에 담은 채 직접 조리할 수 있다.
- 갈변현상이 일어나지 않는다.
- 조리실의 온도가 오르지 않는다.

13 전자레인지 사용 시 주의할 점으로 옳지 않은 것은?

① 식품은 반드시 뚜껑을 덮고 조리한다.
② 도자기, 대나무로 된 용기는 사용할 수 있다.
③ 금속 장식이 있는 식기, 철기로 된 용기는 사용할 수 없다.
④ 여러 가지 재료를 배합한 음식을 재가열할 때는 데워지는 속도에 차이가 있다.

해설 전자레인지 사용 시 주의할 점
- 식품은 반드시 랩으로 포장한다.
- 여러 가지 재료를 배합한 음식을 재가열할 때에는 데워지는 속도에 차이가 있다.
- 전자파가 인체에 닿지 않도록 주의한다.
- 도자기, 유리(경질의 파이렉스 등), 나무, 대나무, 종이, 플라스틱(폴리프로필렌, 테프론, 실리콘 수지 등)으로 된 용기는 사용할 수 있다.

- 금속 장식이 있는 식기, 칠기, 열에 약한 플라스틱(폴리에틸렌, 비닐, 멜라민, 요소 수지 등)으로 된 용기는 사용할 수 없다.

14 다음 중 전분가수분해 효소를 이용한 식품은?

① 김치　　② 치즈　　③ 요구르트　　④ 식혜

해설 식혜 : 엿기름에 들어 있는 전분 가수분해효소에 의하여 쌀 전분의 일부를 말토오스와 글루코오스로 가수분해시킨 후 그 물에 그 밥알을 띄워서 먹는 음식이다.

15 미생물을 이용한 아미노산 발효 중 조미료로 이용되는 것은?

① 유산균　　② 효모
③ 글루탐산나트륨　　④ 레닛

해설 미생물을 이용한 아미노산 발효 중 생성되는 글루탐산나트륨(MSG)은 조미료로, 아미노산은 약품이나 식품의 영양 강화제로 이용되고 있다.

16 신맛은 식품에 존재하는 무엇에 기인하는가?

① 염기　　② 히드록시기
③ 수소이온　　④ 알칼로이드

해설 신맛은 식품에 존재하는 수소이온(H+)이나 산의 염에서 온다. 신맛의 강도는 총산도보다는 수소이온 농도에 의한다. 그러나 신맛과 수소이온 농도가 반드시 평행하는 것은 아니다.

17 다음 중 식초의 작용에 대한 설명으로 옳지 않은 것은?

① 방부작용을 한다.　　② 녹색채소를 녹황색으로 변화시킨다.
③ 생선의 비린내를 없애 준다.　　④ 백색채소를 황색으로 변화시킨다.

해설 식초는 음식의 색에도 영향을 미쳐 녹색채소에 산이 닿으면 녹황색으로 변하고, 붉은색채소는 더욱 곱게 변하며, 백색채소는 백색을 유지하여 더욱 선명하게 된다.

정답 10.④　11.①　12.②　13.①　14.④　15.③　16.③　17.④

18 다음 중 소금의 작용에 대한 설명으로 옳지 않은 것은?

① 방부 ② 변색 촉진 ③ 탈수 ④ 맛의 강화

해설 소금은 음식의 맛을 내는 가장 기본적인 조미료이다. 그 외에 소금은 방부, 탈수, 변색 방지, 조직의 견고성 유지, 다른 맛의 강화작용 등 여러 가지 역할을 한다.

19 재래식 간장에 대한 설명으로 옳은 것은?

① 검은색이 진하다.
② 단맛이 강하다.
③ 맑은 장국을 끓일 때 사용한다.
④ 식품을 조릴 때 사용한다.

해설 재래식 간장은 검은색이 엷고 단맛이 약하므로 맑은 장국을 끓일 때 사용하고, 개량식 간장은 단맛이 강하고 색이 진하므로 식품을 조릴 때 사용하는 것이 좋다.

20 다음 중 현재 사용되고 있는 인공 합성 감미제는?

① 아스파르템 ② 둘신
③ 사카린 ④ 시클라메이트

해설 현재 사용되고 있는 인공 합성 감미제의 대표적인 예로 아스파르템(aspartame)을 들 수 있다. 과거에 인공적으로 합성되어 사용되었던 둘신(dulcin), 사카린(saccharin), 시클라메이트(cyclamate)는 인체에 해롭다는 사실이 밝혀져 지금은 사용이 금지되어 있다.

21 다음 중 역치(threshold) 농도가 가장 높은 것은?

① 짠맛 ② 신맛 ③ 쓴맛 ④ 단맛

해설 역치 농도 : 입안에서 어떤 물질의 맛을 감지해 낼 수 있는 농도로, 일반적으로 네 가지 기본 맛 중 단맛은 가장 농도가 높을 때 느껴지고, 다음으로 짠맛, 신맛, 쓴맛의 순으로 농도가 낮을 때 입안에서 그 맛이 감지된다.

22 다시마, 김, 된장, 간장에 들어 있는 구수한 맛을 내는 것은?

① MSG ② IMP ③ GMP ④ 복합 조미료

해설 다시마, 김, 된장, 간장에는 유리아미노산인 글루탐산이 다량 함유되어 있어 대표적인 구수한 맛 성분인 MSG의 역할을 한다.

23 다음 식품 중 매운맛 성분이 휘발성인 것은?
　① 고추　　　　　　　　　② 마늘
　③ 후추　　　　　　　　　④ 생강

　해설　고추, 후추, 생강 등의 매운맛 성분은 비휘발성이고, 겨자, 마늘, 파, 양파 등의 매운맛 성분은 휘발성이다.

24 다음 중 후추의 매운맛 성분은?
　① 캡사이신　　　　　　　② 차비신
　③ 시니그린　　　　　　　④ 진저롤

　해설　후추의 매운맛 성분 : 차비신(chavicine)이며, 고기의 누린내나 생선의 비린내를 없애 주고, 식욕을 돋우어 준다.

25 매운맛 성분과 식품을 바르게 연결한 것은?
　① 고추 — 캡사이신　　　② 겨자 — 차비신
　③ 후추 — 진저롤　　　　④ 파 — 알리신

　해설　식품과 매운맛 성분 : 고추-캡사이신, 후추-차비신, 겨자-이소티오시안산 알릴, 생강-진저롤, 마늘-알리신, 파-저분자량 황화합물

26 다음 중 진저롤(gingerole)을 매운맛 성분으로 가지고 있는 것은?
　① 마늘　　② 파　　③ 생강　　④ 고추

　해설　생강의 매운맛 성분인 진저롤(gingerole) 등은 생선의 비린내와 돼지고기의 누린내를 가리는 작용을 한다.

27 덜 익은 감의 떫은맛의 성분은?
　① 카테킨　　② 갈산　　③ 클로로젠산　　④ 시부올

　해설　덜 익은 감의 떫은맛은 시부올(shibuol) 때문인데, 수확 후에 더운 식염수에 담가 두거나 이산화탄소 중에 밀봉하여 두면 떫은맛이 없어진다.

정답　18.❷　19.❸　20.❶　21.❹　22.❶　23.❷　24.❷　25.❶　26.❸　27.❹

28 은어회를 날로 먹고 감염될 가능성이 큰 기생충은?

① 요코가와 이형흡충
② 유극악구충
③ 무구조충
④ 폐흡충

해설 기생충 감염과 관련 식품

기 생 충	식 품	기 생 충	식 품
폐흡충	참게 등의 담수게, 가재	아니사키스	대구, 청어, 고등어 등의 해수어
간흡충	붕어 등의 담수어	무구조충	소
요코가와 이형흡충	은어	유구조충	돼지
광절열두조충	송어	장관기생원충	채소류
유극악구충	가물치	회충, 구충	채소류
만손열두조충	개구리, 뱀, 닭		

29 기생충의 감염양식 중 식품위생과 밀접한 관계가 있는 것은?

① 경구감염
② 경피감염
③ 태반감염
④ 공기감염

해설 기생충의 감염양식 : 경구감염, 경피감염 및 태반감염 등으로 대별할 수 있는데, 이 중 식품위생과 밀접한 관계가 있는 것은 식품을 통한 경구감염이다.

30 대표적인 경구 감염병이 아닌 것은?

① 콜레라
② 장티푸스
③ 폴리오
④ 일본뇌염

해설 경구 감염병의 병원체는 세균, 바이러스, 기생충 등이며, 대표적인 경구 감염병으로는 콜레라, 세균성 이질, 장티푸스, 파라티푸스, 폴리오 등이 있다.

31 경구 감염병의 기본적인 예방대책에 대한 설명으로 옳지 않은 것은?

① 환자 또는 보균자의 조기 발견에 유의하고 필요에 따라 격리시킨다.
② 위생적으로 처리된 물을 사용한다.
③ 쥐, 파리, 바퀴 등의 침입을 방지, 구제한다.
④ 이환동물을 가능한 초기에 발견해서 격리시킨다.

해설 ④는 인수 공통 감염병의 예방대책이다.

32 다음 중 비타민 C와 같은 수용성 영양소의 손실이 큰 경우가 아닌 것은?
① 조리 시간이 짧을수록
② 조리 수의 양이 많을수록
③ 조리 시간이 길수록
④ 조리 온도가 높을수록

해설 일반적으로 조리 온도가 높을수록, 조리 수의 양이 많을수록, 조리 시간이 길수록 비타민 C와 같은 수용성 영양소의 손실이 크다. 그러므로 가급적 적은 양의 물에서 짧은 시간 조리하는 것이 좋다.

33 다음 중 녹색채소를 데칠 때 중성염인 소금을 첨가할 경우 나타나는 현상이 아닌 것은?
① 색이 선명해진다.
② 채소가 뭉그러지기 쉽다.
③ 엽록소의 용출이 줄어든다.
④ 비타민 C의 산화가 억제된다.

해설 녹색채소를 데칠 때 중성염인 소금을 첨가하면, 색이 선명해지고 엽록소의 용출이 줄어들며 비타민 C의 산화도 억제된다.

34 자두, 딸기, 포도, 가지 등의 과일과 채소에 함유되어 있는 색소는?
① 카로티노이드
② 안토시아닌
③ 안토잔틴
④ 헴

해설 안토시아닌은 자두, 포도, 딸기, 가지 등의 과일과 채소에 함유되어 있는 적색, 적자색의 색소로서, 산성에서는 적색, 알칼리성에서는 청색으로 변한다.

35 식소다를 넣어서 만든 식빵이 엷은 황갈색을 띠는 현상과 관계가 있는 색소는?
① 카로티노이드
② 안토시아닌
③ 안토잔틴
④ 헴

해설 식소다를 넣어서 만든 식빵이 엷은 황갈색을 띠는 이유 : 밀가루의 안토잔틴이 알칼리성인 식소다에 의하여 황갈색으로 변색되기 때문이다.

정답 28.❶ 29.❶ 30.❹ 31.❹ 32.❶ 33.❷ 34.❷ 35.❸

36 효소에 의한 갈변이 일어나기 위한 조건에 해당되지 않는 것은?
① 효소
② 페놀 물질
③ 수소
④ 산소

해설 효소에 의한 갈변이 일어나기 위한 조건 : 효소와 기질(페놀 물질), 그리고 산소가 모두 갖추어져야 한다.

37 껍질 벗긴 감자나 우엉, 연근 등을 물에 담가 두는 것이나 껍질을 깎은 과일에 설탕을 뿌리는 것은 어떠한 갈변 방지법을 이용한 것인가?
① pH 강하
② 산소의 배제
③ 환원제 처리
④ 온도 조절

해설 산소의 배제에 의한 갈변 방지법 : 식품을 밀폐된 용기에 넣거나 랩으로 싸서 공기를 제거하거나, 공기 대신에 이산화탄소(CO_2)나 질산가스(N_2)로 대체함으로써 갈변반응을 억제할 수 있다. 예 껍질 벗긴 감자나 우엉, 연근 등을 물에 담가 두는 것이나 껍질을 깎은 과일에 설탕을 뿌리거나 시럽에 담그는 것

38 당 함량이 많은 식품들을 가열하거나 가공할 때에 흔히 일어나는 갈변반응은?
① 아미노-카보닐 반응
② 아스코르브산의 산화에 의한 갈변반응
③ 캐러멜화 반응
④ 효소적 갈변반응

해설 캐러멜화 반응 : 높은 온도에서 가열한 당이 분해되어 일어나는 갈변반응으로, 당 함량이 많은 식품들을 가열하거나 가공할 때에 흔히 일어난다.

39 관능평가 중 차이조사에 대한 설명으로 옳은 것은?
① 일반 소비자를 대상으로 한다.
② 시판 후 평가하는 것이다.
③ 8~9명의 훈련된 평가원에 의해 실시된다.
④ 실험실이 아닌 야외에서 실시한다.

해설 관능평가
- 차이조사 : 8~9명의 훈련된 평가원을 사용하여 관능검사실에서 하는 것이다.
- 기호조사 : 훈련받지 않은 수백·수천 명의 일반 소비자를 대상으로 그 음식이 먹음직스러운지 그렇지 못한지를 조사하는 것이다.

정답 36.③ 37.② 38.③ 39.③

주관식

1 조리의 목적을 3가지 쓰시오.

2 효소를 이용한 발효과정을 거쳐서 조리하는 음식의 예를 각각 세 가지 들고 그 조직원리를 설명하시오.

3 미생물에 의한 발효과정을 거쳐서 조리하는 음식의 예를 각각 세 가지 들고 그 조직원리를 설명하시오.

4 가열 조리의 효과에 대하여 쓰시오.

Answer

1 식품의 기호성 향상, 영양성 및 소화 흡수율 향상, 안전성 향상

2 식혜는 엿기름에 들어 있는 전분 가수분해효소에 의하여 쌀 전분의 일부를 말토오스와 글루코오스로 가수분해시킨 후 그 물에 그 밥알을 띄워서 먹는 음료이다. 고기를 연하게 하려면 배, 파인애플, 파파야 등에 들어 있는 단백질 가수분해효소를 이용한다. 또한 우유에 레닛(rennet)을 첨가하여 응고시켜서 치즈를 만든다.

3 유산균을 이용한 발효식품으로는 김치, 요구르트 등이 있고, 효모를 이용한 발효식품의 예로는 빵, 술 등이 있다. 요즈음에는 미생물을 이용한 아미노산 발효 중 생성되는 글루탐산나트륨(MSG)은 조미료로, 아미노산은 약품이나 식품의 영양 강화제로 이용되고 있다.

4
- 식품을 가열 조리하면 맛이 증진되고, 병원균, 기생충 알 등을 살균할 수 있고 식품의 부패도 막을 수 있다.
- 소화율과 영양가가 높아지고, 식품의 저장 수명이 연장된다.
- 가열함으로써 식품의 텍스처를 조절할 수 있고, 색을 변화시킬 수도 있다.

5 끓이기의 방법과 그 특징을 설명하시오.

6 캐러멜화 반응에 대하여 설명하시오.

7 조리, 가공, 또는 저장하는 중에 일어나는 식품의 효소적 갈변을 방지하는 방법에 대해 설명하시오.

Answer

5
- 보일링(boiling) : 식품이 푹 잠길 정도로 물을 붓고 삶는다.
- 브레이징(braising) : 식품을 살짝 볶아 식품이 잠길 정도만큼 물을 붓고 푹 끓인다.
- 스튜잉(stewing) : 적은 양의 물에서 장시간 끓인다.
- 시머링(simmering) : 90℃ 정도의 온도에서 서서히 끓인다.

6 높은 온도에서 가열한 당이 분해되어 일어나는 갈변반응으로, 당 함량이 많은 식품들을 가열하거나 가공할 때에 흔히 일어난다.

7
- 온도 조절(가열과 냉장) : 효소는 단백질로 구성되어 있어서 가열하면 변성되어 효소의 활성을 잃는다. 효소는 상당히 높은 온도에서 불활성화되므로 가열법은 식품을 익혀도 무방할 때 이용할 수 있는 갈변 방지법이다. 이러한 원리에 의해 과일이나 채소를 가공, 저장하기에 앞서 데치기(blanching)를 한다. 낮은 온도에서 냉장해도 역시 효소의 활성을 저하시킬 수 있어 일시적으로 갈변을 방지할 수 있다.
- pH의 강하 : 효소가 가장 활발하게 작용할 수 있는 최적 pH에서 멀리 벗어나면 갈변이 억제된다. 즉 유기산을 첨가하여 pH를 낮추면, 페놀 물질을 산화하는 효소의 활성을 저하시키거나 불활성화시킬 수 있다. 채소를 산용액에 담그면 신맛으로 인해 채소 자체의 맛이 변하므로, 이 방법은 과일의 갈변을 방지하는 데 적합하다.
- 산소의 배제 : 갈변반응은 산소가 존재하지 않으면 원칙적으로 일어나지 않는다. 따라서 식품을 밀폐된 용기에 넣거나 랩으로 싸서 공기를 제거하거나, 공기 대신에 이산화탄소(CO_2)나 질소가스(N_2)로 대체함으로써 갈변반응을 억제할 수 있다. **예** 껍질 벗긴 감자나 우엉, 연근 등을 물에 담가 두는 것이나 껍질을 깎은 과일에 설탕을 뿌리거나 시럽에 담그는 것
- 환원제 처리 : 갈변반응은 본질적으로 산화반응이므로 환원성 물질을 이용하면 갈변반응을 억제할 수 있다. 실제로 갈변 억제에 이용되고 있는 환원성 물질로는 아황산가스, 아황산염 등이 있다. 그런데 아황산가스는 농도를 조절하기가 어렵고 또 가스 자체가 부식성이 있기 때문에 아황산염 용액에 과일이나 채소를 담그는 방법을 이용한다.

제3부 건강과 식품

03 식품과 위생

 단원 개요

식품을 섭취함으로써 인간은 생명 유지 및 성장에 필요한 탄수화물, 단백질, 지방, 무기질, 비타민 등의 영양성분을 얻고 있다. 이와 같이 식품은 생존을 위해 필수적이지만 때로는 미생물이나 여러 가지 화학물질들에 식품이 오염되어 오히려 건강에 위해를 주는 경우가 발생하게 된다. 또한 천연의 식품 조직 자체에 유독한 물질이 함유되어 있는 경우도 있다. 따라서 위생적인 식품의 관리 및 섭취가 매우 중요하다고 하겠다.
이 단원에서는 식품위생에서 문제가 유발되는 여러 요인들을 종류별로 나누어 살펴보고자 한다.

 출제 경향 및 수험 대책

이 단원에서는 분변오염지표균의 의미, 세균성 식중독의 종류와 특징 및 예방법, 화학성 식중독의 종류와 증세, 천연의 식물독·동물독·곰팡이독의 종류와 독성 원인 및 특징, 식품 알레르기의 원인과 대응 방안 등에 대해서 묻는 문제들이 출제되고 있는 바, 자세하고 철저한 학습이 요구된다.

3

01 식품과 미생물

1 미생물

① 미생물의 정의 : 크기가 매우 작아서 눈으로는 볼 수 없는 아주 작은 생물을 일컫는다.

② 미생물 중 식품과 관련 있는 것 : 세균, 곰팡이, 효모, 바이러스 등

③ 미생물의 종류 : 생태학적인 관점

  ㉠ 수생 미생물 : 물 속에 사는 세균들로서, 담수세균, 해수세균, 하수세균 등으로 나뉜다.
  ㉡ 토양 미생물 : 유기물 분해의 주역, 토지의 자기정화작용을 하는 세균, 곰팡이, 효모 등을 말한다.
  ㉢ 분변 미생물 : 사람이나 동물의 소화관 내에 서식하는 미생물로서 대부분은 세균이다. 분변은 소화기계 감염병이나 식중독의 감염원이 될 수 있다.
  ㉣ 공중 미생물(낙하균) : 토양이나 먼지로부터 유래하여 공기 중에 부유하는 미생물들로, 호흡기 계통의 감염병을 유발하는 세균이나 바이러스 등도 포함되어 있다.
  ㉤ 식물체 부착 미생물 : 곡류 및 두류 등의 표면에 부착한 곰팡이의 증식에 의해 형성된 곰팡이독(mycotoxin)이 있다.

2 분변오염지표균

① 분변오염 : 사람이나 동물의 배설물에 의한 토양, 하천, 저수지 등의 오염을 의미하며, 물이나 식품의 오염 여부를 검사하는 지표가 된다.

② 식품의 분변오염 : 소화기계 감염병, 인수(人獸) 공통 감염병, 세균성 식중독 등의 감염 위험의 가능성을 의미한다.

③ 분변오염지표균 : 미량의 분변오염 여부를 밝히기 위해 분변 중에 다수 존재하는 세균을 오염지표로 이용하여 검사하는데, 이와 같은 세균을 분변오염지표균이라 한다.

④ 분변오염지표균으로 쓰이는 세균 : 대장균군, 장구균 등이 있다.

02 식중독

1 세균성 식중독

세균성 식중독이란 세균이 다량 증식된 식품을 섭취했을 때 유발되는 급성 위장염 증세를 나타내는 증후군을 의미한다.

(1) 감염형 세균성 식중독

① 살모넬라 식중독

  ㉠ 원인균 : 살모넬라(salmonella) 속에 속하는 10여 종의 세균이다.

추가 설명

식품 중 미생물의 영향

식품에는 각각 고유의 미생물총(microflora)이 형성되어 있으며, 이들은 대개 비병원성이므로 식품위생상 크게 문제 되지 않는다. 그러나 일부 식중독균이나 경구감염병균에 오염된 식품을 섭취한 경우 건강장애를 초래하게 되는 경우가 있다.

추가 설명

분변오염지표균으로 사용하기 위한 세균의 조건

- 사람이나 동물의 장관 내에만 존재하여야 한다.
- 분변을 통해 외계로 배출된 뒤에는 증식하지 않은 채 장기간 생존해야 한다.
- 소수라도 검출이 용이해야 한다.

추가 설명

감염형 세균성 식중독

장내에서 식중독균이 생육하게 되고, 이 균들이 죽어 분해되면서 세균 세포 내에 있던 내독소가 소화관 내로 퍼져 나와 급성 위장염 증세를 일으킨다. 예 살모넬라 식중독, 장염 비브리오 식중독, 병원성 대장균 식중독 등

- ⓛ 처치 : 62~65℃에서 30분간 가열하면 사멸시킬 수 있다.
- ⓒ 원인 식품 : 우유 및 유제품, 닭고기, 달걀 등이 주된 원인 식품이다.
- ⓔ 증상 : 주요 증상은 오심, 구토, 복통, 설사 등의 전형적인 급성 위장염 증세이며, 심한 경우 탈수, 혼수, 허탈 등이 나타나고 사망에 이를 수도 있다.
- ⓜ 예방
  - 식품이 오염되지 않도록 해야 하며, 방충, 방서 등에 유의해야 한다.
  - 저온에서 저장하고, 조리 후 섭취까지의 시간을 되도록 짧게 하여 식품에서 세균이 증식하는 것을 억제해야 한다.
  - 먹기 직전에 식품을 다시 가열한다.

② 장염 비브리오 식중독
- ⓞ 원인균 : 3~5% 식염농도에서 잘 자라는 호염균이라, 병원성 호염균 식중독이라고도 불렀다.
- ⓛ 처치 : 60℃에서 15분, 100℃에서 수 분 내 사멸한다.
- ⓒ 원인 식품 : 어패류가 가장 흔한 오염원이고, 특히 생식하는 경우에 문제가 된다. 때로 소금 절임한 야채류도 원인이 된다.
- ⓔ 증상 : 섭취 후 12~24시간에 복통과 심한 설사를 유발하며 두통과 오심이 나타난다.
- ⓜ 예방
  - 7~9월 사이 어패류 생식에 주의하고, 생선의 표면과 아가미를 담수로 충분히 씻는다.
  - 저온에서 저장하도록 하고, 가열 조리 후 바로 먹는다.

③ 병원성 대장균 식중독 : O-157
- ⓞ 원인 식품 : 주 오염원은 덜 익힌 육류나 오염된 우유 등이며, 치즈, 사과주스, 오염된 칼·도마 등에 의해 다져진 음식물 등이 있다.
- ⓛ 증상 : 구토, 복통, 설사, 대장 출혈 등을 일으키며, 소아나 증세가 심한 성인의 경우에는 용혈성 요독증을 나타내어 사망에까지 이르기도 한다.
- ⓒ 예방
  - 음식을 익히거나 데워 먹는 습관이 필요하다.
  - 도마나 조리기구는 청결히 사용하고, 손을 자주 비누로 씻어야 한다.

(2) 독소형 세균성 식중독

독소형 세균성 식중독이란 다량의 세포 외독소를 섭취함으로써 일어나는 식중독을 의미한다.

① 포도상구균 식중독
- ⓞ 원인균 : 사람에게 화농성 식중독을 유발하는 황색 포도상구균이며, 황색 포도상구균이 만들어 내는 외독소(exotoxin)가 식중독의 원인이다.
- ⓛ 처치 : 황색 포도상구균은 열에 강한 세균으로 80℃에서 30분 이상 가열하면 사멸되지만, 포도상구균에 의해 생산된 독소는 10℃에서 30분간 가열해도 파괴되지 않는다.

추가 설명

세균성 식중독의 잠복기와 식중독 기전
- 1~6시간(황색포도상구균, 바실루스균) : 이미 생성된 독소를 섭취한 경우
- 8~16시간(웰치균, 바실루스균) : 체내에서 독소가 생성된 경우
- 16시간 이상(대장균, 살모넬라균, 장염 비브리오균) : 감염성 세균인 경우

ⓒ 원인 식품 : 우유 및 유제품, 크림, 육류, 햄, 김밥, 떡 등 곡류 및 그 가공품 등이 있다.
ⓓ 증상 : 설사, 오심, 구토, 복통 등의 급성 위장염 증세가 나타나고, 중증의 경우에는 탈수, 의식장애 등이 나타난다.
ⓔ 예방
- 저온저장하는 것이 매우 중요하다.
- 가급적 생식을 피하고 익혀 먹는 것이 안전하다.
- 음식의 위생적 처리에 유의한다.

② 보툴리누스 식중독
ⓐ 원인균 : 보툴리누스균(*Clostridium botulinum*)이 만들어 내는 외독소인 신경독에 의한 독소형 식중독이다.
ⓑ 특징 : 세균성 식중독 중 가장 치사율이 높다.
ⓒ 원인 식품 : 19세기 말까지는 햄, 소시지 등에서 발생했고, 20세기에 들어서면서 통조림 식품에 의한 식중독 발생이 많아졌다.
ⓓ 증상 : 오심, 구토, 복통, 설사 등의 위장염 증세로 시작하다가 점차 이 증상이 없어지면서 특징적인 신경 마비 증상이 나타나게 된다.
ⓔ 예방
- 80℃에서 10분 가열 처리한다.
- 4℃ 이하에서 저온 저장한다.
- 캔의 경우 용기가 부풀어 있으면 열지 말고 바로 반품하거나 버려야 한다.

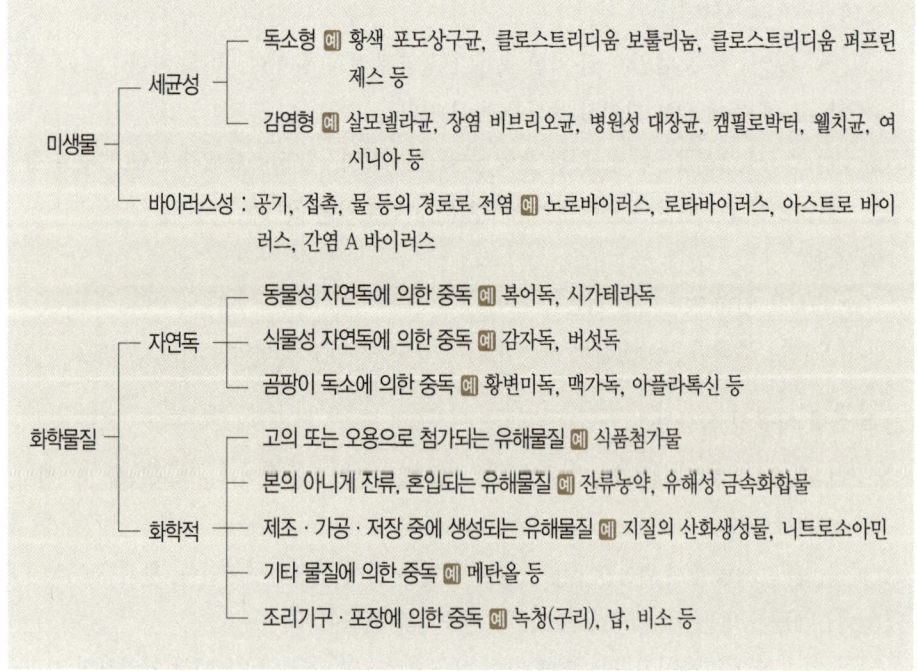

| 그림 3-1 | 식중독의 분류

추가 설명

포도상구균 식중독의 특징
우리나라에서 가장 많이 발생하는 식중독으로, 늦봄에서 가을 사이에 많이 발생하며, 잠복기는 독소형이라 감염형보다 짧아서 1~6시간이다.

추가 설명

웰치균(*Clostridium perfringens*) 식중독
- 다량의 음식을 제조하는 집단 급식시설에서 발생 위험이 높다.
- 웰치균은 공기가 있는 경우 자랄 수 없는 혐기성 균이다.
- 설사와 복통이 발생하고 발열은 없다.
- 쇠고기, 닭고기가 가장 흔한 감염원이다.

2 화학적 식중독

(1) 합성 첨가물에 의한 식중독

① 식품 첨가물 : 식품의 외관, 향미, 조직 또는 저장성을 향상시키기 위한 목적으로 첨가되는 비영양물질을 말한다. 예 조미료, 착색료, 보존료 등

② 합성 첨가물의 사용 목적별 분류
- ㉠ 품질의 개량·유지 : 유화제, 이형제(離型劑), 피막제, 추출제, 용제, 품질 개량제, 밀가루 개량제, 호료·안정제
- ㉡ 변질·변태의 방지 : 보존료, 살균·살충제, 산화 방지제
- ㉢ 관능의 만족 : 조미료, 감미료, 산미료, 착색료, 착향료, 발색제, 표백·탈염소제
- ㉣ 영양 강화 : 강화제
- ㉤ 식품의 제조 : 식품 제조용 소포제(消泡劑)
- ㉥ 기타 : 팽창제, 껌 기초제

③ 합성 첨가물 중 특히 문제가 되는 것 : 착색제, 감미료, 보존제, 산화 방지제, 표백제, 발색제 등이다.

④ 인공 감미료 : 사카린, m-nitroaniline계, 둘신, 시클라메이트 등

⑤ 인공 착색료 : 식품을 보기 좋게 하기 위해 착색하는 데 사용되는 유색물질로, 타르계 색소나 카로틴 등이 있다.

(2) 농약에 의한 식중독

① 농약 : 살균제, 살충제, 살서제, 제초제, 식물성장 조절제 및 이들 약제의 효과를 증대시키기 위하여 첨가되는 증량제, 전착제, 유화제 등의 보조제를 총칭하는 용어이다.

② PMA 같은 유기수은제 : 침투성이 거의 없고 분해속도도 느리다.

③ 파라티온 같은 유기인제 : 침투력과 독성이 강하지만 분해속도도 빨라서 대개 급성중독을 유발한다.

④ DDT나 BHC 같은 유기염소제 : 거의 분해가 되지 않으므로 장기간 지방조직에 축적되어 만성중독을 유발한다.

⑤ 농약의 부착량이나 잔류량 : 같은 양의 농약이 살포되어도 사과보다는 복숭아 표면에 더 많은 양의 농약이 부착되고, 열매보다는 잎 부위에 더 많은 농약이 잔류된다.

(3) 중금속에 의한 식중독

① 납(Pb)
- ㉠ 특징 : 납으로 만든 관이나 납땜, 용기에 사용한 유약이나 농약의 성분 등에 의해 식품으로 이행된다.
- ㉡ 만성중독의 증상
  - 복부 불편감, 복부 통증, 변비, 식욕부진, 현기증, 구토, 체중 감소 등이 나타난다.

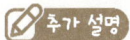

화학적 식중독의 원인 물질
합성 첨가물, 농약, 중금속, 용기 및 포장에서의 유해물질, 환경오염 등

인공 감미료
- 사카린 : 단맛이 설탕의 200~700배에 달하고, 소화효소의 작용을 저해하고 방광종양을 유발하는 것으로 밝혀졌다.
- 둘신 : 혈액독, 신경독으로 작용하고, 간에 종양을 유발하는 것으로 알려져 있다.
- 시클라메이트 : 단맛은 설탕의 30~50배로 다른 인공 감미료에 비해서는 약한 편이지만 가장 설탕에 가까운 순수한 맛으로 많이 이용되어 왔으나, 발암성이 밝혀지면서 사용이 제한되었다.

- 안색이 납빛으로 창백해지며(납창백), 연산통(납통증), 연연(鉛緣), 요독증, 구강염, 운동장애, 심장박동 이상 및 호흡장애 등의 증상이 나타난다.

② 카드뮴
  ㉠ 일본 도야마현 가도가와 유역의 이타이이타이병의 원인 물질이다.
  ㉡ 카드뮴(Cd)은 독성이 매우 강한 축적성의 중금속으로, 특히 신장의 세뇨관에 축적되어 소변 중의 물질 재흡수 기능의 장애를 초래하여 칼슘(Ca)과 인(P)을 배설시킨다.
  ㉢ 증상 : 구토, 설사, 경련, 신장장애, 골연화증, 전신 동통, 보행 곤란, 골절 빈발, 전신 무력증 등이다.

③ 수은(Hg)
  ㉠ 일본의 미나마타시에서 발생한 미나마타병의 원인 물질이다.
  ㉡ 미나마타병은 수은 중독으로 인해 발생하는 다양한 신경학적 증상과 증후를 특징으로 한다.
  ㉢ 만성중독의 증상 : 손의 지각이상, 언어장애, 시청각 기능장애, 구내염, 보행 곤란, 중심성 시야 협착, 흥분 상태 등이다.

3 자연독 식중독

(1) 식물성 자연독

① 버섯류 : 독성분인 유독성 알칼로이드 물질(아마니타톡신, 무스카린 등)
  ㉠ 식용 버섯 : 느타리버섯, 표고버섯, 송이버섯, 싸리버섯 등으로 그 종류가 한정되어 있다.
  ㉡ 독버섯 : 알광대버섯, 광대버섯, 파리버섯, 화경버섯, 미치광이버섯, 독깔때기버섯 등
  ㉢ 식용 버섯과 독버섯의 감별법 : 색이 아름답고 윤이 나는 것, 악취가 나는 것, 쓴맛이나 신맛이 나는 것, 유즙이나 점액이 분비되는 것, 버섯의 살이 세로로 쪼개지지 않는 것 등은 독버섯이라고 분류하고 있으나, 실제 독버섯 중에는 위 조건을 나타내지 않는 것들이 있다.

② 감자 : 독성분인 솔라닌
  ㉠ 솔라닌은 감자의 발아 부위나 녹색을 띠는 부분에 포함되어 있으며 가열에 의해 제거되지 않는 식물성 독소이다.
  ㉡ 중추 신경독으로 용혈작용 및 운동중추 마비작용을 하며, 다음 세대에 기형을 유발하는 최기성 물질 및 발암물질이다.
  ㉢ 중독 증상 : 구토, 두통, 현기증, 권태감, 언어장애, 발한, 복통, 서맥, 시력장애, 환각, 의식장애, 허탈 등

③ 매실·은행·살구 등 : 독성분인 청산 배당체(아미그달린, 프루나신 등)
  ㉠ 청산 배당체 : 알데히드나 케톤의 시안히드린이 당과 결합되어 있는 물질이다.
  ㉡ 중독 증상 : 두통, 현기증, 오심, 구토, 복통, 설사, 호흡곤란, 마비, 의식불명, 발작,

추가 설명

식물성 자연독의 분류
- 청산 배당체 : 매실, 은행, 살구, 카사바, 수수류 등
- 알칼로이드 : 독버섯류
- 솔라닌 : 감자류
- 고시폴 : 면실유
- 리신, 리시닌 : 피마자

추가 설명

독버섯의 독성분에 따른 중독 증상의 분류
위장장애형(설사, 구토, 복통 등), 콜레라형(경련, 혼수, 황달 등), 뇌증형(근육 경련)으로 나눌 수 있다.

호흡마비 등이 있다.
④ 면실유 : 독성분인 고시폴(gossypol)
　㉠ 목화의 씨(면실)나 박(粕)에 함유되어 있는 것으로, 페놀 계열의 산화 방지 작용을 하는 물질이다.
　㉡ 중독 증상 : 피로, 졸음, 위장장애, 식욕 감퇴, 현기증, 구내 건조 등이다.

(2) 동물성 자연독

① 복어
　㉠ 테트로도톡신 : 복어의 유독 성분으로, 복어의 알, 내장, 난소, 간, 껍질 등에 집중적으로 함유되어 있고, 독력은 봄에 강해져서 산란기인 5~6월에 최고조에 달한다.
　㉡ 테트로도톡신의 중독 증상
　　• 초기 증세로 먼저 피부 감각, 미각, 청각 등의 둔화 · 마비가 나타나는 지각이상이 오게 되고 다음으로 운동장애, 안구운동 장애 및 동공 확대가 일어나고, 청색증이나 호흡 마비 등이 나타난다.
　　• 사망 직전까지 의식이 또렷하다.
　㉢ 체내에 들어간 독소를 제거하는 방법 : 구토, 위세척, 설사 유도 등의 방법이 쓰인다.
② 조개류
　㉠ 특성 : 독성물질은 주로 조개의 내장에 존재하고, 열에 안정하므로 보통의 가열 조리로 파괴되지 않는다.
　㉡ 마비성 조개 중독
　　• 홍합, 모시조개, 진주조개, 대합조개 등에 의해 발생하는 식중독으로, 그 원인 독소로는 삭시톡신, 고니오톡신, 프로토고니오톡신 등이 있고, 5~9월, 특히 한 여름에 독성이 강하다.
　　• 중독 증상 : 입술 · 혀 · 잇몸 등의 마비, 사지마비, 보행 곤란, 언어장애, 유연, 오심, 구토 등이고, 심하면 호흡 곤란, 호흡 마비 등이 나타난다.
　㉢ 베네루핀 중독
　　• 특징 : 바지락, 굴, 고동, 모시조개 등에 의해 발생하는 식중독으로, 그 원인 독소는 베네루핀(venerupin)이다.
　　• 독력은 계절에 따라 변화가 있어 1~4월에는 높으나, 6~11월에는 없어진다.
　　• 중독 증상 : 초기에는 오심, 구토, 두통, 복통, 황달현상 등이 나타나고, 중증인 경우에는 의식혼탁, 피하출혈, 토혈, 혈변 등이 나타나고 사망에 이른다.
　㉣ 시구아테라 중독
　　• 원인 독소 : 독어, 특히 지중해에서 잡히는 시구아(cigua)에 의해 일어나는 식중독으로, 그 원인 독소는 시구아톡신, 팔리톡신, 마이토톡신, 시구아테린, 그라미스틴 등이다.

피마자(아주까리)
피마자유나 그 박(粕) 중에는 리신, 리시닌, 리시놀레산, 알레르기 유발물질 등이 함유되어 있다.

테트로도톡신
• 마비성 신경독(neurotoxin)으로서, 비단백질성 독소로는 가장 강력하다.
• 말초신경과 중추신경에 작용하여 신경을 마비시켜 죽게 한다.

- 특징 : 독성은 대형어일수록 강하고 근육보다 내장에 독이 많다.
- 중독 증상 : 구토·복통·설사 등의 소화기 증상, 입술·혀·전신의 마비, 온도 감각의 이상, 두통·현기증·호흡 곤란·경련·의식불명 등이 나타난다.

(3) 곰팡이독

① 곰팡이독의 종류
  - ㉠ 간장독(hepatotoxin) : 간경변, 간종양, 간세포 괴사, 간암 유발 예 아플라톡신, 루브라독소 등
  - ㉡ 신장독(nephrotoxin) : 급성 또는 만성 신장증, 신장의 물 재흡수 능력 저하, 소변량 증가 예 시트리닌, 코지산 등
  - ㉢ 신경독(neurotoxin) : 뇌와 중추신경계 장애 예 말토리진, 트레모르겐 등
  - ㉣ 과민증 피부염 물질 : 광과민증, 일광 피부염, 안면 습진 예 스포리데스민 등

② 곰팡이독의 특징
  - ㉠ 감염형이 아니다.
  - ㉡ 계절 및 기후와 관련이 있다.
  - ㉢ 항생물질이나 약제요법이 별 효과가 없다.
  - ㉣ 탄수화물이 풍부한 농산물이나 곡류에서 압도적으로 많이 발생한다.

③ 곰팡이독의 종류
  - ㉠ 아플라톡신
    - 아스페르길루스(*Aspergillus*) 속 곰팡이가 만들어 낸 독소이며, 가장 독성이 강한 것은 B_1, G_1, B_2, G_2의 순서와 같다.
    - 강력한 간장독(hepatotoxin)으로 간출혈, 신장출혈, 간세포 괴사 등의 증세를 나타내고, 간·위·신장에 암을 유발하는 발암물질이다.
    - 탄수화물이 풍부한 곡류에 잘 번식하고, 내열성이 매우 강해 280℃ 이상으로 가열하지 않으면 쉽게 파괴되지 않는다.
  - ㉡ 황변미
    - 곰팡이에 오염되어 변질된 쌀은 보통 외관이 황색으로 변하므로 황변미라 부른다.
    - 곰팡이의 종류에 따라 간장애, 신장장애, 신경장애, 빈혈 등을 일으킨다.

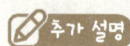

추가 설명

황변미와 독소
- 톡시카리움 황변미(대만 황변미) : 시트레오비리딘
- 시트리닌 황변미(타이 황변미) : 시트리닌
- 아일란디아 황변미 : 루테오스키린, 아일란디톡신, 시클로클로로틴 등

03 식품 알레르기

1 식품 알레르기의 정의 및 원인·증상

① 식품 알레르기의 정의 : 체내에 생성된 항체가 식품 중의 어떤 성분을 항원으로 인식함으로써 알레르기 증세가 발현되는 것이다.

② 식품 알레르기의 원인 : 약 90%는 달걀, 우유, 밀, 콩, 견과류, 어패류에 의해 나타나지만, 그 외 다양한 음식물 및 첨가물이 알레르기 반응을 일으킬 수 있다.
③ 식품 알레르기의 증상 : 복통·구토·설사 등의 위장 증세가 많지만 두드러기·천식·편두통·비염, 때로는 쇼크 증세 등이 나타나기도 한다.

2 식품 알레르기의 항원과 치료
① 식품 알레르기의 대표적인 항원 : 식품 중의 단백질이 항원항체반응을 일으키는 것이다.
② 식품 알레르기의 치료 : 원인 식품의 연속적인 섭취를 피하고, 항원성이 낮은 식품 중에서 대체식품을 택하여 영양의 균형이 깨어지지 않도록 유의해야 한다.
③ 기타 알레르기
  ㉠ 유당 불내증같이 특정 성분을 체내에서 분해하지 못하여 나타나는 식품 불내증
  ㉡ 식품 중에 자연적으로 함유되어 있는 히스타민이나 아세틸콜린, TMAO같은 성분이 가성 항원으로 작용하여 나타나는 알레르기

추가 설명

식품 알레르기의 증상
• 구토·복통·설사 등의 위장 장애
• 입술 주위나 얼굴, 몸의 가려움증
• 두드러기·홍반·습진 등
• 재채기나 콧물, 기침
• 기관지 천식 등

실전예상문제

1 미생물의 종류 중 일명 낙하균이라고 하며 호흡기계통의 감염병을 유발하는 세균이나 바이러스를 포함하는 것은?

① 토양 미생물 ② 공중 미생물
③ 수생 미생물 ④ 식물체 부착 미생물

해설 공중미생물은 일명 낙하균이라고도 하는데, 토양이나 먼지로부터 유래하여 공기 중에 부유하는 미생물들이다. 자외선이나 건조한 조건에 강하며, 호흡기 계통의 감염병을 유발하는 세균이나 바이러스 등도 포함되어 있다.

2 분변오염지표균으로 사용하기 위한 세균의 조건이 아닌 것은?

① 사람이나 동물의 장관 내에만 존재해야 한다.
② 분변을 통해 외계로 배출된 뒤에는 증식하지 않은 채 장기간 생존한다.
③ 소수라도 검출이 용이해야 한다.
④ 사람에게 해를 미쳐야 한다.

해설 분변오염지표균으로 사용하기 위한 세균의 조건 : 사람이나 동물의 장관 내에만 존재하여야 하며, 분변을 통해 외계로 배출된 뒤에는 증식하지 않은 채 장기간 생존하고, 소수라도 검출이 용이하여야 한다. 이와 같은 조건을 어느 정도 충족하여 주는 것으로서 대장균군과 장구균을 검사 대상으로 하고 있다.

3 분변오염지표균으로 쓰이는 세균으로 적합한 것은?

① 병원성 대장균과 비브리오균 ② 장구균과 포도상구균
③ 대장균군과 장구균 ④ 분변 미생물 전부

해설 문제 2번 해설 참조

4 감염형 세균성 식중독이 아닌 것은?

① 살모넬라 식중독 ② 장염 비브리오 식중독
③ 보툴리누스 식중독 ④ 병원성 대장균 식중독

해설 감염형 세균성 식중독 : 살모넬라 식중독, 장염 비브리오 식중독, 병원성 대장균 식중독 등이 있다.

5 살모넬라(salmonella) 식중독에 대한 설명으로 옳지 않은 것은?

① 원인균은 살모넬라속에 속하는 세균이다.
② 62~65℃에서 30분간 가열하면 사멸시킬 수 있다.
③ 외독소를 섭취함으로써 일어나는 식중독이다.
④ 주요 증상은 급성 위장염 증세이며 심하면 탈수, 혼수 등이 나타난다.

해설 살모넬라 식중독은 감염형 세균성 식중독인데, 이는 내독소가 소화관 내로 퍼져 나와 급성 위장염 증세를 일으킨다.

6 장염 비브리오 식중독에 대한 설명으로 옳지 않은 것은?

① 병원성 호염균 식중독이라고도 불리었다.
② 어패류가 가장 흔한 오염원이다.
③ 증상은 복통과 심한 설사가 나타난다.
④ 열에 의해서는 예방이 안되므로 저온 저장 후 먹는다.

해설 장염 비브리오 식중독은 적당한 온도 조건에서 증식이 매우 빠르게 일어나므로 저온에서 저장하는 것이 매우 중요하다. 60℃에서 15분 가열 처리에 의해서도 균을 사멸시킬 수 있으므로, 가열 조리 후 바로 먹는 것도 예방에 중요하다.

7 다음 세균성 식중독 중 독소형 식중독에 속하는 것은?

① 살모넬라 식중독
② 장염 비브리오 식중독
③ 아리조나 식중독
④ 보툴리누스 식중독

해설 독소형 세균성 식중독 : 포도상구균 식중독, 보툴리누스 식중독 등

8 다음 중 독소형 식중독의 원인균은 어느 것인가?

① 병원성 대장균
② 황색 포도상구균
③ 살모넬라균
④ 장염 비브리오균

해설 문제 7번 해설 참조

9 우리나라에서 가장 많이 발생하는 식중독으로 늦봄에서 가을 사이에 많이 발생하며 열에 매우 강한 독

정답 1.❷ 2.❹ 3.❸ 4.❸ 5.❸ 6.❹ 7.❹ 8.❷ 9.❶

소형 식중독은?

① 포도상구균 식중독　　　　　② 보툴리누스 식중독
③ 살모넬라 식중독　　　　　　④ 병원성 대장균 식중독

해설 포도상구균 식중독은 우리나라에서 가장 많이 발생하는 식중독으로, 늦봄에서 가을 사이에 많이 발생하며, 잠복기는 독소형이라 감염형보다 짧아서 1~6시간이다.

10 식중독과 그 원인 식품이 옳지 않은 것은?

① 살모넬라 식중독 — 우유 및 유제품　　② 장염 비브리오 식중독 — 어패류
③ 포도상구균 식중독 — 야채류　　　　　④ 보툴리누스 식중독 — 통조림 식품

해설 포도상구균 식중독의 원인 식품 : 우유 및 유제품, 크림, 육류, 햄, 김밥, 떡 등 곡류 및 그 가공품 등이 있다.

11 외독소인 신경독에 의한 독소형 식중독으로 세균성 식중독 중 가장 치사율이 높은 것은?

① 포도상구균 식중독　　　　　② 살모넬라 식중독
③ 장염비브리오 식중독　　　　④ 보툴리누스 식중독

해설 보툴리누스 식중독은 보툴리누스균(Clostridium botulinum)이 만들어 내는 외독소인 신경독에 의한 독소형 식중독으로, 세균성 식중독 중 가장 치사율이 높다.

12 다음 중 보툴리누스 식중독에 대한 설명으로 옳은 것은?

① 감염형 식중독이다.
② 가열 조리 후 하룻밤 이상 방치된 식품이 원인이 된다.
③ 가열해도 예방이 안된다.
④ 특징적인 신경 마비 증상을 나타낸다.

해설 보툴리누스 식중독의 증상 : 오심, 구토, 복통, 설사 등의 위장염 증세로 시작하다가 점차 이 증상이 없어지면서 특징적인 신경 마비 증상이 나타나게 된다.

13 식물성 자연독 중 청산 배당체와 관련 없는 것은?

① 매실　　　　② 은행　　　　③ 독버섯　　　　④ 살구

해설 식물성 자연독
- 청산 배당체 : 매실, 은행, 살구, 카사바, 수수류 등
- 솔라닌 : 감자류
- 리신·리시닌 : 피마자
- 알칼로이드 : 독버섯류
- 고시폴 : 면실유

14 식용으로 섭취할 수 있는 버섯이 아닌 것은?

① 느타리버섯   ② 송이버섯   ③ 광대버섯   ④ 싸리버섯

해설 식용 버섯 : 느타리버섯, 표고버섯, 송이버섯, 싸리버섯 등으로 그 종류가 한정되어 있다.

15 독버섯을 감별하는 방법으로 가장 거리가 먼 것은?

① 악취가 나는 것
② 유즙이나 점액이 분비되는 것
③ 윤이 나지 않는 것
④ 버섯의 살이 세로로 쪼개지지 않는 것

해설 색이 아름답고 윤이 나는 것, 악취가 나는 것, 쓴맛이나 신맛이 나는 것, 유즙이나 점액이 분비되는 것, 버섯의 살이 세로로 쪼개지지 않는 것 등은 독버섯이라고 분류하고 있으나 실제 독버섯 중에는 위 조건을 나타내지 않는 것들이 많다.

16 독버섯의 독 성분에 따른 중독 증상의 유형과 관련 없는 것은?

① 위장장애형   ② 혈관형
③ 콜레라형   ④ 뇌증형

해설 독버섯의 중독 증상을 분류해 보면 위장장애형(구토, 복통, 설사 등), 콜레라형(경련, 혼수, 황달 등), 뇌증형(근윤 경련 등)으로 나눌 수 있다.

17 감자의 독성분으로 다음 세대에 기형을 유발하는 최기성 물질 및 발암물질로 알려져 있는 것은?

① 솔라닌   ② 아미그달린
③ 테트로도톡신   ④ 베네루핀

해설 감자에는 솔라닌(solanine)이라는 독성분이 함유되어 있는데, 감자 전체로는 미량이지만 싹 트는 부분이나 저장 중에 녹색으로 변한 부위에는 0.1% 이상 함유되어 있다. 솔라닌은 중추 신경독으로 용혈작용 및 운동중추 마비작용을 한다.

정답 10.❸ 11.❹ 12.❹ 13.❸ 14.❸ 15.❸ 16.❷ 17.❶

18 식중독을 일으키는 식품에 들어 있는 유독 성분의 연결이 옳은 것은?

① 바지락 — 아미그달린
② 버섯 — 아플라톡신
③ 매실 — 베네루핀
④ 감자 — 솔라닌

해설 바지락 : 베네루핀, 버섯 : 알칼로이드, 매실 : 청산 배당체

19 다음 중 복어의 유독 성분에 해당되는 것은?

① 테트로도톡신
② 베네루핀
③ 삭시톡신
④ 시구아톡신

해설 복어의 유독 성분인 테트로도톡신 : 복어의 알, 내장, 난소, 간, 껍질 등에 집중적으로 함유되어 있다.

20 복어의 테트로도톡신에 대한 설명으로 옳지 않은 것은?

① 체내에 들어간 독소를 제거하기 위해서는 구토, 위세척, 설사 유도 등의 방법이 쓰인다.
② 미각·청각 마비, 호흡 마비, 청색증 등이 나타난다.
③ 5~6월에 독성이 최고조에 달한다.
④ 사망 직전까지 의식이 없다.

해설 테트로도톡신 중독은 혈행장애 및 호흡장애로 혈압 강하, 말초신경 마비, 호흡 곤란, 청색증, 호흡 마비 등이 나타나며, 사망 직전까지 의식이 또렷하다.

21 바지락, 굴, 고동, 모시조개 등에 의해 발생하는 식중독의 원인 독소는?

① 삭시톡신
② 고니오톡신
③ 베네루핀
④ 그라미스틴

해설 바지락, 굴, 고동, 모시조개 등에 의해 발생하는 식중독으로, 그 원인 독소는 베네루핀(venerupin)이다.

22 다음 중 독성분이 잘못 연결된 것은?

① 면실유 — 고시폴
② 피마자 — 리시닌
③ 대합조개 — 삭시톡신
④ 시구아 — 베네루핀

해설 시구아테라 중독 : 열대·아열대 해역의 산호초 주위에서 서식하는 수십여 종의 독어, 특히 지중해에서 잡히는 시구아(cigua)에 의해 일어나는 식중독이다. 시구아테라 유독 성분으로는 시구아톡신, 팔리톡신, 마이토톡신, 시구아테린, 그라미스틴 등이 있다.

23 다음 중 곰팡이독의 특징이 아닌 것은?

① 탄수화물이 풍부한 농산물이나 곡류에서 압도적으로 많이 발생한다.
② 계절 및 기후와 관련이 없다.
③ 감염형이 아니다.
④ 항생물질이나 약제요법이 별 효과가 없다.

해설 곰팡이독은 계절 및 기후와 관련이 있다. **예** 아스페르길루스속의 곰팡이가 만들어 내는 독은 주로 봄부터 여름철에 생산되고 열대 지방에서 문제되는 경우가 많으며, 푸사륨속의 곰팡이가 만들어 내는 독은 주로 겨울철에 한대 지방에서 많이 발생한다.

24 다음 중에서 아스페르길루스(Aspergillus)속 곰팡이가 생성해 내는 강력한 발암성을 가진 독소를 무엇이라고 하는가?

① 베르시콜로린
② 스테리그마토시스틴
③ 아플라톡신
④ 오크라톡신

해설 아플라톡신은 강력한 간장독(hepatotoxin)으로 간출혈, 신장출혈, 간세포 괴사 등의 증세를 나타내고, 간·위·신장에 암을 유발하는 발암물질이다.

25 다음 중 톡시카리움 황변미의 독소는?

① 시트레오비리딘
② 시트리닌
③ 루테오스키린
④ 아일란디톡신

해설 황변미와 독소
• 톡시카리움 황변미 : 시트레오비리딘
• 시트리닌 황변미 : 시트리닌
• 아일란디아 황변미 : 루테오스키린, 아일란디톡신, 시클로클로로틴

26 다음 중 황변미 중독의 원인 물질은 어느 것인가?

① 스포리데스민
② 스테리그마토시스틴
③ 시트레오비리딘
④ 오크라톡신

해설 문제 25번 해설 참조

정답 18.④ 19.① 20.④ 21.③ 22.④ 23.② 24.③ 25.① 26.③

27 화학적 식중독의 원인 물질과 관련 없는 것은?

① 합성 첨가물　　　　　　　　② 테트로도톡신
③ 중금속　　　　　　　　　　　④ 포장에서 유래되는 유해물질

해설 화학적 식중독의 원인 물질 : 합성 첨가물, 농약, 중금속, 환경오염, 용기 및 포장에서 유래되는 유해물질

28 합성 첨가물의 사용 목적별 분류 중 변질·변태 방지와 관련 없는 첨가물은?

① 산화 방지제　　　　　　　　② 보존료
③ 피막제　　　　　　　　　　　④ 살균·살충제

해설 합성 첨가물의 변질·변태의 방지 : 산화 방지제, 보존료, 살균·살충제

29 인공 감미료 중 단맛은 설탕의 30~50배로 가장 설탕에 가까운 순수한 맛으로 이용되어 왔으나 발암성이 밝혀져 사용이 제한된 것은?

① 사카린　　　　　　　　　　　② 둘신
③ 아스파탐　　　　　　　　　　④ 시클라메이트

해설 시클라메이트 : 단맛은 설탕의 30~50배로 다른 인공 감미료에 비해서는 약한 편이지만 가장 설탕에 가까운 순수한 맛으로 많이 이용되어 왔으나, 그 발암성이 밝혀지면서 사용이 제한되었다.

30 농약에 의한 식중독에 관한 설명 중 옳지 않은 것은?

① 같은 농약이 살포되어도 사과보다는 복숭아 표면에 더 많은 양의 농약이 부착된다.
② 파라티온 같은 유기인제는 침투력과 독성이 강하지만 분해속도도 빨라서 대개 급성중독을 유발한다.
③ 잎보다는 열매에 더 많은 농약이 잔류된다.
④ DDT 등은 거의 분해가 되지 않으므로 장기간 지방조직에 축적되어 만성중독을 유발한다.

해설 일반적으로 같은 양의 농약이 살포되어도 사과보다는 복숭아 표면에 더 많은 양의 농약이 부착되고, 열매보다는 잎 부위에 더 많은 농약이 잔류된다.

31 중금속에 의한 식중독 중 연산통, 요독증, 운동장애, 구강염 등의 증상을 보이는 원인 물질은?

① 납　　　　② 카드뮴　　　　③ 수은　　　　④ 비소

해설 납 중독은 안색이 납빛으로 창백해지며(납창백), 연산통(鉛疝痛), 연연(鉛緣), 요독증, 구강염, 운동장애, 심장박동 이상 및 호흡장애 등의 증상이 나타난다.

32 이타이이타이병의 원인 물질로서, 구토, 설사, 경련, 신장장애, 골연화증, 전신 동통, 보행 곤란, 골절 빈발, 전신 무력증 등을 나타내는 중금속은 무엇인가?

① 아연　　　　② 카드뮴　　　　③ 수은　　　　④ 납

해설 일본 도야마현 가도가와 유역에서 발병한 이타이이타이병의 원인 물질은 카드뮴으로, 구토, 설사, 경련, 신장장애, 골연화증, 전신 동통, 보행 곤란, 골절 빈발, 전신 무력증 등을 나타내고 심하면 사망에 이른다.

33 일본에서 발생한 미나마타병의 원인 물질은?

① 납　　　　② 비소　　　　③ 수은　　　　④ 아연

해설 수은(Hg) 만성중독의 가장 대표적인 사례는 일본에서 발생한 미나마타병이다.

34 식품 알레르기의 대표적인 항원은?

① 탄수화물　　　　② 단백질　　　　③ 비타민　　　　④ 무기질

해설 식품 알레르기가 유발되는 가장 대표적인 경우는 식품 중의 단백질이 항원항체반응을 일으키는 것으로, 대표적인 단백질 식품인 우유, 달걀, 생선, 콩 등이 알레르기를 흔히 일으키는 식품이라는 점과 일치한다.

35 식품 알레르기의 증상으로 옳지 않은 것은?

① 복통　　　　② 구토　　　　③ 설사　　　　④ 현기증

해설 식품 알레르기의 증상 : 복통·구토·설사 등의 위장 증세가 많지만, 두드러기·천식·편두통·비염, 때로는 쇼크 증세 등이 나타나기도 한다.

정답 27.❷　28.❸　29.❹　30.❸　31.❶　32.❷　33.❸　34.❷　35.❹

주관식

1 분변오염지표균의 의미에 대하여 설명하시오.

2 세균성 식중독에서 감염형과 독소형에 대하여 설명하시오.

3 포도상구균 식중독의 원인균과 증상에 대하여 설명하시오.

Answer

1 식품의 분변오염은 소화기계 감염병, 인수(人獸) 공통 감염병, 세균성 식중독 등의 감염 위험의 가능성을 의미하므로, 식품의 위생관리에서 매우 중요한 문제이다. 화학적인 방법으로 검출하기 어려운 미량의 분변오염 여부를 밝히기 위해 분변 중에 다수 존재하는 세균을 오염지표로 이용하여 검사하는데, 이와 같은 세균을 분변오염지표균이라 한다.

2 세균성 식중독은 세균이 다량 증식된 식품을 섭취했을 때 유발되는 급성 위장염 증세를 나타내는 증후군으로, 감염형 세균성 식중독과 독소형 세균성 식중독으로 나눌 수 있다. 식품에 오염된 식중독균이 다량 증식된 식품을 인간이 섭취하게 되면, 장내에서 식중독균이 생육하게 되고, 이 균들이 죽어 분해되면서 세균세포 내에 있던 독소(내독소)가 소화관 내로 퍼져 나와 급성 위장염 증세를 일으키는데, 이것을 감염형 식중독이라 한다. 감염형 식중독으로는 살모넬라 식중독, 장염 비브리오 식중독, 병원성 대장균 식중독 등이 있다. 식품에 오염된 식중독균이 증식하면서 다량의 세포외독소를 만들어내는데, 이렇게 생성된 외독소를 섭취함으로써 일어나는 식중독을 독소형 세균성 식중독이라 한다. 독소형 세균성 식중독으로 포도상구균 식중독, 보툴리누스 식중독 등이 있다.

3 포도상구균 중 사람에게 화농성 질환과 식중독을 유발하는 병원성 균은 황색포도상구균이다. 황색 포도상구균이 만들어 내는 외독소 중 식중독의 원인이 되는 것은 위장독이다. 식중독 증상으로는 오심, 구토, 유연, 복통, 설사 등의 급성 위장염 증세를 나타내고, 중증의 경우 탈수, 의식장애 등이 나타나기도 한다.

4 복어의 유독 성분과 중독 증세에 대하여 설명하시오.

5 독성분인 솔라닌에 대하여 설명하시오.

6 납중독의 증상에 대하여 쓰시오.

> **Answer**
>
> **4** 복어의 유독성분인 테트로도톡신은 복어의 알, 내장, 난소, 간, 껍질 등에 집중적으로 함유되어 있고, 근육에 미량 존재한다. 독력은 봄에 강해져서 산란기인 5~6월에 최고조에 달한다. 테트로도톡신은 마비성 신경독으로서, 비단백질성 독소로는 가장 강력하다. 테트로도톡신은 알칼리성에서 불안정하여 4% 수산화나트륨 용액에서 4분간 처리하면 무독화되지만, 열에 안정하여 일반적인 조리법으로는 독이 제거되지 않으므로 독이 함유되어 있는 알이나 내장 등을 완전히 제거하고 조리하여야 한다. 테트로도톡신의 중독 증상은 섭취 후 30분에서 5시간 이내에 대개 나타나는데, 초기 증세로 먼저 피부 감각, 미각, 청각 등의 둔화·마비가 나타나는 지각 이상이 오게 된다. 다음으로 운동장애가 와서 팔 상하운동 및 보행 등의 장애, 입·혀·성대 등의 마비, 안구운동 장애 및 동공 확대가 일어나고, 혈행장애 및 호흡장애가 와서 혈압 강하, 말초신경 마비, 호흡곤란, 청색증, 호흡마비 등이 나타난다. 특징은 사망 직전까지 의식이 또렷하다는 점이다.
>
> **5** 솔라닌은 감자의 독성분으로 다음 세대에 기형을 유발하는 최기성 물질 및 발암물질로 알려져 있는데, 감자 전체로는 미량이지만 싹 트는 부분이나 저장 중에 녹색으로 변한 부위에는 0.1% 이상 함유되어 있다. 또한 중추 신경독으로 용혈작용 및 운동중추 마비작용을 한다.
>
> **6** 안색이 납빛으로 창백해지며(납창백), 연산통(鉛疝痛), 연연(鉛緣), 요독증, 구강염, 운동장애, 심장박동 이상 및 호흡장애 등의 증상이 나타난다.

MEMO

제3부 건강과 식품

04 식품의 가공과 보존

 단원 개요

식품의 품질은 영양 성분, 맛, 색, 방향 및 그 밖의 물리적 특성에 의하여 결정되는데, 대부분의 식품은 품질의 저하 없이 장기간 저장할 수 없다. 식품은 미생물, 효소작용, 산화, 수분, 온도의 변화, 해충 및 쥐 등에 의하여 변패된다. 그러므로 식품을 적절한 방법으로 가공 처리하여 부패 미생물을 제거하고 식품의 품질을 떨어뜨리는 생화학적·화학적 반응을 억제하면 저장성이 향상될 뿐만 아니라, 식품 본래의 영양 성분, 맛, 외양 등을 개선하여 이용 가치를 높일 수 있다.

 출제 경향 및 수험 대책

이 단원에서는 냉동식품의 전처리·포장·저장 및 해동방법을 이해하고 건조 중에 일어나는 변화·건조 전처리·건조방법·포장방법, 발효식품의 종류인 김치류·장류·젓갈류, 레토르트 파우치 식품과 완전조리 식품의 장·단점 등에 대해서 묻는 문제들이 출제될 수 있는 바, 자세하고 철저한 학습이 요구된다.

4

01 냉동식품

1 냉동식품의 특성과 냉동 원리

(1) 냉동식품의 특성

① 편리성
  ㉠ 냉동식품은 동결 전처리 과정에서 먹을 수 없는 부분은 제거하고 또 필요에 따라서는 가벼운 열처리도 하기 때문에, 실제로 조리할 때에는 상당히 간편하게 이용할 수 있다.
  ㉡ 냉동 상태의 반조리식품 : 즉석조리 시에 더 이상의 처리가 필요하지 않으며, 약간의 가열로 해동이 가능하므로 조리시간이 짧고 간단하다.

② 저장성
  ㉠ 냉동 저장 : 식품 중의 수분을 동결시킨 상태로 저온에서 저장하는 것으로, 냉장법보다 미생물의 생육과 효소작용의 억제에 훨씬 더 효과적이다.
  ㉡ 저장 온도가 낮을수록 냉동식품의 선도는 오랫동안 유지되며, 식품의 색, 선도, 영양 등 그 품질을 장기간 비교적 잘 보존할 수 있다.

③ 안전성 : 식품에 함유된 수분을 가능한 한 전부 동결시켜 −18℃ 이하의 저온에 저장함으로써 최소한 1년간 안전하게 보존할 수 있다.

④ 가격의 안정성(경제성) : 어획량이 많은 시기에 수산물을 냉동식품으로 가공하면, 항상 일정한 공급량을 유지할 수 있어 가격을 안정시킬 수 있다.

(2) 식품 냉동의 원리

식품을 냉동시켜 저온에서 잘 저장하면 식품이 본래 가지고 있는 맛이나 색, 영양가, 텍스처 등의 변화 없이 효과적으로 장기간 보존할 수 있다.
① 부패 미생물의 생육을 정지시킨다.
② 과일과 채소들의 호흡작용을 정지시킨다.
③ 식품 조직 중의 효소들이 촉매하는 자기소화 또는 변패작용을 억제시킨다.
④ 식품 성분의 산화와 같은 화학적인 변화들을 억제시켜 저장 수명을 연장한다.

2 냉동식품의 전처리 · 포장 · 저장 · 해동

(1) 냉동식품의 전처리

① 쇠고기 : 도살 직후 1~2℃의 온도에서 적어도 20시간 보관하면서 숙성시킨 다음에 냉동한다.
② 닭 : 미생물의 성장 억제를 위해 얼음을 섞은 10℃ 이하의 물에 담가 냉각한다.
③ 어패류 : 냉동 전에도 0℃ 가까운 온도에서 냉장 보관하고, 냉동에 앞서 사후경직을 저온에서 해소시켜야 한다.

추가 설명

식품 냉동의 원리
식품에 함유된 수분을 가능한 한 동결시켜 −18℃ 이하의 저온에 저장한다.

추가 설명

냉동식품의 종류
- 비조리식품 : 수산물(어류, 새우류, 게류, 패류, 오징어류), 농산물(감자, 콩류, 딸기, 감), 축산물(수조육류)
- 조리식품 : 튀김류(새우, 오징어, 생선, 육류), 튀김류 외 (냉동만두, 냉동면, 피자류, 햄버그 패티, 미트볼, 빵반죽 및 케이크 · 과자류)

추가 설명

냉동식품의 전처리
식품을 냉동하기에 앞서 원료식품을 고르고 씻고 다듬고 포장하는 과정을 거치는데, 그 외에도 원료식품들의 특성에 따라 특정한 전처리를 거쳐야 한다.

④ 과일 : 갈변하지 않도록 설탕 시럽을 첨가하거나 소금물에 넣었다가 꺼내어 냉동하는 것이 좋다.

⑤ 채소 : 90~100℃에서 몇 분간 데치기 조작을 해서 효소들을 불활성화시킨다.

(2) 냉동식품의 포장

① 냉동식품의 용기 및 포장 재료 : 냉동 온도에서도 기계적인 강도와 유연성을 잃지 않고 공기와 수분을 투과시키지 않으면서 밀봉 또는 밀착이 쉽게 되는 것이어야 한다.

② 냉동식품의 용기나 포장 재료가 수분을 투과시키고, 냉동식품과 포장 사이 또는 용기 내에 공간이 있으면, 빙정의 승화가 일어나게 되어 외관이나 맛이 손상된다.

③ 냉동식품을 공기가 투과하는 재료로 포장하면, 유지 등의 식품성분이 산화되어 맛이나 색 등이 나빠진다.

(3) 냉동식품의 저장

① 저장 온도가 낮을수록 냉동식품의 품질을 손상시키는 물리적·화학적인 변화들이 억제된다.

② 냉동식품은 일반적으로 −20~−18℃에서 저장하는데, 저장실의 온도가 심하게 변동되면 재결정화가 일어난다.

③ **냉동식품의 냉동해** : 냉동식품의 표면에서 얼음이 승화되면 다공성의 조직 형성, 색소의 파괴, 지방의 산화 등이 일어나는데, 이러한 냉동해는 공기와 수분을 투과시키지 않는 포장 재료로 밀착 포장함으로써 방지할 수 있다.

(4) 냉동식품의 해동

① **공기 해동** : 냉동식품을 상온에서 그대로 해동시키는 방법으로서, 간편하기는 하나 미생물의 성장, 효소적 변패 및 산화반응 등이 일어날 우려가 있다.

② **침수 해동** : 상온의 물 또는 묽은 식염수에 담가 해동시키는 방법으로, 공기 해동에 비하여 해동 속도가 빠르며, 해동할 때 가급적 다량의 물을 이용하거나 물을 유동시키면 해동 속도가 더 빨라진다.

③ **초단파 해동** : 식품 내의 물분자에 급속한 진동을 일으켜서 발생되는 마찰열을 이용하여 식품 내부 모든 곳에서 해동이 이루어지기 때문에 해동 속도도 빠르고 변패작용도 거의 없다.

④ **가열 조리** : 소포장한 냉동식품은 따로 해동 과정을 거치지 않고 조리하면 냉동 상태에서 즉시 조직 단백질이 변성되므로 형태가 흐트러지거나 즙이 용출되지 않는다.

추가 설명

식품 냉동의 문제점
- 식품 냉동 시 일어나는 조직의 손상은 피하기 어렵다.
- 식품을 급속 냉동시키면 세포의 내부와 외부에 미세한 빙핵이 생성되어 조직의 손상이 경미하게 일어나지만, 냉동 속도가 느리면 큰 빙정이 생성되어 조직의 손상이 심하게 일어난다.

추가 설명

냉동식품의 물리적·화학적인 변화
- 물리적인 변화 : 재결정화, 승화
- 화학적인 변화 : 색소의 파괴, 비타민의 분해, 단백질의 변성, 지질의 산화

02 건조식품

1 건조의 원리와 변화

(1) 건조의 원리

① 식품의 건조 : 식품 중의 수분을 제거함으로써 식품에 보존성과 저장성을 부여하는 방법이다.

② 식품의 건조 속도
  ㉠ 건조 공기 중의 수분의 분압과 식품 중의 수분의 증기압이 평형에 이르게 되면 건조 속도는 0에 도달한다.
  ㉡ 식품의 표면적, 건조 온도, 공기의 유속, 공기의 건조도 및 압력 등 여러 가지 요인에 의해 영향을 받는다. 식품을 작고 얇게 절단할수록, 건조 온도가 높을수록, 공기의 유속이 클수록, 공기가 건조할수록 건조 속도는 증가한다.
  ㉢ 건조 온도가 일정할 경우, 압력을 감소시키면 건조 시간이 단축된다.

(2) 건조 중의 변화

① 표면경화 : 건조되는 동안 식품의 표면에 굳은 피막이 형성되는 것으로, 낮은 온도에서 천천히 식품 전체가 고르게 건조되도록 하면 표면경화를 감소시킬 수 있다.

② 수축 : 건조되는 동안 식품은 수축되어 텍스처가 변하므로 복원성이 좋지 않다.

③ 방향의 손실 : 식품이 건조되는 동안 휘발성 방향 성분이 손실되며, 냉동 건조 또는 진공 건조 등의 방법으로 건조시키면 방향 성분의 손실을 감소시킬 수 있다.

④ 산화 및 갈변반응
  ㉠ 식품 중의 지방, 비타민 및 카로틴은 산화에 의해 파괴되기 쉬우며, 엽록소, 안토시아닌, 미오글로빈 등도 파괴되어 식품의 영양가, 색, 맛 등이 손상된다.
  ㉡ 식품을 건조할 때 아미노-카보닐 반응이 일어나서 갈변하며, 건조 중에도 조직에 함유되어 있는 폴리페놀 산화효소에 의해 갈변반응이 일어난다.

2 건조식품의 전처리 · 건조 · 포장

(1) 건조식품의 전처리

① 데치기 : 과일이나 채소의 조직 중 변패 효소들을 불활성화시키기 위하여 행하는 전처리이다. 90~100℃의 열탕에 담그거나 수증기로 열처리한 후에 즉시 냉각하여 식품 성분의 변화를 방지한다.

② 과일을 아황산가스 또는 아황산염으로 처리하면 갈변반응이 억제된다.

③ 식품 중의 지질과 지용성 성분들의 산화를 방지하기 위하여 산화 방지제로 처리하거나, 0.5~1%의 뜨거운 수산화나트륨(NaOH) 용액에 침지하여 과피의 왁스질을 제거하면 건조 속도를 높일 수 있다.

추가 설명

식품의 건조 저장 방법
비교적 간단하고 제조 및 저장 비용이 저렴하며 저장 효과가 높기 때문에 오래 전부터 널리 이용되고 있다.

추가 설명

식품의 건조 속도에 영향을 주는 요인
식품의 표면적, 건조 온도, 공기의 유속, 공기의 건조도 및 압력 등

추가 설명

복원성
물에 불리거나 물에 넣고 끓일 때 원래의 생식품과 같은 상태로 되는 성질을 말한다.

(2) 식품의 건조방법
① 자연 건조
  ㉠ 장점 : 태양열과 자연풍을 이용하므로 비용이 적게 든다.
  ㉡ 단점 : 건조 시간이 오래 걸리고, 기후 등 환경의 지배를 많이 받으며, 건조 도중 미생물의 발육과 효소작용에 의해 식품의 신선도가 떨어질 수 있고, 이물질이 혼입되기 쉬우며, 넓은 면적을 필요로 한다.
② 공기순환 건조 : 가열된 공기의 기류 속에서 식품을 건조하는 방법으로 빨리 건조된다. 건조 장치에 따라 킬른 건조, 캐비닛 건조, 터널 건조 등이 있다.
③ 진공 건조 : 밀폐된 장치 안에서 식품이 저온에서 진공하에 건조되므로 식품의 성분이 산화되는 일이 적고 비타민 등의 손실도 적어 품질이 좋은 건조식품을 만들 수 있다.
④ 냉동 건조 : 건조할 식품을 먼저 −40~−30℃ 급속 동결한 후 진공실에 넣고 얼음을 승화에 의하여 제거하여 건조시키는 방법이다.
⑤ 접촉 건조 : 가열한 금속의 표면에 액체 식품을 도포하여 건조하는 방법으로, 다른 방법으로 건조한 것보다 색이나 맛이 떨어진다.

(3) 건조식품의 포장
① 건조식품의 포장재료의 조건 : 수분과 산소 투과성이 낮은 것이어야 한다.
② 플라스틱 재료로 진공 포장하거나 불활성 가스로 치환하여 밀봉한다.

> **추가 설명**
> 식품의 건조방법
> • 자연 건조
> • 인공 건조 : 공기순환 건조, 접촉 건조, 진공 건조, 냉동 건조

> **추가 설명**
> 냉동 건조의 장·단점
> • 냉동 건조의 장점 : 건조된 식품보다 수축이나 표면경화가 일어나지 않아 복원성이 우수하며, 영양 성분이나 방향 성분 등의 식품 성분들의 보존성도 우수하다.
> • 냉동 건조의 단점 : 비용이 많이 들고 건조 후의 부피가 크고 다공질이어서 산화되기 쉬우므로, 저장할 때에는 진공포장하거나 불활성 가스를 채워 밀봉해야 한다.

03 발효식품

1 발효의 원리
(1) 일반적인 발효의 원리
① 미생물들이 분비하는 각종 효소들에 의하여 식품의 고분자 유기물질(탄수화물, 지방, 단백질)이 분해된다.
② 산화, 환원, 중합 등 다양한 화학적 작용을 받아 당, 아미노산, 유기산, 알코올, 이산화탄소와 같은 비교적 간단한 물질로 변함으로써, 그 식품의 품질과 저장성을 향상시킨다.

(2) 발효와 부패
① 발효 : 식품이 미생물의 작용을 받아 사람에게 유익한 상태로 변하는 것
② 부패 : 식품이 미생물의 작용을 받아 사람에게 무익하거나 유해하게 변하는 것

2 발효식품
(1) 김치류

> **추가 설명**
> 발효식품의 예
> 우리나라의 대표적인 발효식품으로는 김치류, 장류, 젓갈류 등이 있으며 누룩을 빚어 발효시킨 약주, 탁주, 청주, 맥주, 과실주와 식초류 등도 있다.

> **추가 설명**
> 발효식품
> - 발효식품은 미생물의 효소 활성에 의한 발효를 이용하여 만드는 식품이다.
> - 발효 과정에 관여하는 미생물은 주로 곰팡이, 효모, 세균 등이 있다.

> **추가 설명**
> 김치의 맛
> 발효과정을 거치는 동안 고분자 화합물이 분해되면서 독특한 향미를 가진 저분자 물질이 생성되어 무나 배추의 세포막을 통하여 내부로 침투함으로써 조화를 이루는 맛이다.

> **추가 설명**
> 김치에 함유되어 있는 비타민 C
> 수용성이며 쉽게 산화하는 성질이 있어, 김치를 담그면 그 함량이 일단 감소하지만, 숙성함에 따라 증가하여 숙성 적기에 최고치를 보이다가 그 후 다시 감소한다.

① 김치의 재료와 종류
  ㉠ 김치의 재료 : 주재료로 사용되는 무·배추·오이 등 30여 종의 채소류가 있고, 고춧가루, 마늘, 파, 생강 등의 향신료가 사용된다.
  ㉡ 김치의 종류
    - 형태에 따른 분류: 김치류, 깍두기류, 동치미류, 소박이류, 겉절이류, 장아찌류 등
    - 주재료에 따른 분류 : 배추, 무, 오이, 기타 채소 등
② 김치의 발효과정 : 숙성 기간, 균일한 상태를 유지하는 기간, 산패현상과 연부현상이 일어나는 기간으로 나눌 수 있다.
③ 김치의 발효에 영향을 미치는 요소
  ㉠ 소금 농도 : 3% 미만일 때는 발효를 촉진하고 김치의 색도 좋지만, 4% 이상이면 오히려 발효가 억제된다.
  ㉡ 발효 온도 : 고온에서는 단시간, 저온에서는 장시간이 소요된다.
  ㉢ 산도 : 김치는 pH 4.3 정도일 때가 가장 맛이 좋고, 그 이후에는 산도가 급격하게 올라가고 표면에 피막이 형성되어 산패현상과 연부현상이 나타난다.
  ㉣ 부재료 : 전분, 당, 오이 등을 첨가하면 락트산 생성이 촉진되어 김치의 발효가 촉진된다.
④ 김치 발효 중에 일어나는 성분의 변화
  ㉠ 김치가 성숙되는 동안 젖산균, 효모 등의 미생물이 단당류에 작용하여 여러 가지 유기산, 에틸알코올, 이산화탄소 등을 생성하여 김치의 상큼한 맛을 낸다.
  ㉡ 유기산
    - 휘발성 산 : 아세트산과 탄산이 가장 많은데, 탄산은 쉽게 물과 이산화탄소로 분리된다.
    - 비휘발성 산 : 락트산(젖산)과 숙신산(호박산)의 함량은 김치의 염도와 발효 온도에 따라 다른데, 김치의 염도와 발효 온도가 낮을수록 이 두 유기산의 함량은 많다.
⑤ 잘 발효된 김치에는 젖산과 젖산균이 풍부하며, 비타민 A, 비타민 C, 칼슘, 철, 인 등의 무기질이 풍부하고, 배추와 무에 함유되어 있는 식이섬유는 변비와 대장암 예방에 좋다.

(2) 장류

① 메주
  ㉠ 재래식 메주
    - 초겨울에 대두를 푹 무르게 삶아 찧어서 모양을 만들어 말린 후 겉이 굳어지면 짚으로 매어 따뜻한 방에 두거나 짚을 사이사이에 끼우고 쌓아서 2~3개월 정도 띄운다.
    - 콩만을 쓰기 때문에 구수한 맛이 강하고 단맛은 별로 없다.
    - 야생의 잡균이 많이 번식하여 특유의 향을 내지만, 숙성관리가 미비하여 발효 숙성이 불완전하다.

ⓒ 개량 메주
  - 삶은 콩에 종균(황국균)을 입혀서 1~2주일 발효시키는 간단한 방법으로, 콩에 밀이나 보리를 섞어 만들기도 한다.
  - 밀이나 보리와 같은 전분질 원료가 첨가되므로 단맛이 강하다.
  - 발효 숙성이 양호하여 잡발효를 억제하고 맛을 향상시키지만, 품질이 균일하여 집집마다 독특하던 장맛은 내지 못한다.
② 간장
  ⊙ 간장의 종류
  - 재래식 간장 : 재래식 메주에 소금물을 부어 1~2개월 숙성시킨 후 메주를 건져서 된장으로 사용하고 남은 액체를 달인 것이 간장이다.
  - 개량식 간장 : 개량 메주에 소금물을 부어 숙성시킨 후 간장을 짜서 살균한 것으로, 잡균의 작용을 받지 않으며 단맛과 구수한 맛이 강하다.
  ⓒ 간장의 용도
  - 재래식 간장 : 검은색이 엷고 단맛이 약하므로 장국을 끓일 때 사용한다.
  - 개량식 간장 : 색이 진하기 때문에 음식을 조릴 때 사용한다.
③ 된장
  ⊙ 된장의 종류
  - 재래식 된장 : 재래식 메주를 소금물에 담가 발효시킨 후 간장을 빼낸 찌꺼기를 다시 계속 발효시켜서 만든 것으로, 단맛과 구수한 맛이 적다.
  - 개량식 된장 : 찐콩 및 쌀 또는 보리쌀과 코지를 섞어 물과 소금을 넣고 일정 기간 동안 숙성시킨 것으로, 재래식 된장에 비해 맛과 영양이 우수하다.
  ⓒ 된장은 우리 전통 식생활에 주된 단백질 공급원으로 오랜 사랑을 받아왔다.
④ 고추장
  ⊙ 고추장은 쌀·보리 등으로 질게 지은 밥이나 되게 쑨 죽에 메줏가루·고추가루·소금을 넣어 섞어서 만든 검붉은 빛깔의 장이다.
  ⓒ 고추장은 전분질 원료가 당화되어 생성된 당의 단맛, 단백질 원료가 가수분해되어 생성된 아미노산의 구수한 맛, 고추의 매운맛, 소금의 짠맛이 잘 조화를 이룬 복합 조미료이자 기호식품이다.
  ⓒ 전분질 원료에 따른 분류 : 찹쌀 고추장, 쌀 고추장, 보리 고추장 등
⑤ 청국장
  ⊙ 청국장은 삶은 대두를 40℃ 전후에서 납두균으로 16~18시간 발효시켜 대두에서 실과 같은 점액성 물질이 생긴 것이다.
  ⓒ 가정에서는 대두를 삶아 깨끗한 짚으로 적당히 싸서 보온하면 청국장을 만들 수 있다.
  ⓒ 청국장은 담근 지 2~3일이면 먹을 수 있으며, 콩을 통째로 발효시킨 그대로 먹으므로 영양 손실이 적다.

간장의 맛

소금의 짠맛, 아미노산의 구수한 맛, 유기산의 신맛, 당분의 단맛이 어우러져서 나는 맛과 발효 과정에서 생긴 알코올, 카르보닐 화합물, 에스테르류, 함황화합물, 페놀류 등에 의한 것이다.

(3) 젓갈류

① **젓갈류의 종류** : 어패류를 소금만으로 발효시킨 젓갈과 소금 이외에 곡류 같은 부재료를 넣어 발효시킨 식해류로 크게 나눌 수 있다.

② **젓갈의 제조 원리** : 젓갈은 어패류에 소금을 넣고 염장하여 부패균의 번식을 억제하고, 발효과정에서 어육 자체의 자기소화효소나 미생물에 의해 단백질이 가수분해되면서 유리아미노산과 핵산 관련 물질이 생성되어 고유한 감칠맛과 독특한 풍미를 낸다.

③ **젓갈류의 숙성 발효**
  ㉠ 숙성 발효 공정 : 수분과 단백질 함량이 높은 어패류에 소금 또는 소금과 곡류를 가하여 염장하여 부패 변질을 억제시키면서 원료 중의 유기성분이 자기소화효소나 미생물의 작용을 받도록 하여 비린내가 제거되고 구수한 맛이 나도록 한다.
  ㉡ 숙성 발효 기간 : 1~2개월 이상 소요되며 6개월~1년까지 장기 저장이 가능하다.
  ㉢ 숙성 발효 시 소금의 함량과 온도의 영향을 크게 받는데, 저염, 고온의 조건에서는 숙성 발효가 매우 빠르게 진행된다.
  ㉣ 상업적으로 이용되는 젓갈 숙성 전용 저장고의 평균 온도는 13~15℃ 정도가 적당하다.

④ **소금만으로 젓갈을 담그는 방법**
  ㉠ 건염법 : 마른 소금을 어패류에 뿌려 어체에서 나오는 물이 소금물을 이루게 하는 방법, 가장 흔히 사용되는 방법
  ㉡ 혼합법 : 어패류에 소금을 묻혀 그릇에 담고 소금물을 붓는 방법
  ㉢ 온염법 : 추운 계절에 소금물을 따뜻하게 데워서 생선에 붓는 방법
  ㉣ 습염법 : 소금물에 어패류를 넣는 방법
  ㉤ 냉염법 : 더운 계절이나 수온이 높은 지역에서 생선을 0~5℃로 냉각시킨 후 염장하는 방법
  ㉥ 냉동염법 : 큰 생선이나 지방이 많은 생선을 일단 얼렸다가 절이는 방법

> **추가 설명**
> **젓갈이 구수한 감칠맛을 가지고 있는 이유**
> 리신, 글루탐산, 글리신, 알라닌 등의 유리아미노산과 핵산 관련 물질, TMAO(trimethyl-amineoxide), 베테인 등의 정미 성분이 소금의 짠맛과 조화를 이루기 때문이다.

> **추가 설명**
> **젓갈의 분류**
> • 반찬으로 사용되는 것 : 굴젓, 명란젓, 창란젓, 곤쟁이젓, 조개젓 등
> • 김치류의 양념으로 이용되는 것 : 멸치젓, 새우젓, 갈치젓, 조기젓, 황석어젓 등

04 레토르트 파우치 식품

1 레토르트 파우치 식품의 개요

(1) 레토르트 파우치 식품의 정의

조리·가공한 식품을 알루미늄 등으로 만든 주머니에 넣어 밀봉한 후 레토르트(retort)솥에 넣고 100℃ 이상의 고온에서 고압 살균하여 공기와 광선을 차단한 상태에서 장기간 식품을 보존할 수 있도록 만든 식품을 의미한다.

(2) 레토르트 파우치법의 장·단점

① **레토르트 파우치법의 장점** : 장기간 보관이 가능하고 값이 싸고 휴대하기가 간편하며 용

기째로 데울 수 있고 개봉 및 폐기물 처리가 쉽다.

② 레토르트 파우치법의 단점 : 금속캔이나 유리병보다는 포장 강도가 약해서 유통이나 저장 중에 파괴될 우려가 있다.

(3) 포장용기

① 레토르트 파우치의 조건
　㉠ 가스 투과 억제력, 저장성, 위생성, 생산성 수송 및 경제성 등이 좋아야 한다.
　㉡ 뜨거운 물이나 수증기 중에서 100~120℃의 고온으로 살균하기 때문에 열접착성, 내수성 및 차단성이 우수해야 한다.

② 포장 재료 : 플라스틱 필름에 알루미늄박 등을 접착시킨 적층 필름이 많이 쓰이는데, 투명한 것도 있고 불투명한 것도 있다.

2 레토르트 파우치 식품의 제조공정

① 레토르트 파우치 식품의 일반적인 제조공정 : 원료 → 선별, 수세, 충진 → 밀봉 → 검사 → 살균 → 냉각 → 제품

② 주의사항 : 파우치 속에 공기가 남아 있으면, 살균할 때 용기에 내압이 걸리기 쉽고 내용물의 열전달이 방해되며 보존 중에 산화, 변질된다.

③ 살균하는 온도와 시간 : 100~125℃에서 15~40분 정도 살균한다.

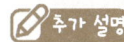

레토르트 파우치의 종류
- 투명 파우치 : 2층으로 된 적층 필름으로 기체를 투과시키는 성질이 있으므로 장기간 보관하기는 어렵고, 대개 3개월 정도 저장할 수 있다.
- 불투명 파우치 : 3층 또는 4층으로 된 적층 필름으로, 산소와 빛이 투과하지 않고 125~135℃의 높은 온도에 견디므로 통조림과 마찬가지로 오랫동안 저장할 수 있다.

05 완전조리 식품

1 완전조리 식품의 개요

① 완전조리 식품의 정의 : 조리 조작이 완료되어 그대로 먹거나 간단한 가열만으로 먹을 수 있는 가공도가 높은 식품이다.

② 완전조리 식품의 종류 : 냉동조리 식품, 반찬류, 도시락, 샌드위치, 햄버거 등이 있다.

2 완전조리 식품의 장·단점

① 완전조리 식품의 장점 : 조리 시간과 노동력이 절약되고 적은 양을 만들 때 비용도 절감된다.

② 완전조리 식품의 단점
　㉠ 소금의 과잉 섭취라든가 미량 영양소의 섭취 불량 등이 일어날 수 있다.
　㉡ 여러 가지 반찬들의 유통·소비 단계에서 비위생적으로 되기 쉽고, 천편일률적인 음식으로 되기 쉽다.
　㉢ 가공도를 높이기 위해 식품 첨가물을 사용하게 되면 안전성의 문제가 제기된다.

완전조리 식품의 정의
완전조리 식품은 조리 조작이 완료되어 그대로 먹거나 간단히 가열만으로 먹을 수 있는 가공도가 높은 식품으로, 다양한 종류가 판매되고 있다.

실전예상문제

1 다음의 냉동식품 중 조리식품에 해당하는 것은?
① 수산물 ② 농산물 ③ 축산물 ④ 튀김류

해설 냉동식품
- 조리식품 : 튀김류
- 비조리식품 : 수산물, 농산물, 축산물

2 냉동식품의 특성으로 볼 수 없는 것은?
① 저장성 ② 변질성 ③ 안전성 ④ 편리성

해설 냉동식품의 특성 : 저장성, 편리성, 안전성, 가격의 안정성(경제성)

3 냉동식품의 선도는 오랫동안 유지되어야 한다는 것과 관계 있는 특성은?
① 가격의 안정성 ② 편리성
③ 저장성 ④ 효과성

해설 냉동 저장은 식품 중의 수분을 동결시킨 상태로 저온에서 저장하는 것으로, 냉장법보다 미생물의 생육과 효소작용의 억제에 훨씬 더 효과적이다. 저장 온도가 낮을수록 냉동식품의 선도는 오랫동안 유지된다.

4 냉동식품의 특성 중 냉동 상태의 반조리식품은 즉석조리 시에 더 이상의 처리가 필요하지 않은 것과 관계 있는 것은?
① 편리성 ② 가격의 안정성
③ 능률성 ④ 저장성

해설 냉동식품의 편리성 : 냉동 상태의 반조리식품은 즉석조리 시에 더 이상의 처리가 필요하지 않으며, 약간의 가열로 해동이 가능하므로 조리시간이 짧고 간단하다.

5 냉동식품의 저장 온도로 적당한 것은?
① 0℃ 이하 ② -3℃ 이하
③ -10℃ 이하 ④ -18℃ 이하

해설 냉동식품의 안전성 : 신선한 식품에 함유된 수분을 가능한 한 전부 동결시켜 −18℃ 이하의 저온에 저장함으로써 최소한 1년간 안전하게 보존할 수 있다.

6 식품냉동의 원리에 관한 내용 중 거리가 먼 것은?
① 부패 미생물의 생육을 정지시킨다.
② 과일과 채소들의 호흡작용을 정지시킨다.
③ 자기소화 또는 변패작용을 억제시킨다.
④ 화학적인 변화를 억제시켜 저장 수명을 단축한다.

해설 식품 냉동의 원리는 식품 성분의 산화와 같은 화학적인 변화들을 억제시켜 저장 수명을 연장하는 것이다.

7 다음 중 냉동에 앞서 사후경직을 저온에서 해소시켜야 하는 것은?
① 채소   ② 과일   ③ 어패류   ④ 쇠고기

해설 어패류는 미생물에 의한 부패와 자기소화에 의한 변질이 일어나기 쉬우므로 냉동 전에도 0℃ 가까운 온도에서 냉장 보관해야 하며, 사후경직 상태에서 동결하면 육질이 좋지 않으므로, 냉동에 앞서 사후경직을 저온에서 해소시켜야 한다.

8 미생물의 성장을 억제하기 위하여 얼음을 섞은 10℃ 이하의 물에 담가 냉각시켜야 하는 것은?
① 쇠고기   ② 닭   ③ 어패류   ④ 채소

해설 닭은 미생물의 성장을 억제하기 위하여 얼음을 섞은 10℃ 이하의 물에 담가 냉각한다. 0℃보다 조금 높은 온도에서 닭의 크기에 따라 2∼6시간 동안 숙성시키면 육질이 부드러워진다.

9 냉동식품의 포장과 저장에 대한 설명으로 옳지 않은 것은?
① 냉동 온도에서는 기계적인 강도와 유연성을 잃지 않아야 한다.
② 냉동 온도에서 유연성이 없는 재료는 가벼운 충격에도 쉽게 파손된다.
③ 냉동해는 공기나 수분을 투과시킴으로써 방지할 수 있다.
④ 냉동식품의 표면에서 얼음이 승화되면 건조된 다공성의 조직이 형성된다.

해설 냉동식품의 표면에서 얼음이 승화되면 건조된 다공성의 조직이 형성될 뿐만 아니라 색소의 파괴와 지방의 산화 등이 일어난다. 이러한 냉동해는 공기와 수분을 투과시키지 않는 포장 재료로 밀착 포장함으로써 방지할 수 있다.

정답 1.④ 2.② 3.③ 4.① 5.④ 6.④ 7.③ 8.② 9.③

10 냉동식품의 물리적인 변화에 해당하는 것은?

① 재결정화　　　　　　　　　② 색소의 파괴
③ 지질의 산화　　　　　　　　④ 단백질의 변성

해설 냉동식품의 물리적 · 화학적인 변화
• 물리적인 변화 : 재결정화, 승화
• 화학적인 변화 : 색소의 파괴, 비타민의 분해, 단백질의 변성, 지질의 산화

11 냉동식품을 상온에서 그대로 해동시키는 방법으로 옳은 것은?

① 공기 해동　　　　　　　　　② 침수 해동
③ 초단파 해동　　　　　　　　④ 가열 조리

해설 공기 해동 : 냉동식품을 상온에서 그대로 해동시키는 방법으로, 간편하지만 미생물의 성장, 효소적 변패 및 산화반응 등이 일어날 우려가 있다.

12 해동 속도가 빠르고 해동 중 일어나는 변패작용도 거의 없는 것은?

① 가열 조리　　　　　　　　　② 초단파 해동
③ 침수 해동　　　　　　　　　④ 공기 해동

해설 초단파 해동 : 식품 내의 물분자에 급속한 진동을 일으켜서 발생되는 마찰열을 이용하여 식품 내부 모든 곳에서 해동이 이루어지므로 해동 속도도 빠르고 해동 중에 일어나는 변패작용도 거의 없다.

13 식품의 저장 비용이 저렴하고 저장 효과가 높기 때문에 오래 전부터 널리 이용된 방법은?

① 식품의 냉동 저장 방법　　　② 식품의 건조 저장 방법
③ 레토르트 파우치법　　　　　④ 식품의 발효 저장 방법

해설 건조시켜서 식품을 저장하는 방법은 비교적 간단할 뿐만 아니라 제조 및 저장 비용이 저렴하고 저장 효과가 높기 때문에 오래 전부터 오늘날에 이르기까지 널리 이용되고 있다.

14 식품의 건조 속도를 증가시키는 요인이 아닌 것은?

① 식품을 작고 얇게 절단한다.　　② 건조 온도를 높게 한다.
③ 공기의 유속을 느리게 한다.　　④ 공기를 건조하게 한다.

해설 식품의 건조 속도는 식품의 표면적, 건조 온도, 공기의 유속, 공기의 건조도 및 압력 등 여러 가지 요인에 의해 영향을 받는다. 식품을 작고 얇게 절단할수록, 건조 온도가 높을수록, 공기의 유속이 클수록, 공기가 건조할수록 건조 속도는 증가한다. 또한 건조온도가 일정할 경우, 압력을 감소시키면 건조 시간이 단축된다.

15 건조 중의 변화로 볼 수 없는 것은?
① 방향의 손실
② 산화 및 갈변반응
③ 표면경화
④ 확대

해설 식품의 건조 중에는 수축이나 표면경화, 산화 및 갈변반응, 방향의 손실 등과 같은 바람직하지 못한 물리·화학적인 변화가 함께 일어난다.

16 낮은 온도에서 천천히 식품 전체를 고르게 건조시키면 감소시킬 수 있는 것은?
① 수축
② 표면경화
③ 산화 및 갈변반응
④ 방향의 손실

해설 식품을 건조하는 동안 표면에 굳은 피막이 형성되기도 하는데, 이러한 표면경화가 일어나면 건조 속도가 감소된다. 낮은 온도에서 천천히 식품 전체가 고르게 건조되도록 하면 표면경화를 감소시킬 수 있다.

17 냉동 건조나 진공 건조 등의 방법으로 건조시키면 손실을 감소시킬 수 있는 것은?
① 방향의 손실
② 표면경화
③ 산화 및 갈변반응
④ 수축

해설 식품을 건조할 때 증발하는 휘발성 방향 성분이 손실되어 식품 고유의 맛이 손상된다. 냉동 건조 또는 진공 건조 등의 방법으로 건조시키면 방향 성분의 손실을 감소시킬 수 있다.

18 다음 중 과일의 갈변반응을 억제할 수 있는 것은?
① 이산화탄소
② 황화수소
③ 아황산가스
④ 염화수소

해설 과일을 아황산가스 또는 아황산염으로 처리하면 갈변반응이 억제되며, 그 외에 일부 비타민의 파괴를 감소시키고 미생물을 살균하는 효과도 있다.

정답 10.❶ 11.❶ 12.❷ 13.❷ 14.❸ 15.❹ 16.❷ 17.❶ 18.❸

19 다음의 건조방법 중 성질이 다른 것은?

① 자연 건조　　　　　　　　② 공기순환 건조
③ 진공 건조　　　　　　　　④ 냉동 건조

해설 식품의 건조방법은 크게 자연 건조와 인공 건조로 나뉘는데, 인공 건조에는 공기순환 건조, 접촉 건조, 진공 건조, 냉동 건조 등이 있다.

20 자연 건조의 단점으로 볼 수 없는 것은?

① 건조 시간이 오래 걸린다.　　　② 비용이 많이 든다.
③ 식품 신선도가 떨어질 수 있다.　④ 넓은 면적을 필요로 한다.

해설 자연 건조의 단점 : 건조 시간이 오래 걸리고, 기후 등 환경의 지배를 많이 받으며, 건조 도중 미생물의 발육과 효소작용에 의해 식품의 신선도가 떨어질 수 있고, 이물질이 혼입되기 쉬우며, 넓은 면적을 필요로 한다.

21 다음 중 가장 품질이 좋은 건조식품을 얻을 수 있는 건조방법은?

① 공기순환 건조　② 진공 건조　③ 접촉 건조　④ 자연 건조

해설 진공 건조 : 밀폐된 장치 안에서 식품을 거의 진공 상태로 건조하는 방법이다. 식품이 저온에서 진공하에 건조되므로 식품의 성분이 산화되는 일이 적고 비타민 등의 손실도 적어 품질이 좋은 건조식품을 만들 수 있다.

22 건조 장치에 따라 킬른 건조, 캐비닛 건조, 터널 건조 등을 이용해서 건조하는 방법은?

① 접촉 건조　　　　　　　　② 진공 건조
③ 냉동 건조　　　　　　　　④ 공기순환 건조

해설 공기순환 건조 : 가열된 공기의 기류 중에서 식품을 건조하는 방법으로 빨리 건조된다. 건조 장치에 따라 킬른 건조, 캐비닛 건조, 터널 건조 등이 있다.

23 다음의 건조방법 중에서 색이나 맛이 떨어지는 것은?

① 자연 건조　② 공기순환 건조　③ 접촉 건조　④ 냉동 건조

해설 접촉 건조 : 가열한 금속의 표면에 액체 식품을 도포하여 건조하는 방법으로서, 일반적으로 다른 방법으로 건조한 것보다 색이나 맛이 떨어진다.

24 냉동 건조의 장점으로 옳은 것은?

① 복원성이 우수하다.　　　　　　　② 비용이 적게 든다.
③ 건조 후의 부피가 작다.　　　　　　④ 다공질이어서 산화하기 쉽다.

> **해설** 냉동 건조 : 건조된 식품보다 수축이나 표면경화가 일어나지 않아 복원성이 우수하며, 영양 성분이나 방향 성분 등의 식품 성분들의 보존성도 우수하다.

25 식품의 발효에 관한 내용 중 옳지 않은 것은?

① 발효식품은 미생물의 효소 활성에 의한 발효를 이용하여 만드는 식품이다.
② 발효 과정에 관여하는 미생물은 곰팡이, 효모, 세균 등이 있다.
③ 발효는 식품이 무익하거나 유해하게 변하는 것을 의미한다.
④ 발효의 원리는 고분자 유기물질을 분해하는 것을 이용한 것이다.

> **해설** 식품이 미생물의 작용을 받아 사람에게 유익한 상태로 변하는 것을 발효라고 하고, 무익하거나 유해하게 변하는 경우를 부패라고 한다.

26 다음 중 발효식품에 해당하지 않는 것은?

① 가자미 식해　　② 고추장　　③ 두부　　④ 김치

> **해설** 우리나라의 대표적인 발효식품으로는 김치류, 장류, 젓갈류 등이 있다.

27 김치의 종류를 형태에 따라 분류했을 때 옳지 않은 것은?

① 깍두기류　　　　　　　　　　　② 소박이류
③ 장아찌류　　　　　　　　　　　④ 배추김치류

> **해설** 김치의 종류 : 형태에 따라서는 김치류, 깍두기류, 동치미류, 소박이류, 겉절이류, 장아찌류 등으로 구분되며, 주재료에 따라서는 배추, 무, 오이, 기타 채소 등으로 분류한다.

28 김치의 발효에 영향을 미치는 요소가 아닌 것은?

① 발효온도　　② 습도　　③ 소금농도　　④ 산도

정답 19.① 20.② 21.② 22.④ 23.③ 24.① 25.③ 26.③ 27.④ 28.②

해설 김치의 발효에 영향을 미치는 요소 : 발효 온도, 소금 농도, 부재료, 산도

29 다음 중 김치의 발효에 적당한 산도는?
① pH 2.3
② pH 3.5
③ pH 4.3
④ pH 6.5

해설 일반적으로 김치는 pH 4.3 정도일 때가 가장 맛이 좋고, 그 이후에는 산도가 급격하게 올라가고 표면에 피막이 형성되어 산패현상과 연부현상이 나타난다.

30 김치 발효 중에 일어나는 비휘발성 유기산에 해당하는 것은?
① 아세트산
② 카르복실산
③ 탄산
④ 락트산

해설 비휘발성 유기산인 락트산(젖산)과 숙신산(호박산)의 함량은 김치의 염도와 발효온도에 따라 다른데, 김치의 염도와 발효온도가 낮을수록 이 두 유기산의 함량은 많다.

31 김치 발효 중 일어나는 비타민 C의 변화로 옳은 것은?
① 비타민 C는 담근 후부터 점차 감소한다.
② 비타민 C는 숙성함에 따라 아무런 변화가 없다.
③ 비타민 C는 소금에 절이는 과정에서 모두 파괴된다.
④ 비타민 C는 숙성 적기에 최고치가 되고 다시 감소한다.

해설 비타민 C는 수용성이며 쉽게 산화하는 성질이 있어, 김치를 담그면 그 함량이 일단 감소하지만, 숙성함에 따라 증가하여 숙성 적기에 최고치를 보이다가 그 후 다시 감소한다.

32 다음 중 개량 메주에 대한 설명으로 옳지 않은 것은?
① 구수한 맛이 강하고 단맛이 거의 없다.
② 삶은 콩에 종균을 입혀서 1~2주 발효시켜 만든다.
③ 잡발효를 억제시킬 수 있다.
④ 콩에 밀이나 보리를 섞어 만들기도 한다.

해설 재래식 메주는 콩만을 쓰기 때문에 구수한 맛이 강하고 단맛은 별로 없다. 개량 메주는 삶은 콩에 종균을 입혀서 1~2주일 발효시키는 방법으로, 잡발효를 억제하고 맛을 향상시키며, 콩에 밀이나 보리를 섞어 만들기도 한다. 밀이나 보리와 같은 전분질 원료가 첨가되므로 단맛이 강하다.

33 재래식 간장에 대한 설명으로 옳은 것은?

① 잡균의 작용을 받지 않는다.
② 장국을 끓일 때 사용한다.
③ 소금물을 부어 숙성시킨 후 간장을 짜서 살균한 것이다.
④ 색이 진하기 때문에 음식을 조릴 때 사용한다.

해설 재래식 간장은 검은색이 옅고 단맛이 약하므로 장국을 끓일 때 사용한다.

34 전분질 원료가 당화되어 생성된 당의 단맛, 단백질 원료가 가수분해되어 생성된 것은?

① 고추장　　　　　　　　　② 된장
③ 간장　　　　　　　　　　④ 청국장

해설 고추장은 전분질 원료가 당화되어 생성된 당의 단맛, 단백질 원료가 가수분해되어 생성된 아미노산의 구수한 맛, 고추의 매운맛, 소금의 짠맛이 잘 조화를 이룬 복합 조미료이자 기호식품이다. 전분질 원료에 따라 찹쌀 고추장, 쌀 고추장, 보리 고추장 등이 있다.

35 가정에서 대두를 삶아 깨끗한 짚으로 적당히 싸서 보온 시 만들어지는 것은?

① 청국장　　　　　　　　　② 고추장
③ 간장　　　　　　　　　　④ 된장

해설 청국장은 삶은 대두를 40℃ 전후에서 납두균으로 16~18시간 발효시켜 대두에서 실과 같은 점액성 물질이 생긴 것이다. 가정에서는 대두를 삶아 깨끗한 짚으로 적당히 싸서 보온하면 청국장을 만들 수 있다.

36 소금만으로 젓갈을 담그는 방법 중에서 가장 흔하게 사용되는 방법은?

① 습염법　　　　　　　　　② 건염법
③ 혼합법　　　　　　　　　④ 냉염법

해설 소금만으로 젓갈을 담그는 방법 : 마른 소금을 어패류에 뿌려 어체에서 나오는 물이 소금물을 이루게 하는 건염법, 소금물에 어패류를 넣는 습염법, 어패류에 소금을 묻혀 그릇에 담고 소금물을 붓는 혼합법, 추운 계절에 소금물을 따뜻하게 데워서 생선에 붓는 온염법, 더운 계절이나 수온이 높은 지역에서 생선을 0~5℃로 냉각시킨 후 염장하는 냉염법, 큰 생선이나 지방이 많은 생선을 일단 얼렸다가 절이는 냉동염법 등이 있는데, 가장 흔하게 사용되는 방법은 건염법이다.

정답 29.❸　30.❹　31.❹　32.❶　33.❷　34.❶　35.❶　36.❷

37 어패류에 소금을 묻혀 그릇에 담고 소금물을 붓는 방법은?

① 냉동염법 ② 습염법
③ 건염법 ④ 혼합법

해설 문제 36번 해설 참조

38 다음의 젓갈류 중 김치류의 양념에 이용되는 것은?

① 굴젓 ② 명란젓 ③ 갈치젓 ④ 곤쟁이젓

해설 젓갈의 분류
- 반찬으로 사용되는 것 : 굴젓, 명란젓, 창란젓, 곤쟁이젓, 조개젓 등
- 김치류의 양념으로 이용되는 것 : 멸치젓, 새우젓, 갈치젓, 조기젓, 황석어젓 등

39 다음 중 상업적으로 이용되는 젓갈 숙성 전용 저장고의 평균 온도는?

① 0℃ 이하 ② 3~4℃
③ 7~9℃ ④ 13~15℃

해설 상업적으로 이용되는 젓갈 숙성 전용 저장고의 평균 온도는 13~15℃ 정도가 적당하다.

40 공기와 광선을 차단한 상태에서 장기간 식품을 보존할 수 있도록 만든 식품의 가공 방법으로 적당한 것은?

① 레토르트 파우치법 ② 냉동 저장하는 방법
③ 식품을 건조시켜 저장하는 방법 ④ 식품을 발효시켜 저장하는 방법

해설 조리·가공한 식품을 알루미늄 등으로 만든 주머니에 넣어 밀봉한 후 레토르트(retort) 솥에 넣고 100℃ 이상의 고온에서 고압 살균하여 공기와 광선을 차단한 상태에서 장기간 식품을 보존할 수 있도록 만든 식품을 레토르트 파우치 식품이라고 한다.

41 다음 중 레토르트 파우치 식품의 장점이 아닌 것은?

① 포장이 튼튼하여 유통 또는 저장 시 안전하다. ② 개봉이 쉽고 폐기 처리가 간편하다.
③ 상온에서 장기간 보존이 가능하다. ④ 사용 시 용기째로 데울 수 있다.

해설 레토르트 파우치법의 장·단점 : 장기간 보관이 가능하고 비교적 값이 싸고 휴대하기가 간편하며 사용 시에 용기째로 데울 수 있고 개봉 및 폐기물 처리가 쉬운 장점이 있으나, 금속캔이나 유리병보다는 포장 강도가 약해서 유통 또는 저장 중에 충격에 의해 파괴될 우려가 있다.

42 레토르트 파우치법의 단점에 해당하는 것은?
① 값이 비싸다.
② 휴대하기가 불편하다.
③ 용기째 데울 수 없다.
④ 유통·저장 중에 파괴될 우려가 있다.

해설 문제 41번 해설 참조

43 레토르트 파우치 식품의 제조공정이 바르게 나열된 것은?
① 원료 → 선별, 수세, 충진 → 밀봉 → 검사 → 살균 → 냉각 → 제품
② 원료 → 선별, 수세, 충진 → 검사 → 밀봉 → 냉각 → 살균 → 제품
③ 원료 → 선별, 수세, 충진 → 살균 → 검사 → 밀봉 → 냉각 → 제품
④ 원료 → 선별, 수세, 충진 → 냉각 → 밀봉 → 검사 → 살균 → 제품

해설 레토르트 파우치 식품의 일반적인 제조공정 : 원료 → 선별, 수세, 충진 → 밀봉 → 검사 → 살균 → 냉각 → 제품

44 다음 중에서 완전조리 식품이 아닌 것은?
① 샌드위치   ② 햄버거   ③ 양념류   ④ 도시락

해설 완전조리 식품 : 조리 조작이 완료되어 그대로 먹거나 간단한 가열만으로 먹을 수 있는 가공도가 높은 식품으로, 냉동조리 식품, 반찬류, 도시락, 샌드위치, 햄버거 등이 있다.

45 완전조리식품의 장점에 해당하는 것은?
① 적은 양을 만들 때 비용이 절감된다.
② 식품 첨가물을 사용할 때 안전하다.
③ 유통·소비 단계에서 위생적이다.
④ 소금의 과잉 섭취가 일어나지 않는다.

해설 완전조리 식품은 조리 시간과 노동력이 절약되고 적은 양을 만들 때 비용도 절감된다.

정답 37.④ 38.③ 39.④ 40.① 41.① 42.④ 43.① 44.③ 45.①

주관식

1 냉동의 원리에 대해서 설명하시오.

2 식품의 건조 속도를 증가시키는 요인에 대하여 쓰시오.

3 식품의 인공 건조방법에 대하여 설명하시오.

Answer

1 식품 냉동의 원리는 식품에 함유되어 있는 수분을 가능한 한 전부 동결시켜 −18℃ 이하의 저온에 저장함으로써, ⅰ) 부패 미생물의 생육을 정지시키고, ⅱ) 과일과 채소들의 호흡작용을 정지시키며, ⅲ) 식품 조직 중의 효소들이 촉매하는 자기소화 또는 변패작용을 억제시키거나 ⅳ) 식품 성분의 산화와 같은 화학적인 변화들을 억제시켜 저장 수명을 연장하는 것이다.

2 식품의 건조 속도는 식품의 표면적, 건조 온도, 공기의 유속, 공기의 건조도 및 압력 등 여러 가지 요인에 의해 영향을 받는다. 식품을 작고 얇게 절단할수록, 건조 온도가 높을수록, 공기의 유속이 클수록, 공기가 건조할수록 건조 속도는 증가한다. 또한 건조 온도가 일정할 경우, 압력을 감소시키면 건조 시간이 단축된다.

3
- 공기순환 건조 : 가열된 공기의 기류 중에서 식품을 건조하는 방법으로 빨리 건조된다. 건조장치에 따라 킬른 건조, 캐비닛 건조, 터널 건조 등 여러 가지가 있다. 액체 식품을 건조할 때는 미세한 입자로 분무하여 열풍에 의해 짧은 시간 내에 수분을 증발시켜 분말로 만든다.
- 접촉 건조 : 가열한 금속의 표면에 액체 식품을 도포하여 건조하는 방법으로서, 일반적으로 다른 방법으로 건조한 것보다 색이나 맛이 떨어진다.
- 진공 건조 : 밀폐된 장치 안에서 식품을 거의 진공 상태로 건조하는 방법이다. 식품이 저온에서 진공하에 건조되므로 식품의 성분이 산화되는 일이 적고 비타민 등의 손실도 적어 품질이 좋은 건조식품을 만들 수 있다.
- 냉동 건조 : 건조할 식품을 먼저 −40~−30℃ 급속 동결한 후 진공실에 넣고 얼음을 승화에 의하여 제거하여 건조시키는 방법이다. 다른 방법으로 건조된 식품보다 수축이나 표면경화가 일어나지 않아 복원성이 우수하며, 영양 성분이나 방향 성분 등의 식품 성분들의 보존성도 우수하다.

4 레토르트 파우치 식품에 대하여 설명하시오.

5 완전조리 식품의 정의와 장·단점에 대하여 설명하시오.

> **Answer**
>
> **4** 레토르트 파우치 식품은 조리·가공한 식품을 알루미늄 등으로 만든 주머니에 넣어 밀봉한 후 레토르트 솥에 넣고 100℃ 이상의 고온에서 고압 살균하여 공기와 광선을 차단한 상태에서 장기간 식품을 보존할 수 있도록 만든 식품을 의미한다. 레토르트 파우치 식품의 제조공정은 원료 → 선별, 수세, 충진 → 밀봉 → 검사 → 살균 → 냉각 → 제품으로 되어 있다.
>
> **5** 완전조리 식품이란 조리 조작이 완료되어 그대로 먹거나 간단한 가열만으로 먹을 수 있는 가공도가 높은 식품으로, 냉동조리 식품, 반찬류, 도시락, 샌드위치, 햄버거 등이 있다. 완전조리 식품을 이용하면 조리 시간과 노동력이 절약되는 편리함이나 적은 양을 만들 때의 비용 절감 등의 장점도 있으나, 동시에 여러 가지 문제점들도 야기될 수 있다. 가공도를 높이기 위해 식품 첨가물을 사용하게 되면 그로 인한 안전성이 문제가 되며, 여러 가지 반찬들의 유통소비 단계에서 비위생적으로 되기 쉽고, 각 조리자의 독특한 맛을 내는 음식이기보다는 천편일률적인 음식으로 되기 쉽다. 또한 식생활에 완전조리식품을 많이 이용하게 되면 영양 섭취의 불균형, 즉 소금의 과잉 섭취라든가 미량 영양소의 섭취 불량 등이 일어날 수 있다.

MEMO

제3부 건강과 식품
05 기호식품 및 기능성 식품

 단원 개요

기호식품은 성장·발육 또는 건강 유지를 위하여 반드시 섭취해야 하는 영양성분을 함유하고 있지는 않으나 기분을 상쾌하게 하여 피로를 회복시키고 식욕을 증진시키는 등의 생리 효과가 있다. 기호식품으로는 세계적으로 애용되고 있는 차, 커피, 코코아나 초콜릿 등의 알칼로이드 음료, 우리나라의 다양한 전통음료, 탄산음료, 이온음료 등이 있다. 20세기를 마감하고 21세기에 들어서면서 인간이 식품으로부터 추구하는 바는 더욱 다양해지고 있다. 생명 유지 및 건강을 위해 필수적인 영양소의 보급은 물론이고, 그 이외의 여러 가지 다양한 기능을 식품으로부터 얻을 수 있기를 기대한다.

 출제 경향 및 수험 대책

이 단원에서는 우리나라에서 흔히 이용되는 기호식품, 차와 커피의 제조 과정에서 일어나는 변화, 커피를 추출하는 방법, 전통음료의 종류, 탄산음료와 이온음료의 차이, 기능성 식품의 의미, 식이섬유와 고도불포화지방산의 기능 등에 대해서 묻는 문제들이 출제될 수 있는 바, 자세하고 철저한 학습이 요구된다.

5

01 기호식품

1 차

(1) 차의 산지
① 차의 원산지 : 중국, 인도 등
② 현재 차의 주산지 : 중국, 인도, 스리랑카(실론), 자바, 수마트라 등
③ 우리나라 차 재배지 : 지리산, 한라산, 전라남도의 보성·강진 지방

(2) 차의 재배
① 차나무는 비교적 덥고 강우량이 많아야 잘 자라며, 해발 2,100m 이하의 지역에서 잘 자란다.
② 차나무를 잘 재배하려면 1년에 몇 번씩 광범위하게 전주를 해 주어야 한다.
③ 어린 가지의 끝에서 새로 나와서 반쯤 벌어진 새싹과 그보다 먼저 나온 2~3개의 잎만이 차의 가장 좋은 원료로 이용된다.

(3) 차의 종류
① 녹차
  ㉠ 새로 돋은 가지에서 딴 어린 잎을 차 제조용으로 사용한다.
  ㉡ 고온에서 단시간 가열하여 산화효소가 파괴되므로 녹색이 그대로 남아 있으며 산뜻하고 구수한 맛을 가진다.
② 홍차
  ㉠ 어린 잎을 발효시켜서 녹색을 빼내고 말린 것이다.
  ㉡ 산화로 인해 찻잎의 색은 홍색으로 변하고 풋내가 없어지며 홍차 특유의 향기가 생긴다.

(4) 차의 성분
① 카페인
  ㉠ 알칼로이드의 일종으로, 차의 카페인(caffeine) 함량은 2~4%로 커피열매보다 많으나 덜 용해되어 차의 카페인 함량은 커피보다 많지 않다.
  ㉡ 카페인은 쌉쌀한 맛의 성분으로, 중추신경을 자극하여 흥분시키며 혈액 순환을 촉진하고 강심, 이뇨 및 혈관 확대 작용이 있으며 피로 회복에 효과가 있다.
② 카테킨
  ㉠ 카테킨(catechin)은 폴리페놀의 일종으로 쓴맛을 가지고 있으며 가장 대표적인 차의 유효 성분이다.
  ㉡ 찻잎에 들어 있는 카테킨은 체내에서 중금속(수은, 카드뮴, 납 등)과 결합하여 배설시

추가 설명

기호식품
커피·차 등과 같이 영양소는 아니지만 독특한 향기나 맛이 있어 즐기고 좋아하는 음식물이다.

추가 설명

발효된 정도에 따른 차의 종류
- 녹차 : 발효시키지 않은 것
- 홍차 : 완전히 발효시킨 것
- 오롱차 : 녹차와 홍차의 중간 정도의 질을 가진 반발효차

키는 해독작용을 하며, 고혈압 및 동맥경화증의 예방 효과, 항암 효과, 혈당 저하 효과 등도 있다.

③ 페놀 물질
  ㉠ 차의 맛, 색, 향기에 관여하는 주요 성분으로 차에 함유되어 있는 대부분의 페놀 물질은 타닌(tannin)에 속한다. 타닌은 떫은 맛과 관계가 있으며 수렴작용과 지혈작용을 한다.
  ㉡ 페놀 물질은 갓 움트고 있는 싹과 첫째 잎에 가장 많이 함유되어 있고 그 아래 잎으로 내려갈수록 함량이 적다. 페놀 함량이 많을수록 차의 색이 진하다.
④ 유리 아미노산 : 다량 들어 있는 테아닌(theanine)은 차 특유의 아미노산으로 단맛을 띤 감칠맛을 내며, 뇌신경 물질을 조절하고 신경계를 안정시켜 긴장을 이완시킨다.
⑤ 비타민·유리당 및 유기산
  ㉠ 녹차에는 비타민 C가 많이 들어 있고 이 밖에도 비타민 A, B, E 등이 있다.
  ㉡ 녹차에 소량 들어 있는 유리당과 유기산은 차의 맛과 향에 관계가 있으며, 유리당은 카테킨류의 혈당 상승 억제작용을 도와주며, 유기산도 카테킨류의 항산화 상승효과가 있다.

> **추가 설명**
> **기호음료로서 중요한 차의 성분**
> 카페인, 페놀 물질, 방향 성분 등이다.

> **추가 설명**
> **차의 제조 시 일어나는 변화**
> 차를 제조하는 동안 색, 타닌, 방향 성분 등의 변화가 일어나는데, 카페인은 거의 변화가 없다.

2 커피

(1) 개요
① 커피(coffee)는 커피나무 열매 속의 생두를 일정 시간 동안 볶은 뒤 곱게 분쇄하고 물을 이용하여 그 성분을 추출해낸 음료이다.
② 커피는 에티오피아가 원산지이며, 현재는 브라질, 베트남, 콜롬비아, 인도네시아, 온두라스의 순으로 생산량이 많다.
③ 커피나무에 열린 앵두와 비슷한 진한 붉은 색을 띤 열매를 '커피체리(coffee cherry)'라 하고, 커피 열매를 따서 모든 껍질을 다 벗긴 것을 '커피 생두(green bean coffee)'라고 한다.

(2) 커피의 종류
생두는 여러 종이 있지만, 현재 상업적으로 재배하는 주요 품종은 아라비카와 로부스타로, 전체 품종의 95%를 차지한다. 커피는 산지명이나 제조지명을 상표로 사용하는 일이 많다.
① 아라비카 : 700m 이상의 고지에서 재배되며, 원산지는 에티오피아이다. 부드럽고 향기가 있으며, 마일드(Mild)와 브라질(Brazil)로 분류된다.
② 로부스타 : 300m 이상의 고지에서 재배되며, 원산지는 콩고이다. 이는 인스턴트 커피의 주원료로 이용된다.
③ 리베리카 : 라이베리아가 원산지이며, 향미가 떨어지고 쓴맛이 강하다.

(3) 커피콩을 볶는 동안에 일어나는 변화
① 커피 로스팅(roasting)의 온도, 시간, 속도에 따라 커피 맛이 달라진다.

> **추가 설명**
> **차의 보관**
> 방습성이 좋은 용기에 담아 보관해야 하며, 또한 흡착력이 강해서 다른 냄새에 쉽게 동화되므로, 냄새가 나는 곳에 보관하지 않는 것이 좋다.

② 카페올과 같은 휘발성 방향 물질과 이산화탄소가 생성된다.
③ 커피 열매에서 수분이 증발하여 중량이 감소하며, 섬유소와 탄수화물은 부분적으로 탄화되므로 커피를 끓였을 때 탄 냄새와 맛이 난다.
④ 타닌은 볶는 과정에서 약간 불용성으로 되며, 볶는 동안에 카페인에는 거의 변화가 일어나지 않는다.

(4) 커피의 보관 및 추출

① 커피의 보관 : 커피콩이 공기에 노출됨에 따라 볶은 지 10일 정도 지나면 신선하지 않은 맛이 나기 시작하므로 밀봉하여 진공포장을 한다.
② 커피의 추출
　㉠ 커피 추출 방법에는 침출식과 여과식이 있는데, 일반적으로 여과식 커피(에스프레소 머신, 핸드 드립)가 더 맛이 좋은 것으로 평가되고 있다.
　㉡ 맛있는 커피는 가능한 한 방향 성분이 손실되지 않고 타닌은 적게 우러나 있으며 색이 맑게 추출하는 것이다.
③ 커피를 추출할 때 맛에 영향을 미치는 요인 : 분쇄한 커피 입자의 크기, 커피와 물의 비율, 커피의 신선도, 커피 추출 방법, 물의 온도, 정확한 추출 시간 등

3 기타 음료

(1) 탄산음료

① 탄산음료 : 음료에 이산화탄소를 주입하여 만든, 맛이 산뜻하고 시원한 음료이다. 예 콜라, 사이다, 환타 등
② 콜라 : 콜라나무의 열매 추출액에 감미료와 여러 가지 향신료를 가하고 캐러멜 등으로 착색하여 만든 검은색의 탄산음료이다.
③ 사이다 : 탄산가스가 함유된 무색의 탄산음료로, 달고 시원한 맛이 난다. 유럽에서는 사과를 발효시켜 만든 과일주를 말한다.
④ 탄산음료의 과잉 소비 시 문제점 : 치아를 부식시키고 비만을 촉진하며 비타민의 부족 등 영양 불균형을 초래하고, 식품 첨가물의 안전성 등 청소년의 건강에 좋지 않은 영향을 미치기 쉽다.

(2) 코코아와 초콜릿

① 코코아와 초콜릿의 원료: 카카오(cacao)나무의 열매 속에 있는 씨를 볶아 갈아서 만든 반죽으로 초콜릿과 코코아 가루를 만든다.
② 코코아와 초콜릿의 향미 성분: 테오브로민과 카페인을 함유하고 있는데, 테오브로민의 함량이 더 많다.
③ 코코아와 초콜릿의 가장 큰 성분 차이 : 초콜릿은 50% 이상의 지방을, 코코아는 22% 정도의 지방을 함유한다.

추가 설명

커피의 성분
- 카페인 : 신경을 자극하여 흥분시킴으로써 기분을 상쾌하게 하고 이뇨작용도 있다.
- 타닌 : 커피를 끓일 때 지나치게 많이 추출되면 떫고 쓴 커피 맛이 난다.
- 방향 성분 : 카페올, 에스테르, 페놀 등인데, 대부분이 휘발성이어서 가열하면 휘발되거나 변한다.
- 유기산 : 가장 주된 것은 클로로젠산이며, 약간 시고 약간 쓴맛을 낸다.
- 이산화탄소 : 이산화탄소로 인해 커피를 마실 때 입안에서 상쾌함을 느끼게 된다.

추가 설명

코코아와 초콜릿 음료의 영양가가 커피나 차보다 높은 이유
초콜릿이나 코코아 자체에 영양 성분이 많이 함유되어 있을 뿐만 아니라 음료를 탈 때에는 물 대신 우유를 사용하기 때문이다.

(3) 전통음료

① **전통 차** : 열매, 과육, 곡류 등을 이용한 여러 가지가 있는데, 기호음료 및 약용으로 마신다. 예 구기자차, 결명자차, 율무차, 모과차, 유자차, 생강차, 오미자차, 인삼차 등
② **화채** : 꿀이나 설탕을 탄 오미자 국물에 계절 과일이나 꽃잎을 잣과 함께 띄우는 것이다. 예 진달래화채, 배화채, 밀감화채, 복숭아화채, 보리수단 등

02 기능성 식품

1 개요

(1) 기능성 식품의 정의
① 건강을 호전시키는 생리효과를 가지는 식품 및 그 성분을 가지고 제조 및 가공한 식품이다.
② 생체에 대해서 특정한 조절기능(신체리듬 조절, 생체 방어, 질병의 예방과 치료, 노화 억제, 비만 방지, 알레르기 감소 등)을 발휘할 수 있도록 설계·가공한 식품이다.

(2) 기능성 식품의 조건
① 화학구조 및 그 작용 메커니즘이 명확히 규명된 기능성 인자(영양소와 구별)를 가지고 있어야 하고, 무엇보다도 안전해야 한다.
② 명확한 제조 목표가 설정되어 있어야 하고, 사람이 경구적으로 섭취함으로써 효능을 발휘할 수 있어야 한다.

2 다양한 기능성 식품

(1) 식이섬유
① **식이섬유** : 주로 식물에 많이 함유된 섬유질로, 사람의 소화효소로 소화되지 않고 몸 밖으로 배출되는 성분을 일컫는다.
② **식이섬유의 기능**
  ㉠ 중금속 등의 일부 유해물질의 장내 흡수를 저지한다.
  ㉡ 일부 식사 성분의 흡수를 억제함으로써 비만 및 당뇨병을 예방하는 효과가 있다.
  ㉢ 장내에서 물을 흡수·팽창하여 배변량을 늘려 줌으로써 변비 치료에 도움을 준다.
  ㉣ 혈청 콜레스테롤 함량을 낮춰 주어 심장병 및 담석증 등을 예방하는 효과가 있다.
  ㉤ 대장 내의 세균에 영향을 끼쳐 발암물질의 작용을 억제하여 대장암을 예방한다.
  ㉥ 장내 유용균의 증식을 촉진하여 장내 세균총을 개선해 주고, 장운동을 활발히 해 주며, 장기능을 강화하여 변비 및 장암 예방, 장 게실증 예방 등의 효과가 있다.
③ **식이섬유의 과잉 섭취 시 문제점** : 일부 무기질 및 영양 성분의 흡수 저하를 가져올 수 있다.

추가 설명

이온음료
- 탈수 현상을 막고, 땀을 많이 흘림으로써 손실되는 전해질들을 보충할 수 있도록, Na^+, K^+, Mg^+, Cl^- 등의 전해질을 첨가하여 만든 것이다.
- 체내에서 물보다 빨리 흡수되어 갈증을 신속하게 해소시켜 준다.

추가 설명

기능성 식품의 소재로 쓰이고 있는 종류
여러 가지 식이섬유, 올리고당, 고도불포화지방산, 일부 펩티드 및 단백질 등

(2) 고도불포화지방산

① 정의 : 지방산에 4개 이상의 이중결합을 가지고 있는 지방산이다.  아라키돈산, EPA, DMA 등

② 고도불포화지방산의 생리적 기능 : 혈중 중성지방과 콜레스테롤치의 저하, 항균작용, 면역력 증가, 심근경색과 뇌경색의 예방, 혈소판 응집 예방, 동맥경화증과 혈전증 예방 등

③ DHA는 리놀렌산으로부터 체내에서 합성되기도 하나, EPA는 거의 체내에서 생합성이 이루어지지 않아 식품으로부터 섭취해야만 하는 것으로 알려져, 이를 함유한 기능성 식품의 개발이 더욱 활기를 띠고 있다.

(3) 올리고당

① 정의 및 특징 : 단당류가 2~10개 정도 결합한 당으로, 감미를 가진 수용성의 물질로, 다당류 가운데 구조가 비교적 간단하고 용해도나 맛, 화학적 성질 등이 단당류와 비슷하다.

② 올리고당의 생리적 기능 : 장내 비피더스균 증식, 장내 정장작용, 부패균의 발육 억제, 유기산의 생성 증대, 유해물질의 감소, 당뇨병 환자의 혈당 감소, 저칼로리 감미료, 충치 예방, 식품의 물성 개량 등

③ 올리고당이 이용되고 있는 식품 : 음료수, 과자류, 캐러멜, 초콜릿, 쿠키, 케이크, 빵, 아이스크림, 잼, 젤리, 요구르트 등

추가 설명

흔히 사용되는 올리고당
키토올리고당, 갈락토올리고당, 프룩토올리고당, 대두 올리고당, 만난티노오스 등

실전예상문제

1 차에 대한 설명으로 옳지 않은 것은?

① 차는 중국, 인도 등 동양이 원산지이다.
② 차나무는 비교적 덥고 강우량이 많아야 잘 자란다.
③ 차나무를 잘 재배하려면 1년에 몇 번씩 광범위하게 전주를 해 주어야 한다.
④ 다 자란 가지에서 나온 찻잎이 가장 좋은 원료로 이용된다.

> **해설** 어린 가지의 끝에서 새로 나와서 반쯤 벌어진 새싹과 그보다 먼저 나온 2~3개의 잎만이 차의 가장 좋은 원료로 이용된다.

2 다음 중 발효시키지 않고 만든 차는?

① 녹차   ② 홍차   ③ 오룡차   ④ 인삼차

> **해설** 녹차는 발효시키지 않은 것이고, 홍차는 완전히 발효시킨 것이며, 오룡차는 녹차와 홍차의 중간 정도의 질을 가진 반발효차이다.

3 다음 중 차의 성분과 관련 없는 것은?

① 카페인   ② 이산화탄소   ③ 방향 성분   ④ 페놀 물질

> **해설** 기호음료로서 중요한 차의 성분은 카페인, 방향성분, 페놀 물질 등이다.

4 뇌신경물질을 조절하고 신경계를 안정시켜 긴장을 이완시키는 작용을 하는 유리 아미노산은?

① 카페인   ② 클로로젠산   ③ 테아닌   ④ 카페올

> **해설** 테아닌(theanine)은 차 특유의 아미노산으로 단맛을 띤 감칠맛을 내며, 뇌신경 물질을 조절하고 신경계를 안정시켜 긴장을 이완시킨다.

5 차의 성분에 대한 설명으로 옳지 않은 것은?

① 카페인은 중추신경을 자극하여 흥분시키며, 강심, 이뇨 및 혈관 확대 작용 등을 한다.
② 차의 맛, 색, 향기에 관여하는 주요 성분으로 차에 함유되어 있는 대부분의 페놀 물질은 타닌에 속한다.

정답 1.④ 2.① 3.② 4.③ 5.④

③ 유리당은 카텐킨류의 혈당 상승 억제작용을 도와준다.
④ 페놀 물질은 아래 잎으로 내려갈수록 함량이 높다.

해설 페놀 물질은 갓 움트고 있는 싹과 첫째 잎에 가장 많이 함유되어 있고 그 아래 잎으로 내려갈수록 함량이 적다. 페놀 함량이 많을수록 차의 색이 진하다.

6 차를 제조하는 동안 거의 변화가 없는 것은?

① 색　　　　　② 타닌　　　　　③ 방향 성분　　　　　④ 카페인

해설 차를 제조하는 동안 색, 타닌, 방향 성분 등의 변화가 일어나는데, 카페인은 거의 변화가 없다.

7 다음 중 찻잎에 들어 있는 카테킨의 효과로 볼 수 없는 것은?

① 중금속의 해독작용　　　　　② 고혈압과 동맥경화증의 예방 효과
③ 혈당 상승 효과　　　　　　　④ 항암 효과

해설 찻잎에 들어 있는 카테킨은 체내에서 중금속(수은, 카드뮴, 납 등)과 결합하여 배설시키는 해독작용을 하며, 고혈압 및 동맥경화증의 예방 효과, 항암 효과, 혈당 저하 효과 등도 있다고 알려져 있다.

8 700m 이상의 고지에서 재배되는 커피로 마일드와 브라질로 분류되는 종류는?

① 아라비카　　　　② 로브스타　　　　③ 리베리카　　　　④ 가나

해설 아라비카(Arabica)는 700m 이상의 고지에서 재배되는 것으로, 마일드(Mild)와 브라질(Brazil)로 분류된다. 마일드는 에티오피아 고산 지대가 원산지로 맛과 향이 좋고, 브라질은 맛이 강한 편이며 주로 배합커피의 기초로 사용된다.

9 커피의 주요 성분 중 커피를 마실 때 입안에서 상쾌함을 느끼게 하는 것은?

① 카페인　　　　② 타닌　　　　③ 이산화탄소　　　　④ 유기산

해설 이산화탄소 : 커피콩을 볶을 때 수문이 승발하여 생긴 공간에 이산화탄소가 모이는데, 이로 인해 커피를 마실 때 입안에서 상쾌함을 느끼게 된다.

10 커피콩을 볶는 동안에 일어나는 변화로 볼 수 없는 것은?

① 커피 열매에서 수분이 증발하여 중량이 감소하고, 섬유소와 탄수화물은 부분적으로 탄화된다.

② 카페올과 같은 휘발성 방향 물질이 생성된다.
③ 타닌은 볶는 과정에서 약간 불용성으로 된다.
④ 카페인은 쓴맛이 약화된다.

해설 볶는 동안에 카페인에는 거의 변화가 일어나지 않는다.

11 커피를 추출할 때 맛에 영향을 미치는 요인이 아닌 것은?
① 분쇄한 커피 입자의 크기　　② 커피와 물의 비율
③ 물의 온도　　④ 추출 장소

해설 커피를 추출할 때에는 분쇄한 커피 입자의 크기, 커피와 물의 비율, 커피의 신선도, 커피 추출 방법, 물의 온도, 정확한 추출 시간 등이 커피 맛에 영향을 미친다.

12 코코아와 초콜릿의 가장 큰 성분의 차이는 무엇인가?
① 지방 함량　　② 단백질 함량　　③ 비타민 함량　　④ 탄수화물 함량

해설 코코아와 초콜릿의 가장 큰 성분 차이는 지방의 함량이다. 초콜릿은 50% 이상의 지방을, 코코아는 22% 정도의 지방을 함유한다.

13 땀을 많이 흘림으로써 손실되는 전해질들을 보충할 수 있도록 Na^+, K^+, Mg^+, Cl^- 등의 전해질을 첨가하여 만든 것은?
① 탄산음료　　② 이온음료　　③ 식이섬유　　④ 화채

해설 이온음료는 격렬한 운동이나 노동을 하는 동안에 일어나기 쉬운 탈수 현상을 막고, 땀을 많이 흘림으로써 손실되는 전해질들을 보충할 수 있도록, Na^+, K^+, Mg^+, Cl^- 등의 전해질을 첨가하여 만든 것이다.

14 기능성 식품의 조건과 관련 없는 것은?
① 명확한 제조 목표가 설정되어 있어야 한다.
② 사람이 경구적으로 섭취함으로써 효능을 발휘할 수 있어야 한다.
③ 안전해야 한다.
④ 영양소의 기능을 해야 한다.

정답 6.④　7.③　8.①　9.③　10.④　11.④　12.①　13.②　14.④

해설 기능성 식품은 화학구조 및 그 작용 메커니즘이 명확히 규명된 기능성 인자를 가지고 있어야 하는데, 이때의 기능성 인자는 섭취하지 않아도 어떤 결핍 증상을 보이지는 않지만, 섭취함으로써 생체 기능을 향상시켜 줄 수 있는 성분이라는 점에서 영양소와는 구별된다.

15 식이섬유의 기능에 속하지 않는 것은?

① 장내 유용균의 증식을 촉진하여 장내 세균총을 개선해 주고, 장운동을 활발히 해 준다.
② 혈청 콜레스테롤 함량을 낮추어 주어 심장병 및 담석증 등을 예방하는 효과가 있다.
③ 과잉 섭취를 통해 영양 성분의 흡수 촉진을 증진시킨다.
④ 중금속 등의 일부 유해물질의 장내 흡수를 저지한다.

해설 식이섬유의 기능은 ①, ②, ④ 외에, 장내에서 물을 흡수·팽창하여 배변량을 늘려 줌으로써 변비 치료에 도움을 주고, 일부 식사 성분의 흡수를 억제함으로써 비만 및 당뇨병을 예방하는 효과가 있다.

16 올리고당의 생리적 기능에 속하지 않는 것은?

① 장내 비피더스균 증식   ② 부패균의 발육 촉진   ③ 저칼로리 감미료   ④ 충치 예방

해설 올리고당의 생리적 기능 : 장내 비피더스균 증식, 장내 정장작용, 부패균의 발육 억제, 유기산의 생성 증대, 유해물질의 감소, 당뇨병 환자의 혈당 감소, 저칼로리 감미료, 충치 예방, 식품의 물성 개량 등

17 다음 중 올리고당의 기능이 아닌 것은?

① 장내 정장작용   ② 유기산 생성 증대작용   ③ 고칼로리 감미료   ④ 식품의 물성 개량

해설 문제 16번 해설 참조

18 고도불포화지방산의 생리적 기능에 속하지 않는 것은?

① 혈중 중성지방과 콜레스테롤치의 저하   ② 심근경색과 뇌경색의 예방
③ 혈소판 응집 예방   ④ 유기산 생성 증대

해설 고도불포화지방산의 생리적 기능 : 혈중 중성지방과 콜레스테롤치의 저하, 항균작용, 면역력 증가, 심근경색과 뇌경색의 예방, 혈소판 응집 예방, 동맥경화증과 혈전증 예방 등

정답 15. ③ 16. ② 17. ③ 18. ④

주관식

1 차에는 어떤 종류가 있으며 어떤 특성을 가지고 있는지 설명하시오.

2 커피를 추출할 때 맛에 영향을 미치는 요인들에 대해서 설명하시오.

3 탄산음료와 이온음료의 차이점에 대하여 쓰시오.

Answer

1 차는 발효과정을 거쳐 제조되었는가의 여부에 따라 발효차와 불발효차로 크게 나눌 수 있으며, 발효차는 다시 발효 정도에 따라 약발효차, 반발효차, 강발효차, 후발효차 등으로 나눈다. 녹차는 발효시키지 않고 만든 것이고, 홍차는 완전히 발효시킨 것이며, 오룡차는 녹차와 홍차의 중간 정도의 질을 가진 반발효차이다.

2 커피를 추출할 때에는 분쇄한 커피 입자의 크기, 커피와 물의 비율, 커피의 신선도, 커피를 추출하는 법, 물의 온도, 정확한 추출 시간 등이 커피 맛에 영향을 미친다. 맛있는 커피는 가능한 한 방향 성분이 손실되지 않고 타닌은 적게 우러나 있으며 색이 맑게 끓여진 것이다.

3 탄산음료는 음료에 탄산가스, 즉 이산화탄소를 주입하여 입안에서 독특한 청량감을 느끼도록 제조한 것으로 콜라, 사이다, 환타 등 여러 가지가 있으나 제법이나 성질은 거의 비슷하다. 이온음료는 격렬한 운동이나 노동을 하는 동안에 일어나기 쉬운 탈수현상을 막고, 땀을 많이 흘림으로써 손실되는 전해질들을 보충할 수 있도록, Na^+, K^+, Mg^+, Cl^- 등의 전해질을 첨가하여 만든 것이다. 이온음료는 체내에서 물보다 빨리 흡수되어 갈증을 신속하게 해소시켜 준다.

4 기능성 식품이란 무엇인지 설명하시오.

5 식이섬유의 기능성에 대하여 설명하시오.

6 고도불포화지방산의 생리작용에 대하여 설명하시오.

> **Answer**
>
> **4** 기능성 식품이란 생체에 대해서 특정한 조절 기능(신체 리듬 조절, 생체 방어, 질병의 예방과 치료, 노화 억제, 비만 방지, 알레르기 감소 등)을 발휘할 수 있도록 설계·가공한 식품을 말한다. 따라서 기능성 식품은 명확한 제조 목표가 설정되어 있어야 하고, 사람이 경구적으로 섭취함으로써 효능을 발휘할 수 있어야 하며, 화학구조 및 그 작용 메커니즘이 명확히 규명된 기능성 인자를 가지고 있어야 하고, 무엇보다도 안전해야 한다.
>
> **5**
> - 장내 유용균의 증식을 촉진하여 장내 세균총을 개선해 주고, 장운동을 활발히 해 준다.
> - 대장 내의 세균에 영향을 끼쳐 발암물질의 작용을 억제하여 대장암을 예방한다.
> - 콜레스테롤의 흡수를 억제하여 혈청 콜레스테롤 함량을 낮추어 주어 심장병 및 담석증 등을 예방하는 효과가 있다.
> - 장내에서 물을 흡수·팽창하여 배변량을 늘려 줌으로써 변비 치료에 도움을 주고, 일부 식사 성분의 흡수를 억제함으로써 비만 및 당뇨병을 예방하는 효과가 있다.
> - 중금속 등의 일부 유해물질의 장내 흡수를 저지한다.
>
> **6** 근래 EPA(eicosapentaenoic acid)나 DHA(docosahexaenoic acid)와 같은 고도불포화지방산의 효능이 밝혀지면서 이 물질들을 함유한 가공식품의 개발이 활발히 이루어지고 있다. 고도불포화지방산들은 혈중 중성지방과 콜레스테롤치의 저하, 항균작용, 면역력 증가, 심근경색과 뇌경색의 예방, 혈소판 응집 예방, 동맥경화증과 혈전증 예방 등의 생리작용을 나타낸다.

제4부 건강과 운동
01 건강과 체력

 단원 개요

이 단원에서는 체력의 개념을 이해하고, 체력운동의 내용과 방법에 대해서 살펴보고 운동과 에너지대사의 역학관계를 이해한다. 또 체력검사 및 평가의 유형과 특징, 체력 증진 및 관리를 위한 운동처방에 대하여 자세하게 살펴보도록 한다.

 출제 경향 및 수험 대책

이 단원에서는 등장성 운동과 등척성 운동의 특징, 체력 운동의 방법, 주요 에너지 시스템, 체력 검사, 운동 시 에너지대사, 트레이닝의 기본 원리, 운동처방의 순서 등에 대해서 묻는 문제들이 출제될 수 있는 바, 자세하고 철저한 학습이 요구된다.

01 체력 운동

1 체력의 개념과 구성요소

(1) 체력의 개념
① 체력은 인간의 일상생활을 보다 윤택하게 영위하는 데 필요한 신체적인 활동능력이다.
② 체력은 신체활동의 감소와 정신적 스트레스, 심신의 피로 축적 등을 해결하는 데 매우 중요한 요소이다.
③ 체력은 신체의 성장과 발달, 적절한 운동에 의하여 증가되지만 연령의 증가와 운동 부족 현상에 의하여 쇠퇴한다.

(2) 체력의 구성 : 행동체력과 방위체력
① 행동체력
  ㉠ 근력 : 근육이 수축할 때에 발생하는 힘이다.
  ㉡ 순발력 : 근육이 짧은 시간에 폭발적으로 수축하는 힘을 말한다.
  ㉢ 지구력 : 운동을 오랫동안 지속할 수 있는 능력으로, 지구력에는 근지구력과 심폐지구력이 있다.
  ㉣ 조정력 : 근육과 신경계의 영향을 받아 운동을 효과적으로 수행하는 능력으로, 평형성·민첩성·교치성 등을 통틀어 조정력이라 한다.
  ㉤ 유연성 : 신체의 굴신 범위를 넓혀서 동작을 부드럽게 하는 능력으로, 신체 각 관절의 가동성과 근육의 신전성에 의해 좌우된다.
② 방위체력
  ㉠ 외계의 스트레스에 대항해 자신의 건강을 유지하려고 하는 능력이다.
  ㉡ 인간이 생활환경으로부터 생존을 영위할 때 신체의 내·외부적으로 물리적·화학적·생물학적·생리적·정신적 자극 등과 같은 스트레스를 견디거나 이겨낼 수 있는 능력을 말한다.

(3) 체력의 구성요소
① 행동체력의 구성요소
  ㉠ 운동을 일으키는 힘 : 근력(예 악력), 순발력(예 제자리 멀리뛰기)
  ㉡ 운동을 지속하는 힘 : 근지구력(예 윗몸일으키기), 심폐지구력(예 오래달리기)
  ㉢ 운동을 조절하는 힘 : 평형성(예 눈감고 한발로 서기), 민첩성(예 사이드스텝), 유연성(예 스트레칭)
② 방위체력의 구성요소
  ㉠ 환경의 변화(예 기온·기압)에 견디는 힘

체력의 구성
주변 환경의 변화에서 오는 각종 스트레스를 견뎌내는 방위체력과 운동을 일으키고 지속시키며 조절할 수 있는 행동체력으로 구성된다.

ⓒ 질병(예 세균·기생충)에 견디는 힘
  ⓒ 생리적 변화(예 배고픔·갈등·피로)에 견디는 힘
  ⓔ 정신적 변화(예 긴장·불안)에 견디는 힘

2 체력 운동의 내용과 방법

(1) 근력 운동

① 등속성 운동
  ㉠ 관절의 모든 각도에서 움직임의 속도가 동일하게 유지되는 상태에서 일어나는 근수축 운동으로, 등척성 및 등장성 운동의 결점을 보완한 것이다.
  ㉡ 대표적인 등속성 운동 : 사이벡스, 미니짐 기구를 이용한 운동

② 등장성 운동
  ㉠ 근육이 수축하는 힘은 같은 상태에서 근육의 길이가 짧아지거나 길어지면서 장력을 발생하는 근수축 운동으로, 웨이트 트레이닝이라고도 한다.
  ㉡ 등장성 운동은 동적인 운동이므로 실제 운동 장면에 가까운 것이 특징이며, 개인의 근력에 따라 부하가 결정된다.
  ㉢ 대표적인 등장성 운동 : 바벨, 덤벨 기계 또는 고무줄 등을 이용한 운동

③ 등척성 운동
  ㉠ 근육이 수축하지만, 근육의 길이와 관절의 각도가 변하지 않는 운동으로, 정적 저항 운동이라고도 말한다.
  ㉡ 특수한 용구나 장소가 필요 없이 간단하게 수행할 수 있는 운동이다.
  ㉢ 운동을 처음 하는 사람 또는 부분적인 골격근의 강화를 필요로 하는 사람 등에게 적합하다.
  ㉣ 대표적인 등척성 운동 : 벽 밀기, 고정된 물건 들기 등

(2) 순발력 운동

① 순발력(power) : 근육이 순간적으로 수축하면서 나는 힘이다.

$$순발력(power) = 힘 \times 속도 = 힘 \times \frac{거리}{시간} = \frac{일}{시간}$$

② 순발력은 다양한 스포츠에서 기초가 되는 능력이며, 순발력 운동은 모두 동적 근력 운동이다.
③ 순발력의 증대 요인 : 강력한 근력, 근단축 속도의 증가, 신경 충격의 집중성, 무산소적 해당능력의 효율성 개선 등

추가 설명

체력 운동
정기적·규칙적으로 운동을 행함으로써 현재 이상의 체력을 향상시키는 것으로, 맨손이나 기구를 이용하여 신체의 활동능력과 저항력을 높이는 데 목적이 있다. 예 근력 운동, 순발력 운동, 근지구력 운동, 심폐지구력 운동, 유연성 운동 등

(3) 근지구력 운동

① 근지구력 : 오랜 시간 동안 근력을 지속적으로 발휘할 수 있는 능력이다.
② 근지구력의 측정 : 최대 근력의 1/3 혹은 1/4의 부하를 주어 들어올리는 횟수 및 지속 시간으로 측정한다.
③ 근지구력의 증대에 영향을 미치는 요인 : 단위 근육당 혈류량과 산소 섭취량의 증가와 함께 정신력 등에 의해 결정된다.

(4) 심폐지구력 운동

① 심폐지구력 : 오랜 시간 동안 일정한 심폐 기능을 지속적으로 발휘할 수 있는 능력으로, 유산소적 작업 능력이라고도 한다.
② 심폐지구력을 결정하는 요인: 환기기능(폐), 심박출량(심장), 모세혈관, 조직의 적응성, 효율성(기술), 의지력 등이 있다.
③ 심폐지구력을 향상시키기 위한 방법
　㉠ 지속주 트레이닝 : 장거리를 쉬지 않고 달리는 운동으로, 가장 오래 전부터 사용하고 있다.
　㉡ 인터벌 트레이닝 : 활동과 휴식을 번갈아하는 방법으로, 운동과 운동 사이에 불완전한 동적 휴식을 취하면서 반복·연습하는 것이다.
　㉢ 레피티션 트레이닝 : 강도 높은 운동의 훈련에 사용되며, 거의 전력에 가까운 운동 강도로 되풀이하여 행하고, 운동과 운동 사이에 완전한 휴식을 5~10분 정도 취한다.

(5) 유연성 운동

① 유연성 : 유연성은 동작을 부드럽고 탄력있게 할 수 있는 능력을 말하는 것으로, 유연성의 크기는 관절의 가동 범위에 의해서 결정되며 스트레칭, 유연 체조 등으로 발달시킬 수 있다.
② 유연성 훈련의 목적
　㉠ 동작을 원활히 한다든가 부상을 예방한다.
　㉡ 순발력을 얻을 수 있는 잠재력과 신체의 가동범위를 증가시킨다.
③ 스트레칭의 방법
　㉠ 편안한 장소에서 간단한 동작부터 시작한다.
　㉡ 스트레칭을 하는 동안 호흡은 정상적으로 행한다.
　㉢ 반동동작을 취하면 안되며, 조심성 있게 천천히 실시한다.
　㉣ 서서히 스트레칭 유지 시간을 늘리되, 대부분의 경우 10초를 유지하고 30초까지 늘린다.
　㉤ 발바닥 전체를 지면에 밀착시키고 몸을 확고히 지탱하는 것이 중요하다.
　㉥ 부위에 집중하기보다 전체적으로 실시한다.

추가 설명

인터벌 트레이닝의 효과
- 산소 섭취 능력의 강화
- 산소 부채량의 증가
- 호흡기능의 강화
- 순환기능의 강화
- 신진대사 능력의 발달
- 에너지 공급 능력 강화
- 전신 지구력 향상

추가 설명

심폐지구력 향상을 위한 운동
걷기와 오래달리기, 수영, 자전거 타기 등의 유산소 운동이 있다.

02 운동과 에너지

1 근수축의 에너지원과 에너지 공급체계

(1) 근수축의 에너지원

① 우리가 섭취한 영양분이 체내에서 화학반응에 의해 분해될 때 방출되는 화학 에너지는 근수축에 직접 이용될 수 있는 에너지 형태인 아데노신 3인산(ATP)이라는 물질을 합성한다.
② ATP는 근 운동 중에 아데노신 2인산(ADP)으로 전환되면서 근육이 직접 이용할 수 있는 에너지를 방출한다.

(2) 에너지 공급체계

① ATP-PC 시스템
  ㉠ 짧은 시간에 큰 힘을 필요로 하는 운동을 할 때 동원되는 방법이다.
  ㉡ ATP가 ADT로 분해되면서 에너지를 생성하는데, 이때 ADT는 인산크레아틴(PC)이 분해될 때 생기는 인산(P)과 결합하여 다시 ATP가 된다.
② 젖산시스템 : 당분은 해당작용을 거쳐 피루브산으로 분해되면서 에너지를 생산하고, 다음 단계에서 ⅰ) 산소가 충분하지 않으면 젖산으로 전환되고(젖산시스템), ⅱ) 산소가 충분하면 물과 이산화탄소로 완전히 분해된다(산소시스템).
③ 산소시스템
  ㉠ 시간적인 제한 없이 계속적으로 에너지를 공급할 수 있는 것으로, 산소 공급을 통해 체내에 저장되어 있던 글루코오스, 지방 등을 분해시켜 ATP를 합성한다.
  ㉡ 산소시스템 : 글루코오스 + 산소 + ADP → 이산화탄소 + ATP + 물

| 표 1-1 | 운동 시간에 따른 주 에너지 시스템

운동 시간	주 에너지 시스템	해당 운동 종목
30초 이내	ATP-PC 시스템	투포환, 100m 달리기, 야구의 도루, 골프와 테니스 스윙
30초~1분 30초	ATP-PC 시스템과 젖산 시스템	200~400m 달리기, 스피드 스케이트, 100m 수영
1분 30초~3분	젖산 시스템과 산소 시스템	800m 달리기, 체조경기, 복싱(3분 라운드), 레슬링(2분)
3분 이상	산소 시스템	축구, 크로스컨트리 스키, 마라톤, 조깅

2 휴식 시 및 운동 시의 에너지대사

(1) 휴식 시 에너지대사

① 휴식 시에는 인체의 산소 운반 시스템이 각 세포에 충분한 산소를 공급할 수 있기 때문에

추가 설명

에너지 공급체계
- 무산소성 반응과정 : ATP-PC 시스템 및 젖산시스템
- 유산소성 반응과정 : 산소시스템

추가 설명

젖산시스템의 장·단점
- 장점 : 젖산시스템은 ATP-PC 시스템 다음으로 빠른 속도로 에너지를 생산할 수 있다.
- 단점 : 젖산이 축적될수록 근육에 피로와 고통을 초래하기 때문에 아주 제한적으로만 이용해야 한다.

유산소 과정만으로 에너지를 공급하게 된다.
② 보통 휴식 시에 필요한 산소는 분당 약 0.3L 정도이다.

(2) 운동 시 에너지대사

① 단시간 운동
- ㉠ 단거리 달리기나 400m달리기, 팔굽혀펴기 등과 같이 2~3분 이내에 이루어지는 운동으로, 대부분이 탄수화물(예 글루코오스·글리코겐)의 산화에 의하여 에너지를 얻게 된다.
- ㉡ 단거리 달리기나 중거리 달리기와 같은 운동은 무산소성 과정에 의한 해당작용이 3/4을 차지하고 있는 반면에, 산소시스템에 의한 에너지 공급이 1/4밖에 되지 않는다.
- ㉢ 단시간 운동은 무산소성 해당작용(젖산시스템)이 촉진되므로 젖산의 생성량이 급격히 늘어나 근육과 혈액 내에 축적되고 근육 내의 글리코겐을 많이 사용하게 되므로 글리코겐의 고갈현상이 나타나기 쉽다.

② 장시간 운동
- ㉠ 5분 이상의 소요 시간을 요구하는 운동으로 이러한 운동에서, 에너지원으로 사용되는 에너지원은 글루코오스와 지방이다.
- ㉡ ATP의 주 공급은 유산소성 과정에 의해 이루어진다.

03 체력검사 및 평가

1 체지방량

① 체지방량 : 체중에서 지방이 차지하는 비율(%)로 나타내는데, 이는 신체 구성을 평가하는 척도로서 운동 처방의 중요한 자료로 활용된다.
② 피하지방 측정법
- ㉠ 체지방량 측정에 가장 많이 이용되고 있는 실용적인 방법이다.
- ㉡ 피하지방 두께와 체지방량, 체밀도 사이에 높은 상관관계가 있다는 점을 기초로 하여 체밀도 예측식에 몇 부위의 피하지방 두께의 합과 연령을 대입하여 체밀도를 예측하여 체지방량을 구하는 방법이다.

2 건강 관련 체력

(1) 심폐지구력

① 심폐지구력 : 오랜 시간 동안 일정한 심폐기능을 지속적으로 발휘할 수 있는 능력으로, 전신지구력이라고도 한다.
② 심폐지구력의 측정

추가 설명

운동 시 에너지 대사
- 단시간 운동(단거리 달리기, 중거리 달리기 등) : 무산소성 과정에 의해 ATP가 공급된다.
- 장시간 운동(마라톤, 조깅 등) : ATP의 주 공급은 유산소성 과정에 의해 이루어진다.

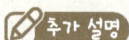

신체 조성 건강 권장 범위
7%〈남자 체지방률〈25%,
16%〈여자 체지방률〈32%

㉠ 필드 테스트 방법 : 12분 달리기, 1,500m 달리기, 3,200m 걷기 등
㉡ 실험실 테스트 방법 : 트레드밀 테스트, 자전거 에르고미터 테스트, 암 에르고미터 테스트, 스텝 테스트 방법 등

(2) 근력

① 근력 : 근육이 순간적으로 수축하여 발휘할 수 있는 최대의 힘으로서, 물체의 운반이나 던지는 동작에서 근력을 필요로 한다.
② 근력의 측정방법 : 보편적으로 악력과 배근력으로 측정한다.

(3) 근지구력

① 근지구력 : 근육이 얼마나 운동을 오래 지속할 수 있는지에 대한 능력으로, 반복 횟수나 일정한 저항에 대한 지속 시간으로 측정한다.
② 근지구력의 측정방법 : 윗몸일으키기, 팔굽혀펴기(남), 무릎대고 팔굽혀펴기(여) 등의 방법에 의하여 측정될 수 있다.

(4) 유연성

① 유연성 : 관절 및 이를 에워싼 근육·인대에 의하여 움직여지는 관절운동의 가동성을 나타내는 능력으로, 운동의 효율성 증진과 상해 예방 등에 중요하다.
② 유연성의 측정방법 : 윗몸 앞으로 굽히기, 스트레칭 등의 방법이 이용된다.

3 운동 관련 체력

(1) 순발력

① 순발력 : 근육이 순간적으로 빨리 수축하면서 나는 힘으로, 다양한 스포츠에서 기초가 되는 능력이다.
② 순발력의 측정방법 : 주로 제자리멀리뛰기, 계단뛰기, 제자리 높이뛰기 등이 이용된다.

(2) 민첩성

① 민첩성 : 몸의 동작이나 운동의 방향을 신속히 바꿀 수 있는 능력이다.
② 민첩성의 측정방법 : 왕복달리기, 지그재그달리기, 버피 테스트, 사이드 스텝 테스트 등이 있다.

(3) 평형성

① 평형성 : 신체를 일정한 자세로 유지할 수 있는 능력으로, 스포츠 현장에서는 균형, 미적 표현능력, 안정성의 측면에서 중요한 역할을 한다.
② 평형성의 측정방법 : 가장 일반적인 방법으로 눈감고 한발로 서기 등이 있다.

추가 설명

행동체력
- 건강 관련 체력 : 근력, 심폐지구력, 근지구력, 유연성
- 운동 관련 체력 : 순발력, 민첩성, 평형성, 교차성, 협응력, 스피드

추가 설명

체력검사 및 평가의 목적
각 개인이 현재 지니고 있는 개별적인 체력 수준을 검사하고 평가하여 운동프로그램 계획을 수립하기 위한 자료를 수집하는 데 있다.

추가 설명

기본적인 체력검사 및 평가의 항목
체지방량·심폐지구력·근력·근지구력·유연성·순발력·민첩성·평형성 등이 있다.

04 체력과 운동처방

1 운동처방의 원리와 구성요소

(1) 운동처방의 원리

① 운동처방 : 체력의 향상과 건강의 유지·증진을 목적으로 개인의 체력 수준, 건강 상태, 연령 등을 고려한 운동의 종류와 형식을 선택하는 데 있어서 그 질과 양을 어떻게 실시하여야 하는가를 제시하는 것을 말한다.

② 운동처방의 조건 : 안전한 운동, 효과가 있는 운동, 즐길 수 있는 운동이어야 한다.

③ 운동처방을 위한 기본 원리(트레이닝의 기본 원리)
  ㉠ 점진성의 원리 : 운동의 종목과 부하를 점진적으로 증가시켜 나간다.
  ㉡ 과부하의 원리 : 운동의 효과를 높이기 위해서는 어느 정도 강한 자극을 주어야 한다.
  ㉢ 개별성의 원리 : 개인차를 고려한 트레이닝 프로그램과 운동처방이 필요하다.
  ㉣ 자각성의 원리 : 실시자가 트레이닝의 목적, 방법 등을 파악하고 있어야 한다.
  ㉤ 반복성의 원리 : 트레이닝 프로그램에 입각한 반복 횟수대로 실시하도록 한다.
  ㉥ 전면성의 원리 : 체력의 전반적인 요소를 골고루 발달시키도록 하며, 정신적 요소, 건강, 교양의 면까지 고려하여 조화적인 발달을 꾀한다.
  ㉦ 계속성의 원리 : 계속적으로 실시하는 것이 필요하다.

> **추가 설명**
> 운동처방을 위한 기본 원리(트레이닝의 기본 원리)
> 과부하의 원리, 점진성의 원리, 반복성의 원리, 개별성의 원리, 전면성의 원리, 자각성의 원리, 계속성의 원리

(2) 운동처방의 구성요소

① 운동처방은 어떤 운동을, 어느 정도로, 얼마만큼의 시간 동안, 얼마나 자주 하여야 하는가를 제시할 수 있어야 한다. 즉, 운동처방은 운동종목, 운동강도, 운동시간, 운동빈도 등의 내용으로 구성된다.

② 운동처방의 구성요소 및 관련 사항
  ㉠ 운동종목 : 근력 향상, 심폐지구력 향상, 유연성 증진 등 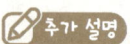 걷기, 하이킹, 달리기, 조깅 등
  ㉡ 운동강도 : 최대 산소섭취량의 백분율(40~70%), 최대 심박수(60~80%) 등
  ㉢ 운동시간 : 1일 운동시간(30~90분), 달린 거리 등
  ㉣ 운동빈도 : 주당 운동횟수(매일 또는 주당 3회 이상)
  ㉤ 운동목적 : 체력 개선, 체력 유지, 여가활동 등
  ㉥ 운동환경 : 실내체육관, 실외운동장, 수영장 등

> **추가 설명**
> 운동의 빈도
> 매일하는 것이 가장 좋으나 여건에 따라서 최소한 주당 3회 이상 실시해야 효과가 있다.

2 운동처방의 과정

① 의학검사 : 검사는 상담과 임상검사로 구분되며, 그 결과는 다음 운동부하검사와 체력검사의 가부, 운동의 금지, 운동종목과 강도의 제한 등에 반영시키는 데 도움이 된다.

② 운동부하검사 : 운동부하검사는 활동적인 의학검사임과 동시에 체력검사로서의 역할을 한다.
③ 체력검사 및 평가 : 운동부하검사로 측정할 수 있는 체력 요소에는 한계가 있으므로 거기에 별도의 중요한 체력검사를 해서 피검자의 체력 전반의 특징을 파악할 필요가 있다.
④ 운동처방의 작성 : 이상의 검사 결과에 기준하여 운동의 가부와 운동의 강도에 관한 안전한계 및 유효한계를 결정한다.
⑤ 운동처방의 결정 : 운동에 대한 처방을 확정한다.
⑥ 운동처방 후 조치 : 일정기간의 간격을 두고 정기적으로 피검자와 연락하여 운동상황을 알아본다.
⑦ 재검사 : 적어도 1년에 한 번은 검사를 실시함으로써 지난 1년간의 운동 실시 상황을 파악한다.

추가 설명

운동처방의 과정
의학검사 → 운동부하검사 → 체력검사 및 평가 → 운동처방의 작성 → 운동처방의 결정 → 운동처방 후 조치 → 재검사

실전예상문제

1 체력의 구성요소 중 운동을 일으키는 힘에 해당되는 것은?
① 순발력 ② 근지구력 ③ 심폐지구력 ④ 민첩성

> **해설** 행동체력의 구성요소 : 근력과 순발력처럼 운동을 일으키는 능력, 근지구력이나 심폐지구력과 같이 운동을 지속하는 능력, 그리고 평형성·민첩성·유연성 등과 같이 운동을 조절하는 능력을 말한다.

2 평형성·민첩성·교치성 등을 통틀어 무엇이라 하는가?
① 유연성 ② 근력 ③ 순발력 ④ 조정력

> **해설** 조정력 : 근육과 신경계의 영향을 받아 운동을 효과적으로 수행하는 능력으로, 평형성·민첩성·교치성 등을 통틀어 조정력이라 한다.

3 근육이 수축하지만, 근육의 길이와 관절의 각도가 변하지 않는 운동으로, 정적 저항운동이라고 하는 것은?
① 등척성 운동 ② 등장성 운동
③ 등속성 운동 ④ 순발력 운동

> **해설** 등척성 운동은 정적 저항운동이라고도 하며, 특수한 용구나 장소가 필요 없이 간단하게 수행할 수 있는 운동이다.

4 다음 근력 운동 중 등장성 운동에 대한 설명으로 옳지 않은 것은?
① 근육이 수축하는 힘은 같은 상태에서 근육의 길이가 짧아지거나 길어지면서 장력을 발생하는 근수축 운동이다.
② 웨이트 트레이닝이라고도 한다.
③ 등장성 운동은 동적인 운동이다.
④ 사이벡스, 미니짐 기구를 이용한 운동이다.

> **해설** 대표적인 등장성 운동에는 바벨과 덤벨을 이용한 운동이 있다.

5 근육이 순간적으로 빨리 수축하면서 나는 힘을 무엇이라 하는가?

① 근력　　　　② 지구력　　　　③ 순발력　　　　④ 근지구력

해설 순발력(power)은 근육이 순간적으로 빨리 수축하면서 나는 힘으로, 순발력 운동은 모두 동적 근력 운동이다.

6 심폐지구력을 결정하는 요인이 아닌 것은?

① 환기기능　　　　　　　　② 심박출량
③ 조직의 적응성　　　　　　④ 강력한 근력

해설 심폐지구력을 결정하는 요인 : 환기기능(폐), 심박출량(심장), 모세혈관, 조직의 적응성, 효율성(기술), 의지력 등이 있다.

7 인터벌 트레이닝에 대한 설명으로 옳지 않은 것은?

① 육상의 중장거리 선수들에게 적합한 방법이다.　② 신진대사 능력이 향상된다.
③ 산소 부채량이 감소한다.　　　　　　　　　　　④ 호흡 및 순환 기능의 향상을 도모하는 방법이다.

해설 인터벌 트레이닝의 효과
- 산소 섭취 능력의 강화
- 호흡기능의 강화
- 신진대사 능력의 발달
- 전신 지구력 향상
- 산소 부채량의 증가
- 순환기능의 강화
- 에너지 공급 능력 강화

8 다음의 〈보기〉에서 설명하고 있는 트레이닝은 무엇인가?

보기 강도 높은 운동의 훈련에 사용되며, 운동과 운동 사이에 완전한 휴식을 취하는 트레이닝이다.

① 스태틱 트레이닝　　　　　　② 인터벌 트레이닝
③ 레피티션 트레이닝　　　　　④ 서킷 트레이닝

해설 레피티션 트레이닝은 강도 높은 운동의 훈련에 사용되며, 거의 전력에 가까운 운동 강도로 되풀이하여 행하고, 운동과 운동 사이에 완전한 휴식을 취한다.

9 구체적인 스트레칭 방법에 대한 설명으로 옳지 않은 것은?

정답 1.❶　2.❹　3.❶　4.❹　5.❸　6.❹　7.❸　8.❸　9.❷

① 대부분의 경우 10초를 유지하고 30초까지 늘린다.
② 반동동작을 취한다.
③ 부위에 집중하기보다 전체적으로 실시한다.
④ 발바닥 전체를 지면에 밀착시키고 몸을 확고히 지탱하는 것이 중요하다.

해설 반동동작은 스트레칭의 반사작용을 야기하므로 취하면 안 된다.

10 짧은 시간에 큰 힘을 필요로 하는 운동을 할 때 동원되는 에너지 공급 방법은?
① 젖산시스템　　　　　　　　　　② ATP-PC 시스템
③ 산소시스템　　　　　　　　　　④ 인산시스템

해설 ATP-PC 시스템 : 짧은 시간에 큰 힘을 필요로 하는 운동을 할 때 동원되는 방법이다.

11 다음 중 에너지 공급방법이 아닌 것은?
① 무산소성 반응과정인 ATP-PC 시스템　　② 유산소성 반응과정인 젖산시스템
③ 무산소성 반응과정인 젖산시스템　　　　④ 유산소성 반응과정인 산소시스템

해설 에너지 공급체계에는 무산소성 반응과정인 ATP-PC 시스템 및 젖산시스템과 유산소성 반응과정인 산소시스템의 세 가지 방법이 있다.

12 아침마다 40분 정도 조깅을 하기 시작한 후 주로 사용되는 주 에너지 시스템과 에너지원을 바르게 묶은 것은?
① 젖산시스템과 산소계 ― 지방　　② ATP-PC계 ― 인산크레아틴
③ 산소계 ― 글루코오스와 지방　　④ 젖산시스템 ― 글루코오스

해설 산소시스템
- 시간적인 제한 없이 계속적으로 에너지를 공급할 수 있는 것으로, 산소 공급을 통해 체내에 저장되어 있던 글루코오스, 지방 등을 분해시켜 ATP를 합성한다.
- 산소시스템 : 글루코오스+산소+ADP → 이산화탄소+ATP+물

13 운동 시 에너지대사에 대한 설명으로 옳지 않은 것은?
① 단시간 운동은 대부분이 탄수화물의 산화에 의하여 에너지를 얻게 된다.

② 단시간 운동은 유산소성 과정에 의한 해당과정이 3/4을 차지하고 있다.
③ 장시간 운동에서 에너지원으로 사용되는 에너지원은 글루코오스와 지방이다.
④ 장시간 운동의 ATP의 주 공급은 유산소성 과정에 의해 이루어진다.

해설 단거리 달리기나 중거리 달리기와 같은 운동은 무산소성 과정에 의한 해당작용이 3/4을 차지하고 있는 반면에, 산소 시스템에 의한 에너지 공급은 1/4밖에 되지 않는다.

14 여자의 경우 건강 권장 범위의 체지방률은 어느 정도인가?
① 7%
② 7~25%
③ 16~32%
④ 32% 이상

해설 신체 조성 건강 권장 범위 : 7%〈남자 체지방률〈25%, 16%〈여자 체지방률〈32%

15 근육이 순간적으로 수축하여 발휘할 수 있는 최대의 힘으로, 물체의 운반이나 던지는 동작에서 필요로 하는 힘은?
① 심폐지구력
② 근력
③ 근지구력
④ 순발력

해설 근력 : 근육이 순간적으로 수축하여 발휘할 수 있는 최대의 힘으로서, 물체의 운반이나 던지는 동작에서 근력을 필요로 한다.

16 다음 중 근지구력의 측정방법이 아닌 것은?
① 윗몸일으키기
② 팔굽혀펴기
③ 배근력
④ 무릎대고 팔굽혀펴기

해설 근력의 측정방법 : 보편적으로 악력과 배근력으로 측정한다.

17 다음 중 제자리멀리뛰기 방법으로 측정할 수 있는 능력은?
① 유연성
② 순발력
③ 민첩성
④ 평형성

해설 순발력의 측정방법 : 주로 제자리멀리뛰기, 계단뛰기, 제자리 높이뛰기 등이 이용된다.

정답 10.❷ 11.❷ 12.❸ 13.❷ 14.❸ 15.❷ 16.❸ 17.❷

18 민첩성의 측정방법으로 타당한 검사는 무엇인가?

① 턱걸이
② 제자리멀리뛰기
③ 100m 달리기
④ 왕복달리기

해설 민첩성의 측정방법 : 왕복달리기, 지그재그 달리기, 버피 테스트, 사이드 스텝 테스트 등이 있다.

19 건강을 위해 실시하는 운동처방의 기본적인 조건이 아닌 것은?

① 안전한 운동
② 효과가 있는 운동
③ 편안한 운동
④ 즐길 수 있는 운동

해설 건강을 위해 실시하는 운동처방의 조건 : 안전한 운동, 효과가 있는 운동, 즐길 수 있는 운동

20 운동의 효과를 높이기 위해서 어느 정도 강한 자극을 주어야 한다는 운동처방의 원리는?

① 전면성의 원리
② 반복성의 원리
③ 과부하의 원리
④ 개별성의 원리

해설 운동처방을 위한 기본적인 원리(트레이닝의 기본 원리)
- 전면성의 원리 : 체력의 전반적인 요소를 골고루 발달시키도록 하며, 정신적 요소, 건강, 교양의 면까지 고려하여 조화적인 발달을 꾀한다.
- 반복성의 원리 : 트레이닝 프로그램에 입각한 반복 횟수대로 실시하도록 한다.
- 자각성의 원리 : 실시자가 트레이닝의 목적, 방법 등을 파악하고 있어야 한다.
- 개별성의 원리 : 개인차를 고려한 트레이닝 프로그램과 운동처방이 필요하다.
- 과부하의 원리 : 운동의 효과를 높이기 위해서는 어느 정도 강한 자극을 주어야 한다.
- 점진성의 원리 : 운동의 종목과 부하를 점진적으로 증가시켜 나간다.
- 계속성의 원리 : 계속적으로 실시하는 것이 필요하다.

21 다음의 〈보기〉에서 트레이닝의 기본 원리로만 묶인 것은?

보기
㉠ 과부하의 원리　　㉡ 점진성의 원리
㉢ 계속성의 원리　　㉣ 집단성의 원리

① ㉠, ㉡, ㉢
② ㉠, ㉢, ㉣
③ ㉡, ㉢, ㉣
④ ㉠, ㉡, ㉣

해설 트레이닝의 기본 원리 : 과부하의 원리, 점진성의 원리, 계속성의 원리, 반복성의 원리, 전면성의 원리, 개별성의 원리, 자각성의 원리

22 실시자가 트레이닝의 목적, 방법 등을 파악하고 있어야 하는 원리는?
① 자각성의 원리　　　　　　　　② 점진성의 원리
③ 개별성의 원리　　　　　　　　④ 반복성의 원리

해설 문제 20번 해설 참조

23 트레이닝 기본 원리 중 정신적 요소, 건강, 교양의 면까지 고려하여 조화적인 발달을 꾀하는 것은?
① 과부하의 원리　　　　　　　　② 계속성의 원리
③ 반복성의 원리　　　　　　　　④ 전면성의 원리

해설 문제 20번 해설 참조

24 운동의 빈도는 어느 정도의 횟수에서 가장 큰 효과를 얻을 수 있는가?
① 주당 2회　　　　　　　　　　② 매일
③ 주당 3회　　　　　　　　　　④ 주당 5회

해설 운동의 빈도는 매일 하는 것이 좋으나 여건에 따라서 최소한 주당 3회 이상 실시해야 효과가 있다.

25 다음 중 운동처방의 순서로 가장 옳은 것은?
① 운동부하검사 → 체력검사 → 운동처방 → 의학검사 → 재검사
② 운동부하검사 → 체력검사 → 의료검사 → 운동처방 → 재검사
③ 의학검사 → 운동부하검사 → 체력검사 → 운동처방 → 재검사
④ 의학검사 → 체력검사 → 운동부하검사 → 운동처방 → 재검사

해설 운동처방의 과정 : 의학검사 → 운동부하검사 → 체력검사 및 평가 → 운동처방의 작성 → 운동처방의 결정 → 운동처방 후 조치 → 재검사

정답 18.④　19.③　20.③　21.①　22.①　23.④　24.②　25.③

주관식

1 근력 운동 3가지에 대하여 설명하시오.

2 심폐지구력을 향상시키기 위한 대표적인 트레이닝 방법에 대하여 설명하시오.

Answer

1
- **등척성 운동** : 근육이 수축하지만, 근육의 길이와 관절의 각도가 변하지 않는 운동으로, 정적 저항운동이라고도 말한다. 대표적인 등척성 운동에는 벽 밀기, 고정된 물건 들기 동작 등이 있다.
- **등장성 운동** : 이 운동은 근육이 수축하는 힘은 같은 상태에서 근육의 길이가 짧아지거나 길어지면서 장력을 발생하는 근수축 운동으로, 웨이트 트레이닝(weight training)이라고도 한다. 대표적인 등장성 운동에는 바벨과 덤벨, 기계 또는 고무줄 등을 이용한 운동이 있다.
- **등속성 운동** : 관절의 모든 각도에서 움직임의 속도가 동일하게 유지되는 상태에서 일어나는 근수축 운동으로, 등척성 및 등장성 운동의 결점을 보완한 것이다. 대표적인 등속성 운동에는 사이벡스, 미니짐 기구를 이용한 운동이 있다.

2
- **지속주 트레이닝** : 지속주 트레이닝은 장거리를 쉬지 않고 달리는 운동으로, 가장 오래 전부터 사용하고 있다. 운동강도·운동거리·운동시간 등은 각 개인의 능력에 따라 결정된다.
- **인터벌 트레이닝** : 인터벌 트레이닝은 활동과 휴식을 번갈아하는 방법으로, 이때 완전한 휴식을 취하는 것보다는 약간의 활동을 수행하는 동적 휴식이 효과적이다.
- **레피티션 트레이닝** : 레피티션 트레이닝은 강도 높은 운동의 훈련에 사용되며, 전력에 가까운 운동강도로 되풀이하여 행하고, 운동과 운동 사이에 완전한 휴식을 5~10분 정도 취한다.

3 건강을 위해 실시하는 운동의 기본적인 3가지 조건을 쓰시오.

4 트레이닝의 기본 원리를 3가지 이상 쓰시오.

5 운동처방의 순서를 쓰시오.

Answer

3 안전한 운동, 효과가 있는 운동, 즐길 수 있는 운동

4 과부하의 원리, 점진성의 원리, 계속성의 원리, 반복성의 원리, 전면성의 원리, 개별성의 원리, 자각성의 원리 등이 있다.

5 의학검사 → 운동부하검사 → 체력검사 및 평가 → 운동처방의 작성 → 운동처방의 결정 → 운동처방 후 조치 → 재검사

MEMO

제4부 건강과 운동
02 건강을 위한 운동의 효과

 단원 개요

장기간의 운동이 호흡계에 미치는 영향은 다양하나 해부학적인 면에서 호흡계의 변화 중 대표적인 것은 폐용적의 증가와 폐용량의 증가이다.
이 단원에서는 호흡순환계와 운동의 관계적 특성, 골격근계와 운동의 관계적 특성, 내분비계와 운동의 관계적 특성, 정신건강과 운동의 관계적 특성에 대하여 살펴보도록 한다.

 출제 경향 및 수험 대책

이 단원에서는 지구성 운동과 비지구성 운동, 웨이트 트레이닝의 특징, 유산소성 지구력 운동이 골격근에 미치는 효과, 호르몬의 종류와 그 특징, 운동의 효과, 효과적인 운동 시 고려사항 등에 대해서 묻는 문제들이 출제될 수 있는 바, 자세하고 철저한 학습이 요구된다.

01 호흡순환계와 운동

1 호흡계와 운동

(1) 환기량의 증가
① 안정 시 분당 환기량은 6~7L/분 정도이다.
② 운동 중에 분당 환기량은 수축하는 근육에 의해 소비되는 산소의 양과 이산화탄소 생성량 증가와 비례하여 상승한다.

(2) 환기효율의 증가
① 환기효율이 증가되었다는 것은 동일한 산소 소비 수준에서 환기량이 낮다는 것을 의미한다. 즉, 호흡근(횡격막, 늑간근 등)에서 산소를 적게 소비함으로써 활동근에 더 많은 산소를 공급할 수 있다는 것이다.
② 환기효율을 감소시키는 요인으로 흡연을 들 수 있는데, 상습적인 흡연은 골격근에 공급될 산소를 많이 빼앗아 운동 수행 능력을 감소시킨다.

(3) 폐용적과 폐용량의 증가
① 장기간의 운동이 호흡계에 미치는 영향은 다양하나 해부학적인 면에서 호흡계의 변화 중 대표적인 것은 폐용적과 폐용량의 증가이다.
② 폐용적과 폐용량의 증가는 폐활량의 증가를 의미하므로 흡기에 관여하는 근육들이 강화되고 흡기 용량까지도 증가하게 되며, 산소 공급을 더욱 원활히 하는 데 기여한다.

(4) 동적 폐기능의 향상
① 강제 폐활량 증가
  ㉠ 강제 폐활량이 큰 사람은 다른 사람보다 운동 수행 능력이 높다.
  ㉡ 운동선수는 일반인에 비하여 큰 강제 폐활량을 가지며, 특히 달리기 선수에게서 가장 크게 나타난다.
② 강제 호기량 증가
  ㉠ 훈련으로 인한 강제 호기량의 증가는 기도저항의 현저한 감소에 의해 나타나므로 보다 원활한 호흡이 가능해진다.
  ㉡ 강제 호기량은 폐쇄성 폐질환과 제한성 폐질환을 감별하기 위한 목적으로도 이용된다.

2 순환계와 운동

(1) 심장 크기의 변화
① 운동선수들은 일반인에 비해 1.5배 이상 되는 심장을 가진 경우가 있는데, 이를 '스포츠 심장'이라 한다.

추가 설명
분당 환기량
- 매분 호흡하는 양을 나타내는 것이다.
- 분당 환기량=1회 호흡량×1분 동안의 호흡수

추가 설명
강제 폐활량
총 폐활량 수준까지 숨을 들이마신 후 강하고 신속하게 숨을 내쉬게 하여 측정하는 것이다.

② 지구성 운동선수의 심장 : 심실벽 두께는 두꺼워지지 않고 좌심실강의 증가로 나타난다.
　예 장거리달리기, 마라톤, 장거리수영, 크로스컨트리 스키 등
③ 비지구성 운동선수의 심장 : 좌심실강의 크기는 그대로지만 심실벽이 두꺼워진다. 예 레슬링 · 투포환 · 역도 등

(2) 심장의 효율성 증대

① 심박출량 : 심장이 1분 동안에 박출하는 혈액의 양으로, 장기간의 운동에 의해 변화된 안정 시 심박수의 감소와 1회 박출량 증가는 심장의 효율성 증가를 나타내는 것이다.
② 일반인의 1분당 심박수는 70~80회 정도이지만 고도로 훈련된 선수는 약 40~50회 정도이다.
③ 운동성 서맥 : 운동선수에게서 나타나는 심박수 감소로, 훈련에 의한 안정 시 심박수의 감소는 심폐 능력이 더 우수하다는 간접적인 증거이다.

(3) 혈압의 변화

① 안정 시 정상 혈압은 대개 120/80mmHg(수축기혈압/이완기혈압)이며, 고혈압은 연령, 성별에 따라 차이를 둘 수 있지만 140/90mmHg 이상인 상태를 말한다.
② 운동 중에는 수축기 혈압이 운동 강도와 비례하여 상승하지만 이완기 혈압은 거의 변동이 없다.

(4) 혈액량과 헤모글로빈량의 증가

① 운동 중에 산소 운반에 매우 중요한 역할을 하는 총 혈액량과 헤모글로빈량은 훈련에 의해 증가한다.
② 운동을 지속하면 안정 시 혈액량과 헤모글로빈량이 증가하게 되므로, 운동을 하지 않는 사람들보다 상대적으로 신체의 무력감을 덜 느끼며 활기찬 생활을 영위할 수 있다.

(5) 최대 산소섭취량의 증가

① 지구력 훈련에 의해 최대 산소섭취량은 약 5~25% 정도 증가할 수 있다.
② 지구력 훈련의 궁극적인 목표 : 순환 능력(혈액량 · 심박출량)과 근육의 유산소성 능력(산소 추출)을 향상시키는 데 있다.

추가 설명
심박출량
- 심장이 한 번 수축할 때마다 뿜어내는 혈액의 양이다.
- 심박출량 = 1회 박출량 × 1분 동안의 심박수

추가 설명
혈압과 관련한 운동의 이점
운동은 혈관의 신축성을 높이고, 노화와 함께 오는 동맥의 탄력성 저하를 방지하고, 동맥경화 감소 등 순환계기능을 향상시켜 정상 혈압을 되찾게 한다.

추가 설명
최대 산소섭취량
심장혈관계의 성인병 예방을 위한 체력 조성의 지표로 이용되고 있다.

02 골격근계와 운동

1 웨이트 트레이닝이 골격근에 미치는 효과

(1) 근력 증가

① 운동은 근 비대, 즉 근육의 횡단면(굵기)의 증가를 가져오며 이에 따라 근력이 증가한다.
② 운동을 하면 많은 운동단위를 사용할 수 있고 또 개개의 운동단위 안의 근섬유들을 보다 많이 수축시키기 때문에 근력 증가를 가져온다.

(2) 근지구력 증가

① 근지구력이 강해지는 것은 적근섬유의 발달을 의미한다.
② 근력과 근지구력을 동시에 발달시키는 데에는 높은 부하로 반복횟수를 적게 하는 운동방법이 가장 효과적이다.

(3) 근 비대

① 웨이트 트레이닝은 각 근섬유들의 횡단면적을 증가시켜 근육 굵기가 증가한다.
② 지구성 운동선수의 경우 백근섬유보다 적근섬유가 더 비대해지며, 단거리 선수나 포환 선수의 경우 백근섬유가 더 비대해진다.
③ 근섬유의 선택적인 비대는 훈련의 종류나 선수에 의해 수행되는 스포츠활동에 의해서 이루어진다.

(4) 운동 상해 예방 및 골밀도 변화

① 근력 훈련이나 지구력 훈련을 하게 되면 힘줄과 인대 등이 강해지고 신체활동 시 발생할 수 있는 부상의 위험을 예방할 수 있다.
② 운동을 규칙적으로 하면 골밀도가 증가하고 뼈가 굵어지므로 골다공증을 예방할 수 있다.

2 유산소성 지구력 운동이 골격근에 미치는 효과

(1) 탄수화물 및 지방질 산화의 증가

① 인체는 운동의 강도가 높을수록 탄수화물(근글리코겐)을 이용하며, 낮은 강도의 힘들지 않은 운동 시에는 지방을 에너지로 사용한다.
② 운동으로 체력이 강해지면 동일한 강도에서 젖산이 덜 축적되어 오랫동안 운동을 지속할 수 있고, 피로 발생 지연에도 도움을 준다.
③ 운동한 다음날 근육이 아프고 결리는 것은 근육 안에 젖산이 과다 축적되어 나타나는 현상이다.
④ 운동 후 젖산의 제거는 휴식과 운동을 반복하는 동적 회복보다는 지속적인 동적 회복이 가장 효과적이다.

(2) 미오글로빈·미토콘드리아의 증가

① 미오글로빈은 혈액에 실려 운반된 산소를 근세포 내에 존재하는 에너지 생성의 발전소인 미토콘드리아에 운반해 주는 역할을 한다.
② 미토콘드리아의 수와 양이 증가하여 근육조직에서 원하는 산소를 충분히 공급받을 수 있게 됨으로써 신체활동에 관계하는 에너지대사가 활성화된다.

📝 추가 설명

웨이트 트레이닝
근력 또는 근지구력을 강화하기 위하여 주위에서 흔히 구할 수 있는 바벨이나 덤벨(아령), 엑스펜더 등의 운동기구를 사용하여 중량 부하를 하는 운동이다. 이는 주로 근력, 근지구력, 순발력을 높이는 데 효과적이다.

📝 추가 설명

골격근을 구성하는 근섬유
- 백근섬유 : 빠른 수축 속도와 높은 최대 장력을 가진다.
- 적근섬유 : 느린 수축 속도와 낮은 최대 장력을 가진다.

📝 추가 설명

유산소성 지구력 운동
산소를 충분히 이용하면서 장시간 실시하는 운동으로, 조깅, 수영, 자전거타기와 같이 전신을 이용하는 운동이다.

📝 추가 설명

유산소성 지구력 운동이 골격근에 미치는 효과
모세혈관 밀도의 증가, 미오글로빈·미토콘드리아의 양 증가, 탄수화물 및 지방질 산화의 증가, 근글리코겐 저장량의 증가를 가져와 체중 감량에 도움을 주며, 젖산에 견디는 능력도 향상되어 피로하지 않고 오랫동안 운동할 수 있게 된다.

(3) 모세혈관 밀도의 증가

① 달리기, 수영 또는 사이클 경기를 위한 장기간의 지구력 훈련은 근 비대를 가져오고, 거의 대부분 골격근 내의 모세혈관의 밀도를 증가시킨다.
② 근섬유당 모세혈관이 더 많아지면 근육에서의 산소와 영양분의 공급, 부산물의 제거가 향상된다.

(4) 근글리코겐과 중성지방 저장량의 증가

① 운동을 장기간 계속하게 되면 골격근의 근글리코겐 저장량과 중성지방 저장량이 증가하여 필요한 형태의 에너지 동원이 보다 쉽게 된다.
② 장기간 운동하지 않았을 때는 근 위축 현상으로 인해 근섬유의 횡단면적도 감소하게 되고, 근육의 유연성과 관절 가동성 및 그 범위도 감소하게 되어, 갑작스런 신체활동 시 근이나 인대 파열과 같은 부상을 초래하기도 한다.

03 내분비계와 운동

1 내분비계

① 내분비계는 우리 몸의 내부로 호르몬을 분비하는 신체기관들을 총칭한다.
② 내분비계는 호르몬을 통해서 신체기능을 조절하는 한편, 성장·분비·생식 등 광범위한 세포기전의 조절 기능을 가진다.

2 운동과 호르몬의 변화

운동을 실시하게 되면 호르몬이 혈액량 조절, 에너지 기질의 이동과 분해에 관여하므로 호흡·순환 기능과 근육의 변화는 물론 내분비 반응에도 변화를 가져온다.

(1) 성장호르몬

① 뇌하수체 전엽에서 분비되며, 뼈 연골 등의 성장뿐만 아니라 지방 분해와 단백질 합성을 촉진시키는 작용을 한다.
② 운동을 하면 운동부하가 증가함에 따라 성장호르몬도 증가한다.

(2) 티록신·갑상선자극호르몬

① 티록신 : 갑상선에서 분비되는 호르몬으로 아이오딘을 함유하며, 체내의 물질대사에 관여한다.
② 갑상선자극호르몬 : 뇌하수체 후엽에서 분비되어 갑상선에 작용하여 갑상선호르몬을 분비시키는 역할을 한다.
③ 운동으로 티록신은 약간 증가하거나 거의 증가하지 않는 반면, 갑상선자극호르몬은 최대

성장호르몬
뼈의 성장을 자극하고 촉진시키며, 필요한 에너지를 지방을 통해 얻음으로써 탄수화물과 단백질을 절약하는 효과를 가져 일명 지방이용호르몬이라고도 한다.

운동 강도의 50% 이상에서는 운동강도와 더불어 꾸준히 증가한다.

(3) 항이뇨호르몬·알도스테론

① 항이뇨호르몬 : 뇌하수체 후엽에서 분비되고, 신장에서 수분의 재흡수를 촉진하고 모세혈관을 수축시켜 혈압을 높이며, 출혈이나 운동으로 인한 탈수 시에 혈관 수축을 통해 수분을 보유하는 항이뇨 작용을 한다.

② 알도스테론 : 부신피질에서 분비되는 대표적인 스테로이드 호르몬으로, 신장에서 나트륨 이온의 재흡수와 칼륨이온의 배출에 관여한다.

③ 운동 강도가 증가함에 따라 신체의 수분 보유 필요성도 증가하여 항이뇨호르몬과 알도스테론 분비량이 증가한다.

(4) 인슐린·글루카곤

① 운동 시 글루코오스와 유리지방산이 대사 연료로 필요하기 때문에 글루카곤은 증가하고 인슐린은 감소한다.

② 규칙적인 운동은 말초 조직의 순환 혈류량을 증가시키고 근육 및 지방세포의 인슐린 작용을 활성화하여 글루코오스 이용률을 증가시키기 때문에 당뇨병 치료에 꼭 필요하다.

(5) 에피네프린·노르에피네프린

① 에피네프린과 노르에피네프린 등을 합쳐서 카테콜아민이라고 부르며, 부신수질에서 분비되어 신체의 모든 세포에 작용한다.

② 훈련 후 카테콜아민의 감소는 운동 수행력의 증가를 의미한다.

(6) 코르티솔

① 부신피질에서 분비되는 스트레스 호르몬으로, 탄수화물 대사 과정을 주로 조절하며, 항염증 작용이 있다.

② 훈련 후에 체력이 강해지면 동일 강도에서 적게 분비되며, 탈진 상태에서는 훈련 전보다 많이 증가한다.

(7) 테스토스테론·에스트로겐

① 테스토스테론 : 고환에서 분비되는 남성 호르몬으로, 근육과 생식기관의 발육을 촉진하고 이차 성징이 나타나게 한다.

② 에스트로겐 : 난소에서 분비되는 여성 호르몬으로, 여성의 이차 성징을 발현하고 월경주기 조절을 돕는다.

추가 설명

인슐린과 글루카곤의 작용

- 인슐린 : 혈당 수준이 정상 수준 이상으로 높아질 때 분비되어 당이 혈액에서 세포(특히 간이나 골격근)로 이동하는 것을 활성화시킨다.
- 글루카곤 : 혈당 수준이 정상 수준 이하로 떨어질 때 분비되어 인슐린과 반대 작용을 한다.

추가 설명

에피네프린과 노르에피네프린의 작용

- 에피네프린 : 교감신경을 자극하여 혈압을 상승시키고 심장박동수와 심장박출량을 증가시킨다.
- 노르에피네프린 : 세동맥과 세정맥을 수축시켜 혈압을 상승시킨다.

04 정신건강과 운동

1 신체와 정신의 관계

(1) 정신건강의 정의
정신건강이란 어떠한 정신질환에 걸리지 않은 상태만을 뜻하는 것이 아니라 인간의 사고기능과 정서기능이 원활하고 자유로우며 편안하게 유지되는 것을 의미한다.

(2) 운동이 정신건강에 미치는 영향
① 운동은 체내 생리적 안정을 가져 온다.
② 운동은 수면을 증진시키기 때문에 불면증의 개선에도 도움을 줄 수 있다.
③ 운동은 에피네프린의 분비를 증가시켜 우울증 치료에 도움을 줄 수 있다.
④ 운동을 하게 되면 뇌조직으로 가는 혈류량이 증가함으로써 뇌에 신선한 산소를 공급하기 때문에 신체의 전반적인 안정 상태 유지뿐만 아니라 정신적·정서적 평안감을 기대할 수 있다.

추가 설명
스트레스
인체의 항상성 또는 건강 유지를 방해하는 부정적인 심신의 상태이다.

2 운동과 스트레스

(1) 운동의 효과
운동은 긴장감이나 스트레스를 해소시켜 정신건강에 도움을 주는 역할을 한다.
① 운동의 직접적인 효과
   ㉠ 활동 욕구를 충족시킬 수 있고 심신의 정화를 경험할 수 있다.
   ㉡ 신체 각 부위에 산소를 더 많이 공급하고 생성된 노폐물을 적절히 배출시키기 때문에 물질대사가 원활하고 각 세포들은 이상적인 상태로 활성화된다.
   ㉢ 운동은 항상 머리에 남아 자신을 괴롭히는 문제에서 벗어날 수 있는 좋은 계기가 된다.
② 운동의 간접적인 효과 : 체력이 향상되고, 장기간의 운동을 통해 신체 의식이 증진된다.

(2) 효과적인 운동방법
① 폐쇄된 좁은 공간에서보다는 산이나 바다와 같은 자연에서 운동을 실시한다.
② 등산, 조깅, 수영 등 비경쟁적인 운동 종목을 선택하여 운동을 한다.
③ 자신의 운동 목표를 구체적이며 적절히 설정하고, 이를 달성하기 위해 노력한다.  줄넘기 20분, 조깅 20분 등
④ 운동을 장기간 지속하기 위해서는 재미를 느껴야 한다.
⑤ 운동 후에는 충분한 휴식과 적당한 영양을 취하여야 한다.
⑥ 운동을 처음 시작할 때에는 적당한 운동강도를 선택하여 실시하여야 한다.
⑦ 흥미, 사교 및 장기간 운동을 지속하는 데 도움이 되도록 운동기능 수준이 비슷한 사람들

추가 설명
운동의 부정적인 영향
경쟁적인 운동을 해야 할 경우에는 다른 사람과 능력의 우열을 가려야 하기 때문에 만약 패배라도 하면 열등감으로 인해 부정적 스트레스의 생성 가능성이 커질 수 있다.

> **추가 설명**
> 운동의 역할
> - 정신건강에도 영향을 미쳐 심신을 정화하고 일상의 복잡한 생각에서 벗어날 수 있는 좋은 계기가 된다.
> - 체력 및 신체 의식의 증진 등의 효과도 가져다 준다.
> - 불안감과 스트레스 해소에 큰 역할을 한다.

과 함께 운동하는 것이 좋다.

⑧ 성격에 따라 운동 종목을 달리 선택한다. 내성적이고 의지력이 강한 성격의 소유자는 비경쟁적인 운동을, 외향적이고 경쟁을 좋아하는 성격의 소유자는 경쟁적인 운동을 선택하는 것이 좋다.

실전예상문제

1 장기간의 운동이 호흡계에 미치는 영향은 다양하나 해부학적인 면에서 호흡계의 변화 중 대표적인 것은?

① 폐용적의 증가
② 환기량의 증가
③ 환기효율의 증가
④ 동적 폐기능의 향상1

해설 장기간의 운동이 호흡계에 미치는 영향은 다양하나 해부학적인 면에서 호흡계의 변화 중 대표적인 것은 폐용적과 폐용량의 증가이다.

2 다음 중 호흡계와 운동에 대한 설명으로 옳지 않은 것은?

① 운동 중에 분당 환기량은 수축하는 근육에 의해 소비되는 산소의 양과 이산화탄소 생성량 증가와 반비례하여 상승한다.
② 강제 폐활량이 큰 사람은 다른 사람보다 운동 수행 능력이 높다.
③ 환기효율이 증가되었다는 의미는 동일한 산소 소비 수준에서 환기량이 낮다는 것을 의미한다.
④ 환기효율을 감소시키는 요인으로 흡연을 들 수 있다.

해설 운동 중에 분당 환기량은 수축하는 근육에 의해 소비되는 산소의 양과 이산화탄소 생성량 증가와 비례하여 상승한다.

3 다음 중 비지구성 운동에 해당되지 않는 것은?

① 레슬링
② 마라톤
③ 투포환
④ 역도

해설 지구성 운동 : 장거리 달리기, 마라톤, 장거리 수영, 크로스컨트리 스키

4 지구성 운동선수의 심장에 대한 특징을 바르게 나타낸 것은?

① 심실벽 두께는 두꺼워지지 않고 좌심실강의 감소로 나타난다.
② 심실벽 두께는 두꺼워지지 않고 좌심실강의 증가로 나타난다.
③ 좌심실강의 크기는 그대로이지만 심실벽이 두꺼워진다.
④ 좌심실강의 크기는 그대로이지만 심실벽이 얇아진다.

정답 1.① 2.① 3.② 4.②

해설 지구성 운동선수의 심장은 심실벽 두께가 두꺼워지지 않고 좌심실강의 증가로 나타나며, 비지구성 운동선수의 심장은 좌심실강의 크기가 그대로이지만 심실벽이 두꺼워진다.

5 장기간의 운동에 의해 변화된 안정 시 심장의 효율성 증가를 나타내는 것은?
① 심박수의 감소와 1회 박출량 증가
② 심박수의 증가와 1회 박출량 증가
③ 심박수의 증가와 1회 박출량 감소
④ 심박수의 감소와 1회 박출량 감소

해설 장기간의 운동에 의해 변화된 안정 시 심박수의 감소와 1회 박출량 증가는 심장의 효율성 증가를 나타내는 것이다.

6 다음 중 순환계와 운동에 대한 설명으로 옳지 않은 것은?
① 운동 중에 산소 운반에 매우 중요한 역할을 하는 총 혈액량과 헤모글로빈량은 훈련에 의해 증가한다.
② 운동 중에는 수축기 혈압과 이완기 혈압이 운동 강도와 비례하여 상승한다.
③ 운동은 혈관의 신축성을 높이고 노화와 함께 오는 동맥의 탄력성 저하를 방지한다.
④ 지구력 훈련에 의해 최대 산소섭취량은 약 5~25% 정도 증가할 수 있다.

해설 운동 중에는 수축기 혈압이 운동 강도와 비례하여 상승하지만 이완기 혈압은 거의 변동이 없다.

7 다음 중 근력 강화 트레이닝으로 가장 효과적인 트레이닝법은 무엇인가?
① 레피티션 트레이닝
② 인터벌 트레이닝
③ 스태틱 트레이닝
④ 웨이트 트레이닝

해설 웨이트 트레이닝 : 바벨, 덤벨(아령), 엑스펜더 등의 운동기구나 동료의 체중 및 자기의 체중을 이용해 운동하는 트레이닝 방법이다. 이는 주로 근력, 근지구력, 순발력을 높이는 데 효과적이다.

8 골격근을 구성하는 근섬유인 백근섬유와 적근섬유의 특징에 대해 바르게 나타낸 것은?
① 백근섬유는 빠른 수축 속도와 낮은 최대 장력을 가진다.
② 백근섬유는 느린 수축 속도와 높은 최대 장력을 가진다.
③ 적근섬유는 느린 수축 속도와 낮은 최대 장력을 가진다.
④ 적근섬유는 빠른 수축 속도와 높은 최대 장력을 가진다.

해설 백근섬유와 적근섬유의 특징
- **백근섬유** : 빠른 수축 속도와 높은 최대 장력을 가진다.
- **적근섬유** : 느린 수축 속도와 낮은 최대 장력으로 가진다.

9 웨이트 트레이닝이 골격근에 미치는 효과가 아닌 것은?
① 근 비대
② 근력 증가
③ 근지구력 감소
④ 운동 상해 예방

해설 웨이트 트레이닝이 골격근에 미치는 효과 : 근 비대, 근력 증가, 근지구력 강화, 운동 상해 예방 및 골밀도 증가 등

10 다음 중 유산소성 지구력 운동이 골격근에 미치는 효과에 대한 설명으로 옳지 않은 것은?
① 인체는 운동의 강도가 높을수록 탄수화물(근글리코겐)을 이용한다.
② 인체는 낮은 강도의 힘들지 않은 운동 시에는 지방을 에너지로 사용한다.
③ 운동한 다음날 근육이 아프고 결리는 것은 근육 안에 젖산이 과다 축적되어 나타나는 현상이다.
④ 운동 후 젖산의 제거는 지속적인 동적 회복보다 휴식과 운동을 반복하는 동적 회복이 가장 효과적이다.

해설 운동 후 젖산의 제거 속도는 완전 휴식 방법인 정적 회복보다는, 조깅 등과 같은 가벼운 운동을 통한 동적 회복이 피로 회복을 더 빨리 할 수 있게 한다. 더불어 휴식과 운동을 반복하는 동적 회복보다는 지속적인 동적 회복이 가장 효과적이다.

11 유산소성 지구력 운동이 골격근에 미치는 효과가 아닌 것은?
① 모세혈관 밀도의 증가
② 미오글로빈 · 미토콘드리아의 증가
③ 탄수화물 및 지방질 산화의 증가
④ 근글리코겐과 중성지방 저장량 감소

해설 유산소성 지구력 운동이 골격근에 미치는 효과에는 ①, ②, ③과 근글리코겐과 중성지방 저장량의 증가가 있다.

12 유산소성 지구력 운동이 골격근에 미치는 효과로 옳은 것은?
① 골격근 내 모세혈관의 밀도가 감소한다.
② 골격근의 근글리코겐 저장량이 감소한다.
③ 미오글로빈 농도와 미토콘드리아의 수와 양이 감소한다.

정답 5.❶ 6.❷ 7.❹ 8.❸ 9.❸ 10.❹ 11.❹ 12.❹

④ 에너지원으로 지방을 많이 사용하기 때문에 젖산이 몸에 덜 쌓인다.

해설 운동으로 체력이 강해지면 에너지원으로 지방을 많이 사용하기 때문에 동일한 강도에서 젖산이 덜 축적되어 오랫동안 운동을 지속할 수 있고, 피로 발생 지연에도 도움을 준다.

13 필요한 에너지를 지방을 통해 얻음으로써 탄수화물과 단백질을 절약하는 효과를 가져 일명 지방이용호르몬이라 하는 것은?

① 성장호르몬 ② 항이뇨호르몬
③ 갑상선자극호르몬 ④ 알도스테론

해설 성장호르몬 : 뇌하수체 전엽에서 분비되며 성장과 발달에 기여한다. 특히 뼈의 성장을 자극하고 촉진시키며, 필요한 에너지를 지방을 통해 얻음으로써 탄수화물과 단백질을 절약하는 효과를 가져 일명 지방이용호르몬이라고도 한다.

14 운동 강도가 증가함에 따라 신체의 수분 보유 필요성도 증가하게 되는데 이때 분비량이 증가하는 호르몬은?

① 성장호르몬 ② 항이뇨호르몬
③ 티록신 ④ 에피네프린

해설
- 항이뇨호르몬 : 신장에서 수분의 재흡수를 촉진하고 모세혈관을 수축시켜 혈압을 높이며, 출혈이나 운동으로 인한 탈수 시에 혈관 수축을 통해 수분을 보유하는 항이뇨 작용을 한다.
- 알도스테론 : 부신피질에서 분비되는 대표적인 스테로이드 호르몬으로, 신장에서 나트륨이온의 재흡수와 칼륨이온의 배출에 관여한다.

15 운동 시 호르몬의 분비량이 증가하지 않는 것은?

① 성장호르몬 ② 알도스테론
③ 글루카곤 ④ 인슐린

해설 운동 시 글루코오스와 유리지방산이 대사 연료로 필요하기 때문에 글루카곤은 증가하고 인슐린은 감소한다.

16 근육과 생식기관의 발육을 촉진하고 이차 성징이 나타나게 하는 남성 호르몬은?

① 에피네프린 ② 에스트로겐
③ 코르티솔 ④ 테스토스테론

해설 테스토스테론 : 고환에서 분비되는 남성 호르몬으로, 근육과 생식기관의 발육을 촉진하고 이차 성징이 나타나게 한다.

17 다음 중 운동의 직접적인 효과가 아닌 것은?

① 활동 욕구를 충족시킬 수 있고 심신의 정화를 경험할 수 있다.
② 물질대사가 원활하고 각 세포들은 이상적인 상태로 활성화된다.
③ 장기간의 운동을 통해 신체 의식이 증진된다.
④ 운동은 머리에 남아 자신을 괴롭히는 문제에서 벗어날 수 있는 좋은 계기가 된다.

해설 운동의 간접적인 효과 : 체력 향상, 장기간의 운동을 통한 신체 의식의 증진

18 효과적인 운동을 할 때 고려해야 할 원칙으로 옳지 않은 것은?

① 등산, 조깅 등 비경쟁적인 운동 종목을 선택하여 운동을 한다.
② 내성적이며 의지력이 강한 성격의 소유자는 경쟁적인 운동을 선택한다.
③ 자신의 운동 목표를 구체적이며 적절히 설정하고 이를 달성하기 위해 노력한다.
④ 운동을 처음 시작할 때에는 적당한 운동 강도를 선택하여 실시한다.

해설 성격에 따라 운동 종목을 달리 선택한다. 내성적이며 의지력이 강한 성격의 소유자는 비경쟁적 운동을, 외향적이고 경쟁을 좋아하는 성격의 소유자는 경쟁적인 운동을 시작하는 것이 흥미를 갖는 데 유리하다.

정답 13.① 14.② 15.④ 16.④ 17.③ 18.②

주관식

1 웨이트 트레이닝과 유산소성 지구력 운동이 골격근에 미치는 효과에 대하여 쓰시오.

2 성장호르몬에 대하여 설명하시오.

3 인슐린 · 글루카곤에 대하여 설명하시오.

> **Answer**
>
> **1** 웨이트 트레이닝은 근 비대, 근력 및 근지구력 증가를 가져오며, 힘줄과 인대를 강하게 하여 부상 및 골다공증 예방에 효과가 크다. 반면, 유산소성 지구력 운동은 모세혈관 밀도의 증가, 미오글로빈 · 미토콘드리아 양의 증가, 탄수화물 및 지방질 산화의 증가, 근글리코겐 저장량의 증가를 가져와 체중 감량에 도움을 주며, 젖산에 견디는 능력도 향상되어 피로하지 않고 오랫동안 운동할 수 있게 된다.
>
> **2** 성장호르몬은 뇌하수체 전엽에서 분비되며 성장과 발달에 기여한다. 특히 뼈의 성장을 자극하고 촉진시키며, 필요한 에너지를 지방을 통해 얻음으로써 탄수화물과 단백질을 절약하는 효과를 가져 일명 지방이용효르몬이라고도 한다.
>
> **3** 인슐린(insulin)과 글루카곤(glucagon)은 췌장에서 분비된다. 인슐린은 혈중의 혈당 수준이 정상 수준 이상으로 높아질 때 분비되어 당이 혈액에서 세포(특히 간이나 골격근)로 이동하는 것을 활성화시킨다. 반면, 글루카곤은 혈당 수준이 정상 수준 이하로 떨어질 때 분비되어 인슐린과 반대 작용을 한다.

4 운동의 직접적인 효과에 대하여 설명하시오.

5 운동의 간접적인 효과에 대하여 설명하시오.

> **Answer**
>
> **4** 먼저 신체 활동을 통해 에너지를 발산시킴으로써 인간의 기본적인 욕구인 활동 욕구를 충족시킬 수 있고 심신의 정화(카타르시스)를 경험할 수 있다. 또한, 운동을 하게 되면 신체 각 부위에 산소를 더 많이 공급하고 생성된 노폐물을 적절히 배출시키기 때문에 물질대사가 원활하고 각 세포들은 이상적인 상태로 활성화된다. 이는 곧 우리의 심신 상태가 신선함을 느낄 수 있게 된다는 것을 의미한다. 또한 운동 시에는 자신의 움직임뿐만 아니라 외부 환경의 변화에 주의를 집중하기 때문에, 운동은 항상 머리에 남아 자신을 괴롭히는 문제에서 벗어날 수 있는 좋은 계기가 된다.
>
> **5** 스트레스 해소를 위해 운동을 할 때, 간접적으로 얻게 되는 효과로는 체력 향상을 첫째로 꼽을 수 있다. 즉, 체력이 강해지면 외부의 강한 자극이라도 신체가 극복할 수 있는 잠재력이 커지기 때문에 스트레스로 인한 다양한 신체 질환들은 충분한 저항력을 가지고 이겨낼 수 있는 능력을 지니게 된다. 또 다른 간접적인 효과는, 장기간의 운동을 통해 신체 의식이 증진되는 것이다. 즉, 신체 각 부위의 상태 변화와 움직임에 대한 감각을 향상시켜 신체 상태를 섬세히 느낄 수 있는 신체 의식이 증진됨을 말한다. 따라서, 몸의 상태에 이상이 생길 경우 이것을 느끼고 정상적 회복을 위해서 어떤 조치를 취할 수 있으므로 신체 상태의 악화를 사전에 예방할 수 있다.

MEMO

제4부 건강과 운동
03 운동과 질병

 단원 개요

이 단원에서는 현대생활에서 건강의 중요성을 인식하고, 건강생활을 위한 운동의 필요성을 이해하며, 성인병 예방을 위한 운동의 유형 및 효과, 특정 질환으로부터 보호받는 면역체계와 운동기능과의 관계에 대하여 자세히 살펴보도록 한다.

 출제 경향 및 수험 대책

이 단원에서는 세계보건기구(WHO)에서 정의한 건강의 정의, 현대생활에서 건강에 위험한 영향을 미치는 대표 요소, 성인병의 발병 원인, 성인병과 운동의 관계, 선천 면역과 후천 면역의 특성 등에 대해서 묻는 문제들이 출제될 수 있는 바, 자세하고 철저한 학습이 요구된다.

3

01 현대생활과 운동

1 현대생활과 건강

① 세계보건기구(WHO)에서 발표한 건강의 정의 : 건강이란 단순히 신체의 질병이나 손상이 없는 상태뿐만 아니라 신체적·정신적·사회적으로 완전한 상태이다.
② 건강은 개인적으로나 집단적으로나 그 인간이 가지고 있는 능력을 최대로 발휘할 수 있게 하는 가장 기본적인 조건이 된다.
③ 현대생활의 특성들, 특히 신체활동의 부족 현상은 고혈압, 동맥경화, 비만, 뇌졸중, 당뇨병 등의 만성 퇴행성 질환인 성인병을 유발하는 원인이 되고 있다.
④ 현대생활에서 건강에 위험한 영향을 미치는 대표적인 요소 : 운동 부족, 영양 섭취의 과잉과 불균형, 정신적 스트레스, 체내 오염 등

2 현대생활과 운동의 필요성

① 운동 부족 현상은 체력을 감퇴시킴으로써 일상생활의 활력을 잃게 하는 원인이 되며, 이로 말미암아 운동 부족병을 유발한다.
② 운동이 모든 현대의 질병들에 대한 문제를 해결한다고 할 수는 없지만 예방적인 차원과 건강을 유지·증진한다는 점에서는 그 필요성을 부인할 수 없다.
③ 운동은 스트레스와 정신적인 불안감을 해소시킬 뿐만 아니라 자아성취감과 자긍심을 향상시키고, 신체 및 정신적인 인내력의 향상을 가져옴으로써 정서적인 건강 유지에도 유익하다.
④ 운동은 건강 체력을 증진하여 보다 활력 있고 건강한 생활을 유지하는 데 상당히 중요한 역할을 한다.

> **추가 설명**
> **운동부족병**
> 건강을 유지하는 데 필요한 운동량이 충분하지 못하여 생기는 질병들을 말한다. 주로 현대의 도시에 사는 사람들의 운동 부족 현상 때문에 나타나기 쉬우므로 도시병이라고도 한다.

02 성인병과 운동

1 성인병의 개념·종류 및 원인

① 성인병의 개념 : 보통 40~60세 사이의 연령층에서 흔히 발생하는 만성 퇴행성 질환으로, 노인성 질환이라고도 한다.
② 성인병의 종류 : 암, 고혈압, 심장병, 동맥경화증, 뇌졸중, 간질환, 심부전, 위장염, 관절염, 만성 폐쇄성 폐질환 등이 있다.
③ 성인병의 발병 원인 : 운동 부족, 과도한 스트레스, 지나친 영양섭취, 불건전한 생활습관, 음주 및 흡연 등

2 성인병과 운동

(1) 성인병을 위한 운동 방법

① 성인병의 예방·치료를 위한 운동 : 전신의 큰 근육들을 반복적으로 사용하고 심폐기관에 지속적으로 자극을 주는 유산소 운동이 바람직하다. 예 걷기, 조깅, 수영, 자전거타기, 줄넘기, 에어로빅 댄스 등

② 운동 강도 : 최대 심박수의 60~80% 정도의 심박수를 유지하도록 하고, 심박수의 측정이 곤란한 경우에는 약간 힘들다고 느끼는 정도의 강도로 운동하면 된다.

(2) 성인병에 따른 운동

① 당뇨병과 운동
　㉠ 운동은 그 자체가 혈당을 낮춰주기도 하고, 근세포 등에서 인슐린의 효율과 당 이용률을 높여 적은 양의 인슐린으로도 많은 양의 당을 에너지원으로 이용할 수 있게 한다.
　㉡ 운동은 무산소 운동보다는 심폐기능을 향상시킬 수 있는 유산소 운동이 효과적이다. 예 에어로빅 댄스, 걷기, 조깅, 자전거타기, 수영, 배드민턴, 체조, 볼링, 게이트 볼 등
　㉢ 운동으로 소비된 에너지만큼 식사량을 늘려주어야 하고, 혹시 생길지도 모르는 저혈당에 대비해서 사탕이나 초콜릿 등을 지참하는 것이 좋다.
　㉣ 당뇨병 환자는 건강한 사람보다 운동 강도를 약간 낮게 하고, 운동 시간은 조금 길게 하는 것이 바람직하다.

② 비만증과 운동
　㉠ 비만은 당뇨병, 고혈압, 암, 간경화, 담석증 등의 발생 원인이 될 뿐만 아니라, 관절에 큰 부담을 주어 골관절염을 빠르게 진행시킨다.
　㉡ 운동은 일반적으로 1주일에 3~4번, 하루 20~30분 정도 실시하되 가능하면 아침식사 전에 실시하도록 한다.
　㉢ 각자가 원하는 바에 따라 걷기, 뛰기, 자전거타기, 수영 등을 한다.
　㉣ 비만증 치료 시 강도가 낮은 운동이 강도가 높은 운동보다 효과적이다.

③ 근골격계질환과 운동
　㉠ 요통 : 유산소 운동과 근력 운동을 규칙적으로 하고, 과도한 신체노동을 피하며, 바른 자세, 바른 들기 방법, 정상 체중을 유지하는 것이 좋다.
　㉡ 골다공증
　　• 적절한 유산소 운동과 스트레칭, 제자리뛰기 등과 같은 운동을 하여 골량을 유지하며, 뼈에 스트레스를 가할 수 있는 운동을 처방하는 것이 좋다.
　　• 골다공증의 예방 및 치료에 도움을 주는 운동으로는 등장성 운동, 등척성 운동 등이 있다.
　㉢ 류머티즘 관절염 : 근력과 유연성에 중점을 두고 관절에 부담을 주지 않는 운동 종목

추가 설명

성인병의 효과적인 예방책
성인병 발병 원인의 공통적인 위험 요인들을 찾아내어 이를 개선하고, 건강한 생활습관, 균형잡힌 식이요법, 규칙적인 운동, 금연 및 절주, 체중 조절 등을 통하여 발병을 방지하는 것이 무엇보다도 중요하다.

추가 설명

당뇨병과 운동시간
• 인슐린 의존형 당뇨병 환자의 경우 : 운동 시간은 10~30분을 넘지 않게 한다.
• 인슐린 비의존형 당뇨병 환자의 경우 : 운동 시간은 30~60분을 넘지 않게 한다.

추가 설명

비만을 치료하기 위한 방법
• 식사요법 : 저열량 식이(체중 감량 식이)
• 운동 : 유산소 운동 예 걷기, 에어로빅, 수영, 조깅 등
• 식습관 및 식행동 변화 : 천천히 먹기, 규칙적인 식습관

추가 설명

근골격계질환
골다공증과 류머티즘 관절염, 요통 등이 있다.

이 좋다.
④ 호흡기계질환과 운동
- ㉠ 대표적인 호흡기계질환에는 만성폐쇄성 폐질환이 있다. **예** 만성 기관지염, 폐섬유증, 기관지 확장증 등
- ㉡ 호흡기계질환과 관련된 운동 프로그램에는 호흡 근육을 강화할 수 있는 운동을 필히 포함시켜야 하며, 훈련 시에는 운동 강도를 낮게 해 횟수를 늘려나가야 한다.

⑤ 순환기계질환과 운동
- ㉠ 고혈압 : 일반적으로 빨리 걷기, 수영, 자전거타기, 줄넘기 등의 운동 종목을 최대 심박수의 60% 이하 정도되는 중간 강도로, 하루에 약 30~60분 정도, 1주일에 적어도 3회 이상 운동을 실시하는 것이 좋다.
- ㉡ 동맥경화증 : 개인의 능력에 따라 최대 심박수의 60~80%의 강도로, 하루에 30~90분 정도, 1주일에 3일 이상, 6~12주 정도 지속하는 것이 좋다.

> **추가 설명**
> 순환기계질환
> 고혈압, 고지혈증, 동맥경화증, 심근경색증, 협심증 등이 있다.

03 면역과 운동

1 면역의 개요

① 면역의 개념 : 인체 내로 침입하는 병원체나 종양세포 등을 인지하고 죽임으로써 질병으로 보호하는 것이다. 즉, 신체의 조직이나 기관에 손상을 줄 수 있는 병원체나 독소에 대해서 항체와 항독소를 만들어 저항할 수 있는 신체적 능력을 말한다.

② 면역기전 : 피부나 점막에서 1차적으로 외부의 침입을 방어하는 선천 면역과 림프계가 중요한 역할을 하는 후천 면역으로 나뉜다.

③ 면역을 담당하는 세포와 기관 : 백혈구계 세포(**예** 림프구, 식세포, 과립구 등)와 림프기관(**예** 림프결절, 비장, 흉선, 골수 등)이 있다.

④ 면역세포 생산의 부족이나 불완전 등과 같은 면역체계의 이상은 다양한 면역체계 질병을 유발한다.

> **추가 설명**
> 면역의 종류
> - 선천 면역(자연 면역) : 숙주가 선천적으로 가지고 있는 저항성을 말한다.
> - 후천 면역(획득 면역) : 어떤 질환을 경험한 후에 획득되는 면역으로서, 신체가 직접 병원체나 독소와 같은 물질과 접촉이 이루어져 자극을 받아 면역을 형성하는 것을 말한다.

| 표 3-1 | 선천 면역과 후천 면역의 특성

구분	선천 면역	후천 면역
저항력	반복적인 감염에 대해 불변	반복적인 감염에 의해 향상
특이성	모든 인체기관에 대해 효과적임	인체의 흥분성 기관에 대해 특이성 있음
중요 세포	식세포, 자연살해세포	림프구
중요 분자	라이소자임, 보체, 급성기 단백질	항체, 림프구로부터 세포분열

2 운동과 면역기능

① 감염 전에 실시하는 운동은 신체의 저항력을 증가시키지만, 감염 시에 실시하는 운동은 신체적 저항력을 감소시킨다.
② 일반적으로 알맞은 강도의 지구성 운동은 체력을 증진시킬 뿐만 아니라 면역기능을 향상시키나, 강도 높은 운동은 면역반응을 약화시키는 결과를 가져온다.
③ 최근 스포츠의학에서 관심을 가지고 있는 면역생물학 현상과 관련하여 많은 연구가 이루어지고 있다.

추가 설명

규칙적인 운동의 긍정적인 효과

- 심박출량 증가와 최대 산소섭취량의 증가
- 안정 시 및 운동 시에 혈압의 저하 및 심박수의 감소
- 심근의 산소요구량 감소, 혈액량과 헤모글로빈 총량의 증가, 최대 환기량의 증가, 폐 확산 능력의 증가
- 골격근 내의 미오글로빈 농도 증가, 산화 효소의 활성과 농도의 증가
- 미토콘드리아의 수와 크기의 증가
- 체지방량 및 체중의 감소
- 혈중 LDL 콜레스테롤의 감소와 혈중 HDL 콜레스테롤의 증가
- 중성지방의 감소, 뼈의 칼슘 침착의 증가 촉진

실전예상문제

1 다음 중 세계보건기구(WHO)의 보건헌장에서 규정하고 있는 건강의 의미를 잘 설명하고 있는 것은?

① 스포츠를 훌륭히 수행할 체력을 갖추는 상태를 말한다.
② 왕성한 체력을 갖춘 상태를 뜻한다.
③ 신체적, 정신적, 사회적으로 완전한 상태를 뜻한다.
④ 전혀 질병이 없는 상태를 말한다.

해설 세계보건기구(WHO)가 보건헌장에 규정한 바에 의하면 "건강이란 단순히 신체의 질병이나 손상이 없는 상태뿐만 아니라 신체적·정신적·사회적으로 완전한 상태를 뜻한다"고 하였다.

2 현대생활에서 건강에 위험한 영향을 미치는 대표적인 요소가 아닌 것은?

① 운동 부족
② 영양 섭취의 과잉과 불균형
③ 정신적 스트레스
④ 환경 오염

해설 현대생활에서 건강에 위험한 영향을 미치는 대표적 4가지 요소 : ⅰ) 운동 부족, ⅱ) 영양 섭취의 과잉과 불균형, ⅲ) 정신적 스트레스, ⅳ) 체내 오염

3 다음 중 운동의 기능으로 옳지 않은 것은?

① 운동은 스트레스와 정신적인 불안감을 해소시킬 수 있다.
② 운동은 정서적인 건강 유지에 유익하다.
③ 운동은 모든 현대의 질병들에 대한 문제를 해결할 수 있다.
④ 운동은 자아성취감과 자긍심을 향상시킨다.

해설 운동이 모든 현대의 질병들에 대한 문제를 해결한다고 할 수는 없지만 예방적인 차원과 건강을 유지하고 증진한다는 점에서 그 필요성을 부인할 수 없다.

4 다음 중 성인병에 대한 설명으로 옳지 않은 것은?

① 보통 40~60세 사이의 연령층에서 흔히 발생하는 질환이다.
② 급성 퇴행성 질환이다.
③ 노인성 질환이다.
④ 성인병에는 암, 고혈압, 심장병, 동맥경화증 등이 있다.

해설 성인병은 보통 40~60세 사이의 연령층에서 흔히 발생하는 만성 퇴행성 질환으로, 노인성 질환이라고도 한다.

5 다음 중 성인병의 발병 원인이 아닌 것은?
① 운동 부족
② 금연
③ 불건전한 생활습관
④ 과도한 스트레스

해설 성인병의 발병 원인 : 운동 부족, 과도한 스트레스, 지나친 영양 섭취, 불건전한 생활습관, 음주 및 흡연 등이 있다.

6 성인병의 예방이나 치료를 위한 운동으로 가장 바람직한 것은?
① 유산소 운동
② 무산소 운동
③ 순발력 운동
④ 유연성 운동

해설 일반적으로 성인병의 예방이나 치료를 위한 운동 : 전신의 큰 근육들을 반복적으로 사용하고 심폐기관에 지속적으로 자극을 주는 유산소 운동이 바람직하다. 예 걷기, 조깅, 수영, 자전거 타기, 줄넘기, 에어로빅 댄스 등

7 여러 가지 성인병과 운동에 대한 설명으로 옳지 않은 것은?
① 비만증을 치료하는 데 있어서는 강도가 높은 운동이 강도가 낮은 운동보다 효과적이다.
② 당뇨병을 치료하기 위한 운동으로는 유산소 운동이 효과적이다.
③ 수영은 과다 체중으로 인한 발목·무릎·허리 부위 손상을 방지할 수 있는 가장 효과적인 방법이다.
④ 당뇨병 환자는 건강한 사람보다 운동 시간은 조금 길게 하는 것이 바람직하다.

해설 비만증을 치료하는 데 있어서는 강도가 낮은 운동이 강도가 높은 운동보다 효과적이다. 이것은 강도가 낮은 운동이 강도가 높은 운동보다 더 많은 지방을 에너지원으로 사용하기 때문이다.

8 근골격계질환과 운동에 대한 설명으로 옳지 않은 것은?
① 요통 — 유산소 운동과 근력 운동을 규칙적으로 하여 예방할 수 있다.
② 골다공증 — 뼈에 스트레스를 가하지 않는 운동을 처방하는 것이 좋다.
③ 골다공증 — 등장성 운동, 등척성 운동이 예방과 치료에 좋다.
④ 류머티즘 관절염 — 근력과 유연성에 중점을 두고 관절에 부담을 주지 않는 운동을 한다.

정답 1.❸ 2.❹ 3.❸ 4.❷ 5.❷ 6.❶ 7.❶ 8.❷

해설 노인이나 폐경기 이후의 여성에게 흔히 발생하는 골다공증에 대해서는 뼈에 스트레스를 가할 수 있는 운동을 처방하는 것이 좋다.

9 다음 중 면역을 담당하는 세포와 기관을 차례대로 나열한 것은?

① 백혈구계 세포, 림프기관
② 백혈구계 세포, 보체
③ 적혈구계 세포, 림프기관
④ 적혈구계 세포, 보체

해설 면역을 담당하는 세포와 기관 : 백혈구계 세포와 림프기관이 있다. 백혈구계 세포로는 림프구, 형질세포, 식세포, 과립구 등이 있고, 림프기관으로는 림프결절, 비장, 흉선, 골수 등이 있다.

10 선천성 및 후천성 면역의 특성에 대한 설명으로 옳지 않은 것은?

① 선천 면역의 저항력 — 반복적인 감염에 대해 불변
② 선천 면역의 특이성 — 인체의 흥분성 기관에 대해 특이성 있음
③ 후천 면역의 중요 세포 — 림프구
④ 후천 면역의 중요 분자 — 항체, 림프구로부터 세포분열

해설 선천 면역과 후천 면역의 특성

구분	선천 면역	후천 면역
저항력	반복적인 감염에 대해 불변	반복적인 감염에 의해 향상
특이성	모든 인체기관에 대해 효과적임	인체의 흥분성 기관에 대해 특이성 있음
중요 세포	식세포, 자연살해세포	림프구
중요 분자	라이소자임, 보체, 급성기 단백질	항체, 림프구로부터 세포분열

정답 9. ① 10. ②

주관식

1 세계보건기구(WHO)의 보건헌장에서 규정하고 있는 건강의 의미를 쓰시오.

2 성인병의 발병 원인을 3가지 이상 쓰시오.

3 성인병의 위험 요인인 비만을 치료하기 위한 방법을 3가지 이상 쓰시오.

Answer

1 건강이란 단순히 신체의 질병이나 손상이 없는 상태뿐만 아니라 신체적, 정신적, 사회적으로 완전한 상태이다.

2 운동 부족, 과도한 스트레스, 지나친 영양 섭취, 불건전한 생활습관, 음주 및 흡연

3
- 식사요법 : 저열량 식이(체중 감량 식이)
- 운동 : 유산소 운동 예 걷기, 에어로빅, 수영 등
- 식습관 및 식행동 변화 : 천천히 먹기, 규칙적인 식습관

4 당뇨병이 있는 사람이 운동 중에 주의할 사항을 3가지 이상 쓰시오.

5 운동이 혈압에 미치는 영향에 대해 설명하시오.

> **Answer**
>
> **4**
> - 일반적으로 운동을 시작하기 전에는 먼저 운동부하검사를 한 후 운동의 종류와 방법 및 강도를 전문가로부터 지시받아야 한다.
> - 당뇨병 환자는 건강한 사람보다 운동 강도를 약간 낮게 하고 운동 시간은 조금 길게 하는 것이 바람직하다.
> - 인슐린 의존형 당뇨병 환자의 경우에는 갑작스럽게 운동 강도를 증가하는 행위는 절대로 삼가야 하며, 운동 시간은 10~30분을 넘지 않게 한다.
> - 인슐린 비의존형 당뇨병 환자의 경우에는 일정한 운동강도를 유지하고 점차적으로 운동 강도를 증가시켜야 하며, 운동 시간은 30~60분을 넘지 않게 한다.
> - 운동은 일반적으로 자주 실시하는 것이 좋으나, 1주일에 5일 정도가 적당하다.
> - 운동으로 소비된 에너지만큼 식사량을 늘려주어야 하고, 혹시 생길지도 모르는 저혈당에 대비해서 사탕이나 초콜릿 등을 지참하는 것이 좋다.
> - 운동화는 유연성과 안전성을 갖추고 있어야 하며, 발에 잘 맞는 것을 선택해야 한다.
>
> **5** 고혈압 환자에게는 운동을 실시하기 전에 반드시 의학검사를 병행한 운동 처방을 실시해야 한다. 고혈압 환자의 경우에는 일반적으로 빨리 걷기, 수영, 자전거타기, 줄넘기 등의 운동 종목을 최대 심박수의 60% 이하 정도되는 중간 강도로 하루에 약 30~60분 정도 지속하는 것이 바람직하며, 1주일에 적어도 3회 이상 운동을 실시하는 것이 좋다. 그러나 운동 시 혈압이 200mmHg 이상이 되는 것은 고혈압 환자의 운동 처방으로는 부적절하다.

부록

최종 모의고사

제1회 모의고사

1 우리 몸에 영양소가 부족하면 나타나는 증상으로 볼 수 없는 것은?

① 저항력이 증가한다.
② 신체의 기능이 약해진다.
③ 병균에 감염되기 쉽다.
④ 질병에 걸린 후에도 쉽게 낫지 않는다.

> **해설** 좋은 영양은 질병예방을 위해서 가장 중요한 요소이다. 우리 몸에 영양소가 부족하면 신체의 기능이 약해져 기력을 잃게 되고, 저항력이 감소되어 병균에 감염되기 쉬우며, 질병에 걸린 후에도 쉽게 낫지 않는다.

2 바람직한 식행동과 식습관으로 가장 타당한 것은?

① 기호에 치우쳐서 식사를 한다.
② 식욕에 따라 식사를 한다.
③ 값비싼 식재료만으로 구성하여 식사한다.
④ 영양학적인 배려와 문화적 감각에 따라 균형있게 식사를 한다.

> **해설** 바람직하게 먹는 방법이란 기호에 치우치지 않고 영양학적인 배려와 문화적 감각에 따라 균형있는 식사를 하는 것이다.

3 다음 중 우리나라 식생활에 대한 전망으로 거리가 먼 것은?

① 유기농 식품에 대한 선호도 증가
② 로컬푸드의 녹색 식생활운동의 확산
③ 건강에 좋은 맞춤형 식사에 대한 정보 제공 서비스의 가능
④ 영양성분 등의 의무적 표시범위 축소

> **해설** 식생활 전망 : 유기농 식품에 대한 선호도 증가, 로컬 푸드의 녹색 식생활운동의 확산, 건강에 좋은 맞춤형 식사에 대한 정보 제공 서비스의 가능, 우리 음식의 퓨전화와 한식 세계화, 영양성분 등의 의무적 표시범위 확대

4 영양소의 기능 중 신체에 에너지를 공급하는 영양소로 거리가 먼 것은?

① 비타민   ② 탄수화물   ③ 지방   ④ 단백질

> **해설** 신체에 에너지를 제공하는 것으로서 탄수화물, 지방, 단백질이 있다. 특히 탄수화물과 지방이 에너지의 주된 영양원이 된다.

5 다음 중 비타민과 그 결핍증이 바르게 연결된 것은?

① 비타민 A — 구루병
② 비타민 D — 야맹증
③ 비타민 B_1 — 각기병
④ 니아신 — 괴혈병

해설 비타민과 그 결핍증
- 비타민 A의 결핍 : 야맹증, 결막건조증, 각막연화증 등
- 비타민 D의 결핍 : 구루병
- 비타민 B_1의 결핍 : 각기병, 심장 비대
- 비타민 B_2의 결핍 : 구순구각염, 안질, 설염
- 니아신의 결핍 : 펠라그라
- 비타민 C의 결핍 : 괴혈병

6 다음 중 골다공증의 발생위험을 높이는 요인으로 거리가 먼 것은?

① 인의 과잉 섭취   ② 비타민 D의 결핍   ③ 고섬유질 식이   ④ 불소의 적정 섭취

해설 불소는 뼈와 치아의 형성과 유지에서 필수적인 미량원소이다. 불소는 조골세포를 자극하여 뼈조직 생성을 증가시키는 작용을 한다. 불소 섭취량이 높은 지역에서 골다공증 발생빈도가 낮게 나타났다.

7 비만의 식이요법에 대한 설명 중 옳지 않은 것은?

① 이상적인 체중감량은 1주일에 0.5~1kg 정도이다.
② 단백질이 열량원으로 이용되는 것을 억제하고 케톤증을 방지하기 위해 1일 최저 100g 이상의 탄수화물을 섭취해야 한다.
③ 열량소비량을 높이기 위해 활동량과 운동량을 늘린다.
④ 짜고 맵게 먹는다.

해설 짜고 맵게 먹지 않는다. 반찬이 짜고 매우면 밥을 많이 먹게 되기 때문이다. 그리고 스트레스나 우울, 화 등은 음식 외의 다른 방법으로 해소하도록 한다.

8 다음 중 저염식이를 위한 조리상 및 식행동의 주의점으로 옳지 않은 것은?

① 간장, 고추장, 된장 등을 최소한 사용한다.
② 짠맛을 내는 양념 대신 고춧가루, 마늘 등을 활용한다.
③ 가공식품이나 젓갈 섭취를 적게 한다.
④ 국이나 찌개 등은 국물 위주로 섭취하도록 한다.

해설 국이나 찌개 등을 건더기 위주로 섭취한다.

정답 1.❶ 2.❹ 3.❹ 4.❶ 5.❸ 6.❹ 7.❹ 8.❹

9 다음 중 당뇨병 환자의 식사 시 주의해야 할 사항으로 옳은 것은?

① 입맛이 없으므로 자극성 있는 음식으로 짭짤하게 먹는다.
② 규칙적으로 식사한다.
③ 양질의 단백질을 충분히 먹되 식이 섬유질을 제한한다.
④ 고지방식이를 하되 염분 섭취를 줄인다.

해설 당뇨병 식이 : 규칙적으로 식사한다. 균등한 배분은 혈당 수준의 심한 변동과 저혈당증을 방지한다.

10 알코올성 간염의 식이에 대한 설명으로 적절치 않은 것은?

① 간세포의 보수를 위하여 저열량, 저단백 식이를 준다.
② 금주한다.
③ 무기질, 비타민을 충분히 섭취한다.
④ 영양섭취를 골고루 한다.

해설 과다한 음주로 인한 불균형적인 영양섭취를 교정하고 회복하기 위해 단백질, 비타민, 무기질의 영양소를 충분히 공급한다.

11 불면증을 제거하기 위한 방법으로 옳지 않은 것은?

① 낮에 몸을 움직여 운동을 하도록 하여 휴식을 필요로 하게 한다.
② 잠들기 전에 따뜻한 음료수나 우유를 마신다.
③ 잠들기 전에 냉수로 샤워를 한다.
④ 잠자는 곳의 온도·소음·습도·조명 등을 아늑하게 한다.

해설 따뜻한 물 속에 몸을 담그고 기분이 나른해지도록 한다.

12 다음 중 나쁜 스트레스를 줄이는 방법으로 볼 수 없는 것은?

① 나쁜 자극원이 되는 사건을 친구나 가까운 사람에게 이야기한다.
② 낙관적인 태도를 기른다.
③ 다른 사람의 문제보다 자신의 문제에 눈을 돌린다.
④ 매일 짧은 시간이라도 운동을 한다.

해설 나쁜 스트레스를 줄이는 방법
• 나쁜 스트레스 상황 시 자신에게 나타나는 증상이 무엇인지 알도록 한다.

- 나쁜 자극원이 되는 사건을 친구나 가까운 사람에게 이야기한다.
- 나쁜 자극원을 처리할 수 있는 것과 할 수 없는 것으로 인식한다. 그래서 가능한 쪽으로 에너지를 집중시킨다.
- 낙관적인 태도를 기른다. 매일 짧은 시간이라도 운동을 한다.
- 화가 났을 때에는 건설적인 방법으로 해소한다. 화가 난 상태를 지속하는 것은 나쁜 스트레스를 배가시킨다.
- 자신의 문제보다 다른 사람의 문제에 눈을 돌린다. 더 큰 나쁜 스트레스에도 나보다 의연하게 대처하는 사람들을 볼 수 있을 것이다.

13 장시간 움직임이 적은 상태에서 팔 부위를 반복적으로 과도하게 사용하는 노동에 의해 발병하는 건강 장해는?

① VDT 증후군   ② 경견완장해   ③ 혈관육종   ④ 난청

해설 경견완장해 : 장시간 움직임이 적은 상태에서 팔 부위를 반복적으로 과도하게 사용하는 노동에 의해 발병하는 건강 장해이다.

14 다음 중 수분의 역할에 대한 설명으로 옳지 않은 것은?

① 생체조직 중에서 여러 영양소 및 노폐물의 운반체로서 중요한 역할을 한다.
② 식품 중의 수분 함량은 미생물의 증식에서 중요한 생육조건으로 식품의 저장성과 관련이 깊다.
③ 수분 자체는 화학반응의 매개체로서만 작용할 뿐 직접 반응에 참여하지는 않는다.
④ 식품 중의 여러 영양 성분을 녹여주는 용매 및 분산 매개체의 역할을 한다.

해설 수분의 화학적 역할 : 식품 중의 수분은 식품에 함유되어 있는 여러 가지 성분들을 녹여 주는 용매로, 또는 이와 같은 성분들의 운반체로 작용하여 식품 내의 화학적 변화를 촉진하여 준다. 또한 수분 자체가 반응물질로서 여러 화학반응에 직접 참여하기도 한다.

15 다음 중 가열 조리의 효과에 대한 설명으로 옳지 않은 것은?

① 맛이 증진된다.   ② 색을 일정하게 유지할 수 있다.
③ 식품의 저장 수명이 연장된다.   ④ 식품의 텍스처를 조절할 수 있다.

해설 가열 조리의 효과
- 맛이 증진되고 병원균 · 기생충 알 등을 살균할 수 있고 식품의 부패도 막을 수 있다.
- 소화율과 영양가가 높아지고 식품의 저장 수명이 연장된다.
- 식품의 텍스처를 조절할 수 있고 색을 변화시킬 수도 있다.

정답 9.② 10.① 11.③ 12.③ 13.② 14.③ 15.②

16 매운맛 성분과 식품을 바르게 연결한 것은?

① 고추 — 캡사이신 ② 겨자 — 차비신
③ 후추 — 진저롤 ④ 파 — 알리신

해설 식품과 매운맛 성분 : 고추-캡사이신, 후추-차비신, 겨자-이소티오시안산 알릴, 생강-진저롤, 마늘-알리신, 파-저분자량 황화합물

17 감염형 세균성 식중독이 아닌 것은?

① 살모넬라 식중독 ② 장염 비브리오 식중독
③ 보툴리누스 식중독 ④ 병원성 대장균 식중독

해설 감염형 세균성 식중독 : 살모넬라 식중독, 장염 비브리오 식중독, 병원성 대장균 식중독 등이 있다.

18 식중독과 그 원인 식품이 옳지 않은 것은?

① 살모넬라 식중독 — 우유 및 유제품 ② 장염 비브리오 식중독 — 어패류
③ 포도상구균 식중독 — 야채류 ④ 보툴리누스 식중독 — 통조림 식품

해설 포도상구균 식중독의 원인 식품 : 우유 및 유제품, 크림, 육류, 햄, 김밥, 떡 등 곡류 및 그 가공품 등이 있다.

19 감자의 독성분으로 다음 세대에 기형을 유발하는 최기성 물질 및 발암물질로 알려져 있는 것은?

① 솔라닌 ② 아미그달린 ③ 테트로도톡신 ④ 베네루핀

해설 감자에는 솔라닌(solanine)이라는 독성분이 함유되어 있는데, 감자 전체로는 미량이지만 싹 트는 부분이나 저장 중에 녹색으로 변한 부위에는 0.1% 이상 함유되어 있다. 솔라닌은 중추 신경독으로 용혈작용 및 운동중추 마비작용을 한다.

20 냉동 건조의 장점으로 옳은 것은?

① 복원성이 우수하다. ② 비용이 적게 든다.
③ 건조 후의 부피가 작다. ④ 다공질이어서 산화하기 쉽다.

해설 냉동 건조 : 건조된 식품보다 수축이나 표면경화가 일어나지 않아 복원성이 우수하며, 영양 성분이나 방향 성분 등의 식품 성분들의 보존성도 우수하다.

21 다음 중 찻잎에 들어 있는 카테킨의 효과로 볼 수 없는 것은?

① 중금속의 해독작용
② 고혈압과 동맥경화증의 예방 효과
③ 혈당 상승 효과
④ 항암 효과

해설 찻잎에 들어 있는 카테킨은 체내에서 중금속(수은, 카드뮴, 납 등)과 결합하여 배설시키는 해독작용을 하며, 고혈압 및 동맥경화증의 예방 효과, 항암 효과, 혈당 저하 효과 등도 있다고 알려져 있다.

22 근육이 수축하지만, 근육의 길이와 관절의 각도가 변하지 않는 운동으로, 정적 저항운동이라고 하는 것은?

① 등척성 운동
② 등장성 운동
③ 등속성 운동
④ 순발력 운동

해설 등척성 운동은 정적 저항운동이라고도 하며, 특수한 용구나 장소가 필요 없이 간단하게 수행할 수 있는 운동이다.

23 다음 중 유산소성 지구력 운동이 골격근에 미치는 효과에 대한 설명으로 옳지 않은 것은?

① 인체는 운동의 강도가 높을수록 탄수화물(근글리코겐)을 이용한다.
② 인체는 낮은 강도의 힘들지 않은 운동 시에는 지방을 에너지로 사용한다.
③ 운동한 다음날 근육이 아프고 결리는 것은 근육 안에 젖산이 과다 축적되어 나타나는 현상이다.
④ 운동 후 젖산의 제거는 지속적인 동적 회복보다 휴식과 운동을 반복하는 동적 회복이 가장 효과적이다.

해설 운동 후 젖산의 제거 속도는 완전 휴식 방법인 정적 회복보다는, 조깅 등과 같은 가벼운 운동을 통한 동적 회복이 피로 회복을 더 빨리 할 수 있게 한다. 더불어 휴식과 운동을 반복하는 동적 회복보다는 지속적인 동적 회복이 가장 효과적이다.

24 다음 중 성인병의 발병 원인이 아닌 것은?

① 운동 부족
② 금연
③ 불건전한 생활습관
④ 과도한 스트레스

해설 성인병의 발병 원인 : 운동 부족, 과도한 스트레스, 지나친 영양 섭취, 불건전한 생활습관, 음주 및 흡연 등이 있다.

정답 16.① 17.③ 18.③ 19.① 20.① 21.③ 22.① 23.④ 24.②

25 포화지방산과 불포화지방산을 구분하여 설명하시오.

26 콜레스테롤의 체내작용을 3가지 이상 설명하시오.

27 동맥경화증을 예방하기 위한 방법 3가지를 쓰시오.

28 식이섬유의 기능성에 대하여 설명하시오.

Answer

25 포화지방산은 탄소와 탄소 사이에 이중결합이 없으며 상온에서 고체상태로 존재한다. 동물성 지방에 다량 함유되어 있다. 불포화지방산은 탄소 간에 하나 이상의 이중결합을 가지며 상온에서 액체상태로 존재한다. 그리고 식물성 지방과 생선기름에 포함되어 있다.

26 ① 콜레스테롤은 생체 내에서 필수적인 구성성분이며, 세포 원형질이 다량 함유되어 있다.
② 콜레스테롤은 뇌와 신경조직에도 함유되어 있어 각 조직세포의 기능을 원활히 수행하도록 한다.
③ 콜레스테롤은 성호르몬과 비타민 D와 담즙산을 합성하는 기본물질이다.
④ 콜레스테롤은 에스트로겐, 테스토스테론 등 성 호르몬뿐만 아니라 코르티솔, 알도스테론 호르몬 합성의 전구물질이다.

27 ① 비만이 되지 않도록 체중조절을 한다.
② 금연한다.
③ 콜레스테롤 및 동물성 지방의 과다섭취를 지양하고, 가능한 싱겁게 먹는다.

28 • 장내 유용균의 증식을 촉진하여 장내 세균총을 개선해 주고, 장운동을 활발히 해 준다.
• 대장 내의 세균에 영향을 끼쳐 발암물질이 작용을 억제하여 대장암을 예방한다.
• 콜레스테롤의 흡수를 억제하여 혈청 콜레스테롤 함량을 낮추어 주어 심장병 및 담석증 등을 예방하는 효과가 있다.
• 장내에서 물을 흡수·팽창하여 배변량을 늘려 줌으로써 변비 치료에 도움을 주고, 일부 식사 성분의 흡수를 억제함으로써 비만 및 당뇨병을 예방하는 효과가 있다.
• 중금속 등의 일부 유해물질의 장내 흡수를 저지한다.

제2회 모의고사

1 다음 중 현대사회 식생활과 관련된 설명으로 타당하지 않은 것은?

① 가공식품에 대한 의존도가 증가하고 있다.
② 패스트푸드점의 이용 증가는 영양적 불균형을 초래할 수 있다.
③ 서구형 식생활의 영양으로 민족문화 속에서 자라온 전통식품과 그 생활패턴을 변화시키고 사라지게 했다.
④ TV, 인터넷 등의 대중매체는 항상 올바른 영양정보를 제공한다.

해설 TV, 인터넷 등의 잘못 보도된 영양정보는 영향력이 크기 때문에 사전에 모니터링하고 올바른 정보를 제공하도록 노력해야 한다.

2 다음 중 탄수화물이 체내에서 하는 주된 기능으로 적합한 것은?

① 체내 작용을 조절한다.
② 에너지를 발생한다.
③ 신체를 보호한다.
④ 골격을 형성한다.

해설 탄수화물의 기능 : 주요 에너지원, DNA와 RNA 구성성분, 체내 유익균의 생장 증가 등

3 다음 중 단백질에 대한 설명으로 옳지 않은 것은?

① 단백질은 탄수화물이나 지방과 같이 탄소, 수소, 산소로만 구성된다.
② 섭취된 단백질은 주로 체조직 성분을 구성하는데 사용된다.
③ 단백질은 1g당 4kcal를 생성하는 열량 급원으로 사용된다.
④ 단백질은 아미노산의 펩타이드 결합으로 구조를 형성하는 복합분자이다.

해설 단백질은 탄수화물이나 지방과 달리 탄소, 산소, 수소 이외에 질소를 함유하고 있다.

4 다음 중 철분의 흡수를 방해하는 요인은?

① 비타민 D ② 젖당 ③ 옥살산 ④ 섬유소

해설 동물성 식품에 있는 철분은 쉽게 흡수되는 반면, 식물성 식품에 있는 철분은 잘 흡수되지 않는다. 섬유소와 피트산은 철분의 흡수를 방해한다.

정답 1.④ 2.② 3.① 4.④

5 다음 중 수분의 체내 작용이 아닌 것은?

① 영양소와 노폐물의 운반
② 에너지 생성
③ 분비액의 성분
④ 체온조절 작용

해설 수분의 체내 작용 : 영양소와 노폐물의 운반, 분비액의 성분, 체내 대사과정의 촉매제, 체온조절 작용, 신체보호 작용, 체내물질의 농도조절 작용

6 다음 중 악성빈혈을 일으키는 것과 관계가 깊은 것은?

① 비타민 C
② 비타민 D
③ 비타민 B_{12}
④ 비타민 B_1

해설 악성빈혈의 원인 : 악성빈혈은 비타민 B_{12}와 엽산의 체내이용이 저하되어 생성된다. 즉, 적혈구의 성숙부전과 위의 내적 요소의 결핍에 의해서 생성된다.

7 다음 중 콜레스테롤의 체내작용에 대한 설명으로 틀린 것은?

① 각 조직세포의 기능을 원활히 수행하도록 한다.
② 성호르몬과 비타민 D와 담즙산을 합성하는 기본물질이다.
③ 프로게스테론, 테스토스테론과 에스트로겐 등 성호르몬 합성의 전구물질이다.
④ 세포막의 구성성분이나 세포 원형질에는 소량 함유되어 있다.

해설 콜레스테롤의 체내작용
• 콜레스테롤은 생체 내에서 필수적인 구성성분이다.
• 콜레스테롤은 세포벽의 구성성분이며 세포 원형질에 다량 함유되어 있다.
• 뇌와 신경조직에도 함유되어 있어서, 각 조직세포의 기능을 원활히 수행하도록 한다.
• 콜레스테롤은 성호르몬과 비타민 D와 담즙산을 합성하는 기본물질이다.

8 다음 중 동맥경화증의 위험요소와 가장 관련 없는 것은?

① 고지혈증
② 흡연
③ 적정 체중
④ 스트레스

해설 동맥경화증의 위험요소 : 유전적 LDL 대사의 이상, 고지혈증과 고콜레스테롤증, 고혈압, 흡연, 스트레스 등으로 알려지고 있다. 그 중 동맥경화증의 대표적인 증상은 혈중지질 증가와 LDL 농도의 증가이다.

9 비만의 원인에 대한 설명으로 옳지 않은 것은?

① 뇌의 시상하부의 식품섭취와 만복감을 조절하는 중추에 기질적 장애가 생겨 비만을 초래할 수 있다.
② 다량의 부신피질 스테로이드제를 사용해도 비만이 발생할 수 있다.
③ 기름진 음식이나 다식을 즐기는 식습관이 있는 가족에게서 비만이 많다.
④ 외식이 감소되면 비만이 초래된다.

해설 외식의 증가는 비만을 초래한다. 외식을 하면 과식하기 쉽고, 기름진 음식을 먹는 경우가 많다. 그래서 외식을 자주 하는 중년기에 체중이 증가하는 경향이 높다. 자녀에게 음식과 간식을 과다하게 주어 과식습관을 들이면 비만을 초래할 수 있다.

10 다음 중 고혈압의 원인으로 거리가 먼 것은?

① 지방의 과잉 섭취
② 흡연
③ 섬유소의 과잉 섭취
④ 나트륨의 과다 섭취

해설 고혈압은 고령에 따라 발생확률이 크고 유전력이 있다. 지방 등을 과잉 섭취하였을 때 고혈압이 발생할 수 있다. 특히 비만은 고혈압의 발생 위험을 높인다. 나트륨을 계속 과다하게 섭취하면 나트륨이 체내에 과잉축적되어 세포외액량이 증가되어 혈압이 높아질 수 있다.

11 다음 중 당뇨병에 대한 설명으로 옳지 않은 것은?

① 유전적인 요인이 강한 대사병으로서 비만, 연령, 스트레스 등의 발병인자가 부가된다.
② 다음, 다뇨, 다식 등의 증상을 보인다.
③ 섬유소가 풍부한 식사를 한다.
④ 꿀 등 단순당의 섭취를 늘린다.

해설 설탕이나 꿀 등 단순당의 섭취를 주의한다. 단순당은 농축된 열량원이며 소화흡수가 빨라 혈당 상승을 촉진시킨다.

12 저혈당증이 발생했을 때의 초기 응급조치로 알맞은 것은?

① 당질 섭취
② 수분·전해질 주사
③ 미음 섭취
④ 우유 섭취

해설 저혈당증이 발생했을 때 의식이 있고 음식물 섭취가 가능하면 당질 10~15g을 먹도록 한다. 의식이 없으면 글루카곤을 피하 또는 근육에 주사하며, 의식을 회복하면 음식물을 공급한다.

정답 5.❷ 6.❸ 7.❹ 8.❸ 9.❹ 10.❸ 11.❹ 12.❶

13 다음 중 알코올성 간질환의 경우 섭취해야 할 적절한 식품이 아닌 것은?
① 생선
② 녹즙
③ 달걀
④ 과일

해설 녹즙 등 고농축 음식이나 민간요법은 간기능을 악화시킬 수 있으므로 주의한다.

14 다음 중 과도한 흡연이 발병 요인으로 작용하는 두 가지 질병끼리 연결된 것은?
① 고지혈증 — 야맹증
② 각기병 — 빈혈
③ 당뇨병 — 폐기종
④ 동맥경화 — 폐암

해설 폐암, 만성폐쇄성폐질환 등은 흡연에 의해 주로 발생하는 질병이며, 또한 동맥경화성 심혈관 질환의 유발과 흡연은 밀접한 관련이 있다.

15 다음 중 당뇨병의 원인으로 거리가 먼 것은?
① 비만
② 폐렴
③ 스트레스
④ 유전

해설 당뇨병의 원인 : 비만, 유전, 스트레스, 식생활 등 다양하다.

16 다음은 비출혈이 있는 경우의 조치이다. 틀린 것은?
① 고개를 뒤로 젖히게 한다.
② 엄지와 검지로 코의 중앙을 눌러준다.
③ 입으로 숨쉬면서 코에는 찬 물수건을 대어준다.
④ 하루 동안은 코를 풀지 말고 무거운 물건을 들거나 심한 운동을 삼간다.

해설 코피가 날 때 고개를 뒤로 젖히게 되면 피가 목으로 넘어가 잘못하면 폐로 피가 넘어가 흡인되어 폐렴이 발생할 수 있다.

17 참치 · 고등어 등의 등푸른생선들에 많이 함유되어 있는 것은?
① DHA
② 유당
③ 안토시아닌
④ 올레산

해설 참치 · 고등어 등의 등푸른생선들에는 불포화도가 높은 EPA, DHA 등의 지방산 함량이 높아, 최근 동맥경화증 및 심장병 등의 성인병 예방에 효과가 있다는 것으로 알려지면서 각광을 받고 있다.

18 다음 중 식초의 작용에 대한 설명으로 옳지 않은 것은?

① 방부작용을 한다.
② 녹색채소를 녹황색으로 변화시킨다.
③ 생선의 비린내를 없애 준다.
④ 백색채소를 황색으로 변화시킨다.

해설 식초는 음식의 색에도 영향을 미쳐 녹색채소에 산이 닿으면 녹황색으로 변하고, 붉은색채소는 더욱 곱게 변하며, 백색채소는 백색을 유지하여 더욱 선명하게 된다.

19 장염 비브리오 식중독에 대한 설명으로 옳지 않은 것은?

① 병원성 호염균 식중독이라고도 불리었다.
② 어패류가 가장 흔한 오염원이다.
③ 증상은 복통과 심한 설사가 나타난다.
④ 열에 의해서는 예방이 안되므로 저온 저장 후 먹는다.

해설 장염 비브리오 식중독은 적당한 온도 조건에서 증식이 매우 빠르게 일어나므로 저온에서 저장하는 것이 매우 중요하다. 60℃에서 15분 가열 처리에 의해서도 균을 사멸시킬 수 있으므로, 가열 조리 후 바로 먹는 것도 예방에 중요하다.

20 식중독을 일으키는 식품에 들어 있는 유독 성분의 연결이 옳은 것은?

① 바지락 — 아미그달린
② 버섯 — 아플라톡신
③ 매실 — 베네루핀
④ 감자 — 솔라닌

해설 바지락 : 베네루핀, 버섯 : 알칼로이드, 매실 : 청산 배당체

21 식품의 발효에 관한 내용 중 옳지 않은 것은?

① 발효식품은 미생물의 효소 활성에 의한 발효를 이용하여 만드는 식품이다.
② 발효 과정에 관여하는 미생물은 곰팡이, 효모, 세균 등이 있다.
③ 발효는 식품이 무익하거나 유해하게 변하는 것을 의미한다.
④ 발효의 원리는 고분자 유기물질을 분해하는 것을 이용한 것이다.

정답 13.❷ 14.❹ 15.❷ 16.❶ 17.❶ 18.❹ 19.❹ 20.❹ 21.❸

해설 식품이 미생물의 작용을 받아 사람에게 유익한 상태로 변하는 것을 발효라고 하고, 무익하거나 유해하게 변하는 경우를 부패라고 한다.

22 김치 발효 중 일어나는 비타민 C의 변화로 옳은 것은?

① 비타민 C는 담근 후부터 점차 감소한다.
② 비타민 C는 숙성함에 따라 아무런 변화가 없다.
③ 비타민 C는 소금에 절이는 과정에서 모두 파괴된다.
④ 비타민 C는 숙성 적기에 최고치가 되고 다시 감소한다.

해설 비타민 C는 수용성이며 쉽게 산화하는 성질이 있어, 김치를 담그면 그 함량이 일단 감소하지만, 숙성함에 따라 증가하여 숙성 적기에 최고치를 보이다가 그 후 다시 감소한다.

23 아침마다 40분 정도 조깅을 하기 시작한 후 주로 사용되는 주 에너지 시스템과 에너지원을 바르게 묶은 것은?

① 젖산시스템과 산소계 — 지방
② ATP-PC계 — 인산크레아틴
③ 산소계 — 글루코오스와 지방
④ 젖산시스템 — 글루코오스

해설 산소시스템
- 시간적인 제한 없이 계속적으로 에너지를 공급할 수 있는 것으로, 산소 공급을 통해 체내에 저장되어 있던 글루코오스, 지방 등을 분해시켜 ATP를 합성한다.
- 산소시스템 : 글루코오스+산소+ADP → 이산화탄소+ATP+물

24 유산소성 지구력 운동이 골격근에 미치는 효과가 아닌 것은?

① 모세혈관 밀도의 증가
② 미오글로빈 · 미토콘드리아의 증가
③ 탄수화물 및 지방질 산화의 증가
④ 근글리코겐과 중성지방 저장량 감소

해설 유산소성 지구력 운동이 골격근에 미치는 효과에는 ①, ②, ③과 근글리코겐과 중성지방 저장량의 증가가 있다.

정답 22.④ 23.③ 24.④

25 로컬 푸드(local food)의 장점을 3가지 이상 쓰시오.

26 수분의 체내 작용을 3가지 이상 쓰시오.

27 필수지방산에 대하여 간략히 설명하시오.

28 포도상구균 식중독의 원인균과 증상에 대하여 설명하시오.

Answer

25
- 신선도 면에서도 우수할 가능성이 높다.
- 수송거리가 짧다.
- 신토불이 정신에 부합하는 측면이 있다.
- 안전성이 우수할 가능성이 높다.

26 영양소와 노폐물의 운반, 분비액의 성분, 체내 대사의 촉매제, 체온조절 작용, 신체보호 작용, 체내 물질의 농도 조절 작용

27 필수지방산은 체내에서 합성되지 않거나, 합성된다 해도 그 양이 필요량에 미치지 못하여 음식을 통하여 섭취해 주어야 하는 지방산으로, 리놀레산, 리놀렌산, 아라키돈산 등이 있다.

28 포도상구균 중 사람에게 화농성 질환과 식중독을 유발하는 병원성 균은 황색포도상구균이다. 황색 포도상구균이 만들어 내는 외독소 중 식중독의 원인이 되는 것은 위장독이다. 식중독 증상으로는 오심, 구토, 유연, 복통, 설사 등의 급성 위장염 증세를 나타내고, 중증의 경우 탈수, 의식장애 등이 나타나기도 한다.

MEMO